Inhalt

Ergänzungen, Verbesserungen und Aktuelles finden Sie bei:
www.fabi-trainer.de

Ich wünsche Ihnen viel Spaß und Erfolg.

Vollkostenrechnung

Das Unternehmen ist der rechtliche Rahmen. Es tritt nach außen hin als Rechtsperson auf. Es schließt Verträge mit Dritten ab und ist u.a. auch dazu verpflichtet, Steuern zu zahlen.

Im Rahmen der **Geschäftsbuchführung** werden Aufwendungen und Erträge gegenübergestellt und der zu versteuernde Gewinn ermittelt.

Der **Betrieb** als technisch-organisatorische Einheit tritt nach außen rechtlich nicht in Erscheinung.

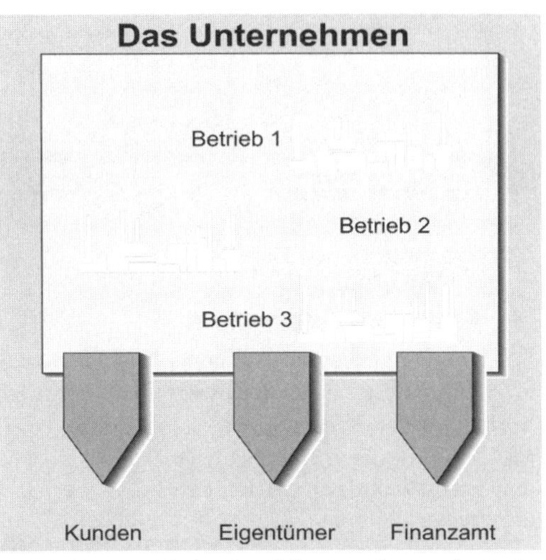

In der **Betriebsbuchhaltung** (KLR) werden Leistungen und Kosten gegenüber gestellt und das Betriebsergebnis ermittelt.

Die Kosten- oder Kosten- und Leistungsrechnung kann auf sehr unterschiedliche Weise (Vollkostenrechnung, Plankostenrechnung, Deckungsbeitragsrechnung, ...) durchgeführt werden, wobei jede Kostenrechnungsart ihre Vor- und Nachteile hat. In der Regel benützt ein moderner Betrieb mehrere Methoden gleichzeitig, um die jeweiligen Vorteile optimal ausnutzen zu können.

Die Vollkostenrechnung besteht aus unterschiedlichen Teilbereichen:

- *Kostenartenrechnung*
- *Kostenstellenrechnung*
- *Kostenträgerrechnung*

1. Kostenartenrechnung

In der Kostenartenrechnung werden die Kosten gegen die Aufwendungen abgegrenzt und die einzelnen Kostenbestandteile klassifiziert.

Aufwand: der gesamte Werteverzehr einer Periode.

Kosten: nur der Werteverzehr, der unter normalen Bedingungen, im Rahmen der Leistungserstellung und in der abgelaufenen Periode angefallen ist.

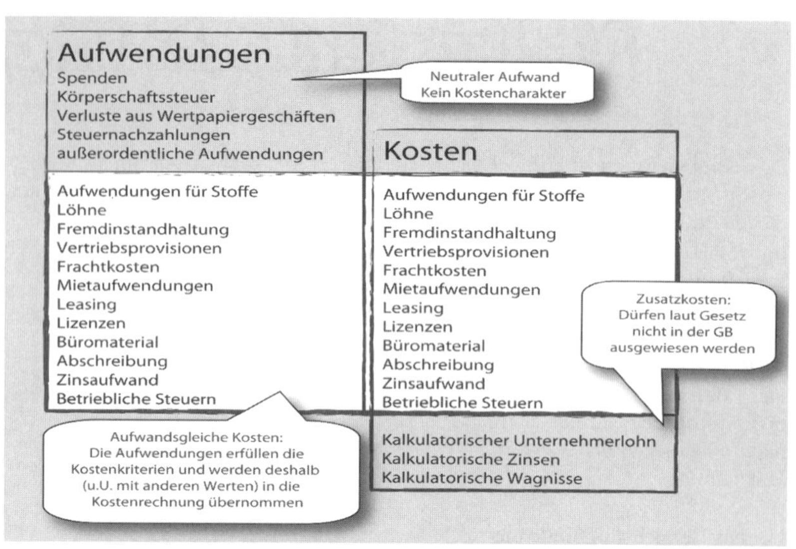

Der Betrieb versucht nun, die angefallenen Kosten so genau wie möglich zu erfassen. Dazu führen die einzelnen Kostenstellen monatliche Aufzeichnungen in Form von Kostenerfassungsbögen.

Das Ziel der ganzen Überlegungen liegt darin, die angefallenen Kosten auf die produzierten Waren zu verteilen, um später die Selbstkosten der einzelnen Produkte ermitteln zu können.

Kostenart		**Erfassung / Zuordnung**
Einzelkosten		Kein Problem, die Kostenanteile der einzelnen Produkte sind bekannt
Gemeinkosten	Kostenstellen-einzelkosten	Gemeinkosten, die nur in einer Kostenstelle anfallen. Die Zuordnung auf die Kostenstelle ist kein Problem.
	Kostenstellen-gemeinkosten	Gemeinkosten, die nicht nur an einer Kostenstelle anfallen. Die Zuordnung kann nur näherungsweise erfolgen.

Die einzelnen Kostenarten lassen sich jedoch nicht so einfach auf die Produkte (= Kostenträger) umlegen. Deshalb teilt man in der Vollkostenrechnung die Kosten - nach dem Kriterium der Verteilbarkeit - in zwei Gruppen ein:

Die **Einzelkosten** (z.B. das verbrauchte Material, die Fertigungslöhne) können dem Produkt genau zugeordnet werden.

Die **Gemeinkosten** (z.B. die Gehälter der Angestellten, Abschreibung, Zinsaufwand, Steuern,...) sind zwar nachweislich in der abgelaufenen Periode angefallen, man kann jedoch nicht auf Anhieb sagen, welcher Teil davon von einem einzelnen Produkt verursacht wurde.

Die Einzelkosten machen also bei der Kalkulation der Selbstkosten keinerlei Schwierigkeiten. Um die Gemeinkosten, die ja schließlich auch irgendwie durch den Preis für das einzelne Produkt abgedeckt werden müssen, am Ende dennoch auf das Produkt umlegen zu können, werden sie zunächst auf die vorhandenen Kostenstellen verteilt.

Dies ist die Aufgabe der Kostenstellenrechnung.

2. Kostenstellenrechnung

Der Betrieb wird aus organisatorischen Gründen in Kostenstellen eingeteilt. In der Praxis ergeben sich dabei je nach Größe mehrere hundert Kostenstellen. Wir beschränken uns in der Schule auf einige wenige, wobei unterschieden wird zwischen **Hauptkostenstellen** (Material, Fertigung, Verwaltung und Vertrieb), Neben- oder **Hilfskostenstellen** (Kantine, Gebäudekosten, Kraftwerk, Sozialdienst (Allgemeine Hilfskostenstellen) und Labor, Werkstatt (spezielle Hilfskostenstellen)).

Hauptkostenstellen			
Material	**Fertigung**	**Verwaltung**	**Vertrieb**
Neben diesen Hauptkostenstellen gibt es noch die Hilfskostenstellen			
Allgemeine Hilfskostenstellen (arbeiten allen anderen Kostenstellen zu), z.B.:		**spezielle Hilfskostenstellen (arbeiten nur einer anderen Kostenstelle zu), z.B.:**	
* Kantine	* EDV	* Labor	* Werkstatt

2.1 Der einfache Betriebsabrechnungsbogen (BAB)

Die Kosten werden im Rahmen der Kostenstellenrechnung zunächst auf die Kostenstellen verteilt.

Um die Einzelkosten braucht sich der Kostenrechner keine Gedanken machen, da sie ja eindeutig auf das Produkt (Kostenträger) und natürlich auch auf die Kostenstelle umgerechnet werden können.

Bei den Gemeinkosten ist dies jedoch nicht so einfach. Man findet darunter Kostenarten, die zwar nicht dem einzelnen Produkt, jedoch der einzelnen Kostenstelle zugeordnet werden können. Diese bezeichnet man als **Kostenstelleneinzelkosten** (z.B. Abschreibung einer Maschine in einer Kostenstelle). Für die **Kostenstellengemeinkosten** benötigt man Verteilungsschlüssel. Je genauer man die Kosten verteilen will, desto aufwendiger ist das Verfahren. Aus Kostengründen wird daher meist auf praktikable Näherungswerte zurückgegriffen.

Die Verteilung der Kosten (Einzel- und Gemeinkosten) auf die Kostenstellen wird mit Hilfe des sog. Betriebsabrechnungsbogen (BAB) vorgenommen.

Beispiele für Kostenstellengemeinkosten:

Kostenarten	Verteilungsschlüssel
Hilfslöhne	Nach Arbeitsnachweiszetteln (Stunden)
Freiwillige Sozialleistungen	Anzahl der Beschäftigten
Reinigung, Miete, Grundsteuer	qm
Heizung	Raum, Zahl der Heizkörper oder direkte Verbrauchsmessung
Lichtstrom	Anzahl der Lichtquellen (unter Berücksichtigung der Lichtstärke)
Gewerbesteuer	Anteile der Kostenstelle am Betriebsvermögen

Vorgehensweise bei der Umlage der Kostenstellengemeinkosten:

1. Berechnung der Summe der Schlüsseleinheiten,
2. Berechnung der Kosten pro Einheit (Gesamtbetrag / Summe der Schlüsseleinheiten),
3. Berechnung der Kostenanteile pro Kostenstelle.

Aufgabenblock VKR 1

1. *Theoretische Fragen*

a. *Definieren Sie den Begriff Kosten und grenzen Sie ihn gegen die Aufwendungen ab.*

b. *Was ist der Unterschied zwischen Kostenstelleneinzelkosten und Kostenstellengemeinkosten.*

c. *Was ist der Unterschied zwischen allgemeinen und speziellen Hilfskostenstellen.*

d. *Nennen Sie je zwei typische Gemeinkostenarten in den vier Hauptkostenstellen.*

e. *Nennen Sie zwei Beispiele für Zusatzkosten.*

2. *Einfacher BAB*

Unser Betrieb hat nur die Kostenstellen Material, Fertigung, Verwaltung und Vertrieb.

Es sind folgende Gemeinkosten zu verteilen:

Gehalt des Kostenstellenleiters Fertigung 8.000,00
Abschreibung des Gabelstaplers im Verkaufslager..................................2.300,00
Miete...2.400,00
Heizung..1.000,00

Es gelten folgende Verteilungsschlüssel für die Kostenstellengemeinkosten:

	Schlüssel	Material	Fert.	Verwalt.	Vertrieb
Miete	qm	180	400	100	120
Heizung	Einheiten	230	860	600	310

Ermitteln Sie die GK-summen in den einzelnen Kostenstellen.

3. Einfacher BAB

Ein BAB ist nach folgenden Angaben zu erstellen:

Gehälter .... 57.000,00 €
Hilfslöhne .... 7.000,00 €
Sozialversicherung .... 7.000,00 €
freiw. soz. Leistungen .... 1.230,00 €
Zinsen .... 3.000,00 €
Hilfsstoffe .... 5.000,00 €

	Verteilungs-schlüssel	MAT	FERT	VERW	VERT
Gehälter	Gehaltslisten	4.000,00	18.000,00	22.000,00	13.000,00
Hilfslöhne	Stunden	400	550	0	50
Sozialversi-cherung	Lohn/Gehalts-Listen	500,00	4.200,00	1.400,00	900,00
freiw. soz. Leistungen	Arbeitnehmer	3	28	6	4
Zinsen	Schätzanteile	1	7	4	3
Hilfsstoffe	Entnahme-scheine	300,00	4.000,00	0	700,00

4. Einfacher BAB

Erstellen Sie den BAB mit folgenden Angaben:

H/B-Stoffe .... 100.000,00 €
Strom .... 17.800,00 €
Hilfslöhne .... 25.000,00 €
Gehälter .... 150.000,00 €
Sozialkosten .... 50.000,00 €
Reinigung .... 12.000,00 €
Abschreibung .... 140.000,00 €
kalkulatorische Wagnisse .... 8.000,00 €
Unternehmerlohn .... 18.000,00 €

Zur Verteilung dieser Gemeinkosten verwenden Sie die unten angegebenen Verteilungsschlüssel:

	Verteilung	MAT	FERT	VERW	VERT
H/B-Stoffe	MES in Tonnen	10	80	6	4
Strom	kWh	2.000	60.000	25.000	2.000

Hilfslöhne	Stunden	350	2.000	100	50
Gehälter	Gehalts-listen	5.000,00	30.000,00	100.000,00	15.000,00
Sozialkosten	L/G-Listen	1.000,00	10.000,00	35.000,00	4.000,00
Reinigung	qm	100	1000	300	100
Abschrei-bung	lt. Anlage-kartei	5.000,00	100.000,00	10.000,00	25.000,00
kalk. Wag-nisse	Erfah-rungswerte	2	6	1	1
Unter-nehmerlohn	Zahl der Arbeiter	5	5	30	10

Anmerkung: MES = Materialentnahmeschein.

5. *Einfacher BAB*

Der Kostenstelle Fertigung werden nach der Umlage der Gemeinkosten Hilfslöhne in Höhe von 5.400,00 € zugerechnet. Die Verteilung geschah nach folgendem Verteilungsschlüssel:

	Verteilung	Mat	Fert	Verw	Vert
Hilfslöhne	Stunden	20	120	40	18

Wie hoch waren die zu verteilenden Hilfslöhne?

Zusammenfassung:

Der einfache BAB verteilt die Gemeinkosten nur auf die Hauptkostenstellen und berücksichtigt noch keine Hilfskostenstellen (siehe Abb. S. 5).

Kostenstelleneinzelkosten können den Kostenstellen ganz einfach zugeordnet werden, weil Sie nur in einer Kostenstelle anfallen, Kostenstellengemeinkosten werden per Verteilungsschlüssel umgelegt.

Im erweiterten BAB werden die einzelnen Hilfskostenstellen auch berücksichtigt. Das Verfahren bleibt eigentlich gleich, wird nur etwas komplizierter.

2.2 Der erweiterte BAB

In der Praxis werden nicht nur Haupt- sondern auch Hilfskostenstellen geführt. In diesem Fall geht man folgendermaßen vor:

Die Verteilung der allgemeinen Hilfskostenstellen bereitet dabei die meisten Schwierigkeiten.

Beispiel Kantine: In der Kantine sind in der abgelaufenen Periode laut Schritt 1 z.B. 20.000,00 € angefallen. Diese werden nun z.B. über den Schlüssel Mitarbeiter auf alle anderen Kostenstellen verteilt. Also: Kosten der Kantine / Gesamtzahl der Mitarbeitern (ohne Kantine) = Kosten pro Schlüssel angefallene Kosten in der Kantine pro Mitarbeiter). Wenn in der Kostenstelle Material 20 Mitarbeiter beschäftigt werden, werden dieser Kostenstelle 20 mal diese Kosten pro Schlüssel verrechnet.

Kostenarten	allgemeine HKSt		**Material**	**Fertigung**		HKST. der Fert.		**VWVT**
	Kantine	Gebäude		A	B	1	2	
z. B. Gehälter			Schritt 1: Verteilung der Gemeinkosten auf die einzelnen Kostenstellen					
z. B. Strom								
Summe	Σ	Σ	Σ	Σ	Σ	Σ	Σ	Σ
Schritt 2a: Umlage der Kantine auf alle übrigen Kostenstellen		Anteil an der Kantine	Anteil an der Kantine	Anteil an der Kantine	Anteil an der Kantine	Anteil an der Kantine	Anteil an der Kantine	Anteil an der Kantine
		Σ						
Schritt 2b. Umlage der Gebäudekosten			Anteil Gebäude	Anteil Gebäude	Anteil Gebäude	Anteil Gebäude	Anteil Gebäude	Anteil Gebäude
						Σ	Σ	
				Anteil HKST. 1	Anteil HKST. 1	Schritt 3: Umlage der speziellen Hilfskostenstellen		
				Anteil HKST. 2	Anteil HKST. 2			
			Σ	Σ	Σ			Σ
		Schritt 4: Berechnung der Gemeinkostensummen in der einzelnen Hauptkostenstellen						

Wie beim einfachen BAB werden die Gemeinkosten zunächst auf alle Kostenstellen verteilt. Anschließend erfolgt jedoch eine sukzessive Umlage der Hilfskostenstellen auf die Hauptkostenstellen. Einige von Ihnen werden sich jetzt fragen, warum man die Kosten nicht gleich alle nur auf die Hauptkostenstellen verteilt, wenn man es am Ende doch wieder macht. Antwort: die Zuordnung der Kosten wird dadurch viel genauer.

Aufgabenblock VKR 2

1. Erweiterter BAB

Es sind folgende Gemeinkosten zu verteilen:

Hilfsstoffe 120.000,00
Strom 39.000,00
Gehälter 160.000,00
Hilfslöhne 12.000,00
Reinigung 4.000,00
Abschreibung 60.000,00
Heizung 2.400,00
Betriebsleitung 90.000,00
Steuern 24.000,00

Verteilungsschlüssel

		Allg 1	Allg 2	Mat	Fert	Fhilfsk	Verw	Vertr
Hilfsstoffe	MES	17.000,00	30.000,00	4.000,00	53.750,00	5.000,00	9.000,00	1.250,00
Strom	kWh	3.000	1.300	6.000	19.000	3.000	5.000	1.700
Gehälter		4.000,00	1.000,00	8.000,00	15.000,00	12.000,00	80.000,00	40.000,00
Hilfslöhne	Std	5	8	40	500	27	10	10
Reinigung	qm	200	300	1800	4700	1000	1000	1000
Abschreibung	K/AV	5	8	15	52	20	10	10
Heizung	Heizkörper	3	0	15	54	18	30	0
Betriebsleitung	AN	6	10	12	350	16	70	16
Steuern	K/AV	5	8	15	52	20	10	10

Anmerkung: MES = Materialentnahmeschein; K/AV = Anteil der Kostenstelle am Anlagevermögen

Umlage der Hilfskostenstellen

Allgemeine Hilfskostenstelle 1:	Arbeitnehmer
Allgemeine Hilfskostenstelle 2	Anteil der Kostenstelle am Anlagevermögen
Bes. HKST FERT	auf Hauptkostenstelle

Ermitteln sie die Gemeinkostensummen in den Hauptkostenstellen.

2. Erweiterter BAB

Im Monat August ergibt die Verteilung der Gemeinkosten auf die Kostenstellen folgendes Bild:

	Kantine	Material	Fertigung	Labor	VWVT
Hilfslöhne	1.200,00	15.000,00	24.000,00	900,00	1.800,00
Reinigung	500,00	1.300,00	2.500,00	180,00	1.600,00
Abschreibung	5.600,00	18.000,00	56.000,00	9.000,00	16.000,00
KEK	32.000,00	64.000,00	84.000,00	42.000,00	64.000,00

KEK: zusammengefasste Kostenstelleneinzelkosten (um die Aufgabe zu vereinfachen)

Ermitteln Sie die den Hauptkostenstellen zurechenbaren Gemeinkosten.

Der Betrieb hat insgesamt 128 Beschäftigte, von denen 8 in der Kantine arbeiten. Die restlichen 120 Arbeitnehmer verteilen sich wie folgt:

	Material	Fertigung	Labor	VWVT
Mitarbeiter	24	72	10	14

3. AP 1998 II.2.1 **4 Punkte**

Der BAB des Zweigwerks für Schmelzkäse enthält nach der Verteilung der Gemeinkosten auf die Kostenstellen für den Monat November folgende Gemeinkostensummen in €:

Kantine	Material	Fert.1	Fert. 2	Schlosserei	VwVt
52.000,00	61.000,00	275.000,00	420.000,00	120.000,00	340.000,00

Die Umlage der Kantine erfolgt nach der Anzahl der Beschäftigten:

Material	Fert.1	Fert. 2	Schlosserei	VwVt
4	40	20	6	10

Die Schlosserei hat in diesem Monat 30% der Arbeitszeit für die Fertigungsstelle 1 und 70% der Arbeitszeit in der Fertigungsstelle 2 geleistet.

Ermitteln Sie in jeder Hauptkostenstelle die Summe der Gemeinkosten.

Zusammenfassung:

1. Wie beim einfachen BAB werden alle Gemeinkosten auf alle Kostenstellen verteilt (auf Haupt- und Hilfskostenstellen).
2. Die allgemeinen Hilfskostenstellen werden nacheinander mit Hilfe von Verteilungsschlüsseln auf alle verbleibenden Haupt- und Hilfskostenstellen verteilt.
3. Die besonderen Hilfskostenstellen werden anschließend ebenfalls aufgelöst und den betroffenen Hauptkostenstellen zugeschlagen.
4. Die verbleibenden Gemeinkostensummen der Hauptkostenstellen werden zum Schluss ausgewertet.

3. Kostenträgerzeitrechnung

Der BAB kann nun unterschiedlich ausgewertet werden. Grundsätzlich stellt er die Basis für die Kostenträgerrechnung dar, die wiederum unterschiedliche Ausprägungen vorweist.

Kostenträgerzeitrechnung: Berechnung des tatsächlichen Betriebsergebnisses (auf IST-Kostenbasis).

Kostenträgerstückrechnung: Ermittlung von Zuschlagssätzen für die Stück- oder Vorkalkulation.

Kostenträgerblatt: Kostenvergleich zwischen tatsächlich angefallenen Kosten (IST-Kosten) und den verrechneten Kosten (Normalkosten).

3.1 Ermittlung des Betriebsergebnisses

Das Betriebsergebnis wird ermittelt, indem man die erzielten Erlöse (dieser Periode) mit den angefallenen Kosten (dieser Periode) vergleicht:

Betriebsergebnis = Umsatzerlöse - Selbstkosten

Die Umsatzerlöse erhält man durch das Produkt von Stückpreis und verkaufter Menge:

Umsatzerlöse = Preis/Stück * verk. Menge

In den einzelnen Kostenstellen können typischerweise folgende Kosten anfallen:

Kostenstelle	Kostenarten	Abk.
Material	Fertigungsmaterial (Einzelkosten) Materialgemeinkosten (Summe der Gemeinkosten laut BAB)	**FM** **MGK**
Fertigung	Fertigungslöhne (Einzelkosten) Fertigungsgemeinkosten (Summe der Gemeinkosten in der Kostenstelle Fertigung) Sondereinzelkosten der Fertigung: Z.B. besondere Entwicklungs- oder Planungskosten	**FL** **FGK** **SEKF**
Verwaltung	Verwaltungsgemeinkosten Da in der Verwaltung keine den einzelnen Produkten zuordenbare Kosten existieren, gibt es selbstverständlich auch keine Einzelkosten.	**VWGK**
Vertrieb	Vertriebsgemeinkosten Sondereinzelkosten des Vertriebs: Z.B. besondere Transportversicherung oder aufwendige Transportverpackung.	**VTGK** **SEKVT**

Die Selbstkosten werden also mit folgendem Schema ermittelt:

Fertigungsmaterial	FM	Materialkosten (MK)
+ Materialgemeinkosten	MGK	
+ Fertigungslöhne	FL	Fertigungskosten (FK)
+ Fertigungsgemeinkosten	FGK	
+Sondereinzelkosten der Fertigung	SEKF	
= Herstellkosten	HK	
+ Verwaltungsgemeinkosten	VWGK	
+ Vertriebsgemeinkosten	VTGK	
+Sondereinzelkosten des Vertriebs	SEKVT	
= Selbstkosten	SK	

Aufgabenblock VKR 3

1. *Ermittlung des Betriebsergebnisses*

Ermitteln Sie jeweils die angefallenen Selbstkosten und das erzielte Betriebsergebnis.

a.

Kostenstellen	Material	Fertigung	Verwaltung	Vertrieb
Einzelkosten	12.000,00	40.000,00		
Gemeinkosten	8.000,00	32.000,00	10.000,00	7.000,00

Umsatzerlöse (gesamt):........................150.000,00 €

b.

Kostenstellen	Material	Fertigung	Verwaltung	Vertrieb
Einzelkosten	5.000,00	23.000,00		
Gemeinkosten	3.000,00	46.000,00	6.000,00	4.000,00
Sondereinzelkosten		5.200,00		800,00

Umsatzerlöse (gesamt):........................110.000,00 €

c.

KSt	Material	Fert. 1	Fert. 2	Verw.	Vertrieb
EK	15.000,00	13.000,00	140.000,00		
GK	13.000,00	16.000,00	210.000,00	6.000,00	4.000,00
SEK		5.200,00			800,00

Umsatzerlöse (gesamt):........................360.000,00 €

d. BAB und Betriebsergebnis

	allgem KSt.	Mat	Fert I	Fert II	Fert.-HilfskSt.	VWVT
EK		20.000,00	80.000,00	49.000,00		
SEK			3.400,00			1.200,00
GK	2.400,00	12.000,00	43.000,00	27.800,00	3.000,00	9.000,00

Die Allgem. Hilfskostenstelle (Kantine) wird nach Beschäftigten (AN) umgelegt. Die spezielle HKST der Fertigung ebenfalls.

	allgem KSt.	Mat	Fert I	Fert II	F-HilfskSt.	VWVT
AN:	4	7	34	26	2	11

Die Umsatzerlöse betragen 320.000,00 €.

Ermitteln Sie die Gemeinkosten der Hauptkostenstellen und das Betriebsergebnis.

2. Verständnisfragen

a. *Definieren Sie folgende Begriffe:*
- *Sondereinzelkosten des Vertriebs*
- *Selbstkosten*
- *Fertigungskosten*
- *Herstellkosten*

b. *Beantworten Sie folgende Fragen:*
Woraus bestehen die Fertigungsgemeinkosten?
Welche Aufgaben hat der BAB?

3.2 Bestandsveränderungen

Das Ergebnis obiger Rechnung stimmt nur dann, wenn die hergestellte Menge dieser Periode genau der verkauften Menge entspricht. Dies ist in der Praxis nicht der Normalfall. Aus Sicherheitsgründen legt jeder Betrieb Zwischen- und Endlager an, um auf Marktänderungen schnell reagieren zu können.

Falls wir nun nur die auf der Basis der Herstellkosten dieser Periode ermittelten Selbstkosten mit den Verkaufserlösen vergleichen, kann es vorkommen, dass ein falsches Betriebsergebnis ermittelt wird, da wir nicht wissen, ob während dieser Periode zusätzlich Produkte auf Lager produziert worden sind, oder ob aus dem Lager Produkte entnommen wurden.

Wenn mehr Produkte verkauft werden als fertig gestellt werden, wäre der ausgewiesene Gewinn zu hoch und umgekehrt. Diese Tatsache muss sowohl buchhalterisch als auch kostenrechnerisch berücksichtigt werden. Es werden deshalb rechnerisch zwei Lager gebildet:

Ein Lager für unfertige Erzeugnisse

ein Lager für fertige Erzeugnisse

Die Veränderungen in diesen Lagern müssen bei der Ermittlung des Betriebsergebnisses berücksichtigt werden. Dazu sind mehrere zusätzliche Rechenstufen nötig:

Die bisherigen Herstellkosten nennen wir:

HKA (Herstellkosten der Abrechnungsperiode)

Sie beinhalten alle in dieser Periode angefallenen Kosten der Produktion, unabhängig davon, ob die bearbeiteten Produkte alle fertig gestellt oder verkauft wurden.

Die Berücksichtigung der Veränderungen im Lager für unfertige Erzeugnisse ergibt dann die

HKFE (Herstellkosten der fertigen Erzeugnisse)

Sie bestimmen die Herstellkosten, die von den tatsächlich fertig gestellten Produkten verursacht wurden. Sie können größer als die HKA (falls halbfertige Waren aus dem Lager entnommen wurden) oder kleiner als die HKA sein (falls mehr Produkte angefangen wurden als fertig gestellt wurden). Die Erfassung der Veränderungen im Fertigwarenlager ergibt dann die

HKU (Herstellkosten des Umsatzes)

Diese Größe umfasst genau die Herstellkosten, die von den verkauften Produkten verursacht wurden. Auch sie können größer oder kleiner als die HKFE sein, abhängig von den Veränderungen im Fertigwarenlager.

Bestandsminderung bei den unfertigen Erzeugnissen: Wir entnehmen etwas aus dem Lager für unfertige Erzeugnisse. Was wir in der abgelaufenen Periode produziert haben (HKA) reicht nicht aus. Wir müssen auf das Lager zurückgreifen. Die Herstellkosten der fertig gestellten Erzeugnisse sind also größer als die HKA.

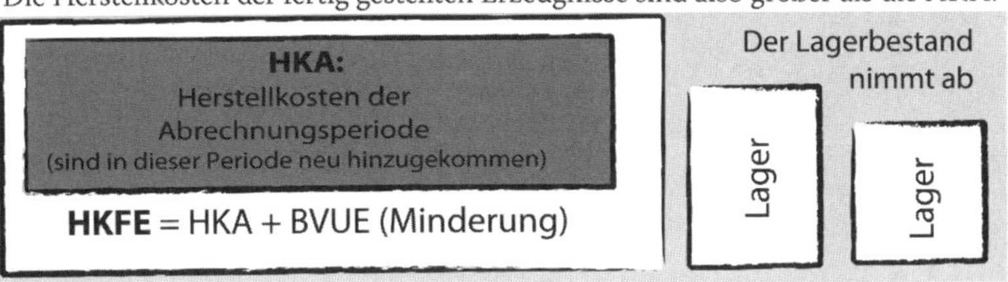

Bestandsmehrung bei den FE: Wir verkaufen weniger als wir produziert haben. Wir erhöhen den Lagerbestand. Die den verkauften Produkten zurechenbaren Herstellkosten sind also kleiner als die HKFE.

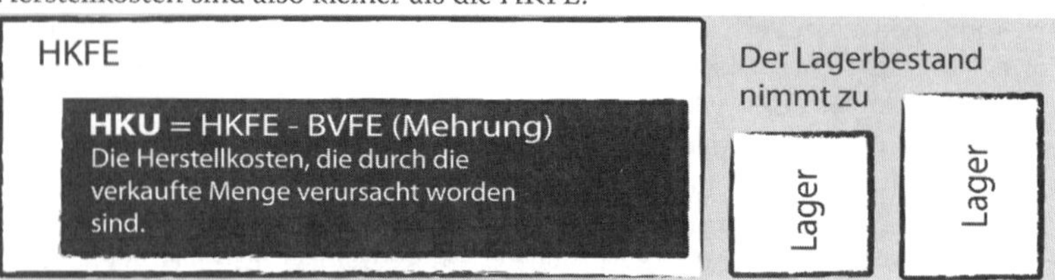

Man kann also folgende Zusammenhänge darstellen:

HKA
-Bestandserhöhungen im Lager für UE oder
+Bestandsminderung UE
=HKFE
-Bestandserhöhung FE oder
+Bestandsminderung FE
=HKU

Auf der Basis der HKU werden dann die Selbstkosten des Umsatzes ermittelt und anschließend mit den Umsatzerlösen verglichen.

Die Kalkulation der Selbstkosten sieht nun folgendermaßen aus:

Fertigungsmaterial	FM	MK
+ Materialgemeinkosten	MGK	
+ Fertigungslöhne	FL	FK
+ Fertigungsgemeinkosten	FGK	
+ Sondereinzelkosten der Fertigung	SEKF	
= Herstellkosten der Abrechnungsperiode	**HKA**	
+/- Bestandsveränderungen an unfertigen Erz.	**BVUE**	
= Herstellkosten der fertigen Erzeugnisse	**HKFE**	
+/- Bestandsveränderungen an fertigen Erz.	**BVFE**	
= Herstellkosten des Umsatzes	**HKU**	
+ Verwaltungsgemeinkosten	VWGK	
+ Vertriebsgemeinkosten	VTGK	
+ Sondereinzelkosten des Vertriebs	SEKVT	
= Selbstkosten des Umsatzes	**SKU**	

Zieht man diese Selbstkosten des Umsatzes von den erzielten Umsatzerlösen ab, erhält man das Betriebsergebnis.
Dieses Ergebnis stellt das tatsächliche Ergebnis dar, da es erst man Monatsende ermittelt wird, auf der Basis tatsächlicher (und nicht kalkulierter) Werte.

Aufgabenblock VKR 4

1. Berechnung des Betriebsergebnisses

Berechnen Sie Materialkosten, Fertigungskosten, HKA, HKFE, HKU, Selbstkosten, Betriebsergebnis.

Kostenstelle	Material	Fertigung	Verwaltung	Vertrieb
Einzelkosten	16.000,00	45.000,00		
Gemeinkosten laut BAB	23.000,00	143.000,00	23.000,00	14.000,00

Bestandsveränderungen:

Unfertige Erzeugnisse..........12.800,00 Bestandsminderung
Fertige Erzeugnisse ....-23.000,00 Bestandsmehrung
Umsatzerlöse 380.000,00

2. Berechnung des Betriebsergebnisses

Die Kostenrechner ermitteln für die abgelaufene Periode folgende Kosten:

FM..20.000,00 FL 34.000,00
Gehälter ....18.000,00 Miete 7.200,00
Abschreibung ....9.000,00 Heizung.................................. 1.200,00

Verteilung der Gemeinkosten:

		Material	Fertigung	Verwaltung	Vertrieb
Gehälter	Gehaltslisten	2.000,00	6.000,00	9.000,00	1.000,00
Miete	qm	120	500	200	80
Abschreibung	KSt/AV	15%	55%	20%	10%
Heizung	Einheitenzähler	40	180	230	50

Weitere Daten:

BVUE (Minderung)..5.512,00
BVFE (Mehrung) 4.912,00
Umsatzerlöse 110.000,00

3.3 Ermittlung von Zuschlagssätzen für die Kalkulation

3.3.1 Kalkulation der Selbstkosten

Wir haben bisher nur eine Aufgabe des BABs gelöst: Wir können das Betriebsergebnis ermitteln. Die zweite Aufgabe, die angefallenen Kosten auf die Produkte zu verteilen, d.h. zu ermitteln, wie teuer die Produktion eines einzelnen Produktes kommt, wird folgendermaßen gelöst:

Mit Hilfe des BABs haben wir die Gemeinkosten in den einzelnen Kostenstellen ermittelt. Aufgrund von Aufzeichnungen kennen wir auch die Einzelkosten in der Kostenstelle Material und die Fertigungslöhne aus der Kostenstelle Fertigung, sowohl für das einzelne Stück, als auch die Gesamtwerte.

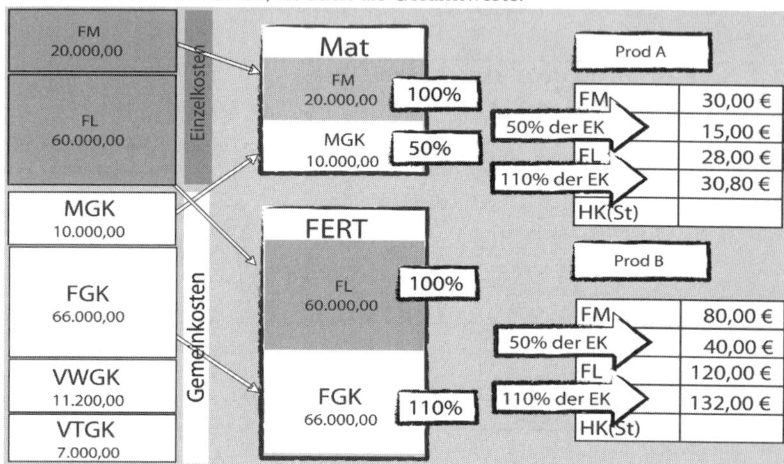

Beispiel:

Angenommen, in der Kostenstelle Material sind in der abgelaufenen Periode 20.000,00 € an Fertigungsmaterial angefallen. Mit Hilfe des BABs haben wir im gleichen Zeitraum Materialgemeinkosten in Höhe von 10.000,00 € ermittelt. Daraus kann man schließen, dass ein Euro an Fertigungsmaterial zwangsläufig 50 Cent Materialgemeinkosten verursacht hat. Wenn nun das Produkt A 30,00 € an FM verschlingt, kann man mit Hilfe obigen Dreisatzes die auf das Produkt entfallenden MGK ermitteln(15,00 €). Rechnerisch bietet sich dazu eine einfache Prozentrechnung an:

Man berechnet den prozentualen Anteil der Gemeinkosten an den Einzelkosten und schlägt diesen Prozentsatz bei der Stückkalkulation auf.

MGK% = MGK *100 / FM

FGK% = FGK * 100 / FL

Da es im Verwaltungs- und Vertriebsbereich keine Einzelkosten gibt, nimmt man als Berechnungsbasis die HKU:

VWGK% = VWGK * 100 / HKU

VTGK% = VTGK * 100 / HKU

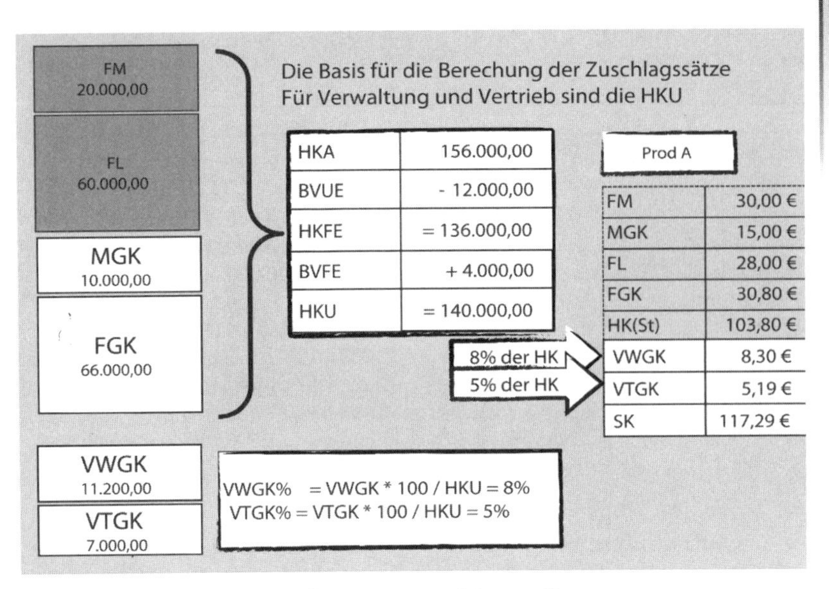

3.3.2 Normalgemeinkostenzuschlagssätze

Um in der Praxis nun mit diesen Zuschlagssätzen arbeiten zu können, sind noch weitere Informationen nötig:

Die Zuschlagssätze, die auf der Basis der IST-Kosten ermittelt wurden, haben einen entscheidenden Nachteil: Sie stehen erst am Ende der Periode zur Verfügung und sie gelten nur für die abgelaufene Periode. Da ein Betrieb es sich nicht leisten kann, dem Kunden den Preis für das gekaufte Produkt erst am Ende der Periode zu nennen oder diesen immer wieder zu ändern, falls sich die angefallenen Kosten ändern, verwendet man zur Kalkulation Durchschnittswerte aus der Vergangenheit. Diese stehen auch während der Periode zur Verfügung und haben über mehrere Perioden Bestand. Diese Zuschlagssätze nennt man **Normalgemeinkostenzuschläge.**

Diese NGK% werden zur Kalkulation der einzelnen Produkte verwendet.

Das Ergebnis dieser Rechnung nennt man Umsatzergebnis.

Aufgabenblock VKR 5

1.

Ein Betrieb ermittelt am Ende einer Abrechnungsperiode folgende Kosten:

Kostenstelle	Einzelkosten	Gemeinkosten
Material	180.000,00	18.000,00
Fertigung_1	140.000,00	210.000,00
Fertigung_2	200.000,00	140.000,00
Verwaltung		108.000,00
Vertrieb		54.000,00

Außerdem fielen in der Fertigung_2 noch 2.000,00 € Entwicklungskosten an. Bei den unfertigen Erzeugnissen liegt eine Bestandsmehrung in Höhe von 30.000,00 € vor. Dem Fertigwarenlager wurden Waren für 40.000,00 € entnommen. Es wurden in der abgelaufenen Periode Umsatzerlöse in Höhe von 1.600.000,00 € erzielt.

a. *Ermitteln Sie das Betriebsergebnis.*

b. *Ermitteln Sie die Gemeinkostenzuschlagssätze.*

c. *Für das einzelne Stück berechneten die Kostenrechner folgende Einzelkosten:*
FM 40,00
FL_1 120,00
FL_2 70,00
SEKF 5,00
Ermitteln Sie die Selbstkosten dieses Produktes.

2.

Unser Betrieb verwendet folgende Normalgemeinkostenzuschläge:

MGK% .... 50%   FGK% 120%
VWGK% .... 10%   VTGK% 8%

Folgende weitere Daten sind bekannt:

Kostenstelle	Mat	Fert	Verw	Vertr
Einzelkosten	120.000,00	200.000,00		
Sondereinzelkosten		20.000,00		
Gemeinkosten laut BAB	66.000,00	215.000,00	80.000,00	40.000,00

Umsatzerlöse: 874.000,00
Bestandsveränderungen
unfertige Erzeugnisse .... 13.000,00 (Bestandsminderung)
Fertigerzeugnisse .... 7.000,00 (Bestandsmehrung)

Für die Kalkulation des Produkts A stehen folgende weitere Daten zur Verfügung:

FM 6,00
FL 15,00
SEKF 8,00

a. *Ermitteln Sie das erzielte Betriebsergebnis, das Umsatzergebnis und die kalkulierten Selbstkosten des Produkts A.*

b. *Welche Menge wurde fertig gestellt, welche verkauft?*

4. Kostenträgerstückrechnung

Die Selbstkosten müssen wir von unseren Kunden auf alle Fälle verlangen, damit wir keinen Verlust machen. Damit gibt sich der Betrieb natürlich nicht zufrieden:

Er will auch einen Gewinn erzielen, gibt dem Kunden in der Regel Rabatt und Skonto und muss u.U. auch einen Vertreter bezahlen, der den Vertrieb übernimmt. Diese Beträge müssen selbstverständlich auch noch einkalkuliert werden. Die zusätzlichen Beträge werden wieder mit Hilfe von Zuschlagssätzen eingerechnet.

Dabei ist folgendes Schema verbindlich anzuwenden:

Vorwärtskalkulation	Rückwärtsrechnung
Bei der Vorwärtskalkulation wird - ausgehend von den Selbstkosten - der Angebotspreis auf der Basis der entstandenen Kosten ermittelt.	Bei der Rückwärtsrechnung wird der Preis vom Markt diktiert. Wir können dann den verbleibenden Gewinn oder einzelne Kostenkomponenten ermitteln.
Selbstkosten (SK)	**AP**
+ Gewinn (G)	**- Rabatt**
= Vorläufiger Verkaufspreis (VVKP)	**= ZVKP**
+ Vertreterprovision (VERT)	**-Skonto**
= Barverkaufspreis (BVKP)	**= BVKP**
+ Skonto (SK)	**- Vert**
= Zielverkaufspreis (ZVKP)	**=VVKP**
+ Rabatt (RAB)	**- G**
= Angebotspreis (AP)	**= SK**

Die Schwierigkeit liegt dabei darin, dass die einzelnen Größen auf unterschiedelichen Berechnungsbasen ermittelt werden:

* **Rabatt auf der Basis des Angebotspreises.**
  Der Angebotspreis ist der Preis, der dem Kunden vorliegt. Wenn das Unternehmen also Rabatt gewährt, ist dies die Basis, die der Kunde bei der Berechnung unterstellt.
* **Vertreterprovision und Skonto auf der Basis des Zielverkaufspreises.**
  Der nach Abzug des Rabatts verbleibende ZVKP ist die allgemein übliche Basis für die Berechnung von Vertreterprovision und Skonto.
* **Gewinn auf der Basis der Selbstkosten.**

Diese Berechnungsbasen gelten sowohl für die Vorwärts- als auch für die Rückwärtsrechnung.

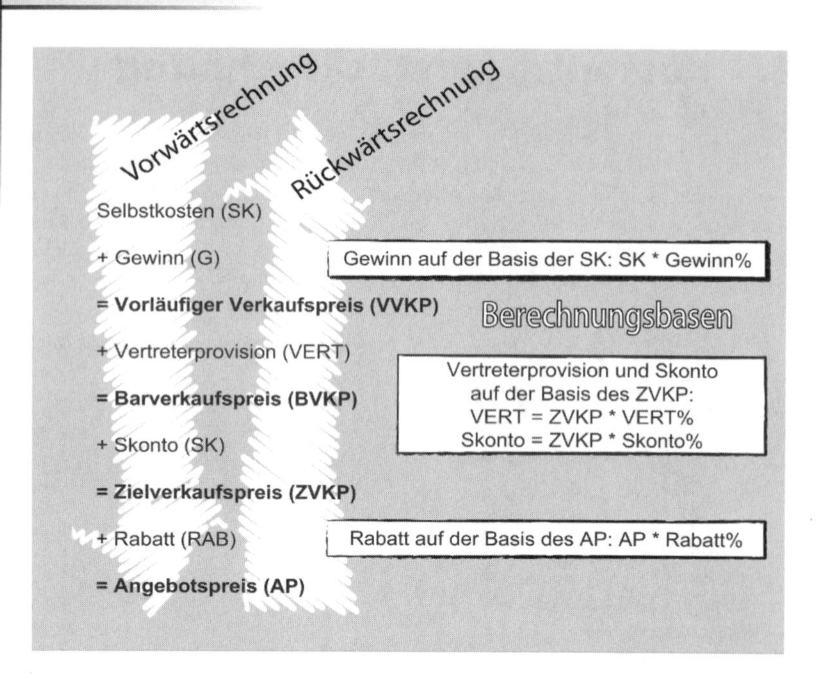

Aufgabenblock VKR 6

1. Vorwärtsrechnung

Die Kalkulation des Produktes X geschieht auf der Basis folgender Daten: Ermitteln Sie den Angebotspreis.

FM	50,00	FL	120,00
MGK%	120%	FGK%	200%
VWGK%	10%	VTGK%	5%
Gewinn	8%	Vertreterprovision	5%
Skonto	2%	Rabatt	10%

2. Rückwärtsrechnung

Aus Konkurrenzgründen kann ein Produkt nur zu 180,00 € verkauft werden. Wie viel Euro für FM können höchstens aufgewendet werden, wenn der Betrieb mit folgenden Zahlen kalkuliert?

MGK%	10%	FGK%	150%
VWGK%	10%	VTGK%	10%
FL	22,00		
Gewinn	10%	Skonto	3%
Vertr.	7%	Rabatt	15%

3. AP 1989 II, 2.1 5 Punkte

Im Zweigwerk der XYZ-AG wurde im Mai nur ein Produkt gefertigt. Dieses wurde mit Hilfe folgender Daten kalkuliert:

MGK% .... 20% FGK1% 140%
FGK2% .... 85% VWVTGK 27,5%
FM .... 60,00 € FL1 .... 45,00 €
FL2 .... 52,00 € Skonto 2%
Barverkaufspreis .... 389,65 € Vertreterprovision .... 19,88 €

Ermitteln Sie die Prozentsätze für die Vertreterprovision und den Gewinnzuschlag.

4. AP 1984 II, 2.1.1 (adaptiert) 6 Punkte

Das Produkt D könnte zum Angebotspreis von 130,00 € bei 2% Skonto und 10% Rabatt verkauft werden. Die Selbstkosten werden auf der Basis folgender Werte ermittelt:

FM .... 33,00 € FL1 .... 14,00 €
FL2 .... 12,00 SEKF .... 2,40 €
MGK% .... 30% FGK1% 165%
FGK2% .... 130% VWVTGK% 10%

Ist der Verkauf zu diesem Preis unter diesen Voraussetzungen sinnvoll?

5. AP 91 II, 4.1.1 (adaptiert) 5 Punkte

Ein Vertreter der Metallbau AG hat den Kontakt zu einem Großhändler angebahnt, der bereit ist, 800 Stück des Produktes P zu kaufen, für das die Abteilung Kostenrechnung Selbstkosten in Höhe von 200,00 € ermittelt hat. Aus dem Angebot, das die Metallbau AG dem Kunden macht, ergibt sich ein Barverkaufspreis von 223,10 €.

Konditionen: 8% Rabatt und 3% Skonto; 7% Vertreterprovision.

Ermitteln Sie den Angebotspreis pro Stück sowie den Stückgewinn in € und als Prozentsatz.

6. AP 90 II, 2.1 8 Punkte

Die Textil AG produziert in ihrem Hauptwerk ausschließlich den hochwertigen Trachtenanzug Modell „Arber". Im abgelaufenen Geschäftsjahr betrug der Angebotspreis für das Modell 280,00 € netto. Die Verkaufsaufschläge von 10% Rabatt für Großabnehmer und 2% Skonto wurden von den Kunden stets in Anspruch genommen. Der Handelsvertreter der AG erhielt 7% Provision. Ein Teil der in der EDV-Anlage gespeicherten Daten der Angebotskalkulation ist zurzeit nicht verfügbar.

Aus dem Datensatz liegen noch folgende Angaben vor:

Spezialverpackung .... 7,90 pro Stück
FGK% .... 200% entspricht 60,00 €
Materialkosten 72,00
MGK% 20%
VWVTGK% .... 13% entspricht 22,10 €

Vollziehen Sie die Bestimmung folgender Daten rechnerisch nach:

1. *Herstellkosten pro Stück (2 P.)*
2. *Gewinn in Stück und als Prozentsatz (3 P.)*
3. *Entwicklungs- und Designkosten je Stück (2 P.)*
4. *Fertigungsmaterial pro Stück (1 P.)*

7. AP 97 II.3 4 Punkte

In einem Zweigwerk der Donau AG wurde für das Produkt X mit folgenden Werten vorkalkuliert:

	Prozent	€
Selbstkosten		1.716,00
Skonto	2%	?
Vertreterprovision	10%	243,75

1. *Ermitteln Sie den Gewinnzuschlag, der bei der Vorkalkulation verwendet wurde.*
2. *Geben Sie den zu erwartenden Stückerlös an, wenn alle Vertriebskonditionen in Anspruch genommen wurden.*

8. AP 81 II.4 3 Punkte

Die „Eurostyle AG" hatte Mitte November 02 für einen Spezial-Kurzzeitmesser, von dem ein Kunde eine größere Menge in Auftrag geben wollte, ein verbindliches Angebot zu folgenden Konditionen gemacht: Skonto 2%, Zielverkaufspreis pro Stück 50,00 €. Dem Vertreter, der den Auftrag vermittelte, wurde eine Provision von 6% zugesichert. An Selbstkosten wurden entsprechend den Angaben der Vorkalkulations- und Konstruktionsabteilung 40,00 € ermittelt.

Wie viel % Gewinn lagen dem Angebot zugrunde?

5. Das Kostenträgerblatt

5.1 Rechnerische Ermittlung der Bestandsveränderungen

Bevor wir nun abschließend das Kostenträgerblatt erstellen können, ist ein letzter Schritt nötig.

Bisher sind wir immer davon ausgegangen, dass die Bestandsveränderungen bekannt sind. Dies ist in der Praxis jedoch nur dann der Fall, wenn der Betrieb eine permanente Inventur durchführt. In der Regel geschieht die körperliche Inventur jedoch nur einmal pro Jahr. Da die Kostenrechnung im Normalfall monatlich durchgeführt wird, müssen die Bestandsveränderungen noch (rechnerisch) ermittelt werden. Dabei geht man folgendermaßen vor:

Die HKA_{ist} und HKA_{normal} werden wie gewohnt über das Schema errechnet.

Die $HKFE_{normal}$ und HKU_{normal} werden ermittelt, indem man sich der Informationen aus der Stückkalkulation bedient:

HKFE = HK/Stück * fertig gestellte Menge

HKU = HK/Stück * verkaufte Menge

Die Bestandsveränderungen ergeben sich aus dem Vergleich der HKA_{normal}, $HKFE_{normal}$ und HKU_{normal}.

BVUE = HKFE - HKA

BVFE = HKU - HKFE

Die auf Normalkostenbasis ermittelten BV werden dann auch auf den IST-Bereich übertragen.

Wie Sie aus den obigen Zeilen entnehmen können, werden HKA auf der einen Seite und HKFE und HKU auf der anderen Seite sehr unterschiedlich berechnet.

Die Herstellkosten der Abrechnungsperiode sind - wie der Name schon sagt - eine zeitbezogene Größe (Abrechnungsperiode; es kann also keine Beziehung zu einer Menge hergestellt werden), HKFE und HKU hingegen sind mengenorientiert (Herstellkosten der **fertiggestellten Menge** und der **verkauften Menge**). Die mengenmäßige Beziehung zwischen HKFE und HKU kann noch zu einer anderen Berechnungsart für die BVFE verwendet werden:

verkM - fertM = $BV_{Stück}$

BVFE = $BV_{Stück}$ * $HK_{Stück}$

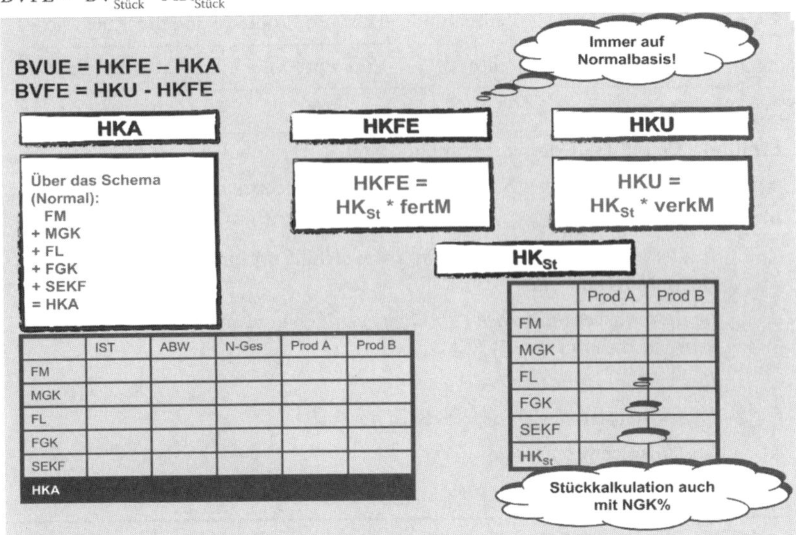

Aufgabenblock VKR 7

Einführendes Beispiel:

Angenommen, der Betrieb produziert nur das Produkt A.

Für dieses Produkt liegen vorab folgende Daten vor:

Fertigungsmaterial / Stück .... 48,00 €

Fertigungslöhne / Stück .... 52,00 €

Darüber hinaus weiß man natürlich, mit welchen Zuschlagssätzen die Gemeinkosten auf die Kostenträger verteilt werden.

In unserem Beispiel wird mit folgenden Normalgemeinkostenzuschlagsätzen kalkuliert:

MGK% .... 60% FGK% 140%

VwGK% .... 20% VTGK% 15%

Mit Hilfe dieser Angaben wird der Preis der einzelnen Produkte während der Periode kalkuliert.

Am Ende der Periode kommen noch weitere Informationen dazu:

* Die tatsächlich verbrauchten gesamten Einzelkosten (aufgrund von Aufzeichnungen in den Kostenstellen):

	MATERIAL	FERTIGUNG
für Produkt A	58.000,00 €	62.000,00 €

* Die in den Kostenstellen tatsächlich angefallenen Gemeinkosten:
  Material .... 38.000,00 €
  Fertigung .... 70.000,00 €
  Verwaltung .... 55.000,00 €
  Vertrieb .... 32.000,00 €
* Die Menge der fertig gestellten und verkauften Produkte und die Stückerlöse

	Fertig gestellte M.	Verkaufte M.	Erlös/Stück
Produkt A:	1.200	1.300	400,00 €

Ermitteln Sie mit Hilfe der vorliegenden Daten

a. *die Herstellkosten pro Stück mit Normalgemeinkostenzuschlagssätzen,*

b. *die Herstellkosten der Abrechnungsperiode (HKA normal),*

c. *die Herstellkosten der fertigen Produkte (HKFE normal) und der verkauften Menge (HKU normal),*

d. *die Bestandsveränderungen an unfertigen Erzeugnissen (BVUE) und an fertigen Erzeugnissen (BVFE),*

e. *die erzielten Umsatzerlöse,*

f. *die Selbstkosten des Umsatzes (SKU normal),*

g. *das Umsatzergebnis und*

h. *das Betriebsergebnis*

1.

Verwenden Sie zur Lösung der Aufgabe die Zuschlagssätze aus dem einführenden Beispiel.

HKA_{normal} .... 180.000,00 FM/Stück 20,00
FL/Stück .... 50,00 SEKF/Stück 3,00
Hergestellte Menge .... 1.200 Verkaufte Menge 1.100

Ermitteln Sie Höhe und Art der Bestandsveränderung.

2.

HKU_{normal} .... 200.000,00 HKA_{normal} 190.000,00
Hergestellte Menge .... 9.000 Verkaufte Menge 10.000

Ermitteln Sie Höhe und Art der Bestandsveränderung.

3. (AP 1991 II, 3.1) 7 Punkte

Im Betrieb B fertigt die Metallbau AG neben anderen Erzeugnissen auch Produkt A. Zum Ende der Abrechnungsperiode liegen hierfür die nachstehenden Daten vor:

	insgesamt	je Stück
Fertigungsmaterial	170.000,00	20,00
Fertigungslöhne	420.000,00	50,00
Spezialverpackung	7.020,00	0,90
Konstruktions- und Lizenzkosten	42.000,00	5,00

Folgende Gemeinkostenzuschlagssätze (GKZS) sind bekannt:

	Material	Fertigung	VWVT
den Kunden verrechnete GKZS	20%	150%	25%

Das Fertigerzeugnis-Lager meldet bei Produkt A für Dezember einen Zugang von 8.800 Stück und einen Abgang von 7.800 Stück.

Berechnen und benennen Sie die Werte der einzelnen Bestandsveränderungen sowie den Gesamtbetrag der BV, der für Erzeugnis A in der KLR angesetzt wird.

4. Testfragen

a. *Definieren Sie folgende Begriffe: HKU, HKFE, HKA.*

b. *Sie haben zur Berechnung die Normalgemeinkostenzuschlagssätze und die Istgemeinkostenzuschlagssätze gegeben. Welche verwenden Sie für die Berechnung der Bestandsveränderungen?*

c. *Laut Lagerkartei waren zu Beginn der Periode von Produkt B 500 Stück im Ausgangslager, am Ende der Periode waren es 400 Stück. Die Herstellkosten des Produkts B betragen 50,00 €.*
Welche Bestandsveränderung liegt vor?
Wie hoch ist die Bestandsveränderung?

5.2 Aufbau des Kostenträgerblattes

Bez	ISTKOSTEN =Normal minus Abweichungen	ABWEICHUNG	NORMAL GESAMT =Summe A und B = Istkosten + Abweichung	PROD A	PROD B
FM MGK FL FGK SEKF	Einzelkosten sind im IST- und Normalbereich gleich groß. MGK und FGK kommen aus dem BAB.	Abweichungen gibt es nur bei MGK und FGK.	= Summe der Werte von Prod A und Prod B. **MGK und FGK werden mit GK% errechnet.**		
HKA BVUE HKFE BVFE HKU	BVUE und BVFE werden aus dem Normalbereich übertragen (Spalte 3).	Keine zusätzlichen Abweichungen möglich.	BVUE = HKFE - HKA BVFE = HKU - HKFE HKFE = HK/St * fert. M HKU = HK/St * verk. M. HK/St auf Normalbasis		
VWGK VTGK SEKVT	VWGK und VTGK aus dem BAB. SEKVT aus dem Normalbereich.	Abweichungen nur bei VWGK und VTGK.	VWGK und VTGK werden mit GK% kalkuliert. SEKVT entsprechen denen des IST-Bereichs.		
SK	Die Unterschiede zwischen Ist- und Normalbereich resultieren nur aus den Abweichungen bei den Gemeinkosten				
UERL	Sind genauso groß wie im Normalbereich.		Sind genauso groß wie im IST-Bereich. VVKP * verk. M.		
BE ABW UERG	Das BE ist das tatsächliche Ergebnis	Differenz zwischen UERG und BE Summe aller Abweichungen.	Das Umsatzergebnis ist das kalkulierte Ergebnis		

Wichtige Zusammenhänge zwischen Stück- und Gesamtrechnung (**gelten nur bei den Normalkosten**):

$HKFE_{(normal)} = Hk_{(Stück)} * fertM$	$HKU_{(normal)} = Hk_{(Stück)} * verkM$
$SKU_{(normal)} = SK_{(Stück)} * verkM$	UERL = VVKP * verkM
$UERG = Gewinn_{(Stück)} * verkM$	

Weitere wichtige Zusammenhänge:
Spalte 1 + Spalte 2 = Spalte 3
Spalte 4 + Spalte 5 = Spalte 3

5.3 Auswertung des Kostenträgerblattes

Die Abweichungen in den einzelnen Kostenstellen machen deutlich, wie genau die verwendeten Zuschlagssätze waren.
Für die Gesamtabweichung gilt folgendes:

Kostenunterdeckung

Die kalkulierten Kosten sind *niedriger* als die tatsächlichen Kosten.

Die Zuschlagssätze waren insgesamt oder wenigstens in einzelnen Kostenstellen zu klein.

also: $\mathbf{SK_{ist} > SK_{normal}}$
Beispiel:

	Istbereich	Kostenabw.	Normalbereich
UERL	1.000.000,00		1.000.000,00
SK	800.000,00	- 100.000,00	700.000,00
BE / UERG	200.000,00		300.000,00

BE = UERG - Kostenunterdeckung
UERG = BE + Kostenunterdeckung

Kostenüberdeckung

Die kalkulierten Kosten sind *höher* als die tatsächlichen Kosten

Die Zuschlagssätze waren insgesamt oder wenigstens in einzelnen Kostenstellen zu groß.

also: $\mathbf{SK_{ist} < SK_{normal}}$
Beispiel:

	Istbereich	Kostenabw.	Normalbereich
UERL	1.000.000,00		1.000.000,00
SK	850.000,00	+ 80.000,00	930.000,00
BE / UERG	150.000,00		70.000,00

BE = UERG + Kostenüberdeckung
UERG = BE – Kostenüberdeckung

Aufgabenblock VKR 8

1. *Einfaches Kostenträgerblatt*

Erstellen Sie aus folgenden Daten das Kostenträgerblatt.

Einzelkosten	Gesamt		Stück	
	A	B	A	B
FM	20.000,00 €	17.000,00 €	45,00 €	12,00 €
FL1	25.000,00 €	12.000,00 €	60,00 €	20,00 €
FL2	15.000,00 €	10.000,00 €	26,00 €	15,00 €

Gemeinkosten	IST-GK	NGK%
MGK	17.000,00 €	50%
FGK1	60.000,00 €	150%
FGK2	25.000,00 €	110%
VWGK	17.359,90 €	10%
VTGK	17.207,92 €	8%

Bestandsveränderungen	A	B
fertig gestellt	500	800
verkauft	540	750
UMSATZERLÖSE	188.089,32 €	70.977,50 €

2. AP 86 II.1 (adaptiert) — 10 Punkte

Die Neo-AG weist für die abgelaufene Periode folgende Werte aus:

Kostenstellen	Material	Fert1	Fert2	Verw	Vert
Ist-GK laut BAB	18.000,00	480.000,00	700.000,00	168.120,00	112.080,00
Zuschlagsbasen	120.000,00	250.000,00	280.000,00		
NGK%	10%	200%	240%		

	UE	FE
AB	140.000,00	190.000,00
EB	180.000,00	130.000,00

a. *Wie hoch sind die Normal-VWGK bei einer Überdeckung von 17.280,00 €? (1 P).*

b. *Ermitteln Sie den IST-Zuschlagssatz für Fert2 und den Normalzuschlagssatz für die VWGK. (4 P.)*

c. *Berechnen Sie die IST-Selbstkosten. (2 P.)*

d. *Wie hoch ist die verkaufte Menge, wenn sich der Bestand an FE um 300 Stück verringert hat? Berechnen Sie auch die fertig gestellte Menge. (3 P.)*

3. AP 1984 II. 1 (adaptiert) 22 Punkte

Die DUO AG stellt die Produkte S und D her.

Für die abgelaufene Periode liegen folgende Werte vor:

	S	D
FM	96,00	33,00
FL1	38,00	14,00
FL2	55,00	12,00
SEKF	8,00	2,40
fert. Stück	2200	2670
verk. Stück	2100	2720

Außerdem liegt folgendes unvollständiges Kostenträgerblatt vor:

	Ist-Werte		Ku / Kü	Normalwerte			
				Gesamt		Erzeugnisgruppe	
	%	€		%	€	S	D
FM		300.000,00				210.000,00	
MGK	25						27.000,00
FL1					120.000,00		40.000,00
FGK1			+1.200,00			132.000,00	
FL2						120.000,00	30.000,00
FGK2		192.000,00		130			
SEKF					24.200,00		6.200,00
HKA							
BVUE							- 4.500,00
HKFE							
BVFE							+ 5.500,00
HKU							
VwVtGK		113.960,00	- 8.440,00				
SK							
Erlöse					1.227.560,00	914.760,00	
Be / Uerg.							

Aufgaben:

a. *Stellen Sie fest, mit welchen Beträgen D und S am Umsatzergebnis beteiligt sind. .... 12 P.*

b. *Ermitteln Sie das Betriebsergebnis und ermitteln Sie alle noch fehlenden Werte. 7 P.*

c. *Zu welchem Angebotspreis kann das Produkt S verkauft werden, wenn mit 10% Gewinnzuschlag und mit 2% Skonto und 10% Rabatt kalkuliert wird. 3 P.*

4. AP 83, II.1 13 Punkte

Eine Fabrik für Kleingeräte stellt nur die Produkte A und B her. Dabei fallen pro Produkteinheit folgende Einzelkosten an:

	A	B
FM	320,00	480,00
FL	450,00	650,00

Es wird mit folgenden NGK% kalkuliert:

MGK%...15% FGK%...76%
VWGK%..20% VTGK%...15%

In der abgelaufenen Periode wurden von A 62 Stück und von B 51 Stück fertig gestellt. Im gleichen Zeitraum wurden für A Gesamterlöse von 122.400,00 € und für B von 105.800,00 € erzielt, wobei von A sämtliche Stücke zum Stückpreis von 1.800,00 € und von B zu 2.300,00 € verkauft wurden.

Bei den unfertigen Erzeugnissen fielen in dieser Periode keine Bestandsveränderungen an.

a. *Wie viel € betragen die Bestandsveränderungen an Fertigerzeugnissen bei beiden Produkten? Handelt es sich dabei jeweils um einen Mehr- oder Minderbestand? (7 P.)*

b. *Berechnen Sie den jeweiligen Anteil am Umsatzergebnis für A und B. (2 P.)*

c. *Das schlechte Ergebnis bei B zwingt die Unternehmungsleitung, Maßnahmen zu erörtern, um das Ergebnis zu verbessern.*
Man zieht in Betracht, B , das bisher im Direktabsatz verkauft wurde, in Zukunft über Vertreter zu vertreiben. Das würde bedeuten, dass sich die Selbstkosten aufgrund geringerer Distributionskosten auf 1.950,00 € verringern würden. Da jedoch aus markttechnischen Gründen der ursprüngliche Stückpreis von 2.300,00 € beibehalten werden müsste, sollen die Zahlungsbedingungen durch Gewährung von 2% Skonto und 5% Rabatt verbessert werden. Außerdem soll ein Mindestgewinn von 5% erzielt werden. Wie viel % an Provision könnten demnach bei eventuellen Verhandlungen den möglichen Vertretern maximal angeboten werden? (4 P.)

5. Kostenträgerblatt

Die WAFOS-AG stellt nur das Produkt P her. Für die abgelaufene Periode liegen folgende Werte vor:

	Material	Fertigung I	Fertigung II	Verwaltung	Vertrieb
IST-GK	42.000,00	46.500,00	33.600,00	23.800,00	11.900,00
Einzelkosten		37.200,00	42.000,00		
IST-Zuschläge				10%	
Normal-Zuschläge	120%	130%			
Normal-GK			30.240,00	18.440,00	
KÜ/KU					+ 1.930,00

Es liegen keine Bestandsveränderungen vor. In der Fertigung sind Sondereinzelkosten in Höhe von 6.700,00 € angefallen.

a. *Wie hoch war der Verbrauch an Fertigungsmaterial?*

b. *Berechnen Sie die fehlenden IST- und Normal-Zuschlagssätze und die fehlenden Unter- bzw. Überdeckungen.*

6. *Kostenträgerblatt*

Die Firma WAFOS AG produziert im Zweigwerk B die Produkte A und B. Für die abgelaufene Periode liegen folgende Daten vor:

Gemeinkosten laut BAB:

Material: 60.000,00
Fertigung 275.000,00
Verwaltung: 85.000,00
Vertrieb: 58.000,00

Einzelkosten:	Produkt A	Produkt B
FM	90.000,00	140.000,00
FL	70.000,00	90.000,00
SEKF	7.200,00	6.000,00
SEKVT	340,00	440,00

Normal-Zuschlagssätze:

MGK% .... 25% FGK% 175%
VWGK% .... 10% VTGK% .... ?
Gewinn .... 8% Vertreterprovision 6%
Skonto .... 2% Rabatt 12%

Bestandsveränderungen:	Produkt A	Produkt B
verkaufte Menge	1700	4400
hergestellte Menge	1800	4000

Stückeinzelkosten:	Produkt A	Produkt B
FM	65,00	33,00
FL	42,00	25,00
SEKF	4,00	1,50
SEKVT	0,20	0,10

1. *Wie hoch ist der IST-Zuschlagssatz für Material- und Fertigungsgemeinkosten?*
2. *Berechnen Sie das Betriebsergebnis. Die Umsatzerlöse betragen 1.060.983,90 € (Produkt A: 435.288,06 €).*
3. *Wie hoch ist das Umsatzergebnis, wenn eine Kostenüberdeckung von 9.237,50 € vorliegt?*
4. *Berechnen Sie den Normalgemeinkostenzuschlagssatz für Vertrieb.*
5. *Berechnen Sie die Umsatzergebnisse der beiden Produkte.*
6. *Kalkulieren Sie die Angebotspreise.*

7. *Auswertung des Kostenträgerblatts*

Im abgelaufenen Rechnungsjahr ergaben sich laut Kalkulation auf Normalkostenbasis Selbstkosten in Höhe von 877.500,00 €. Im gleichen Zeitraum wurden Umsatzerlöse von 1.200.000,00 € erzielt. Die Kostenträgerrechnung ermittelt für das Geschäftsjahr insgesamt eine Kostenunterdeckung von 7.500,00 €.

Ermitteln Sie das tatsächlich erzielte Betriebsergebnis.

8. (AP 1985 II.1 (adaptiert)) 4 Punkte

Die Pharma AG stellt das Produkt A her. Die Einzelkosten betrugen im Monat März:

	im Abrechnungszeitraum	für die fertige Menge
Rohstoffverbrauch	362.000,00	360.000,00
Fertigungslöhne 1	620.000,00	618.000,00
Fertigungslöhne 2	400.000,00	390.000,00

Die Normalgemeinkostenzuschlagssätze betragen:

MGK%..........40% FGK1%..........200%
FGK2%..........150% VWVTGK%..........15%

Bestandsveränderungen:

Anfangsbestand der fertig gestellten Erzeugnisse..........164.000,00
Schlussbestand der fertig gestellten Erzeugnisse..........120.000,00

Ermitteln sie Art und Höhe der Bestandsveränderungen der unfertigen Erzeugnisse und der Fertigerzeugnisse.

6. Kalkulation mit Maschinenkosten

In der Vollkostenrechnung wurde bislang folgendermaßen kalkuliert:

Kostenstelle	Kostenarten
Material	Fertigungsmaterial
	Materialgemeinkosten mit Zuschlagssatz (Basis: FM)
Fertigung	Fertigungslöhne
	Fertigungsgemeinkosten mit Zuschlagssatz (Basis FL)
	SEKF
Verwaltung	VWGK mit Zuschlagssatz (Basis HK)
Vertrieb	VTGK mit Zuschlagssatz (Basis HK)
	SEKVT

Das bisherige Verfahren, die Gemeinkosten ausschließlich mit Hilfe von Zuschlagsätzen auf die Kostenträger zu verteilen, findet in der Praxis nur bedingt Anwendung, da es zu teilweise enormen Ungenauigkeiten bei der Kalkulation führen kann. Deshalb wird im Fertigungsbereich z. B. oft der sog. Maschinenstundensatz verwendet.

Bei der bisherigen Praxis wird allen Produkten der gleiche Anteil an Fertigungsgemeinkosten mit Hilfe des Zuschlagssatzes verrechnet, unabhängig davon, wie lange das einzelne Produkt auf der entsprechenden Maschine bearbeitet wird. Wenn der Zeitfaktor nicht berücksichtigt wird, werden einem Produkt, das nur sehr kurz bearbeitet werden muss oder sehr einfach zu bearbeiten ist, bei gleichem Fertigungslohn genauso viel Gemeinkosten verrechnet, wie einem Produkt, das z. B. ein technisch sehr aufwendiges Verfahren erfordert.

Deshalb werden in der Praxis oft die sog. maschinenabhängigen Fertigungsgemeinkosten aus der Berechnung des Fertigungsgemeinkostenzuschlagssatzes ausgeklammert und extra verrechnet.

Das bedeutet, dass die bisherigen Fertigungsgemeinkosten aufgespaltet werden in Maschinenkosten und Rest-Fertigungsgemeinkosten, die wie bisher mit Hilfe eines Zuschlagssatzes (auf der Basis FL) verrechnet werden.

Die maschinenabhängigen Kosten:

- Kalkulatorische Abschreibung
- Instandhaltungskosten
- Energiekosten
- Zinsen für investiertes Kapital
- Raumkosten
- Werkzeugkosten

Diese Maschinenkosten müssen laut Lehrplan nicht mehr berechnet werden, sondern werden als Wert vorgegeben. Sie werden in der Praxis pro Stunde ausgerechnet. Der sich daraus ergebende Maschinenstundensatz (MSS) spiegelt die Kosten einer Maschine pro Stunde wider. Wenn nun ein Produkt 20 Minuten auf dieser Maschine bearbeitet wird, so werden ihm 20/60 des Maschinenstundensatzes in Rechnung gestellt.

Wenn man in das bisherige Schema die Maschinenstundenrechnung integriert, bekommt das Kalkulationsschema folgendes Aussehen:

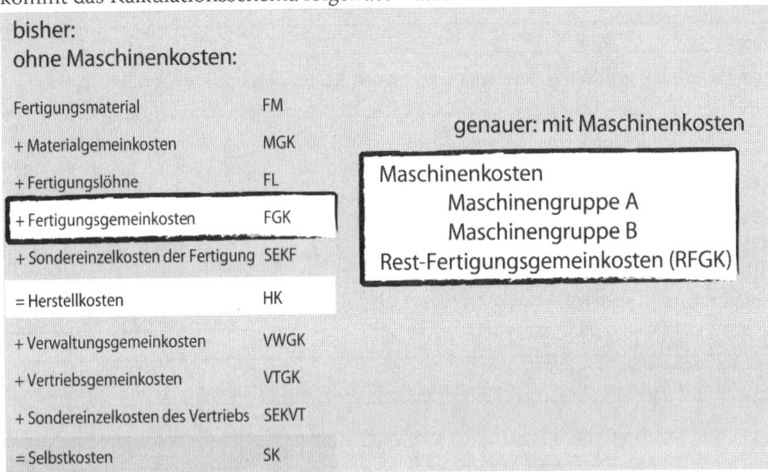

Der Ansatz von Maschinenkosten in der Stückkalkulation hat natürlich auch Auswirkungen auf das Kostenträgerblatt. Im Allgemeinen werden die Maschinenkosten im Normal-Bereich und im Ist-Bereich mit gleichem Wert angesetzt. Nachdem Maschinekosten jedoch Fertigungsgemeinkosten darstellen, ist eine Abweichung zwischen den kalkulierten Maschinenkosten und den tatsächlichen Maschinenkosten denkbar.

Falls nichts dergleichen angegeben ist, kann man jedoch von einer Übereinstimmung ausgehen.

Aufgabenblock VKR 9

1.

Das Produkt B verursacht folgende Einzelkosten: FM 32,00; FL 20,00;

Gemeinkostenzuschlagssätze: MGK 20%; RFGK 80%; VWVTGK 20%

Darüber hinaus belegt das Produkt die Maschine A 15 Min., Maschine B 13 Min. und Maschine C 50 Min.

Die Maschinenkosten werden mit Maschinenstundensätzen kalkuliert: Maschine A: 80,00 €; Maschine B 45,00 €; Maschine C 90,00 €.

Berechnen Sie die Selbstkosten.

2.

Die Herstellkosten eines Auftrags sind zu ermitteln. Folgende Daten liegen vor:

FM 1.000,00
FL 7.000,00
MGK-Zuschlag 10%
MSS Maschine A 40,00
MSS Maschine B 20,00
Arbeitsstunden auf A 250
Arbeitsstunden auf B 300
Restfertigungsgemeinkosten-Zuschlag 50%

3.

Einzelkosten	In der Abrechnungsperiode		Pro Stück	
	A	B	A	B
FM	27.000,00	18.000,00	45,00	12,00
FL	19.000,00	9.000,00	56,00	19,00
Fertig gestellte Menge	500	800		
Verkaufte Menge	540	750		
Verrechnete Maschinenkosten	4.700,00	3.950,00	9,70	7,30
tatsächliche Maschinenkosten	8.700,00			
UMSATZERLÖSE	?	?		
Istgemeinkosten (laut BAB)	Gesamt	NGK-Zuschlagssätze		
MGK	24.000,00	50%		
Rest-FGK	9.200,00	30%		
VWGK	13.100,00	10%		
VTGK	6.900,00	8%		

a. *Zu welchem Preis müsste das Produkt A angeboten werden, um alle Kosten zu decken und 15% Gewinn, 2% Skonto und 15% Rabatt zu berücksichtigen?*

b. *Für Produkt B liegt ein fester Angebotspreis von 75,00 € vor: Welchen Gewinn erzielen wir mit diesem Produkt (pro Stück und gesamt)?*

c. *Erstellen Sie das Kostenträgerblatt.*

4. AP 1993 II.2.2 — 8 Punkte

Das Zweigwerk 2 der SOLAND AG produziert auf der Anlage Y das Produkt P, für das folgende Daten vorliegen:

Fertigungszeit	5 Stunden	Materialkosten	252,00
Fertigungslöhne	150,00	SEK des Vertriebs	151,90
Barverkaufspreis	1.746,00	Listenverkaufspreis	2.000,00

Es wird mit folgenden Zuschlagssätzen kalkuliert:

MGK	5%	Rest-FGK	120%
VwVtGK	30%	Gewinn	10,4%
Vertreterprovision	5%	Skonto	3%

Ermitteln Sie mit Hilfe einer vollständigen Angebotskalkulation den Maschinenstundensatz, und geben Sie an, wie viel Prozent Rabatt gewährt werden können.

5. AP 1996 II.1 — 14 Punkte

Aus der Vorkalkulation für Produkt X liegen folgende Daten vor:

Fertigungsmaterial	40,00 pro Stück
Planungskosten (CAD-Zeichnung, Modellkosten)	15,30 pro Stück
Verpackungskosten	4,70 pro Stück

Die Gemeinkosten werden mit folgenden Zuschlägen verrechnet:

Materialgemeinkostenzuschlagssatz	8%
Rest-Fertigungsgemeinkostenzuschlagssatz	75%
Verwaltungs- und Vertriebsgemeinkostenzuschlagssatz	22,5%

Außerdem sind folgende Daten bekannt:

Verrechneter Maschinenstundensatz	79,20	
Maschinenlaufzeit	75	Min./Stück
Selbstkosten (auf Normalbasis)	296,25	pro Stück
Zielverkaufspreis	342,00	pro Stück
Rabatt	10%	
Skonto	2%	
Vertreterprovision	2,5%	

1. *Berechnen Sie den Angebotspreis und den Gewinn in Stück. (3 P.)*
2. *Ermitteln Sie die Fertigungslöhne für ein Stück von Produkt X (5 P.)*
3. *Im Abrechnungszeitraum November wurde eine Gesamtminderung von unfertigen und fertigen Erzeugnissen von 20.000,00 € ermittelt. Von Produkt X wurden 2.050 Stück fertig gestellt und 2.200 Stück verkauft.*
   Ermitteln Sie für November jeweils die Bestandsveränderungen an fertigen und unfertigen Erzeugnissen von Produkt X nach Art und Höhe. (3 P.)
4. *Berechnen Sie das Umsatzergebnis im Monat November. Die Vertriebskonditionen werden grundsätzlich in Anspruch genommen. (2 P.)*
5. *Das Betriebsergebnis ist im November größer als das Umsatzergebnis. Erklären Sie diesen Sachverhalt kurz. (1 P.)*

6 AP 1997 II, 2 — 9 Punkte

Die Kosten- und Leistungsrechnung der DONAU AG hat für das Erzeugnis Y im Monat Dezember folgende Werte ermittelt:

Verrechnete Maschinenkosten 40.940,00
Fertigungslöhne 16.000,00
Sondereinzelkosten des Vertriebs 2.160,00
Normal-Herstellkosten der Abrechnungsperiode 163.340,00
Normal-Selbstkosten des Umsatzes 212.760,00
Bestandsveränderungen bei den Fertigerzeugnissen, wobei
20 Stück weniger verkauft als fertig gestellt wurden 3.000,00

Der Betrieb kalkuliert mit folgenden Zuschlagssätzen:

Material 15%
Rest-FertigungsGK 90%
Verw/Vertr 30%

1. *Berechnen Sie den Verbrauch an Fertigungsmaterial im Dezember. (4 P.)*
2. *Ermitteln Sie für Dezember die Art der Bestandsveränderung an fertigen Erzeugnissen und die Art und Höhe (in €) der Bestandsveränderung an unfertigen Erzeugnissen. (4 P.)*
3. *Berechnen Sie die Normal-Herstellkosten je Stück. (1 P.)*

7. AP 1994 II,2 (adaptiert) — 24 Punkte

	Ist-Kosten gesamt	Ist-%	Normalk. gesamt	Normal-%
FM				
MGK		25%	44.000,00	20%
FL1	148.800,00			
FGK1				130%
FL2				
RestFGK2	97.830,00			80%
Maschinenkosten 2	120.100,00		120.100,00	
VWVTGK	198.450,00	21%	183.000,00	20%

Anmerkung:

Von der fertig gestellten Menge konnten 40 Stück nicht verkauft werden. Bei den unfertigen Erzeugnissen wurde eine Bestandsminderung von 1.000,00 € festgestellt. Insgesamt wurde eine Bestandsmehrung von 7.000,00 € errechnet.

1. *Berechnen Sie den Verbrauch an Fertigungsmaterial. (1 P.)*
2. *Berechnen Sie die Fertigungslöhne 2. (6 P.)*
3. *Berechnen Sie die Herstellkosten pro Stück auf Normalkostenbasis. (2 P.)*
4. *Die Angebotskalkulation basiert auf folgenden weiteren Daten:*

   Rabatt .... 20% Skonto 3%
   Gewinnzuschlag .... 15% Vertreterprovision 5%

   Ermitteln Sie den Angebotspreis und die Vertreterprovision in €.

   Weitere Anmerkung:

   Als Erleichterung sei noch erwähnt, dass nur in der Kostenstelle Fertigung 2 mit Maschinenkosten gerechnet wird. (7 P.)

5. *Ermitteln Sie das Betriebsergebnis und das Umsatzergebnis. (5 P.)*
6. *Ermitteln Sie die verkaufte und die hergestellte Menge und den tatsächlichen Gewinn in %. (3 P.)*

8.

Im Zweigwerk IV erzielte die WAFOS AG in der abgelaufenen Periode ein Betriebsergebnis von 546.800,00 €. Es wird nur ein Produkt hergestellt. Verwenden Sie unten angeführte Angaben, um die Aufgaben zu lösen. Stellen Sie die erforderlichen Berechnungen übersichtlich dar.

Gesamtabweichung .... (Kostenüberdeckung) 57.688,00 €
Umsatzerlöse .... 880.000,00 €
Verwaltungsgemeinkosten (normal) .... 38.448,00 €
HKA (normal) .... 339.400,00 €
fertig gestellte Stück .... 2100 Stück
FM:(pro Stück) .... 40,00 €   FL1 .... 22,00 €
FL2: .... 11,00 €
Zuschlagssätze
MGK% .... 20%   FGK1% 200%
FGK2% .... 240%   VWGK% 12%
VTGK% 10%

Berechnen Sie die Normal-Vertriebsgemeinkosten. Berechnen Sie die vorliegenden Bestandsveränderungen und erklären Sie, um welche Bestandsveränderung es sich handelt.

9. **27 Punkte**

Die WAFOS AG stellt im Zweigwerk II nur Produkt P her. Aus dem 4. Quartal liegen u.a. folgende Daten vor:

Fertig gestellte Stückzahl 3.100
Entwicklungskosten insgesamt .... 18.000,00 €
Entwicklungskosten pro Stück .... 6,00 €
Fertigungsmaterial pro Stück .... 20,00 €
Fertigungslöhne pro Stück .... 80,00 €
Herstellkosten des Umsatzes auf Normalkostenbasis .... 714.000,00 €
Vorläufiger Verkaufspreis pro Stück .... 327,00 €

Auszug aus dem BAB des 4. Quartals:

	Material	Fertigung	VWVT
Ist-Gemeinkosten in €	18.000,00	408.000,00	103.950,00
Einzelkosten	60.000,00	?	?
NGK%	25%	180%	?
NGK in €	?	?	?
Über-/Unterdeckung in €	?	+ 24.000,00	+ 3 150,00

1. *Ermitteln Sie Art und Höhe (in €) der Bestandsveränderungen an unfertigen und fertigen Erzeugnissen. (8 P.)*
2. *Ermitteln Sie das Umsatzergebnis für das Produkt P. (4 P.)*
3. *Berechnen Sie den Ist-Zuschlagssatz der Kostenstelle Verwaltung/Vertrieb. (5 P.)*

4. *Ende des 4. Quartals hat sich der Lagerbestand an fertig gestellten Erzeugnissen von P gegenüber dem 3. Quartal um 25% verändert. Berechnen Sie den Lagerbestand in Stück am 31.12. (4 P.)*
5. *Berechnen Sie den geplanten Gewinnzuschlagssatz für das 4. Quartal. (2 P.)*
6. *Welche Vertreterprovision (in € und %) konnte gewährt werden, wenn das Unternehmen mit 10% Rabatt, 3% Skonto rechnet, und der Angebotspreis 417,63 € betrug. (4 P.)*

10. AP 89 II, 2.1 — 18 Punkte

Im Zweigwerk A der XYZ-AG wurde im Monat Mai nur das Produkt P hergestellt. Folgende Daten liegen vor:

	Material	Fert 1	Fert 2	VW u. Vt
Istgemeinkosten (€)	14.405,00	?	46.335,00	76.120,00
Zuschlagsbasen (€)	?	42.000,00	?	?
Ist-Zuschlagssätze (%)	21,50	138,00	?	27,50
Normal-Zuschlagssätze (%)	20,00	140,00	85,00	27,50

Der Schlussbestand an unfertigen und fertigen Erzeugnissen zum 31. Mai lag insgesamt um 4.900,00 € über dem Anfangsbestand zum 01. Mai.

1 *Im Mai lagen der Vorkalkulation für 1 Stück von P neben den oben angeführten Zuschlagsätzen folgende Einzelkosten je Stück zugrunde:*

Fertigungsmaterial .... 60,00 €
Fertigungslöhne 1 .... 45,00 €
Fertigungslöhne 2 .... 52,00 €

Außerdem wurde mit 2% Kundenskonto, einer Vertreterprovision von 19,88 € und einem Barverkaufspreis von 389,65 € gerechnet.

Ermitteln Sie die Prozentsätze für die Vertreterprovision und den Gewinnzuschlag! (Rechnung auf 2 Dezimalstellen) (5 P.)

2. *Berechnen Sie im Rahmen eines Kostenträgerzeitblattes lediglich die folgenden Werte:*
   a. *Verbrauch an Fertigungsmaterial im Mai, (1 P.)*
   b. *Über-/Unterdeckung der Kostenstelle Material, (1 P.)*
   c. *Ist-Fertigungsgemeinkosten für die Fertigungsstelle 1, (1 P.)*
   d. *in der Fertigungsstelle 2 angefallene Fertigungslöhne, (4 P.)*
   e. *Im Mai wurden 1.000 Stück vom Produkt P zum kalkulierten Barverkaufspreis (vgl. 1.) abgesetzt. Ermitteln Sie das Umsatzergebnis der Abrechnungsperiode, wobei die Herstellkosten der Abrechnungsperiode auf Normalkostenbasis 281.100,00 € betragen. Berücksichtigen Sie dabei auch die Vertreterprovision als Sondereinzelkosten des Vertriebs. (3 P.)*
   f. *Ermitteln Sie das Betriebsergebnis. (3 P.)*

11 AP 95 II.2 11 Punkte

Im Werk I wird ausschließlich das Produkt P hergestellt. Die Kosten- und Leistungsrechnung liefert für den Monat November 02 folgende Daten:

Einzelkosten:

- Fertigungsmaterial .... 165.000,00 €
- Fertigungslöhne .... 135.000,00 €
- Sondereinzelkosten der Fertigung .... 0,00 €
- Sondereinzelkosten des Vertriebs .... ? €

Normalzuschlagssätze:

- Materialgemeinkosten 10%
- Rest-Fertigungsgemeinkosten 65%
- Verwaltungs- und Vertriebsgemeinkosten 15%

Die Herstellkosten der Fertigerzeugnisse auf Normalkostenbasis betragen 434.700,00 €.

Folgende Istwerte liegen vor:

- Herstellkosten der Abrechnungsperiode .... 471.650,00 €
- Verwaltungs- und Vertriebsgemeinkosten .... 70.012,50 €

Bei den Herstellkosten der Abrechnungsperiode wurde eine Überdeckung von 6.850,00 €, im Verwaltungs- und Vertriebsbereich eine Unterdeckung von 1.500,00 € ermittelt.

Im November wurden 725 Stück des Produktes P zu einem Listenpreis von 950,00 € pro Stück verkauft. Die Vertreterprovision von 6% und der Skonto von 2% wurden stets in Anspruch genommen.

Ermitteln Sie mithilfe des Kostenträgerzeitblattes

1. *die Maschinenkosten, die im November 02 verrechnet wurden,*
2. *Art und Höhe (in €) der Bestandsveränderung der unfertigen Erzeugnisse,*
3. *die im November 02 angefallenen Sondereinzelkosten des Vertriebs, wenn das Umsatzergebnis 93.162,50 € beträgt.*

12. AP 98 II.2 14 Punkte

Der BAB des Zweigwerks für Schmelzkäse enthält nach der Verteilung der Gemeinkosten auf die Kostenstellen für den Monat November folgende Gemeinkostensummen in €:

Kantine	52.000,00	Material	61.000,00
Fertigung I	275.000,00	Fertigung II	420.000,00
Schlosserei	120.000,00	Verwaltung/Vertrieb	340.000,00

Die Umlage der Gemeinkosten der Kantine erfolgt nach der Anzahl der Beschäftigten:

Material	4	Fe I	40
Fe II	20	Schlosserei	6
VW/Vt	10		

Die Schlosserei hat in diesem Monat 30 % der Arbeitszeit für die Fertigungsstelle I und 70 % der Arbeitszeit für die Fertigungsstelle II geleistet.

Im November entstanden folgende Einzelkosten:

Materialeinzelkosten .... 210.000,00 €
Fertigungslöhne in Fertigungsstelle I. 220.000,00 €
Fertigungslöhne in Fertigungsstelle II 80.000,00 €

Die Fertigungsstelle II arbeitet mit acht gleichartigen Portionierern. Von den Gemeinkosten dieser Kostenstelle sind 85 % Maschinenkosten. Bei Zwei-Schicht-Betrieb können die Maschinen jeweils 16 Stunden täglich eingesetzt werden. Im November wurde an 19 Tagen gearbeitet. Für Wartung und Umrüstung der Maschinen sind je Maschine 12 Stunden Ausfallzeit entstanden.

1. *Ermitteln Sie in jeder Hauptkostenstelle die Summe der Gemeinkosten. (4 P.)*
2. *Ermitteln Sie den Gemeinkostenzuschlagssatz für die Kostenstelle Material sowie den Maschinenstundensatz und den Restgemeinkostenzuschlagssatz für die Fertigungsstelle II. (5 P.)*
3. *Im November ergibt sich ein Betriebsergebnis in Höhe von 322.000,00 € und eine Gesamtkostenunterdeckung von 44.000,00 €. Es liegen keine Bestandsveränderungen vor. Ermitteln Sie für November. (5 P.)*
   a. *die Umsatzerlöse*
   b. *das Umsatzergebnis und die Selbstkosten auf Normalkostenbasis.*

Laufende Buchungen

1. Grundlagen der Geschäftsbuchhaltung

1.1. Begriffsklärungen

Die Geschäftsbuchhaltung hat die Aufgabe, alle während einer Periode angefallenen Vorfälle chronologisch aufzuzeichnen und daraus am Ende der Periode eine Vermögensaufstellung und eine den gesetzlichen Vorschriften entsprechende Gewinnermittlung durchzuführen.

Daraus resultiert der so genannte Jahresabschluss.

Der Jahresabschluss einer Aktiengesellschaft besteht aus der *Bilanz, der Gewinn- und Verlustrechnung und dem erläuternden Anhang.*

Je nach Größe des Unternehmens gibt es unterschiedliche Veröffentlichungspflichten.

1.1.1 Die Bilanz

In der Bilanz werden die Vermögensgegenstände (Aktiv-Seite) den Schulden und dem Eigenkapital (Passiv-Seite) gegenübergestellt.

Das Eigenkapital ergibt sich immer aus der Differenz zwischen Vermögen und Schulden.

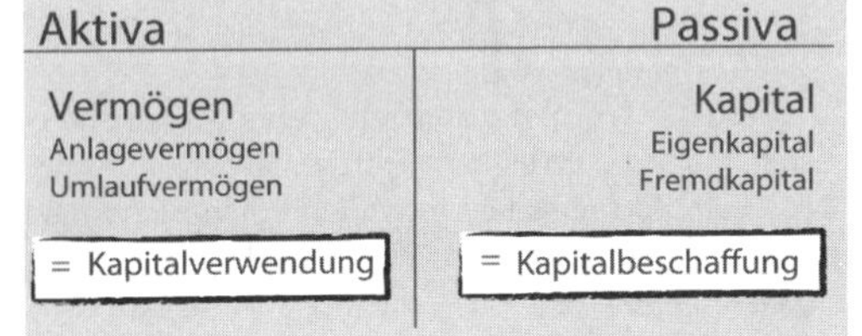

Die Ermittlung der Bilanz geschieht auf zweifache Weise:

Per Inventur (Ergebnis: **Schlussbilanz)** und per buchhalterische Aufzeichnungen (Ergebnis: **Schlussbilanzkonto)**

Beide Verfahren müssen am Ende der Periode wertmäßig zum gleichen Ergebnis kommen. Falls das Schlussbilanzkonto von der Schlussbilanz abweicht, müssen Korrekturbuchungen durchgeführt werden.

1.1.2 Das Gewinn- und Verlustkonto (GuV)

Im GuV-Konto werden die Aufwendungen (= gesamter Werteverzehr innerhalb einer Periode) und die Erträge (= gesamter Wertezuwachs innerhalb einer Periode) gegenübergestellt. Die Differenz macht den Gewinn oder den Verlust einer Periode aus. Gewinn oder Verlust verändert dann das Eigenkapital.

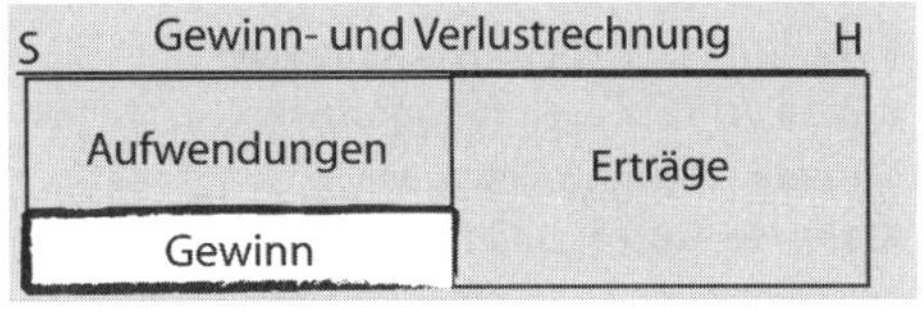

1.1.3 Buchhalterische Erfassung

Buchhalterisch werden einzelnen Vorfälle zweifach erfasst:

- **Im Grundbuch (Journal) in chronologischer Folge (= Buchungssatz)**
- **Im Hauptbuch in sachlicher Zusammenfassung (= kontenmäßige Darstellung)**

Daneben existieren noch die sog Nebenbücher und das Bilanzbuch.

1.2. Das Hauptbuch

Im Hauptbuch werden die Vorfälle sachlich zusammengefasst. Jeder relevante Posten wird als eigenes Konto dargestellt.

1.2.1 Die Konten

Es gibt aktive Bestandskonten, passive Bestandskonten, Ertrags- und Aufwandskonten.

Aktives Bestandskonto		Passives Bestandskonto		Aufwandskonto		Ertragskonto	
AB Zugänge	Abgänge EB	Abgänge EB	AB Zugänge	Aufwand	Storno	Storno	Ertrag

Aktive und passive Bestandskonten gehen in das Schlussbilanzkonto (8010) ein. Die aktiven Bestandskonten werden für die Vermögensgegenstände der Unternehmung verwendet. Die passiven Bestandskonten für die Kapitalposten.	Aufwands- und Ertragskonten sind „Unterkonten" des Eigenkapitalkontos und werden auf das GuV-Konto (8020) abgeschlossen. Der Saldo des GuV-Kontos wird über das Konto Eigenkapital abgeschlossen

Auf den verschiedenen Konten werden die Veränderungen dieser Posten dargestellt.

1.2.2 Der Kontenplan

Um die Buchhaltung organisatorisch zu erleichtern und gleichzeitig eine gewisse Vergleichbarkeit zwischen den einzelnen Betrieben zu erreichen, wurden sog. Kontenpläne eingeführt, die die einzelnen Konten eines Betriebes nach sachlichen Überlegungen ordnen. Der an der FOS verwendete Kontenplan, der Industriekontenrahmen teilt das Unternehmen insgesamt in 10 Kontenklassen ein:

Klasse 0: Sachanlagevermögen
Klasse 1: Finanzanlagen
Klasse 2: Umlaufvermögen
Klasse 3: Eigenkapital und Rückstellungen
Klasse 4: Verbindlichkeiten
Klasse 5: Erträge
Klasse 6: Betriebliche Aufwendungen
Klasse 7: Weitere Aufwendungen
Klasse 8: Ergebnisrechnung
Klasse 9: Kosten- und Leistungsrechnung

Die einzelnen Kontenklassen sind wiederum in Kontengruppen unterteilt und diese wiederum in Kontennummern.

Diese Kontennummern werden immer vierstellig angegeben.

Beispiel:

Das Konto 0510 gehört zur Klasse 0, also zu den **Sachanlagen** (erste Ziffer). Die zweite Ziffer (5) bezeichnet die Kontengruppe **Grundstücke**. Durch die beiden weiteren Ziffern wird noch präzisiert, um welches genaue Konto innerhalb dieser Gruppe es sich handelt: **Bebaute Grundstücke**.

1.3 Das Grundbuch

Im Grundbuch werden die Vorfälle in chronologischer Reihenfolge als Buchungssätze dargestellt. Die Buchung stellt die Veränderungen auf den Konten dar. Jeder Vorfall berührt mindestens zwei Konten, eines auf der linken Seite, eines auf der rechten Seite des jeweiligen Kontos.

Der Buchungssatz drückt den zu buchenden Vorgang in Worten aus. Das auf der Sollseite berührte Konto wird zuerst genannt.

In der Praxis werden die Buchungen heute mit der EDV erledigt. In vereinfachter Form sieht das folgendermaßen aus:

Datum	Vorgang	SOLL	HABEN
...			
13.04.06	Überweisung der Kreditzinsen für das erste Quartal, 2.000,00 € per Bank 7510 2800	2.000,00	2.000,00
...			

In der Schule stellen wir die Buchungssätze (aus Verständlichkeitsgründen) noch auf die herkömmlichen Art dar.

Beispiele:

Einkauf eines unbebauten Grundstücks per Bank

0500 unb. Grundst. ....300.000,00 / 2800 Bank 300.000,00

Beide Konten sind aktive Bestandskonten. Zugänge werden also links, Abgänge rechts verbucht. Der Wert der Grundstücke steigt, der Betrag auf dem Bankkonto sinkt.

Überweisung einer Rechnung für Stoffe

4400 Verb ....2000,00 / 2800 Bank 2000,00

Verbindlichkeit, ein passives Bestandskonto, nimmt ab, Bankkonto, ein aktives Bestandskonto, nimmt ebenfalls ab.

Aufgabenblock GB11 1

Bilanz zum 01.01.

Anlagevermögen		Eigenkapital	1.700.000
Gebäude	600.000		
Maschinen	1.100.000		
Geschäftsausstattung	250.000		
Umlaufvermögen		Fremdkapital	
Stoffe	400.000	Darlehen	600.000
Forderungen	230.000	Verbindlichkeiten (LL)	350.000
Bank/Kasse	70.000		
	2.650.000		2.650.000

Eröffnen Sie die nötigen Bestandskonten und Erfolgskonten (6000 (Aufwendungen für Rohstoffe), 6160 (Fremdreparaturen) 5000 (Umsatzerlöse)) zum Jahresbeginn. Bilden Sie die nötigen Buchungssätze, tragen Sie die Veränderungen in die Konten ein, schließen Sie diese ab und erstellen Sie das Schlussbilanzkonto.

1. *Einkauf von Rohstoffen, bar für € 240,00*
2. *Verkauf einer gebrauchten Büroeinrichtung für € 4300,00 (Buchwert), Banküberweisung*
3. *Aufnahme eines Darlehens für € 30.000,00*
4. *Einkauf einer Maschine auf Ziel, € 25.000,00*
5. *Eingang einer Rechnung für Rohstoffe, € 13.000,00*
6. *Ein Kunde überweist den Betrag für eine Lieferung (Forderung), € 10.000,00 auf unser Bankkonto.*
7. *Ausgleich einer Lieferantenrechnung per Bank, € 13.000,00*
8. *Eingang einer Rechnung für Reparaturleistungen, € 1.300,00*
9. *Überweisung dieses Betrages durch Banküberweisung*
10. *Rücksendung von falsch gelieferten Rohstoffen (Eingang bereits verbucht), € 500,00*
11. *Bestellung von Hilfsstoffen für € 5.000,00*
12. *Rechnungsausgang für den Verkauf einer gebrauchten Maschine (zum Buchwert von € 3.000,00).*
13. *Mit einem Lieferanten wird vereinbart, dass eine Verbindlichkeit in ein langfristiges Darlehen umgewandelt wird, € 15.000,00*
14. *Wir verkaufen Fertigerzeugnisse für € 80.000,00 (auf Ziel)*

Anmerkungen:

- Bank und Kasse sind hier in diesem einfachen Beispiel zusammengefasst, in der Praxis ist dies selbstverständlich nicht so.
- Der Verkauf von Anlagegegenständen erfordert normalerweise zwei Buchungssätze. Hier genügt es, den Gegenstand einfach aus dem Bestandskonto auszubuchen.

1.4 Die Umsatzsteuer

Grundsätzlich sind alle Lieferungen und sonst. Leistungen umsatzsteuerpflichtig.

Es gibt drei verschiedene Gruppen von steuerbaren Umsätzen:

- 19 % (allgemeiner Satz) für alle normalen Umsätze (ab 01.01.07),
- 7 % (ermäßigter Satz) für Grundnahrungsmittel, Kulturgegenstände und -leistungen, Personalbeförderung im Linienverkehr,
- Steuerfreie Umsätze für z.B. Versicherungen, Vermietung und Verpachtung, Verkauf von Grundstücken, Umsätze der Kreditinstitute.

Beim Einkauf zahlt das Unternehmen Vorsteuer (Kto. 2600), beim Verkauf bekommt das Unternehmen Umsatzsteuer (Kto. 4800).

Die Umsatz- oder Mehrwertsteuer ist ein sog. durchlaufender Posten, d.h. sie ist in keiner Weise erfolgswirksam. Falls das Unternehmen mehr Umsatzsteuer vereinnahmt hat, als es Vorsteuer bezahlt hat, muss es den Differenzbetrag (Zahllast) bis zum 10. des Folgemonats an das Finanzamt abführen. Falls ein Vorsteuerüberhang vorliegt (Vorsteuer > Umsatzsteuer), bekommt sie die Differenz vom Finanzamt erstattet.

Bemessungsgrundlage ist jeweils der Anschaffungswert (Listenpreis - Preisnachlässe + Nebenkosten) oder der Verkaufswert (Angebotspreis - Preisnachlässe + in Rechnung gestellte Nebenkosten).

Die Zahllast für Dezember wird erst am 10. Januar überwiesen. Für den Jahresabschluss ist die noch fällige Umsatzsteuerschuld (= Zahllast für Dezember) zu ermitteln und in die Schlussbilanz zu übernehmen (Verbindlichkeit gegenüber dem Finanzamt).

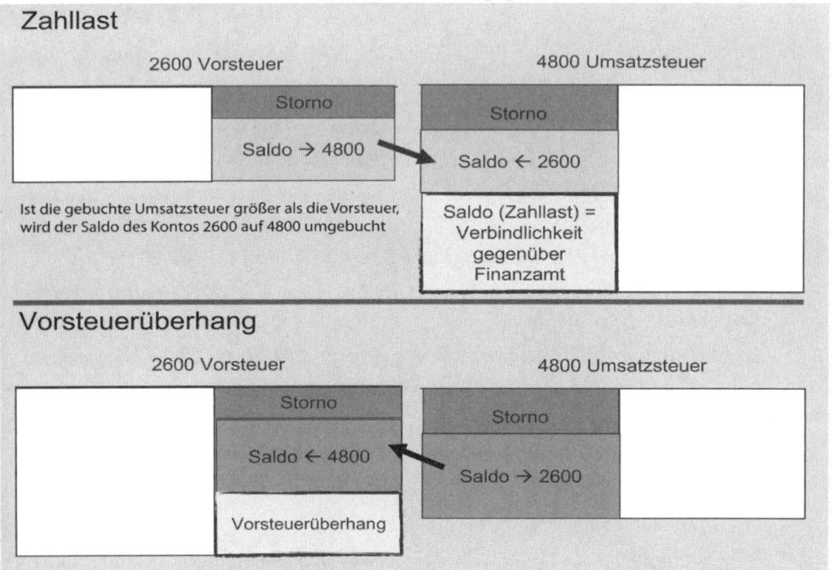

Laut § 16 UStG müssen die gebuchten Umsatzsteuervorauszahlungen auf ihre Richtigkeit hin überprüft werden.

Dies geschieht mit Hilfe der sog. **Umsatzsteuerverprobung.**

Umsatzerlöse (01.01. – 31.12.)	Konto 5000 / 5410
- Erlösberichtigungen (01.01. – 31.12.)	Konto 5001
= Bereinigte Umsatzerlöse	
* Umsatzsteuersatz	
= Umsatzsteuerschuld	
- bereits geleistete Vorsteuer (01.01. – 31.12.)	Konto 2600
= Zahllast für Dezember	

Aufgabenblock GB11 2

Aufgabe 1

Ermitteln Sie die Zahllast (es sind nur Umsätze zum normalen USt-Satz erfolgt):

Getätigte Umsatzerlöse 120.000,00
Erlösberichtigungen 14.000,00
Bereits geleistete Vorsteuer 9.520,00

Aufgabe 2

Verbuchen Sie folgende Vorfälle. Erstellen Sie die Konten 2600 (Vorsteuer) und 4800 (Umsatzsteuer), ermitteln Sie die Zahllast und führen Sie eine Umsatzsteuerverprobung durch.

1. *Einkauf eines neuen PCs, € 4.700,00 (netto). Buchen Sie den Rechnungseingang.*
2. *Ausgangsrechnung für Fertigerzeugnisse im Wert von € 12.000,00 (netto).*
3. *Einkauf von Rohstoffen , Eingangsrechnung über € 3.000,00 (netto).*
4. *Mieteinnahmen von € 7.200,00 gehen auf dem Bankkonto ein.*
5. *Leasinggebühren von € 1.547,00 (brutto) werden per Bankkonto an den Leasinggeber überwiesen.*
6. *Rechnungseingang über die monatliche Benzinrechnung, € 1.600,00 (netto).*
7. *Verkauf eines gebrauchten PKWs zum Buchwert von € 7.000,00 (netto) gegen Bankscheck.*
8. *Verkauf eines unbebauten betrieblichen Grundstücks für € 120.000,00 auf Ziel.*
9. *Einkauf von Schrauben für die Fertigung, € 952,00 (brutto). Buchen Sie den Rechnungseingang.*
10. *Überweisung der KFZ-Versicherung per Bank, € 1.500,00.*
11. *Einkauf von Computerliteratur für € 200,00 (netto), gegen Barzahlung.*
12. *ER für Rohstoffe im Wert von € 12.000,00 (netto).*
13. *Die Eingangskontrolle ergibt schadhafte Ware (Rohstoffe) für € 1.000,00 (netto). Wir senden diesen Posten wieder zurück.*
14. *AR für Fertigerzeugnisse, € 45.000,00 (netto).*
15. *Der Kunde schickt davon Ware im Wert von netto € 4.000,00 wegen Falschlieferung wieder zurück.*

2. Buchungen im Materialbereich

Begriffe

Rohstoffe: Hauptbestandteile, Konto 6000
Fremdbauteile: Hauptbestandteile; zugekaufte Komponenten , Konto 6010
Hilfsstoffe: Nebenbestandteile, Konto 6020
Betriebsstoffe: Stoffe, die kein Bestandteil des Produktes werden, zur Produktion jedoch erforderlich sind, Konto 6030

Buchungsarten

Die Beschaffung von RHB-Stoffen kann auf zweifache Weise buchhalterisch erfasst werden. Falls große Lager gehalten werden, empfiehlt es sich, die Stoffe auch buchhalterisch zunächst als Lagerbestand zu erfassen und auf entsprechende Bestandskonten zu buchen (Kontengruppe 20). Falls die eingekauften Stoffe jedoch sofort oder wenigstens bald verarbeitet werden (was in Zukunft immer häufiger der Fall sein wird), empfiehlt es sich, die Stoffeingänge bereits als Aufwand zu verbuchen. Diese Methode wird an der FOS praktiziert.

2.1 Bezugskosten / Nebenkosten

Im Einkaufsbereich können als steuerpflichtige Bezugskosten anfallen:

- Eingangsfracht (Transport , Rollgeld)
- Transportversicherung (steuerpflichtig, wenn vom Lieferanten vorgestreckt)
- Verpackung

Aus Gründen der Übersichtlichkeit werden die Bezugskosten alle auf Unterkonten der entsprechenden Aufwandskonten gebucht.

Hauptkonto	Unterkonto Bezugskosten
6000 Rohstoffe	6001
6010 Fremdbauteile	6011
6020 Hilfsstoffe	6021
6030 Betriebsstoffe	6031

Diese Unterkonten werden am Ende des Jahres abgeschlossen und auf das Hauptkonto umgebucht.

2.2 Rücksendungen an den Lieferer

Wenn bei der Eingangskontrolle grobe Mängel festgestellt werden, oder der Lieferant falsche Ware geliefert hat, wird die Ware normalerweise zurückgesandt. Dies führt zu einer Korrekturbuchung. Da sich dadurch die Bemessungsgrundlage für die Umsatzsteuer (Vorsteuer) ändert, muss auch die Vorsteuer im Rahmen der Stornobuchung berichtigt werden. Die Buchung erfolgt über das Hauptkonto. (6000, 6010, ...)

2.3 Rabatte

Rabatte werden bereits vor der Buchung der Eingangsrechnung vom Listenpreis abgezogen. Sie tauchen also in der Eingangsrechnung nicht auf.

2.4 Nachträgliche Preiskorrekturen

Die verschiedenen nachträglichen Preiskorrekturen werden alle gleich verbucht. Wie bei den Bezugskosten auch, führt man dazu extra Unterkonten (6002, 6012, ...), die am Jahresende ebenfalls über das entsprechende Hauptkonto abgeschlossen werden.

Mögliche Gründe für Gutschriften des Lieferers: Festgestellte Mängel bei der Eingangskontrolle, die jedoch nicht so schwerwiegend sind, dass wir die Stoffe nicht mehr verwenden können.

Wichtig: Gutschriften werden vom Zieleinkaufspreis (verminderten Warenwert) berechnet!

Skonto wird häufig angeboten, um den Kunden zur baldigen Zahlung zu bewegen. Nachdem die Gewährung von Skonto vom Zahlungstermin abhängig ist, darf es erst bei der Zahlung buchhalterisch berücksichtigt werden.

Wichtig: Skonto wird vom Zieleinkaufspreis berechnet!

Ein Bonus ist ein nachträglicher Preisnachlass für z.B. treue Kunden oder für Kunden, die im vergangenen Jahr einen gewissen Umsatz überschritten haben. Er wird in der Regel auf den Jahresumsatz gewährt. Achtung: der Jahresumsatz ist ein Bruttobetrag!

Aufgabenblock GB11 3

Beispiele 1

1. *ER für Fremdbauteile, € 12.000,00 (netto), zuzüglich Transportkosten (€ 350,00 netto) und Verpackung (€ 150,00 netto).*
2. *ER für Hilfsstoffe, € 7.600,00 (netto). Der Lieferant stellt zusätzlich folgende Nebenkosten in Rechnung:*
   Frachtkosten .... 270,00 (netto)
   Transportversicherung .... 120,00 (netto)
   Verpackung .... 80,00 (netto)
3. *Unser Hauslieferant schickt uns folgende Rechnung (alles Nettobeträge):*
   Rohstoffe 32.000,00
   Hilfsstoffe 8.000,00
   Transport (anteilmäßig zu verrechnen) 1.200,00
4. *Ein Spediteur schickt uns eine Rechnung für Eingangsfrachten (Hilfsstoffe), € 1.200,00 (brutto)*

Beispiele 2

1. *Rücksendung von Fremdbauteilen wegen Falschlieferung, € 14.637,00 (brutto)*

2.a. *ER für Hilfsstoffe, Listenpreis € 13.000,00 plus Verpackung (€ 400,00 netto) und Transport (€ 800,00 netto).*

2.b. *Bei der Eingangskontrolle werden Mängel festgestellt. Der Spediteur nimmt Ware für € 4.000,00 (netto) wieder mit.*

2.c. *Ausgleich der Rechnung durch Banküberweisung.*

3. *Ein FOS- Praktikant hat eine Lieferantenrechnung für Betriebsstoffe verschlampt. Er kann sich nur noch daran erinnern, dass die Vorsteuer € 228,00 betrug. Selbstverständlich verbucht der Betrieb den Vorgang erst, wenn ein entsprechender Beleg vorliegt. Bilden Sie dennoch den Buchungssatz.*

4. *Zur Strafe wird der Schüler ins Lager geschickt. Hypermotiviert entdeckt er bei der Eingangskontrolle eine Falschlieferung von Fremdbauteilen über € 2.499,00 (brutto). Die Einkaufsabteilung veranlasst daraufhin (nach telefonischer Rücksprache mit dem Lieferanten) die entsprechende Stornobuchung.*

5.a. *ER für Rohstoffe, € 34.500,00 (netto). Der Lieferant stellt außerdem Transportversicherung für € 320,00 (netto) und Verpackung für € 500,00 (netto) in Rechnung. Den Transport (€ 800,00) übernimmt der Lieferant.*

5.b. *Die Eingangskontrolle ergibt Mängel. Der Betrieb sendet 40% der Ware wieder zurück. Die Nebenkosten werden vereinbarungsgemäß ebenfalls gekürzt.*

5.c. *Ausgleich der Rechnung per Banküberweisung*

Aufgaben

1. *Eingangsrechnung für Rohstoffe, Wert € 3.000,00 (netto). Die in Rechnung gestellte Fracht beträgt € 150,00 (netto). Buchen Sie den Rechnungseingang.*

2. *Eingangsrechnung für Hilfsstoffe:*

Warenwert	*12.000,00*
Verpackung	*700,00*
Transport	*800,00*
Transportversicherung	*50,00*

abzüglich 10% Rabatt und 2 % Skonto (auf den Warenwert).

Buchen Sie den Rechnungseingang und den Zahlungsausgleich

3. *Wir erhalten folgende Eingangsrechnung für Fremdbauteile:*

Warenwert	*15.000,00*
Verpackung	*1.700,00*
Transport	*400,00*

Buchen Sie den Rechnungseingang und den Zahlungsausgleich per Bank, wenn 12% Rabatt und 3% Skonto berechnet werden.

4. *Ein Lieferant von Rohstoffen gewährt uns einen Treuebonus von 5% auf den Jahresumsatz von € 88.060,00.*

5. *Bei der Eingangskontrolle von Hilfsstoffen werden Mängel festgestellt. Wir vereinbaren mit dem Lieferanten einen Preisnachlass von 15% auf den Warenwert von € 4.000,00 (netto).*

6.a. *ER für Rohstoffe, Listenpreis € 14.000,00 (netto) abzüglich 2% Skonto bei Zahlung innerhalb von 14 Tagen.*

6.b. *Zahlungsausgleich nach 12 Tagen unter Abzug von Skonto per Banküberweisung*

7.a. *ER für Hilfsstoffe, Warenwert € 3.800,00 zuzüglich Transport und Verpackung (280,00). Weitere Konditionen: 10% Rabatt, 2% Skonto*

7.b. *Berechnen Sie die tatsächlichen Anschaffungskosten*

7.c. *Buchung der Zahlung unter Ausnutzung von Skonto per Bank*

8.a. *ER für Fremdbauteile im Wert von € 76.000,00. Konditionen: Lieferung frei Haus; Rabatt 15%, Skonto 3%.*

8.b. *Bei der Eingangskontrolle werden Mängel festgestellt. Wir senden Ware für € 10.000,00 wieder zurück.*

8.c. *Ausgleich der Rechnung per Banküberweisung; selbstverständlich unter Ausnutzung der vereinbarten Konditionen.*

9.a. *Bestellung von Eisenträger für Tischproduktion für € 23.000.-*

9.b. *Die Rechnung trifft ein. Der Lieferant gewährt 10% Rabatt und 3% Skonto. Er stellt aber € 1.300,00 (netto) als Nebenkosten in Rechnung.*

9.c. *Die Rohstoffe sind teilweise stark beschädigt. Wir senden deshalb für € 4.000,00 (netto) wieder zurück.*

9.d. *Buchen Sie den Zahlungsausgleich per Bank; Skonto wird in Anspruch genommen.*

10. *Eingangsrechnung für Rohstoffe, € 12.000,00 Warenwert. Die Transportkosten von € 500,00 (netto) werden bar an den Spediteur bezahlt.*

11. *Eingangsrechnung von unserem Hausspediteur. Für die Anlieferung von Reinigungsmitteln aus Italien stellt er € 300,00 (netto) für den Transport (ab Grenze) in Rechnung.*

12. *Wir kaufen Schmierstoffe gegen bar ein. Listenpreis 465,00 €. Wir erhalten 15% Rabatt. Die Verpackung kostet netto € 90,00 und wird ebenfalls bar bezahlt.*

13. *Zieleinkauf von Heizöl für 18.000,00 €, Frachtkosten 200,00 € (beides netto), der Lieferant gewährt 10% Rabatt auf den Warenwert.*

14.a. *Bestellung von Rohstoffen für netto 34.000,00 €.*

14.b. *Die Ware wird angeliefert. Der Lieferant schickt folgende Rechnung:*

Warenwert	*34.000,00*
Verpackung	*800,00*
Transport	*1.600,00*

Der Lieferant gewährt 10% Rabatt und 2% Skonto

14.c. *Bei der Wareneingangskontrolle werden Mängel festgestellt. Wir senden 20% wieder zurück. Die anfallenden Transportkosten übernimmt der Lieferant. Die Verpackung wird bei der Ersatzlieferung verrechnet.*

14.d. *Buchen Sie den Zahlungsausgleich unter Berücksichtigung des eingeräumten Skontos.*

15.a. *Rechnungseingang für Hilfsstoffe, Warenwert netto 2.000,00 €. Die Rechnung beinhaltet auch € 238,00 brutto für Verpackung. Die Transportkosten von € 500,00 (netto) trägt der Lieferant.*

15.b. Es werden kleinere Mängel festgestellt. Nach einem Telefonat mit dem Lieferanten wird ein Preisnachlass von 30% auf den Warenwert vereinbart.

15.c. Buchen Sie den Zahlungsausgleich unter Berücksichtigung von 2% Skonto.

16.a. ER für Fremdbauteile im Wert von € 50.000,00 (netto). Der Lieferant belegt uns vereinbarungsgemäß mit 1.200,00 (netto) Bezugskosten. Zahlungsziel 60 Tage, bei Ausgleich der Rechnung innerhalb von 10 Tagen 3% Skonto.

16.b. Ausgleich der Rechnung nach 8 Tagen per Banküberweisung.

2.5 Rücksendung von Verpackungsmaterial

Falls vereinbart, kann die Verpackung (Leihemballage) an den Lieferer zurückgesandt werden. In diesem Fall wird ein Teil der Kosten vom Lieferanten rückerstattet.

Beispiel:

Rücksendung von Verpackungsmaterial an einen Rohstofflieferanten (Der Lieferant hat uns € 300,00 in Rechnung gestellt). Der Lieferant schreibt uns 60% gut.

4400 .... 208,80 / 6001 180,00
2600 28,80

2.6 Verzugszinsen

Verzugszinsen müssen bezahlt werden, wenn das vereinbarte Zahlungsziel überschritten wird.

Beispiel:

Ein Lieferant sendet uns eine Rechnung über Verzugszinsen für 40 Tage. Die Zahlungsverpflichtung beträgt 23.200,00 €. Die Verzugszinsen betragen 270,00 €. Wir überweisen die Zinsen zusammen mit der ursprünglichen Verbindlichkeit.

7510 270,00
4400 .... 23.200,00 / 2800 .... 23.470,00

Zusammenfassung des Einkaufsbereichs:

Buchungen im Einkaufsbereich

	Soll		Haben		Verbindlichkeit	Skonto
Eingangsrechnung mit Bezugskosten	60?0					X
	60?1					
	2600		4400		X	
Rücksendung	4400		60?0		X	X
			2600			
nachtr. Preiskorrektur Bonus, Mängelrüge	4400		60?2		X	X
			2600			
Rücksendung Verpackung	4400		60?1		X	
			2600			
Zahlungsausgleich mit Skonto	4400		60?2		Summe = Restverbindlichkeit	Summe = Skontobasis
			2600			
			2800			
Verzugszinsen	7510		4400 (2800)			

Tipp: Die beiden Spalten auf der rechten Seite haben einen großen Vorteil: Sie verhindern, dass man Werte für den Zahlungsausgleich falsch berechnet. Ich kann Ihnen die Führung dieser Nebenrechnung nur empfehlen!

2.7 Abschluss der Unterkonten

Am Jahresende werden alle Unterkonten auf die Hauptkonten abgeschlossen. Im Materialbereich führt dies zu folgenden Buchungen:

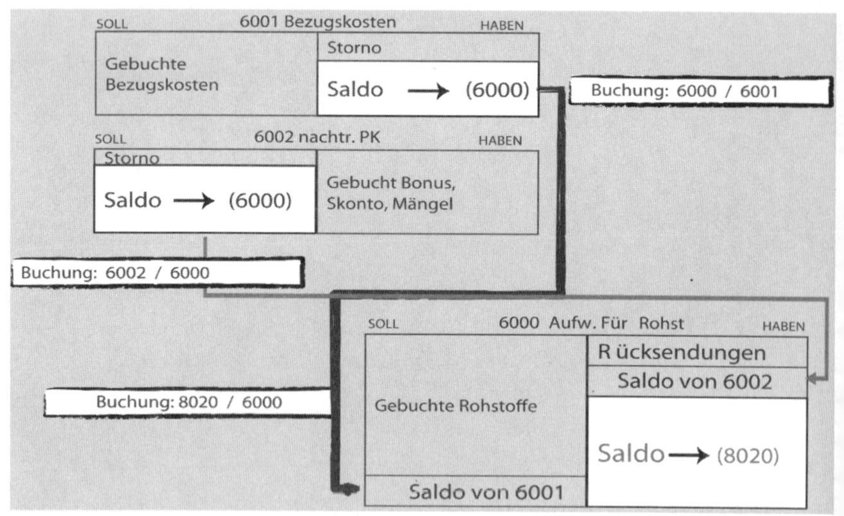

Aufgabenblock GB11 4

1.a. *Bestellung von Rohstoffen für € 34.000,00*

1.b. *Rechnungseingang: Der Lieferant stellt für Transport (€ 800,00) und Verpackung (€ 400,00) in Rechnung. Die Zahlungskonditionen lauten: 10% Rabatt und 2% Skonto (auf den Warenwert).*

1.c. *Ware für € 3.000,00 wird wegen Falschlieferung zurückgesandt.*

1.d. *Die Verpackung wird zurückgesandt und vereinbarungsgemäß mit 40% gutgeschrieben.*

1.e. *Ausgleich der Rechnung unter Ausnutzung von Skonto per Banküberweisung.*

1.f. *Ermitteln Sie die gesamten Anschaffungskosten*

2. *Ein Rohstofflieferant macht uns schriftlich darauf aufmerksam, dass wir fälschlicherweise 3% statt 2% Skonto abgerechnet hätten. Der Zahlungsbetrag war € 13.851,60 Führen Sie die Korrekturbuchung durch (zusätzliche Überweisung).*

3. *Ein Lieferant von Fremdbauteilen belastet uns mit Verzugszinsen für eine nicht termingerecht überwiesene Verbindlichkeit, € 560,00.*

4.a. *ER für Fremdbauteile für € 13.000,00 am 05.02.. 10% Rabatt, 2% Skonto, Lieferung frei Haus, Zahlungsziel 14 Tage.*

4.b. *Ausgleich der Rechnung unter Ausnutzung von Skonto am 26.02. per Bank.*

4.c. *Der Lieferant ist wegen der Überschreitung des Zahlungsziels mit dem Skontoabzug nicht einverstanden und fordert eine entsprechende Nachzahlung. Widerwillig überweisen wir sie, nachdem er uns wenigstens die Verzugszinsen erlassen hat.*

5. *Überweisung von € 18.659,20 für eine Rechnung über Betriebsstoffe, nachdem bereits 2% Skonto einbehalten wurden.*

6. *Am 19.12. werden für den sofortigen Einsatz in der Produktion 4t eines Rohstoffs, Warenwert netto 48.000,00 € bestellt.*

6.a. *Die mit der Lieferung eintreffende Eingangsrechnung enthält auch die Transportversicherung in Höhe von € 238,00 (brutto). Es werden 15% Rabatt und bei Zahlung innerhalb von 10 Tagen 2% Skonto auf den Warenwert eingeräumt. Verbuchen Sie die Eingangsrechnung.*

6.b. *Am 20.12. werden 200 kg der angelieferten Rohstoffe wegen Falschlieferung zurückgeschickt. Buchung?*

6.c. *Am 27.12. erfolgt die Banküberweisung unter Abzug von Skonto.*

3. Ermittlung des Verbrauchs von Stoffen

Wie Sie wissen, verbuchen wir Einkäufe sofort als Verbrauch (Kontengruppe 60), unabhängig davon, ob diese Stoffe auch wirklich unmittelbar nach Anlieferung verarbeitet werden oder nicht. Auch bei dieser Methode können sich selbstverständlich Lager bilden. Deshalb muss am Jahresende für die GuV der tatsächliche Verbrauch an Roh- Hilfs- und Betriebsstoffen festgestellt werden.

Eventuelle Bestandsveränderungen werden durch die Inventur festgestellt. Dazu vergleicht den Anfangsbestand mit dem Endbestand auf den Lagerkonten (Kontengruppe 20). Falls eine Bestandsveränderung vorliegt, verändert dies natürlich den Saldo des Verbrauchskontos (Kontengruppe 60)

Beispiel:

Am 31.12. liegen folgende Daten über ein Rohstoffkonto vor:

	Konto	Betrag
Anfangsbestand Rohstoffe	2000	20.000,00
Endbestand laut Inventur	2000	24.000,00
Bereinigte Einkäufe während des Jahres	6000	680.000,00

Ermitteln Sie den tatsächlichen Verbrauch und stellen Sie die Zusammenhänge mit Hilfe von T-Konten dar:

2000 RSt.			
AB (8000)	20.000,00	EB (8010)	24.000,00
(6000)	4.000,00		

6000 Aufw.für RSt.			
Einkäufe	680.000,00	(2000)	4.000,00
		(8020)	**676.000,00**

= tats.Verbrauch

8020 GuV			
(6000)	676.000,00		

8010 SBK			
(2000)	24.000,00		

Buchungen:

2000 .... / 6000 .... 4.000,00

8020 .... / 6000 .... 676.000,00

8010 .... / 2000 .... 24.000,00

Aufgabenblock GB11 5

1. *Am 20.12. werden Hilfsstoffe zum Listenpreis von € 20.000,00 angeliefert. Die beiliegende Rechnung weist 10% Rabatt aus. Buchen Sie den Rechnungseingang. Bis zu diesem Zeitpunkt waren im ablaufenden Jahr insgesamt Hilfsstoffe für 120.000,00 eingekauft worden. Das entsprechende Lagerkonto weist einen Anfangsbestand von € 45.000,00 auf. Die Inventur am 31.12. ergibt einen Endbestand in Höhe von 30.000,00.*
   Stellen Sie den Vorgang mit T-Konten dar, nennen Sie die entsprechenden Buchungen und schließen Sie die Konten ab.

2. *Berechnen Sie den tatsächlichen Verbrauch der Abrechnungsperiode und buchen Sie die Bestandsveränderung.*
   Anfangsbestand auf Konto 2030 .... 12.400,00
   Endbestand 14.000,00
   Einkäufe bis 30.12. .... 168.800,00
   Es ist bei den Einkäufen noch nicht berücksichtigt, dass ein Betriebstofflieferant einen Bonus von 5% auf den Jahresumsatz von 14.280,00 € einräumt. Buchen Sie die Gutschrift am 31.12. und stellen Sie die Ermittlung des tatsächlichen Verbrauchs in T-Kontenform dar.

3. *Zum 31.12. liegen folgende Kontensalden vor:*

	Soll	Haben
6000	93.900,00	
6001	7.200,00	
6002		9.100,00

Konto 2000: Anfangsbestand 23.000,00
Endbestand (einschl. Vorgang) 17.000,00

Am 31.12. wird noch eine dringende Lieferung erwartet. Die Ware geht ordnungsgemäß ein. Die beiliegende Rechnung (Listenpreis: 12.000,00; Nebenkosten: 800,00; Konditionen: 10% Rabatt und 2% Skonto) wird unmittelbar nach Eingang der Ware verbucht. Bei der anschließenden Wareneingangskontrolle werden falsche Teile für € 3.780,00 (verminderter Listenpreis) entdeckt und gleich wieder mit dem noch anwesenden Spediteur an den Lieferer zurückgeschickt. Buchen Sie die Rücksendung und beachten Sie dabei, dass auch die Nebenkosten anteilig gekürzt werden. Auch die Zahlung wird anschließend sofort unter Ausnutzung der Konditionen per Bank durchgeführt (Buchung).
Ermitteln und buchen Sie den tatsächlichen Verbrauch (T-Konten und Abschlussbuchungen)

4. Einkauf von Rohstoffen

a. *28.03.: Bestellung von Rohstoffen für 60.000,00 €.*

b. *09.04.: Die Ware wird geliefert. Der Lieferant stellt Transportkosten (1.200,00 €), Verpackung (500,00 €) und Transportversicherung (180,00 €) in Rechnung und bietet 10% Rabatt und 2% Skonto (bei Zahlung innerhalb von 21 Tagen).*

c. *Bei der Wareneingangskontrolle werden folgende Mängel festgestellt:*
10% der Ware sind unbrauchbar und werden zurückgeschickt.
Weitere 20% sind leicht beschädigt. Der Lieferant gewährt darauf einen Preisnachlass von 40%.

d. *14.04.: Rücksendung der Verpackung mit 100% Vergütung*

e. *28.04. Zahlungsausgleich per Bank.*

5. Einkauf von Hilfsstoffen

a. *Bestellung von Hilfsstoffen für 45.000,00 € netto. Konditionen 15% Rabatt, 2% Skonto; Lieferung ab Werk*

b. *ER: Bezugskosten: Transport (800,00€) und Verpackung (400,00€).*

c. *Abschluss einer Transportversicherung bei unserer Hausversicherung, 500,00€*

d. *Wareneingangskontrolle: 10% der Ware ist unbrauchbar und wird zurück gesandt (anteilige Verrechnung der Nebenkosten)*

e. *Der Lieferant gewährt aufgrund des vorliegenden Schadens zusätzlich 5% Nachlass auf den Restwarenbestand.*

f. *Rücksendung der Verpackung mit 80% Vergütung.*

g. *Ausgleich der Rechnung unter Abzug von 2% Skonto*

h. *Berechnung der Anscshaffungskosten*

6. Einkauf von Fremdbauteilen

a. *Eingangsrechnung für 2.400 Komponenten á 17,50 €, Lieferung ab Werk; Rabatt 10%, Skonto 2%; Leihverpackung 350,00 € netto.*

b. *Die von uns beauftragte Spedition stellt 560,00 € (netto) in Rechnung.*

c. *Wegen Kundentreue gewährt die Spedition nachträglich einen Bonus von 20% auf diese Rechnung. Überweisung des Restbetrags per Bank.*

d. *Die Wareneingangskontrolle ergibt:*
180 Komponenten sind unbrauchbar und werden zurückgesandt. Die Transportkosten dafür (120,00 €, netto) übernimmt der Lieferant. Weitere 240 Komponenten weisen leichte Farbfehler auf. Der Lieferant gewährt uns daraufhin auf diese Komponenten einen zusätzlichen Preisnachlass von 15%.

e. *Die Verpackung wird zurückgesandt und zu 100% vergütet.*

f. *Ausgleich der Rechnung unter Abzug von Skonto.*

g. *Berechnen Sie die Anschaffungskosten.*

h. *Stellen Sie diesen Vorgang kontenmäßig dar.*

7. Einkauf von Rohstoffen

a. *Eingangsrechnung für Rohstoffe zum Listenpreis von € 48.000,00. Konditionen: 10% Rabatt, 2% Skonto, Lieferung ab Werk. Für Transport stellt uns der Lieferant € 1.700,00 in Rechnung, für die Leihverpackung € 1.200,00.*

b. *Die Wareneingangskontrolle ergibt, dass 15% der Ware komplett verdorben sind. Dieser Posten wird umgehend zurückgeschickt. Die anteilige Transportkosten werden verrechnet.*

c. *Die Leihverpackung wird zurückgeschickt. Der Lieferant schreibt uns 80% gut.*

d. *Dem Lieferanten ist die verdorbene Ware peinlich. Um uns als Kunden nicht zu verlieren, räumt er uns einen Bonus von 5% auf den Jahresumsatz von € 152.320,00 ein.*

e. *Zahlungsausgleich per Bankkonto*

8. Aufgaben zum Kontoabschluss

1.

Konto	SOLL	HABEN
2400	67.592,00	1.261,40
4400	7.140,00	53.550,00
5000	1.060,00	56.800,00
6000	45.000,00	6.000,00
2600	8.550,00	1.140,00
4800	201,40	10.792,00

2.

Konto	SOLL	HABEN
2400	120.190,00	5.355,00
4400	15.708,00	80.682,00
5000	4.500,00	101.000,00
6000	67.800,00	13.200,00
5410	0,00	780,00
6200	12.000,00	0,00
2600	12.882,00	2.508,00
4800	855,00	19.190,00

Erstellen Sie jeweils die Konten, schließen Sie sie ab, ermitteln Sie den erzielten Gewinn und führen Sie die Umsatzsteuerverprobung durch.

9. Einkauf von Fremdbauteilen

a. *Eingangsrechnung: Listenpreis 54.000,00, Konditionen 10/2 (10% Rabatt, 2% Skonto); Transport 1.200,00, Verpackung 800,00 (alles netto)*

b. *Wareneingangskontrolle: 15% sind unbrauchbar und werden zurückgesandt, auf weitere Fremdbauteile im Wert von 12.000,00 gibt es wegen leichter Mängel einen Preisnachlass von 10%.*

c. *Die Verpackung wird zurückgeschickt und mit 60% vergütet.*

d. *Zahlungsausgleich mit Skonto, per Bank*

10. Einkauf von Hilfsstoffen

a. *Listenpreis 12.000,00 €, Konditionen 15% Rabatt, 3% Skonto; Nebenkosten: Transport 250,00 (netto), Verpackung 400,00 (netto).*
Buchen Sie die ER

b. *Bei der Eingangskontrolle werden Mängel festgestellt. 10% der Ware ist unbrauchbar und wird zurückgeschickt, die Anschaffungsnebenkosten werden anteilig gekürzt. Auf den Rest räumt der Lieferant 5% zusätzlichen Preisnachlass ein.*

c. *Buchen Sie den Zahlungsausgleich per Banküberweisung. Skonto wird in Anspruch genommen.*

4. Buchungen im Verkaufsbereich

Alle Gegenstände, die die Firma selbst erstellt hat und die sie verkauft, um Gewinn zu machen, werden als Erlöse auf Konto 5000 verbucht.

Im Verkaufsbereich sind mit wenigen Ausnahmen die gleichen Sachverhalte zu verbuchen wie im Einkaufsbereich; nur der Blickwinkel ist anders. Diesmal buchen wir nicht als Einkäufer, sondern als Verkäufer.

	SOLL	HABEN
1. Bestellung	Keine Buchung	
2. Ausgangsrechnung (AR)	2400	5000 4800
3. Rücksendung	5000 4800	2400
4. Nachträgliche Preiskorrektur Bonus, Mängelrüge	5001 4800	2400
5. Zahlungsausgleich Skonto	2800 5001 4800	2400
6. Verzugszinsen	2400	5710

Tipp: Auf hier empfiehlt sich die Verwendung der Zusatzspalten, um Fehler zu vermeiden! (siehe Buchungen im Einkaufsbereich, Seite 54)

Problem Ausgangsfrachten

Für Transport und Verpackung ergeben sich besondere Bedingungen:

Es wird ein Spediteur beauftragt	Buchung der Spediteur-Rechnung und/oder der Verpackung: 6140 6040 2600 / 4400 (2800) **Frei Haus**: Der Warenwert wird nicht erhöht. Der Verkäufer übernimmt die Nebenkosten (z.B. Transport, Verpackung) selbst, der Verkaufspreis wird nicht erhöht. **Ab Werk**: Die Nebenkosten (Transport, Verpackung, Versicherung) werden dem Kunden ganz oder teilweise in Rechnung gestellt. Der auf Konto 5000 ausgewiesene Warenwert erhöht sich.

Die Lieferung erfolgt durch eigene LKWs	Keine Buchung der Transportkosten (werden an anderer Stelle verbucht) **Frei Haus**: Der Warenwert wird nicht erhöht. Der Verkäufer übernimmt die Nebenkosten (z.B. Transport, Verpackung) selbst, der Verkaufspreis wird nicht erhöht. **Ab Werk**: Die Nebenkosten (Transport, Verpackung, Versicherung) werden dem Kunden ganz oder teilweise in Rechnung gestellt. Der auf Konto 5000 ausgewiesene Warenwert erhöht sich.

wichtig: Wie im Einkaufsbereich, sind auch im Verkaufsbereich die Nebenkosten nicht skontierfähig. Skonto wird also auch hier vom (verminderten) Warenwert berechnet.

Beispiel:

Ein Kunde bestellt Ware für 12.000,00 € (netto)

a. *AR: Konditionen: 10% Rabatt, 2% Skonto, Lieferung ab Werk. Für Transport mit eigenem LKW werden 800,00 € in Rechnung gestellt. Die Verpackung wird mit 200,00 € veranschlagt.*

Der In Rechnung gestellte Betrag berechnet sich wie folgt:

Warenwert	12.000,00
- Rabatt (10%)	1.200,00
=ZEKP	10.800,00
+Transport und Verpackung	1.000,00
= Rechnungsbetrag netto	11.800,00

2400 .... 14.042,00 / 5000 .... 11.800,00
4800 .... 2.242,00

b. *Der Kunde sendet nach Rücksprache Ware für 2.000,00 € wegen Falschlieferung zurück. Das mitzurückgesandte Verpackungsmaterial wird mit 80% vergütet.*

Da das Verpackungsmaterial bei der AR auf Konto 5000 gebucht wurde, muss dieses bei der Rücksendung und Vergütung auch wieder korrigiert werden.

Rücksendung	2.000,00
Vergütung für Verpackungsmaterial	160,00
gesamt:	2.160,00

5000 .... 2.160,00
4800 .... 410,40 / 2400 .... 2.570,40

c. *Der Rechnungsbetrag geht nach Abzug von Skonto auf dem Bankkonto ein.*

Skonto muss vom (verminderten) Warenwert berechnet werden:

ZEKP	10.800,00
- Rücksendung	2.000,00
= Berechnungsbasis für Skonto	8.800,00
davon 2%	176,00
Die Restforderung (14.042,00 - 2.570,40)	11.471,60

5001 176,00
4800 33,44
2800 .... 11.262,16 / 2400 .... 11.471,60

Aufgabenblock GB11 6

1. *Eingang einer Speditionsrechnung für eine Auslieferung in Höhe von 600,00 € netto.*
2. *Wir kaufen Verpackungsmaterial für € 1.300,00 netto auf Ziel*

3.a. *AR für FE; Warenwert 34.000,00 €. Konditionen: 15% Rabatt, 2% Skonto, Lieferung frei Haus. Der Spediteur stellt € 300,00 für den Transport in Rechnung. Die Spezialverpackung veranschlagt er mit € 200,00. Buchen Sie die Ausgangsrechnung und die Rechnung des Spediteurs.*

3.b. *Der Kunde meldet Mängel an. Wir vereinbaren mit ihm einen Preisnachlass in Höhe von 10% auf den Warenwert.*

3.c. *Überweisung des Kunden auf unser Bankkonto nach entsprechendem Abzug von Skonto.*

3.d. *Buchen Sie den gesamten Vorfall auch für den Käufer (Fremdbauteile).*

4.a. *Ein Kunde bestellt Ware im Wert von € 20.000,00*

4.b. *AR: 10% Rabatt, 2% Skonto*

4.c. *Zahlungsausgleich*

5.a. *AR: Warenwert 30.000,00; Konditionen 2% Skonto, Lieferung frei Haus. Wir begleichen Transport (€ 400,00 netto) und Verpackung (€ 200,00 netto) bar an den Spediteur.*

5.b. *Zahlungsausgleich*

6. *Ein Maschinenhersteller verkauft eine Spezialmaschine für € 280.000,00 und gewährt dem Kunden 8% Rabatt. Der Verkäufer übernimmt den Transport selbst. Es werden dafür intern € 1.200,00 verrechnet. Buchen Sie die AR.*

7.a. *Ein Kunde bestellt Ware für € 12.000,00 (netto)*

7.b. *AR: Konditionen: 10% Rabatt, 2% Skonto, Lieferung frei Haus. Für Transport mit eigenem LKW werden intern € 800,00, für die Verpackung € 200,00 verrechnet.*

7.c. *Der Kunde sendet nach Rücksprache Ware für € 2.000,00 wegen Falschlieferung zurück.*

7.d. *Der Rechnungsbetrag geht nach Abzug von Skonto auf dem Bankkonto ein.*

7.e. *Buchen Sie den Vorgang auch für den Käufer (Rohstoffe).*

8. *Zum Jahresende bekommt Kunde Bauer einen Bonus von 5% auf den getätigten Umsatz in Höhe von € 119.000,00 €.*

9.a. *Kunde Schmidt überweist nach Abzug von 3% Skonto 18.468,80 auf unser Bankkonto.*

9.b. *Laut unseren Unterlagen hätte er jedoch nur 2% berechnen dürfen. Wir weisen ihn darauf hin. Die Ausgleichszahlung geht auf unserem Bankkonto ein.*

10.a. *AR für 30 Stück des Produkts H: Warenwert insgesamt 15.000,00 €. Lieferung ab Werk. Die Spezialverpackung für € 300,00 und der Transport für € 130,00 netto wird vom Hausspediteur in Rechnung gestellt. Es wird ein Rabatt in Höhe von 15% und Skonto von 2% gewährt. Buchen Sie den Rechnungseingang für die Spezialverpackung, die Spediteurrechnung und die AR.*

10.b. *Der Kunde rügt die Qualität des Produktes. Man einigt sich darauf, dass er sechs Stück zurückschickt und auf weitere 9 einen Preisnachlass von 25% bekommt.*

10.c. *Zahlungseingang auf Bankkonto. Der Kunde nützt natürliche das angebotene Skonto aus.*

5. Bestandsveränderungen

In der Geschäftsbuchhaltung dürfen die Bestandsveränderungen nicht rechnerisch ermittelt werden. Sie müssen am Jahresende per Inventur festgestellt werden.

Die Lagerbestände an UE (unfertigen Erzeugnisse) und FE (Fertigerzeugnisse) werden auf den Konten 2100 und 2200 geführt. Hier werden auch die aus der Inventur resultierenden Veränderungen eingebucht.

Die Endbestände gehen in das SBK (KtoNr 8010) ein. Die Unterschiedsbeträge fließen über das Konto BV (5200) in die GuV (KtoNr 8020) ein.

Beispiel: Durch Inventur werden folgende Endbestände ermittelt:

	unfertige Erz.	Fertige Erz.
Produkt A	20.000,00	56.000,00

Aus der Eröffnungsbilanz kennen wir auch die entsprechenden Anfangsbestände:

Produkt A	13.000,00	60.000,00

Ermitteln Sie den Wert der BV. Welche Art der BV liegt vor?

Buchen Sie den Vorgang und schließen Sie die Konten ab.

2100

(8000)	13.000,00	(8010)	20.000,00
(5200)	7.000,00		

2200

(8000)	60.000,00	(8010)	56.000,00
		(5200)	4.000,00

5200

(2200)	4.000,00	(2100)	7.000,00
(8020)	3.000,00		

2100		5200	7.000,00

8020

		(5200)	3.000,00

5200		2200	4.000,00

5200		8020	3.000,00

8010		2100	20.000,00
8010		2200	56.000,00

Aufgabenblock GB11 7

1. Bestandsveränderungen

Durch Inventur werden folgende Endbestände ermittelt:

	unfertige Erz.	Fertige Erz.
Produkt B	103.000,00	40.000,00

Aus der Eröffnungsbilanz kennen wir auch die entsprechenden Anfangsbestände:

B	123.000,00	34.000,00

Ermitteln Sie den Wert der BV. Welche Art der BV liegt vor?

Buchen Sie den Vorgang und schließen Sie die Konten ab. Stellen Sie den Vorgang in T-Kontenform dar.

2. Gemischte Aufgaben

1. Einkauf von Rohstoffen
   a. *ER: Warenwert: € 45.000,00, Konditionen: 10% Rabatt, 3% Skonto; Transport € 400,00, Verpackung € 100,00.*
   b. *Bei der Eingangskontrolle werden Mängel festgestellt. Ware für € 16.500,00 wird zurückgeschickt.*
   c. *Mit der Rücksendung schicken wir auch das Verpackungsmaterial zurück. Als Gegenleistung für den Schaden schreibt uns der Lieferant den ganzen Betrag gut.*
   d. *Ausgleich der Rechnung unter Abzug von Skonto per Bank.*
   e. *Buchen Sie diesen Vorgang auch für den Verkäufer.*
2. Ermittlung und Verbuchung der Bestandsveränderung und Berechnung des tatsächlichen Verbrauchs an Hilfsstoffen.

Konto 2020	Anfangsbestand:	14.000,00
	Endbestand:	11.000,00
Konto 6020	bisherige Einkäufe	127.000,00

3. Überweisung von € 11.312,14 für eine Lieferung von Fremdbauteilen, wobei 3% Skonto einbehalten worden sind (Banküberweisung).
4. Verkauf von Fertigerzeugnissen
   a. *AR: Warenwert: 60.000,00 abzüglich 15% Rabatt und 2% Skonto. Lieferung frei Haus. Es wird jedoch vereinbart, dass der Kunde die Verpackung (interne Verrechnung: € 850,00) wieder zurücksendet.*
   b. *Die Rechnung des Spediteurs geht ein: € 760,00 (netto)*
   c. *Die Verpackung kommt zurück.*
   d. *Ausgleich der Rechnung durch den Kunden (Skonto!).*
   e. *Der Verkäufer überweist die Spediteurrechnung per Bank.*
5. Bestandsveränderungen

   Ermitteln und verbuchen Sie die Bestandsveränderung an unfertigen und fertigen Erzeugnissen und schließen Sie die Konten ab (Die Darstellung in T-Kontenform wäre angebracht)

	Anfangsbestand	Endbestand
2100	32.000,00	28.000,00
2200	14.000,00	23.000,00

6. Einkauf von Fremdbauteilen
   a. *Am 27.09. bestellt die Einkaufsabteilung Fremdbauteile für € 17.000,00 (netto)*
   b. *Am 07.10. wird die vereinbarte Ware angeliefert. Die ER weist einen Rabatt in Höhe von 20% aus. Außerdem stellt der Lieferant € 1.000,00 (netto) für Transport und € 400,00 (netto) für Verpackung in Rechnung.*
   c. *Bei der Warenannahme wird festgestellt, dass Ware im Wert von € 5.000,00 (verm. WW) beschädigt ist. Nach Rücksprache mit dem Lieferanten wird dieser Teil zurückgesandt. Die Transportkosten von € 300,00 übernimmt der Lieferant.*
   d. *Am 10.10. senden wir das Verpackungsmaterial vereinbarungsgemäß an den Lieferer zurück und verrechnen dafür € 200,00 (netto).*
   e. *Am 17.10. erfolgt der Ausgleich der Rechnung unter Ausnutzung von 2% (Banküberweisung)*
7. Verkauf von Fertigerzeugnissen, frei Haus.
   a. *Verbuchen Sie die AR und die Barzahlung an den Spediteur (30.10): Warenwert € 59.400,00 (netto). Die Fracht (€ 1.200,00 netto) und Verpackung (€ 400,00 netto) werden bar an den Spediteur bezahlt. Das Kundenziel beträgt 30 Tage. Buchen Sie die Barzahlung an den Spediteur und die AR.*
   b. *Der Kunde reklamiert Schäden. Wir gewähren daraufhin einen Preisnachlass von 20%.*
   c. *Nach diversen Mahnungen belasten wir den Kunden mit € 370,00 Verzugszinsen.*
   d. *Der Kunde überweist am 19.12. den Rechnungsbetrag einschließlich der Verzugszinsen.*
8. Ein Rohstofflieferant gewährt uns zum Jahresende einen Bonus von 5% auf den Jahresumsatz von € 178.500,00.
9. Ein Kunde überweist € 15.160,60 nach Abzug von 2% Skonto auf das Bankkonto.
10. Verkauf von Fertigerzeugnissen, frei Haus, 10% Rabatt, 2% Skonto
   a. *Auslieferung (mit AR), Warenwert 42.000,00. Das nötige Verpackungsmaterial im Wert von € 420,00 wird aus dem Lager entnommen. Der Transport wird mit dem eigenen LKW durchgeführt (verrechnete Kosten: € 500,00)*
   b. *Aufgrund einer Falschlieferung sendet der Kunde Ware für € 4.000,00 (netto) zurück.*
   c. *Der Kunde überweist den restlichen Betrag unter Abzug von 3% Skonto.*
   d. *Wir weisen den Kunden darauf hin, dass nur 2% vereinbart waren. Er überweist den Differenzbetrag per Bank.*
11. Verkauf von FE, ab Werk
   a. *Ein Kunde bestellt FE für 86.000,00 (netto).*
   b. *Die Ware wird ausgeliefert. Verpackungsmaterial (€ 670,00) und Transportkosten (€ 930,00) werden per Scheck an den Spediteur überwiesen. Es werden ein Rabatt von 10% und Skonto von 2% vereinbart.*
   c. *Der Kunde reklamiert fehlerhafte Ware im Wert von € 2.300,00 (verminderter Warenwert) und sendet diese zurück.*
   d. *Da es die letzte Lieferung in diesem Jahr ist, bekommt der Kunde einen zusätzlichen Preisnachlass von 20% auf diese Lieferung (verminderter Warenwert) eingeräumt.*

e. *Der Kunde sendet das Verpackungsmaterial vereinbarungsgemäß an uns zurück. Wir vergüten ihm 80%.*
f. *Der Kunde überweist die Forderung unter Abzug von 2% Skonto auf den verbleibenden Warenwert, Banküberweisung.*

12. Verkauf von FE
    a. *AR für Fertigerzeugnisse im Wert von 157.500,00. Wir gewähren 8% Rabatt und 2% Skonto. Lieferung frei Haus.*
    b. *Der Transport wird mit eigenem LKW durchgeführt (interne Kosten 800,00 €), die Verpackung wird auf Ziel eingekauft, 833,00 € brutto.*
    c. *Vor der Auslieferung tankt der LKW-Fahrer für 95,20 € brutto und zahlt bar.*
    d. *Der Kunde bekommt wegen geringer Mängel einen Preisnachlass von 5.355,00 € brutto.*
    e. *Zahlungsausgleich unter Abzug von 2% Skonto per Bank.*

13. Zahlungsausgleich und Kalkulation
    1. *Ein Kunde überweist für eine Lieferung Fertigerzeugnisse (1.000 Stück) 177.262,40 € auf unser Bankkonto, nachdem er 2% Skonto abgezogen hat.*
    2. *Vorher sandte er Ware für 10.000,00 € wegen Falschlieferung zurück. (Buchung)*
    3. *Wie lautete die zugrunde liegende Ausgangsrechung?*
    4. *Ermitteln Sie den Listenpreis für diesen Posten, wenn 10% Rabatt eingeräumt waren?*
    5. *Die Selbstkosten pro Stück betrugen 140,00 €. Ermitteln Sie den Gewinn pro Stück (in € und %) mit Hilfe einer Angebotskalkulation.*

6. Bewegungen im Sachanlagebereich

6.1 Überblick

Bilanz

Aktiva	Passiva
Anlagevermögen ⌘ Immaterielle Vermögensgegenstände (02) (Ausstehende Einlagen, Konzessionen, Firmenwert) ⌘ Grundstücke und Gebäude (05) ⌘ Maschinen (07) ⌘ Betriebs- und Geschäftsausstattung (08)	**Eigenkapital**
Umlaufvermögen	**Fremdkapital**
Gesamtvermögen	**Gesamtkapital**

6.2 Einkauf von Vermögensgegenständen

6.2.1 Anschaffungskosten

Listenpreis
- Rabatt
= Zieleinkaufspreis oder verminderter Listenpreis
- Skonto
= Bareinkaufspreis
+ Anschaffungsnebenkosten
= Anschaffungskosten

Die Anschaffungskosten sind ein überaus wichtiger Begriff. Er beinhaltet immer die Nebenkosten. Alle Preisnachlässe sind ebenfalls einzurechnen. Die Anschaffungskosten sind der Betrag, mit dem der Gegenstand in unseren Büchern ausgewiesen wird.

6.2.2 Buchungen beim Einkauf von Anlagegütern

Im Anlagebereich gelten folgende Besonderheiten:

- Anschaffungsnebenkosten und nachträgliche Preiskorrekturen werden nicht auf Unterkonten ausgewiesen, sondern auf dem Hauptkonto gebucht.
- Beim Kauf eines bebauten Grundstücks muss darauf geachtet werden, dass Grundstück und Gebäude auf getrennten Konten ausgewiesen werden müssen, da Grundstücke anders als Gebäude nicht regelmäßig abgeschrieben werden. Die Nebenkosten werden anteilsmäßig auf die beiden Konten verteilt.
- Der Immobilienkauf ist nicht umsatzsteuerpflichtig. An die Stelle der normalen USt. tritt die Grunderwerbsteuer. Dies gilt jedoch nicht für gewisse Nebenkosten. Für Leistungen Dritter (z.B. Notar oder Makler) gilt die normale Umsatzsteuer (19%).
- Die anfallenden Finanzierungskosten sind nicht aktivierungsfähig. Sie müssen als Aufwand gebucht werden.

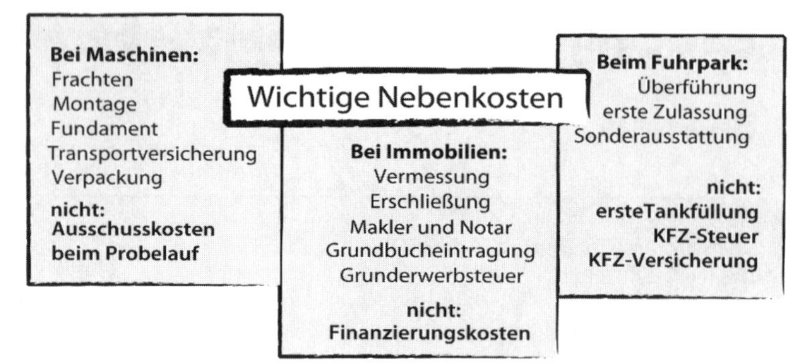

Beispiele:

1. *Anschaffung eines neuen LKWs, Listenpreis € 123.000,00 plus Überführung € 2.000,00 (netto). Buchen Sie die Eingangsrechnung und den Zahlungsausgleich unter Abzug von 2% Skonto (vom Listenpreis).*
2. *Kauf einer Immobilie zum Gesamtpreis von € 450.000,00 plus folgende Nebenkosten: Grunderwerbssteuer 3,5%, Grundbuchgebühren € 2.400,00, Vermessungsgebühren € 2.700,00. Der Gebäudeanteil (Verwaltungsgebäude) beträgt € 150.000,00.*
3. *Kauf einer Immobilie zum Gesamtpreis von € 800.000,00 plus folgende Nebenkosten: Grunderwerbssteuer 3,5%, Grundbuchgebühren € 4.400,00, Vermessungsgebühren € 2.000,00, Maklergebühren 3%, Notargebühren 12.000,00. Der Anteil des Grundstücks beträgt € 250.000,00 (Betriebsgebäude).*
4. *Kauf einer Immobilie (Verwaltungsgebäude) zum Gesamtpreis von € 900.000,00 plus folgende Nebenkosten: Grunderwerbssteuer 3,5%, Grundbuchgebühren € 4.500,00, Vermessungsgebühren € 2.340,00, Maklergebühren 3%, Notargebühren 12.420,00. Der Anteil des Grundstücks beträgt € 400.000,00. Zur Finanzierung dieses Grundstücks wird mit unserer Hausbank ein langfristiges Darlehen über € 900.000,00 vereinbart. Der Rest wird per Bank bezahlt, einschließlich der auf den Kredit für dieses Jahr entfallenden Zinsen in Höhe von € 7.000,00.*

Aufgabenblock GB11 8

Aufgaben

1. *Anschaffung eines bebauten Grundstücks (Betriebsgebäude) im Wert von 840.000,00. Der Anteil des Bodens beträgt € 560.000,00. Folgende Nebenkosten fallen an:*
   Grunderwerbssteuer: ... 3,5%
   Maklerkosten (netto): ... 16.800,00
   Notargebühr (netto): ... 4.800,00
   Vermessungskosten: ... 2.700,00
   Grundbucheintragung: ... 1.500,00
   Bodengutachten (netto) ... 1.700,00
   Die Anschaffung (einschließlich aller Nebenkosten) wird mit Hilfe eines langfristigen Darlehens der Hausbank finanziert. Buchen Sie die Eingangsrechnung
2. *Anschaffung eines neuen LKWs für € 154.000,00 (netto). Die Lieferantenrechung beinhaltet neben dem Angebotspreis noch folgende Posten:*
   Radio: ... € 720,00
   Sonderlackierung: ... € 8.400,00
   Tankfüllung: ... € 140,00
   (alles Nettobeträge)
   Bis zur Inbetriebnahme fallen noch weitere Kosten an:
   Kfz-Steuer für das Anschaffungsjahr: ... 2.300,00;
   Kfz-Versicherung: ... 8.200,00.
   Buchen Sie den Eingang der Lieferantenrechnung und die Überweisung der restlichen Beträge.
3. *Die WAFOS AG kauft eine Kunststoffpresse zum Listenpreis von 200.000,00 €. Die Firma erhält darauf 10% Rabatt. Der Lieferant stellt weiterhin folgende Nettobeträge in Rechnung:*
   Transportkosten: ... € 5.000,00
   Transportversicherung: ... 800,00
   Fundamentierung: ... € 8.000,00
   Materialverluste beim Probelauf ... € 1.200,00
   Nennen Sie alle Buchungen, die bis zur tatsächlichen Inbetriebnahme nötig sind.
   Buchen Sie den Zahlungsausgleich unter Abzug von 2% Skonto auf den Zieleinkaufspreis (Banküberweisung)
   Berechnen Sie den Anschaffungswert dieser Maschine.
4. *(Abschlussprüfung 1984) Am 10.3. Lieferung einer Maschine auf Ziel. Die Eingangsrechnung lautet: 16.000,00 € netto, abzüglich 12,5% Rabatt.*
   Am 16.3. Erhalt der Rechnung für Überführung € 1.000,00 (netto) und Montage € 2.000,00 (netto), die sofort per Bank beglichen werden.
   Am 22.3. wird die Rechnung für die Maschine durch Banküberweisung unter Abzug von 2% Skonto beglichen.
   Wegen eines Lackfehlers erteilt der Maschinenhersteller am 28.3. eine nachträgliche Gutschrift von € 400,00 (netto)
   Buchen Sie alle Vorgänge und berechnen Sie die Anschaffungskosten.

5.a. *Anschaffung eines unbebauten Grundstücks für € 500.000,00 zuzüglich 3,5% Grunderwerbssteuer, € 1.200,00 Notargebühren, € 6.000,00 Maklergebühren und ein Bodengutachten für € 3.400,00 gegen langfristigen Bankkredit. (Der Einfachheit halber werden alle anfallenden Beträge gleich auf die Hauptkonten verbucht)*

5.b. *Die beauftragte Baufirma umgibt das Gelände mit einem Bauzaun und stellt dafür € 6.200,00 (netto) in Rechnung*

5.c. *Für das in Fertigbauweise erstellte Fabrikgebäude (Betriebsgebäude) bekommen wir nochmals eine Rechnung von der Baufirma in Höhe von € 800.000,00*

5.d. *Nachdem die Arbeiten nicht zu unserer Zufriedenheit erledigt wurden, vereinbaren wir mit der Baufirma einen Preisnachlass von 10% auf die Gebäudekosten.*

5.e. *Der mit der Innenausstattung beauftragte Architekt schickt uns eine Rechnung über € 23.000,00 (netto)*

5.f. *Überweisung der ausstehenden Rechnungen per Banküberweisung.*

5.g. *Ermitteln Sie in übersichtlicher Form die Anschaffungs- und Herstellungskosten der Immobilie, getrennt nach Grund und Gebäude.*

6. *Einkauf einer automatischen Sortiermaschine zum Nettopreis von € 100.000,00. Zusätzlich fallen 4.500,00 € netto Transportkosten und 1.500,00 € netto Montagekosten durch den Hersteller an. Die erforderlichen Fundamentierungsarbeiten werden von einer ortsansässigen Baufirma durchgeführt und belaufen sich auf € 6.000,00 netto. Der Lieferant der Maschine räumt uns 2% Skonto ein.*

a. *Berechnen Sie die Anschaffungskosten*

b. *Buchen Sie den Eingang der Rechnungen und den Zahlungsausgleich.*

Zur Wiederholung:

7. *Auslieferung von Fertigerzeugnissen für netto 200.000,00, 20% Rabatt, Lieferung frei Haus. Der Kunde verweigert bei Lieferung die Annahme von Erzeugnissen im Wert von € 50.000,00 netto wegen Beschädigung. Diese Reklamation wird in der Rechnung an den Kunden bereits berücksichtigt.*

a. *Buchung der Ausgangsrechnung*

b. *Der Kunde überweist uns den Rest nach Abzug von 2% Skonto. Buchen Sie den Zahlungseingang.*

8. *Einkauf von Rohstoffen*

a. *Bestellung von 2 t zum Preis von 10,00 €/kg.*

b. *Rechnungseingang: 10% Rabatt, 2% Skonto; Lieferung ab Werk; Verpackung € 400,00, wird in Rechnung gestellt.*

c. *Der von uns beauftragte Spediteur berechnet € 800,00 netto (Buchung der Eingangsrechnung)*

d. *Rücksendung des Verpackungsmaterials; 50% Gutschrift.*

e. *Ausgleich der Rechnungen unter Ausnutzung von Skonto per Bank.*

9. *Erwerb eines unbebauten Grundstücks für € 420.000,00. Grunderwerbsteuer: 3,5%; Notar- und Maklergebühren € 13.685,00 brutto. Die jährlich zu zahlende Grundsteuer wird auf € 1.600,00 festgesetzt. Führen Sie die nötigen Buchungen durch.*

6.3 Eigenerstellte Anlagen (zu aktivierende Eigenleistung)

Es ist üblich, dass die Techniker der Unternehmung die eingesetzten Maschinen zum Teil selbst entwickeln und produzieren.

FM
MGK
FL
FGK
SEKF
= HK (Bewertungsuntergrenze)
+ VWGK
= HK (Bewertungsobergrenze)

Der Gesetzgeber erlaubt in der Steuerbilanz zwei Ansätze (BUG oder BOG)

Der Ansatz hängt von der Gewinnplanung des Unternehmens ab.

Bei großem Gewinnausweis: BOG
Bei kleinem Gewinnausweis: BUG

Dabei fallen natürlich Aufwendungen an (Gehälter für die Ingenieure, Löhne für die Arbeiter, Stoffaufwendungen, Strom,...). All diese Aufwendungen gehen in die GuV ein und schmälern den Gewinn. Gleichzeitig entsteht dadurch jedoch auch ein Wert, eine Leistung, die in der GuV dann auch entsprechend als Ertrag zu verbuchen ist. Die Aufwendungen werden also neutralisiert und gleichzeitig als Anlagevermögen ausgewiesen.

Anlagekonto .... an 5300

6.4 Verkauf von Anlagegegenständen

Eine Veräußerung von gebrauchten Gegenständen des AV erfolgt während der Nutzungsdauer oder am Ende der Nutzungsdauer, wenn rationalisiert werden soll, bzw. eine Anlage überflüssig geworden ist. Dabei können grundsätzlich drei Situationen auftreten:

Nettoerlös = Buchwert
Nettoerlös > Buchwert (Gewinn)
Nettoerlös < Buchwert (Verlust)

Bei allen drei Situationen wird folgende Buchungsstruktur eingehalten:

6.4.1 Buchung des Verkaufserlöses

2800 (2400) .... / 5410 ....
4800 ....

6.4.2 Erfolgsbuchung

a. Erlös = Buchwert (Situation 1)

5410 .... / Anlagekonto ....

b. Erlös > Buchwert (Situation 2)

5410 .... / Anlagekonto ....
5460 ....

c. Erlös < Buchwert (Situation 3)

5410 ....
6960 .... / Anlagekonto

Aufgabenblock GB11 9

I. Eigenerstellung und Verkauf

1. Einkauf einer maschinellen Anlage zum Listenpreis von € 23.000,00. Konditionen: 10% Rabatt, 2% Skonto; Nebenkosten: Transport: € 4.500,00, Spezialverpackung: € 300,00, Transportversicherung: 130,00 (alles netto). Die Fundamentierung übernehmen wir nach Rücksprache mit dem Lieferanten selbst. Die kalkulierten Kosten betragen hierfür € 2.100,00.
   Buchen Sie den Rechnungseingang und alle sonstigen Vorfälle bis zur Inbetriebnahme einschließlich des Zahlungsausgleichs und berechnen Sie die Anschaffungs- und Herstellungskosten.
2. Am 13.12. wird eine Maschine im Eigenbau fertig gestellt. Die Herstellungskosten betragen € 12.000,00. *Buchen Sie die Fertigstellung.*

3. AP 95 I.2 Eigenleistung — 4 Punkte

Eine Fertigungsmaschine wurde im Laufe des Jahres 02 in Eigenleistung erstellt und am 6. 12. 02 in Betrieb genommen. Der Finanzbuchhaltung stehen folgende Daten zur Verfügung:

- Fertigungsmaterial .... 25.000,00 €,
- Löhne für Fertigung .... 13.000,00 €,
- Löhne für Probeläufe .... 2.000,00€,
- MGK-Zuschlagssatz 10%,
- FGK-Zuschlagssatz 200%,
- VwGK-Zuschlagssatz 8%,
- VtGK-Zuschlagssatz .... 4%.

1. *Berechnen Sie die möglichen Wertansätze nach Einkommensteuerrecht.*
2. *Buchen Sie die Inbetriebnahme am 6. 12. 02, wenn der steuerpflichtige Gewinn möglichst niedrig ausgewiesen werden soll.*

4. — 14 Punkte

Im laufenden Jahr entwickelte ein Ingenieur der WAFOS AG in Zusammenarbeit mit einer betriebsinternen Arbeitsgruppe eine Spezialmaschine. Der Projektleiter legt nach Abschluss der Arbeiten der Abteilung Rechnungswesen folgende Zahlen vor:

Verbrauchte Rohstoffe .... ? €
Arbeitsstunden .... 250 à 30,00 €

Es wird bei der WAFOS AG mit folgenden Zuschlagssätzen kalkuliert:

MGK .... 20% FGK 80%
VWGK .... 10% VTGK .... 5%.

1. *Um die Maschine fertig stellen zu können, wurden am 07.08. Rohstoffe für 1.800,00 € (netto) bestellt. Die Ware geht am 10.08. ein und wird als normaler Rohstoffeingang verbucht. Der Lieferant stellt auch die Transportkosten, 285,60 € (brutto) in Rechnung. Die Rechnung wird am 14.08. unter Abzug von 3% Skonto auf den Warenwert per Bank beglichen.*
   Buchungen zum 07.08., 10.08. und 14.08.

2. *Am 11.11. wird die Maschine fertig gestellt. Das eingekaufte Material wird vollständig verbraucht. Die Fundamentierung wird durch eine ortsansässige Baufirma durchgeführt. Sie stellt dafür 4.046,00 € brutto in Rechnung (Rechnungseingang am 12.11.).*
3. *Ermitteln Sie die möglichen Wertansätze der Eigenleistung und begründen Sie Ihre Wahl. Berücksichtigen Sie dabei, dass der Gewinn möglichst klein gehalten werden soll. Buchen Sie die Fertigstellung am 14.11.*

5

Eine Maschine mit einem Restbuchwert von € 6.000,00 wird für 8.000,00 (netto) auf Ziel verkauft. Führen Sie die nötigen Buchungen durch.

6.

Eine Transporteinrichtung, die noch mit einem Restbuchwert von € 3.000,00 geführt wird, wird an einen Mitbewerber für € 2.800,00 gegen Barzahlung verkauft.

7.

Kauf eines neuen LKWs, Nettorechnungsbetrag 90.000 €. Der Lieferant stellt außerdem Überführungskosten von 1.000 € in Rechnung und bietet 5% Rabatt auf den Nettorechnungsbetrag. Gleichzeitig verkaufen wir einen gebrauchten LKW mit einem Restbuchwert von € 8.000 für 13.000 gegen Barzahlung. Buchen Sie die ER, den Zahlungsausgleich und den Verkauf des gebrauchten LKWs

8.

Einkauf einer maschinellen Anlage am 12.10. zum Listenpreis von € 120.000,00 (Konditionen: 10% Rabatt, 2% Skonto). Der Transport (€ 1.500,00) und die Fundamentierung (€ 3.400,00) werden in Eigenleistung erbracht. Buchen Sie die ER, die Fundamentierung, den Transport und den Zahlungsausgleich. Ermitteln Sie auch die AHK.

9.

Kauf eines Firmenwagens für netto € 30.000,00 und gleichzeitig Verkauf eines Altfahrzeugs, Buchwert € 5.000,00 für € 6.500,00 netto. Die Überweisung des Kaufpreises erfolgt durch Banküberweisung. Buchen Sie den Einkauf und den Verkauf.

10.

Im Dezember wird ein neuer LKW in Betrieb genommen. Die Eingangsrechnung beinhaltet folgende Positionen:

Kaufpreis netto 68.000,00
Überführungskosten netto 800,00
Zulassung durch den Händler netto 100,00

Buchen Sie die Eingangsrechnung.

Ein alter LKW, Buchwert € 10.000,00 wird für 15.000,00 gegen Barzahlung verkauft. Die Rechnung für den neuen LKW wird per Banküberweisung beglichen, wobei wegen eines Lackschadens 2% vom Kaufpreis abgezogen werden. Buchen Sie den Zahlungsausgleich.

II. Gemischte Aufgaben

1.

a. *Die WAFOS AG bestellt am 12.6. Fremdbauteile für € 20.000,00 netto.*

b. *Die Ware wird angeliefert. Die beiliegende Rechnung weist vereinbarungsgemäß folgenden Konditionen auf:*
Rabatt 10%; Skonto 3%; Lieferung frei Haus.

c. *Bei der Wareneingangskontrolle werden Mängel festgestellt. Es wird ein Preisnachlass von weiteren 10% vereinbart.*

d. *Der Rechnungsausgleich erfolgt unter Abzug von Skonto per Banküberweisung.*

e. *Buchen Sie diesen Vorgang auch für den Lieferanten.*

2.

Die WAFOS AG überweist an einen Hilfsstoff-Lieferanten € 46.648,00 nachdem bereits 2% Skonto vom Rechnungsbetrag abgezogen worden waren. Buchen Sie ebenfalls für den Lieferanten.

3. Verkauf von Fertigerzeugnissen:

1. *Der Kunde bestellt Ware für € 16.000,00.*

2. *Die Ausgangsrechnung:*
Listenpreis..16.000,00
Rabatt:..10%
Skonto:..3%
Lieferung frei Haus. Die Transportkosten werden bei Auslieferung bar an der Spediteur bezahlt, € 400,00. Die Kosten der Verpackung werden intern mit € 200,00 verrechnet.

3. *Der Kunde sendet Ware für € 2.400,00 wegen Falschlieferung zurück. Der Spediteur stellt hierfür nochmals € 200,00 (netto) in Rechnung.*

4. *Er überweist die Restforderung auf unser Bankkonto.*

5. *Verbuchen Sie diesen Sachverhalt auch für den Kunden. Gehen Sie dabei davon aus, dass es sich um Fremdbauteile handelt.*

4.

Einer unserer Maschinenlieferanten macht folgendes Angebot für die Maschine X2A
Listenpreis..24000,00
Rabatt 10% 2400,00
Transport..1800,00
Spezialverpackung..900,00
Montage..1700,00
Fundamentierung..2900,00
Skonto..2%

a. *Wir vereinbaren mit dem Lieferanten, dass wir das Fundament selbst erstellen. Verbuchen Sie die Fundamentierung (zu verrechnende Kosten € 1800,00).*

b. *Buchen Sie den Rechnungseingang und den Zahlungsausgleich.*

5. AP 81 I.1 Verkauf — 2 Punkte

Einem Kunden werden 4% Bonus auf den mit dem Unternehmen im Abrechnungsjahr getätigten Umsatz gewährt. Dieser betrug 856.800,00 € brutto.

6. AP 89 I.1 — 6 Punkte

1. *Buchen Sie die Eingangsrechnung vom 09.12. über 10.000 kg Betriebsstoffe à 4,00€/kg zuzüglich Verpackung 400,00€ und Frachtkosten 2.000,00€, jeweils netto. Zahlungsbedingungen: Ziel 30 Tage, bei Zahlung innerhalb von 14 Tagen 3 % Skonto, auf die Betriebsstoffe wird ein Rabatt von 15 % gewährt.*
2. *Aufgrund einer Mängelrüge werden 10 % der Lieferung zurückgegeben. Vereinbarungsgemäß werden die Anschaffungsnebenkosten anteilig gekürzt. Buchen Sie die Gutschrift.*
3. *Buchen Sie die Zahlung vom 20.12. durch Bankverrechnungsscheck. Die Bezugskosten sind nicht skontierfähig.*

7. AP 91 I.1 adaptiert

1. *Am 05. 11. bestellte das Unternehmen bei der Presswerk GmbH Teile für Türschlösser (Fremdbauteile) zum Einbau in die eigenen Produkte.*
2. *Die bestellten Teile werden am 10. 12. von einem Lkw der Presswerk GmbH angeliefert und sofort in die Produktion übernommen. Der am selben Tag eingehenden Rechnung sind folgende Positionen zu entnehmen (alle Beträge netto):*
   10.000 Stück Gehäuse zu 1,25 €/Stück .... 12.500,00 €
   1.000 Stück Winkelstücke zu 1,50 €/Stück .... 1.500,00€
   500 Stück Klemmteile zu 1,80 €/Stück .... 900,00€
   2 Leihbehälter zu 50,00 €/Stück .... 100,00€
   Frachtkosten .... 265,00€
   Zahlungsbedingungen: 2 % Skonto (vom reinen Materialwert aller gelieferten Teile) bei Zahlung innerhalb von 7 Tagen, 10 % Rabatt auf die Gehäuseteile; 80 % Gutschrift bei Rückgabe der Leihbehälter.
   Buchen Sie die Eingangsrechnung vom 10. 12.
3. *Die Warenkontrolle erfolgt am Tag der Lieferung. Dabei wird festgestellt, dass von den Winkelstücken 100 Stück fehlen. Die Presswerk GmbH kann die Teile nicht sofort nachliefern. Deshalb bittet sie ihren Geschäftspartner um eine entsprechende Korrektur des Rechnungsbetrages. Am 12. 12. akzeptiert die Metallbau AG diesen Vorschlag. Die zwei Leihbehälter werden am selben Tag zurückgeschickt. Führen Sie die anfallenden Buchungen durch!*
4. *Am 14. 12. erfolgt der Zahlungsausgleich durch Banküberweisung. Bilden Sie den Buchungssatz!*

8. AP 97 I.2 Bestandsveränderung — 3 Punkte

Der Schlussbestand des Kontos 2200 betrug am 31.12.01 900.000,00 €.

Beim Abschluss des Kontos zum 31.12.01 wurde gebucht:

5200 .... 150.000,00 / 2200 .... 150.000,00

Zum 31.12.02 wurde folgende Abschlussbuchung erstellt:

8010 .... 300.000,00 / 2200 .... 300.000,00

Ermitteln Sie

1. *den Anfangsbestand der Fertigerzeugnisse am 01.01.01,*
2. *Art und Höhe der Bestandsveränderung zum Ende des Geschäftsjahres 02.*

9. AP81 I.2 Verbrauch

Von einem bestimmten Betriebsstoff waren am Jahresanfang Bestände im Wert von 5.000,00 € vorhanden. Im Laufe des Jahres wurden Zugänge im Wert von 7.000,00 € gebucht. Vom Dezember liegt noch eine unbezahlte Rechnung in Höhe von 1.190,00 € brutto vor, die bisher nicht gebucht wurde. Der Verbrauch wird in diesem Unternehmen durch Inventur ermittelt, bei der per Bilanzstichtag ein Bestand im Wert von 4.000,00 € festgestellt worden ist. Buchen Sie die Rechnung und den Verbrauch!

10. AP 82 I.1.3 Anschaffung Grundstück (adaptiert) 5 Punkte

Am 5.11.02 wurde ein Betriebsgrundstück mit einem Verwaltungsgebäude zu einem Gesamtpreis von 900.000,00 € erworben. Gebäudewert 400.000,00 €. Durch den Kauf wurden zusätzlich folgende Aufwendungen verursacht:

Grunderwerbsteuer .... 31.500,00 €
Makler- und Notariatsgebühr .... 9.000,00 €

Es wurde eine Feuerversicherung abgeschlossen und eine Teilzahlung von 400,00 € geleistet (Banküberweisung).

1. *Berechnen Sie die Anschaffungswerte für das Grundstück und für das Gebäude (Anteilige Verrechnung der Anschaffungsnebenkosten).*
2. *Buchen Sie alle mit der Anschaffung verbundenen Vorfälle.*

11. Zusatzaufgabe

Wir sind eine Spezialglasschleiferei und fertigen in der Zweigstelle Frauenau nur in Auftragsarbeit. Ein Kunde bestellt 10 Glaspokale (Einzelanfertigung). Wir machen ihm zunächst ein unverbindliches Angebot mit Hilfe der vorliegenden Erfahrungswerte.

FM (Glas)	14,00	entspricht 820 Gr.	
FL (Glasblasen)	54,00	pro Pokal	
MGK%	25%	FGK%	80%
VWGK%	14%	VTGK%	8%
Gewinn%	12%	VERT%	6%
Skonto	3%	Rabatt	10%

a. *Erstellen Sie ein Angebot*

b. *Der Kunde will jedoch 20% Rabatt. Rentiert sich das?*

c. *Wir einigen uns auf 15% Rabatt, 3% Skonto, Lieferung frei Haus.*

d. *Einkauf des erforderlichen Spezialglases; LP pro Kilo 16,40. Wir bestellen 9 kg. Der Lieferant stellt außerdem 120,00 Transport und 40,00 Verpackung in Rechnung. Wie immer bekommen wir von diesem Lieferanten 10% Rabatt und 2% Skonto.*

e. *Buchen Sie den Zahlungsausgleich (mit Skonto) für die Rohstoffe*

f. *Buchen Sie die Ausgangsrechnung und den Zahlungseingang (Skonto)*

h. *Berechnung des tatsächlichen Gewinns. Die Fertigungslöhne betrugen tatsächlich 52,80 €*

Materialwesen

1. Aufgaben der Materialwirtschaft

Unter Materialwirtschaft werden allgemein die Beschaffung, der Transport, die Lagerhaltung, die Wiederverwendung und die Entsorgung von Stoffen, unfertigen Erzeugnissen, Abfallstoffe, Handelswaren, Ersatzteilen, Dienstleistungen und Informationen verstanden. Die Ziele der Materialwirtschaft können folgendermaßen dargestellt werden:

Technische Ziele	Wirtschaftliche Ziele
Bereitstellung des Materials • In richtiger Art und Qualität (Produktqualität, Umweltverträglichkeit, ...) • Zur richtigen Zeit (kurze Lieferzeiten, Termintreue, ...) • In der erforderlichen Menge (hat der Zulieferer / unser Lager die nötigen Kapazitäten) • Am richtigen Ort (Logistik)	Minimierung der • Bezugskosten (Bezugspreis, Bestellkosten, weitere Leistungen des Lieferanten, ...) • Lagerkosten (Lagerhaltung, Lagerrisiko, Lagerverwaltung, ...) • Fehlmengenkosten (zeitliche Verzögerung, falsche Bestellung, falsche Mengen, ...)

Da sich diese Ziele teilweise widersprechen oder nur bedingt gemeinsam erreicht werden können, spricht man vom magischen Sechseck der Materialwirtschaft.

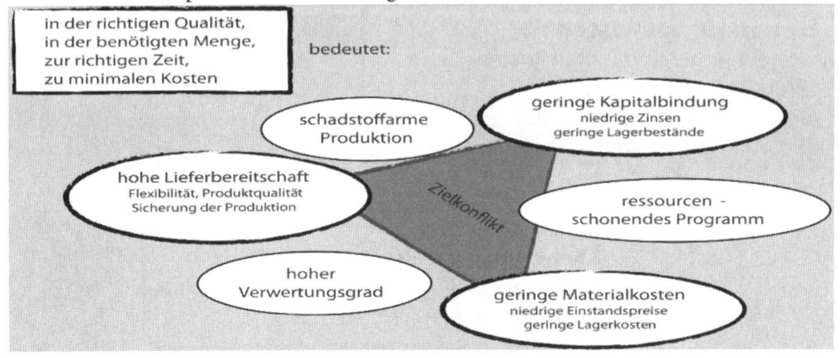

Beispiele:

Vorteile		Nachteile
Niedrige Bezugskosten	**Große Bestellmenge**	Hohe Lagerkosten
hohe Lieferbereitschaft	**Hoher Sicherheitsbestand**	Hohe Lagerkosten
Niedrige Lagerkosten	**Kleine Bestellmenge**	Hohe Fehlmengenkosten
hohe Kundenakzeptanz	**Umweltverträgliche Produkte**	Hohe Bezugskosten

Was zu beschaffen ist, hängt vom Betriebszweck des Unternehmens und selbstverständlich auch vom eingesetzten Produktionsverfahren ab.
Man unterscheidet grundsätzlich verschiedene Beschaffungsarten:

fallweise Einzelbeschaffung:	unmittelbarer Bedarf (z.B. für einen vorliegenden Auftrag) löst die Bestellung aus, somit wird eine Lagerhaltung weitgehend überflüssig, somit kaum Lagerkosten
fertigungssynchrone Beschaffung:	Insbesondere bei Betrieben mit Massenfertigung mit stetigem Fertigungsablauf wird die Beschaffung mengen- und zeitmäßig vollständig am Bedarf orientiert (auch Just In Time (JIT))
Vorratsbeschaffung:	Lager übernimmt Synchronisationsfunktion, die strenge zeitliche Bindung von Beschaffung und Fertigungsablauf wird aufgehoben --> Lagerkosten
Single-Sourcing:	typisch für JIT-Produktion. Es gibt nur einen Lieferanten für jedes Produkt. Dadurch entstehende Risiken sind z.B. Abhängigkeit, Anfälligkeit der eigenen Produktion gegen Streik oder Produktionsausfälle beim Zulieferer. Allerdings hat dies auch Kostenvorteile für das Unternehmen.
Dual-/Multi-Sourcing:	es gibt zwei / mehrere Zulieferer für jedes Produkt . Sinn: Verteilung des Versorgungsrisikos; Man bekommt Know-How aus verschiedenen Quellen, ...

Die Beschaffungskosten kann man folgendermaßen einteilen:

Da im Materialbereich viel Kapital gebunden wird und deshalb großes Kosteneinsparungspotenzial existiert, bekommt die Beschaffungsfunktion immer mehr Bedeutung. Optimierungsprozesse werden deshalb immer interessanter. Wir konzentrieren uns auf die beiden folgenden Bereiche:

- **optimale Beschaffung (Einkaufsorganisation, Bedarfsplanung, Mengenplanung, Bezugsquellen, ...)**
- **optimale Lagerung (Wahl der richtigen Lagerart, Lagerorganisation, Lagerkennziffern, ...)**

2. Optimale Beschaffung

2.1 Beschaffungsplanung (Mengen- und Zeitplanung)

Die Beschaffungsplanung ist ein Teil des Gesamtplanes des Betriebes und hängt eng mit dem Fertigungsplan, dem Absatzplan, dem Lagerhaltungsplan und dem Finanzplan zusammen.

Die Beschaffungsplanung (Dispositionsstrategie) hat zum Ziel, einen kontinuierlichen Produktionsprozess zu ermöglichen.

Man unterscheidet grundsätzlich zwischen **bedarfsgesteuerter** und **verbrauchsgesteuerter** Disposition.

Bei der bedarfsgesteuerten (auftragsgesteuerten) Disposition wird die Anschaffung der Stoffe vom Produktionsablauf bestimmt (programmgesteuert) und findet Anwendung bei Einzelaufträgen oder der JUST-IN-TIME Produktion.

Bei der verbrauchsgesteuerten Disposition wird die Anschaffung der Stoffe von der Lagerhaltung bestimmt.

	bedarfsgesteuert (just-in time; Einzelbeschaffung)	**verbrauchsgesteuert** (Massenproduktion, Serienfertigung)
Beschreibung	• die Höhe des Werkstoffbedarfs wird genau festgelegt (Stücklisten) • Die Lagerhaltung beschränkt sich auf den Sicherheitsbestand • bestellt wird bei Bedarf	• Aus Erfahrungswerten wird der zukünftige Bedarf geschätzt • Die Bestellmenge ist abhängig von der Lagerkapazität und den Lagerkosten • bestellt wird entweder bei einem Meldebestand oder zu festgelegten Zeitpunkten
Bedingungen	• Exakte Planbarkeit von Terminen, • Zuverlässige Lieferzeiten, • Zuverlässige Lieferanten, • Planbare und zuverlässig funktionierende Transportwege, • Vorhersehbarer Bedarf, • Hohe Lagerkosten, die vermieden werden sollen.	• Ungenaue oder keine Planbarkeit von Terminen, • Unzuverlässige Lieferzeiten, • Unzuverlässige Lieferanten, • Schlecht oder gar nicht planbare oder unzuverlässig funktionierende Transportwege • Unvorhersehbarer Bedarf, • Geringe Lagerkosten durch geringen Wert, so dass eine Lagerführung nicht zu großer Kostenbelastung führt.
Vorteile	• Keine Lagerkosten • keine Bestandsrisiken	• permanente Verfügbarkeit • geringes Bezugsrisiko
Nachteile	• großes Bezugsrisiko • exakte Planung erforderlich	• hohe Lagerkosten • Bestandsrisiko (Verderb, Veralterung, Schwund, ...)

Die daraus resultierende Bedarfsmengenplanung ist auch abhängig von der Produktions- und Absatzplanung. Begrifflich unterscheidet man dabei zwischen **Bedarfsmengen** (angeforderte Materialmenge einer Abteilung) und **Bestellmengen** (jeweils tatsächlich bestellte Menge). Monatliche Bedarfsmenge und Bestellmenge müssen natürlich nicht übereinstimmen. Den Ausgleich übernimmt die Lagerhaltung.

Eine der Hauptaufgaben der Materialwirtschaft besteht darin, die **optimale Bestellmenge** zu ermitteln, bei der die Kosten minimal sind (siehe unten).

Die **Bedarfszeitenplanung** soll die Frage beantworten, wann der **optimale Bestellzeitpunkt** ist. Dabei ist zwischen Vorratsbeschaffung und fertigungssynchroner Beschaffung zu unterscheiden.

Fertigungssynchrone Beschaffung liegt vor, wenn die Anlieferung des Materials jeweils erst dann erfolgt, wenn es in der Produktion gebraucht wird (JUST-IN-TIME-Produktion). In diesem Fall entfällt die Lagerhaltung (bis auf Sicherheitsbestand).

Liegt Vorratsbeschaffung (verbrauchsgesteuerte Disposition) vor wird auch noch unterschieden zwischen:

- **Bestellpunktverfahren**
- **Bestellrhythmusverfahren**

Diese Verfahren werden detailliert im Kapitel 2.5 besprochen.

2.2 A-B-C-Analyse

Die ABC-Analyse ist ein wichtiges und einfaches Hilfsmittel in der Materialwirtschaft, um sich von der IST-Situation ein Bild zu machen. Mit ihr wird das Verhältnis zwischen Aufwand und Ertrag aufgezeigt um so Schlüsse für die Zukunft ziehen zu können.

Das Ziel der ABC-Analyse ist es also herauszufinden, welchem Bereich besondere Aufmerksamkeit geschenkt werden sollte. Mit der ABC-Analyse ist es somit möglich

- das Wesentliche vom Unwesentlichen zu trennen,
- die Ansatzpunkte für Verbesserungen (z. B. Rationalisierungsmaßnahme) zu finden,
- zu kostenaufwändige Arbeiten zu beseitigen
- materialwirtschaftliche Entscheidungen zu treffen.

Die Rangfolge bzw. Klassifikation in der ABC-Analyse stellt sich in der Materialwirtschaft wie folgt dar:

Je nachdem welcher Bereich der Materialwirtschaft mittels der ABC-Analyse untersucht wird, bedeutet:

- A: wichtig / hochwertig / umsatzstark
- B: mittelwichtig / mittelwertig / mittlere Umsatzstärke
- C: weniger wichtig / niedrigwertig / umsatzschwach

Untersuchungen haben gezeigt, dass in vielen Fällen mit 20% der Produkte 80% des Umsatzes erwirtschaftet werden. Diese 80/20-Regel ist auch als Pareto-Regel bekannt. Sie lässt sich auf viele Bereiche des Unternehmens anwenden, zum

Beispiel auch im Marketing. Aus diesem Grund stellt sie ein überall einsetzbares strategisches Instrument dar.

In der Praxis geht man in der Regel von folgenden Anteilen aus:

Klasse	Wertanteil	Mengenanteil
A	ca. 60 - 85 %	ca. 10 - 20%
B	ca. 10 - 25 %	ca. 20 - 30 %
C	ca. 5 - 15 %	ca. 70 - 80 %

Die Erstellung einer ABC-Analyse erfolgt stets in den folgenden Schritten:

1. Erfassung das Datenmaterials
   Welche Stoffe sollen untersucht werden? Wie hoch sind die Verbrauchsmengen und die Einstandspreise?
2. Sortierung des Datenmaterials
3. Ermittlung des Verbrauchswertes
4. Auswertung des Datenmaterial
   Einteilung in A- B- und C-Güter
5. Folgerungen

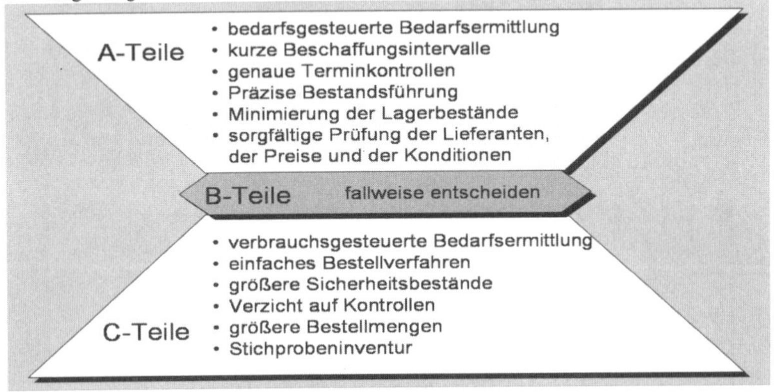

Die ABC-Analyse wird im Bereich der Materialwirtschaft meist für die folgenden Problemfelder angewendet (Beispiele):

- Einkaufsvolumen nach Materialgruppen/Materialien
- Einkaufsvolumen nach Umsatz pro Lieferant
- Materialien nach Beschaffung-/Lieferzeiten
- Lieferanten nach Termintreue
- Materialien nach Lagerbestände (Umschlagshäufigkeit)
- Einteilung von Mitarbeiterkapazitäten
- Einhaltung von Qualitätsstandards
- Einkaufspreise u. -konditionen
-

Durchführung:

Stoff	Verbrauch in Stück	Wert pro Stück	Verbrauchswert	Rang des Artikels
1	12.000	0,70	8.400	
2	4.000	3,00		
3	3.500	17,00		
4	1.300	120,00		
5	14.000	2,00		
Summe	34.800		Summe	

Stückzahl * Wert

		Menge		Verbrauchswert		Klasse
Rang	Stoff	% Anteil	kumuliert	% Anteil	kumuliert	
1	S4	1.300 / 34.800				
2						
3						

Stück / Summe

Verbrauchswert / Summe

Grafische Auswertung:

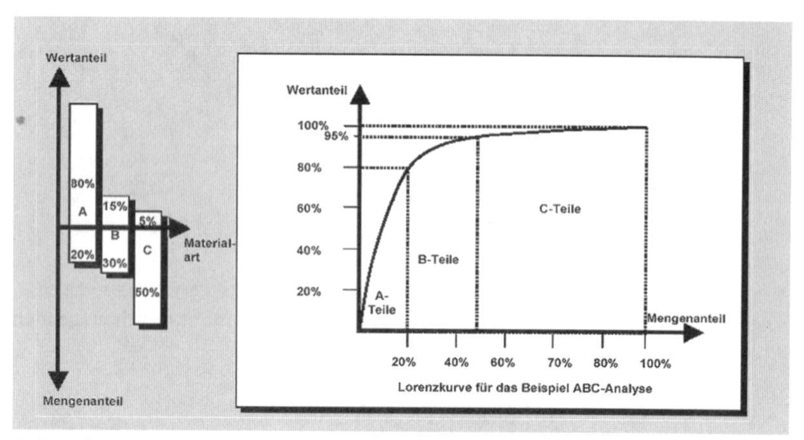

Beispiel:

angenommen, ein Betrieb benötigt nur 10 verschiedene Stoffe:

Schritt 1: Ermittlung des Rangs der Artikel

Berechnung: Verbrauchswert = Verbrauch in Stück * Wert pro Stück

Stoff	Verbrauch in Stück	Wert pro Stück	Verbrauchswert	**Rang**
1	6.000	4,00	24.000,00	**4**
2	1.000	200,00	200.000,00	**1**
3	500	20,00	10.000,00	**7**
4	2.000	10,00	20.000,00	**5**

5	3.000	5,00	15.000,00	**6**
6	1.000	100,00	100.000,00	**3**
7	200	5,00	1.000,00	**10**
8	3.000	50,00	150.000,00	**2**
9	1.000	2,00	2.000,00	**9**
10	8.000	1,00	8.000,00	**8**

Schritt 2: Einteilung der Stoffe anhand des Rangs

Nachdem der Rang festgestellt ist, berechnet man den Prozentanteil an der Gesamtverbrauchsmenge und am Gesamtverbrauchswert und teilt sie in drei Gruppen ein:

Berechnungen:

Mengenanteil% = Verbrauch in Stück / Summe Verbrauch * 100

Wertanteil% = Verbrauch in € pro Stoff / Summe Verbräuche * 100

Wert kumuliert = Wertanteil jeweils aufsummiert

Stoff	Verbrauch Stück in %	Kumuliert	Verbrauch € in %	kumuliert	Gruppe
2	3,89%	3,89%	37,74%	37,74%	A
8	11,67%	15,56%	28,30%	66,04%	
6	3,89%	19,46%	18,87%	84,91%	
1	23,35%	42,80%	4,53%	89,43%	B
4	7,78%	50,58%	3,77%	93,21%	
5	11,67%	62,26%	2,83%	96,04%	
3	1,95%	64,20%	1,89%	97,92%	C
10	31,13%	95,33%	1,51%	99,43%	
9	3,89%	99,22%	0,38%	99,81%	
7	0,78%	100,00%	0,19%	100,00%	

Schritt 3: Ermittlung der Wert-Mengen-Verhältnisse:

Das Wert-Mengen-Verhältnis ist im Rahmen der bekannten Aufgaben meist nicht mehr erforderlich, aber dennoch interessant:

Berechungen:

Wert-Mengen-Verhältnis = Verbrauchswert / Stückverbrauch

Gruppe	Stückverbrauch %	Verbr.wert%	Wert-Mengen-Verhältnis	**Anteil**
A-Teile	19,46%	84,91%	**4,36**	**groß**
B-Teile	42,80%	11,13%	**0,26**	**klein**
C-Teile	37,74%	3,96%	**0,10**	**sehr klein**

Schritt 4: Grafische Darstellung:

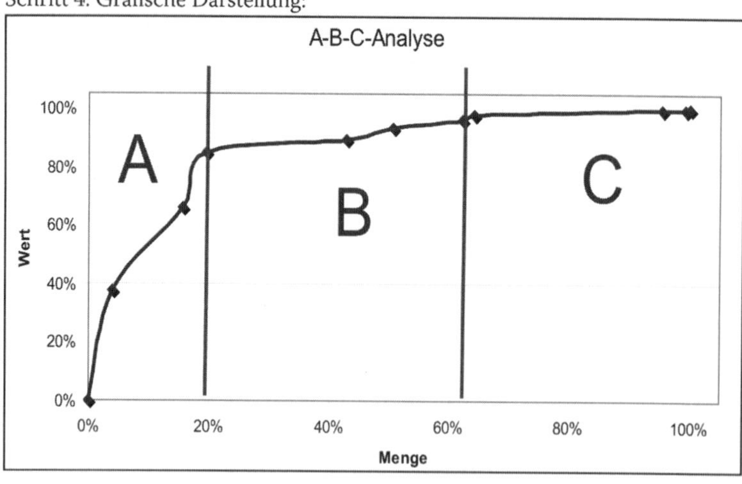

Ergebnis:

Nur knapp 20% der verbrauchten Teile machen einen Verbrauchswert von knapp 85% aus. Für diese A-Teile rentiert es sich, Kosten sparende Maßnahmen zu ergreifen:

- o genaue Kontrolle der Lagerbestände zur Vermeidung von Verlusten,
- o genaue Kontrolle von Materialentnahmen
- o optimale Planung der Bestellmöglichkeiten und Lagermengen:
  - Senkung der Mindestlagerbestände (eiserne Bestände)
  - just in time Anlieferung

Für C-Güter hingegen ist ein Abbau der kostenintensiven Kontrollen denkbar, gegebenenfalls sogar Selbstbedienung bei der Materialentnahme. Dies gilt häufig für Hilfs- und Betriebsstoffe.

Bei den B-Gütern ist nachzuprüfen, ob sie eher als A- oder C-Teile zu behandeln sind (hier aufgrund des Wert-Mengen-Verhältnisses eher unwichtig).

2.3 Angebotsvergleiche

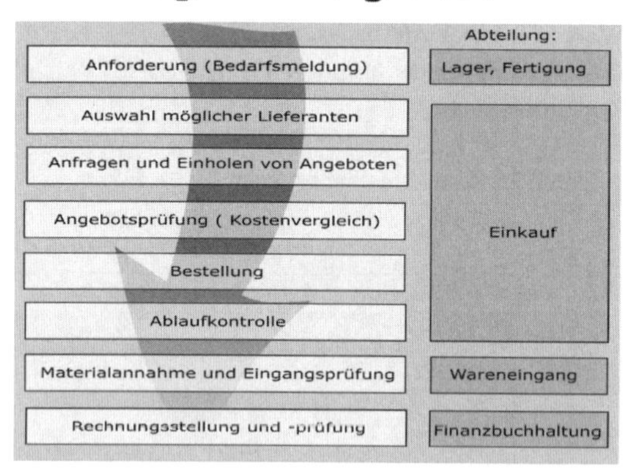

Nach der Anforderung der betroffenen Fachabteilung wird der Einkauf tätig. Die Abteilung teilt den möglichen Anbietern unsere genauen Wünsche mit und sortieren anschließend die nicht passenden Angebote aus. Die verbleibenden Angebote werden zunächst nach **qualitativen Kriterien** untersucht:

- Lieferant bietet nicht die gewünschte Ware / die gewünschte Qualität
- Lieferant kann nicht termingerecht liefern
- Lieferant kann nicht die gewünschte Menge liefern
- die Preisforderungen sind eindeutig zu hoch
- Beratungsangebot
- Umweltverträglichkeit / Zertifizierungen

Die verbleibenden Angebote werden miteinander anschließend nach **quantitativen Kriterien** verglichen:

- Preis, Rabatt, Skonto
- Zusatzleistungen (Montage, Transport, Service)
- Bestimmungen der allgemeinen Geschäftsbedingungen (AGB)
- Sonderangebote

Neben diesen Kriterien sind natürlich weitere zu nennen: So spielt die Zuverlässigkeit des Lieferanten oder die persönlichen Beziehungen zu diesem eine Rolle. Außerdem sind (abhängig von den Unternehmenszielen) z.B. ökologische Erwägungen (z.B. die Auswahl der verwendeten Stoffe oder deren Recylingfähigkeiten) zu berücksichtigen.

Um den richtigen Anbieter auswählen zu können, sind also mehrere Informationen nötig. Dazu wird der Beschaffungsmarkt regelmäßig untersucht (Beschaffungsmarketing).

Der Angebotsvergleich kann mit Hilfe einer einfachen Bezugskalkulation durchgeführt werden:

	Lieferer A	Lieferer B	Lieferer C
Listeneinkaufspreis			
- Rabatt			
= Zieleinkaufspreis			
- Skonto			
= Bareinkaufspreis			
+ Bezugskosten			
= Einstandspreis			

Nachdem die Bestellung erfolgt ist, werden die betroffenen Abteilungen davon in Kenntnis gesetzt:

Finanzabteilung:	zur Ermittlung der zu erwartenden Verpflichtungen und zur Finanzplanung
Lager:	Die Warenannahmestelle muss für die Anlieferung disponieren
Anforderer:	Als Bestätigung für die getätigte Bestellung
Einkauf:	Eine Bestellkopie verbleibt im Einkauf zur weiteren Bearbeitung (z.B. Terminüberprüfung, Mahnung).

Wenn das Unternehmen „just-in-time" produziert, ist es natürlich ganz besonders an einer langfristigen Zusammenarbeit mit den Lieferanten interessiert. In diesem Fall bezieht sich das Auswahlverfahren nicht auf ein einziges Produkt. Es steht vielmehr der Zulieferer selbst im Mittelpunkt. Man spricht dann von **Lieferantenscoring**. Ein Beispiel dafür ist die ABC-Analyse, die auch hier sinnvoll zur Bewertung von Lieferanten eingesetzt werden kann.

A-Lieferanten: Das Unternehmen macht mit den Zulieferern der A- Gruppe die größten Umsätze. A-Lieferanten sind folglich von großer Bedeutung und müssen dementsprechend bevorzugt behandelt werden. Die Beziehung Kunde-Lieferer ist sehr eng. Meist handelt es sich dabei um Systemlieferanten, die durch die Übernahme von zusätzlichen Aufgaben dem weiterverarbeitenden Betrieb einen zusätzlichen Nutzen bringen.

B-Lieferanten: Zulieferer, die in die B- Klassifikation fallen, zeichnen sich durch eine mittlere Wichtigkeit für das Unternehmen und durch eine mittlere Umsatzstärke aus. Der Einkaufsumsatz der B-Kategorie liegt meist zwischen 10% und 20% des gesamten Einkaufsumsatzes. Ca. 20% bis 30% der Zulieferer eines Betriebes entfallen auf diese Klasse.

C-Lieferanten: Die C-Gruppe umfasst die größte Objektmenge (Ca. 70% - 80% der Zulieferer sind darin enthalten). Der Umsatz des Unternehmens mit C-Lieferanten ist entsprechend gering (5%-15% des Gesamtumsatzes). Da die Lieferer der C-Klasse umsatzschwach und weniger wichtig sind, sollten die Beziehungen kostenarm gestaltet

Aufgabenblock MAT 1

1. *Die Bauweg AG erstellt in München ein Apartmenthaus mit 66 Wohneinheiten. Der entsprechende Sachbearbeiter bekommt den Auftrag, Angebote für Einbauküchen für diese Wohnungen einzuholen.*
Es gehen fünf Angebote ein, wobei drei in die nähere Auswahl kommen:
Die gemachten Angaben beziehen sich auf je eine Küche

	Buldo-Küchen	Dreierlei-Studio	Gourmet-Küchen
techn. Ausstattung	wie gefordert	wie gefordert	wie gefordert
Abweichungen	keine	keine	keine
Preis	3.045,00	3.210,00	2.790,00
Rabatt	15%	17%	10%
Skonto	3%	2%	---
Lieferung	frei Haus	frei Haus	120,00
Montage	180,00	frei	240,00
Anschlüsse	50,00	frei	90,00

Ermitteln Sie das günstigste Angebot.

2. *Nennen Sie fünf Möglichkeiten, Bezugsquellen festzustellen.*

3. *Nicht immer wird ein Käufer das preisgünstigste Angebot auswählen. Nennen Sie drei Gründe.*

4. *Die WAFOS AG möchte die Einkaufsabteilung zentralisieren. Das bedeutet, dass nicht mehr jede Abteilung für den eigenen Bedarf selbst bestellt, sondern eine zentrale Stelle in Zukunft für den Einkauf verantwortlich ist. Nennen Sie drei Gründe, die dafür sprechen und erklären Sie zwei Probleme, die mit dieser Umstellung auftauchen können.*

5. *Ein Zulieferer macht der WAFOS AG folgenden Vorschlag bezüglich der Zahlungsbedingungen:*
2% Skonto bei Zahlung innerhalb von 10 Tagen oder 60 Tage netto Kasse. Lohnt es sich für die WAFOS AG, einen Kredit für 50 Tage aufzunehmen, um Skonto ausnützen zu können, wenn die Zinsen für diesen Kredit 15% betragen?

6. *Nennen Sie je zwei Branchenbeispiele für*
- bedarfsbezogene Einzelbeschaffung
- fertigungssynchrone Beschaffung
- Vorratsbeschaffung

7. *Für eine neue Produktionslinie müssen Materialien beschafft werden. Stellen Sie dar, über welche Quellen Sie mögliche Anbieter für z.B. Festplatten herausfinden können.*

8. *Die WAFOS AG will diversifizieren und stellt in Zukunft ein Standard-Computersystem aus Rechner, Monitor, Tastatur und Maus her. Die notwendigen Komponenten werden von verschiedenen Zulieferern eingekauft und anschließend zusammengebaut. Produktion und Absatz betragen etwa 50 Stück pro Monat. Daneben werden auch einige zusätzliche Komponenten für Austausch und Einzelverkauf benötigt.*

Bedarfsliste:

Komponente	Stück pro Monat	Preis /Stück
Maus	384	5,00
Tastatur	72	12,00
Monitor	54	350,00
Rechnergehäuse	70	12,00
Mikroprozessor	64	320,00
Festplatte	102	145,00
Diskettenlaufwerk	52	14,00
DVD-Laufwerk	52	64,00
Set sonstige Bauteile	75	56,00

Teilen Sie die Komponenten sinnvoll in die drei Klassen ein und machen Sie Vorschläge zu deren Behandlung. Stellen Sie die A-B-C-Analyse auch grafisch dar.

9. *Nennen Sie je drei Vor- und Nachteile der fertigungssynchronen Beschaffung.*

10. *Im Zweigwerk Kerschdorf wird nur ein Produkt hergestellt. Der Konkurrenzdruck wird immer größer und die Preise sinken. Deshalb müssen alle Möglichkeiten ausgeschöpft werden, um die Kosten zu senken. Stellen Sie sich vor, Sie sind für den Beschaffungsbereich verantwortlich und sollen nun alle erdenklichen Kostensparmöglichkeiten aufzeigen. Führen Sie eine ABC-Analyse durch, stellen Sie die Situation grafisch dar und machen Sie konkrete Vorschläge zur Kostenreduzierung.*

Für die Produktion sind folgende Materialien nötig:

	Verbrauchsmenge	Einkaufspreis pro Stück
A	10.000	0,20 €
B	6.000	0,60 €
C	4.000	3,80 €
D	600	5,50 €
E	3.000	8,00 €
F	7.000	0,20 €

11. *Welche betriebswirtschaftlichen Problemstellungen können noch mit der ABC-Analyse gelöst werden?*

12. *Bei der Anlayse der Materialien werden Menge und Wert als Einteilungskriterien verwendet. Zählen Sie sinnvolle Kriterien für die unter 11. genannten Problemstellungen auf.*

13. *Erklären sie den Unterschied zwischen „Bedarfsmenge" und „Bestellmenge"*

14. *Definieren Sie den Begriff „just-intime-Produktion". Stellen sie dar, bei welchen Fertigungsarten dieses Verfahren eingestzt werden kann und welche Anforderungen an die Organisation gestellt werden.*

15. *Führen Sie eine ABC-Analyse durch*

Artikel	Menge	Preis
x01	36.000	0,80 €
x02	11.000	1,20 €
x03	25.000	0,18 €
x04	60.000	0,05 €
x05	5.000	2,30 €
x06	300	21,00 €
x07	9.500	8,30 €
x08	950	13,60 €
x09	35.000	0,08 €
x10	200	12,50 €

Ermitteln sie auch das Wert-Mengen-Verhältnis und legen Sie fest, wie die B-Materialien zu behandeln sind.

16. *...Noch eine ABC-Analyse:*

Artikel-Nr.	Jahresbedarf(in €)		Preis pro Einheit	
101	1.250,00	ME	30,00	€/ME
102	10,00	kg	75,00	€/kg
103	15.000,00	m	2,50	€/m
104	80.000,00	Rollen	22,00	€/Rolle
105	5,00	t	7.000,00	€/t
106	2.000,00	Stck.	2,12	€/Stck
107	850,00	hl	60,00	€/hl
108	1.000.000,00	Ex.	0,02	€/Ex.
109	275,00	Stck.	1,00	€/Stck
110	17.200,00	m^3	0,05	€/m^3
111	220,00	Packg.	2,85	€/Packg.
112	600,00	Paletten	900,00	€/Palette

2.4 Die optimale Bestellmenge / häufigkeit

Die Vorratshaltung ist trotz der damit verbundenen hohen Kosten in vielen Betrieben unumgänglich. Mit den folgenden Überlegungen wird in der Praxis versucht, diese Kosten zu minimieren.

Die Kosten der Lagerhaltung werden durch die Festlegung der Bestellmenge und des Bestellzeitpunkts beeinflusst. Dabei muss die Lagerverwaltung bzw. der Einkauf berücksichtigen, dass die Versorgung der Produktion immer gewährleistet ist. Zur Absicherung dieser Aufgabe wird dabei auch oft ein eiserner Bestand gehalten, der ebenfalls zu Buche schlägt.

Zur Ermittlung der optimalen Bestellmenge braucht man also zwei Informationen:

Wie hoch sind die zu erwartenden Lagerkosten bei dieser Menge?

Die Lagerkosten umfassen alle Kosten, mit Ausnahme der Zinskosten. Dazu gehören z.B.: Raumkosten, Miete, Personalkosten. Lagerkosten sind sowohl mengen- als auch zeitabhängig.

Sie werden - zumindest im vorliegenden Zusammenhang - mit Hilfe von Zuschlagssätzen (Lagerkostensatz und Lagerzinssatz) kalkuliert.

Wie hoch sind die bei dieser Menge anfallenden Bestellkosten (Kosten pro Bestellung)?

Die Bestellkosten bestehen hauptsächlich aus dem Zeitaufwand (Arbeitszeit), den Porto- / Versandkosten und dem Büromaterial.

Berechnungen:

Lagerhaltungskosten	Bestellkosten
durchschnittl. Lagerbestand * Lagerhaltungskostensatz	**Zahl der nötigen Bestellungen * fixe Bestellkosten**
⌘ Lagerhaltungskostensatz = Lagerkostensatz + Lagerzinssatz ⌘ Wie man die einzelnen Größen ermittelt, ist an dieser Stelle für uns noch nicht relevant. Wir gehen später genauer darauf ein.	⌘ Die Anzahl der nötigen Bestellungen ergeben sich aus der Division zwischen Jahresbedarf und jeweiliger Bestellmenge. ⌘ Bestellhäufigkeit = Jahresbedarf / Bestellmenge

Die optimale Bestellmenge ist die Menge, bei der die Kosten pro beschaffter Mengeneinheit minimal sind.

Beispiel:

Die WAFOS AG braucht für die Herstellung des Produktes B jährlich 20.000 Einheiten eines bestimmten Rohstoffs (=Jahresbedarf oder Wareneinsatz), der durchschnittlich für € 0,60 pro Einheit gekauft wird. Jede Bestellung verursacht € 60,00 an Bearbeitungskosten. Die gesamten Lagerkosten belaufen sich auf 18% des durchschnittlichen Lagerbestands (Lagerkostensatz = 14%, der Lagerzinssatz liegt bei 4%). Berechnen Sie die optimale Bestellmenge mit Hilfe einer Wertetabelle.

Bestellmenge	Bestellkosten	Lagerhaltungs-kosten	Gesamtkosten
20.000			
10.000			
5.000			
4.500			
4.000			
3.500			
3.000			
500			

Die Bestellkosten sind in der Regel Fixkosten, so dass sie mit wachsender Bestellmenge pro Einheit abnehmen. Die Lagerkosten bestehen überwiegend aus variablen Kostenbestandteilen, nehmen also mit wachsender Bestellmenge zu.

Berechnungen:

Bestellkosten = Jahresbedarf (Stück) / Bestellmenge * bestellfixe Kosten

Lagerhaltungskosten = ø Lagerbestand (€)* (Lagerkostensatz + Lagerzinssatz)

Grafische Darstellung:

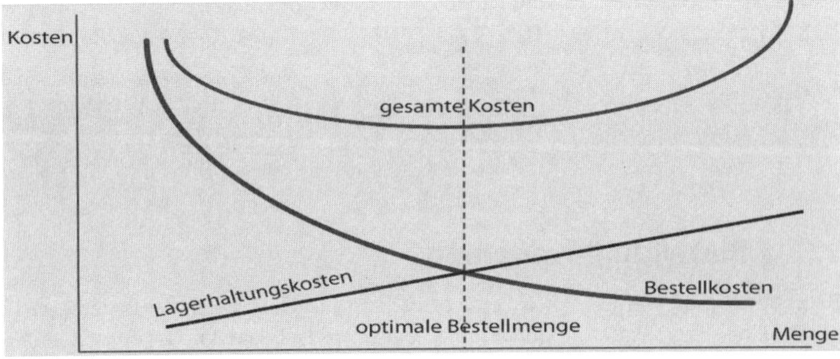

Falls die erforderlichen Daten vorliegen, kann die optimale Bestellmenge mit Hilfe einer Formel ermittelt werden:

Andlersche Formel

BKfix = Bestellfixe Kosten
p = Einstandspreis pro Stück
LZS = Lagerzinssatz
LKS = Lagerkostensatz

$$\text{opt. Bestellmenge} = \sqrt{\frac{200 * \text{Jahresbedarf} * \text{BKfix}}{p * (\text{LZS} + \text{LKS})}}$$

Kritik:

In der Praxis ist dieses Verfahren sehr umstritten. In der vorliegenden Form ist das Modell zu einfach:

- Rabatte, Skonti und Transportkosten müssen einbezogen werden
- Lagerkosten sind nicht immer mengenabhängig (sondern z.B. wertabhängig)
- Meist liegt kein gleichmäßiger Lagerabgang vor
- Kostenansätze und Verkaufsmengen ändern sich mit der Zeit
- ein Sicherheitsbestand (eiserner Bestand) kann nicht berücksichtigt werden

Falls diese Kriterien noch mitberücksichtigt werden, verursacht das Berechnungsverfahren enormen Aufwand.

Zusätzlich kommt hinzu, dass die optimale Bestellmenge oft nicht realisiert werden kann, weil

- der Lieferer eine Mindestmenge vorgibt,
- die Ware nur in festen Verpackungseinheiten geliefert wird,
- manche Artikel nur beschränkt lagerfähig sind,
- es sich um Saisonware handelt.

2.5 Der optimale Bestellzeitpunkt

Wir gehen im folgenden jedoch davon aus, dass die optimale Bestellmenge sinnvoll ermittelt werden konnte. Wenn sie ermittelt ist, kann der optimale Bestellzeitpunkt dargestellt werden. Dabei ist zu berücksichtigen, ob der Betrieb aus Sicherheitsgründen einen eisernen Bestand halten möchte oder nicht.

Mindestbestand	Meldebestand	Höchstbestand
= Durchschnittlicher Tagesverbrauch * Sicherheitszuschlag in Tagen	= Durchschnittlicher Tagesverbrauch * Beschaffungszeit + Mindestbestand (Eiserner Bestand)	= Mindestbestand + optimale Bestellmenge

2.5.1 Bestellpunktverfahren

Beim Bestellpunktverfahren wird eine Bestellung ausgelöst, wenn der Lagerbestand bis auf einen festgelegten Meldebestand abgesunken ist. Das Verfahren ist also gekennzeichnet durch eine feste Bestellmenge und variable Bestellzeitpunkte.

Beispiel: Von 200 Bestelleinheiten werden täglich 10 Einheiten verbraucht. Die Beschaffungszeit beträgt 8 Tage. Ohne Berücksichtigung eines eisernen Bestands kann die Bestellhäufigkeit folgendermaßen grafisch dargestellt werden:

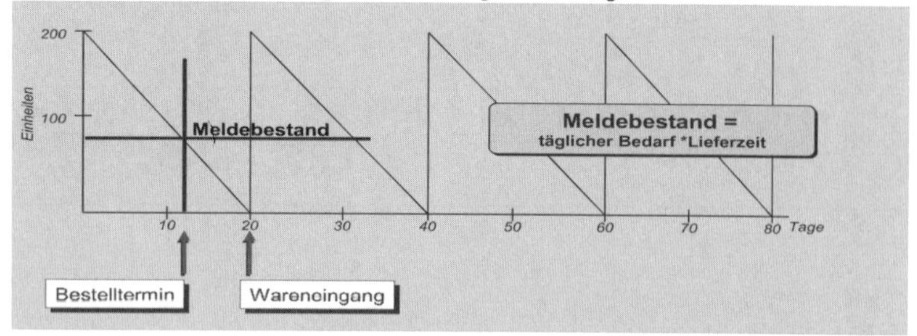

Gehen Sie nun davon aus, dass der Betrieb aus Sicherheitsgründen einen Eisernen Bestand von 60 Einheiten führen möchte. Ermitteln Sie wieder den Meldebestand und den Bestellzeitpunkt.

Mit eisernem Bestand:

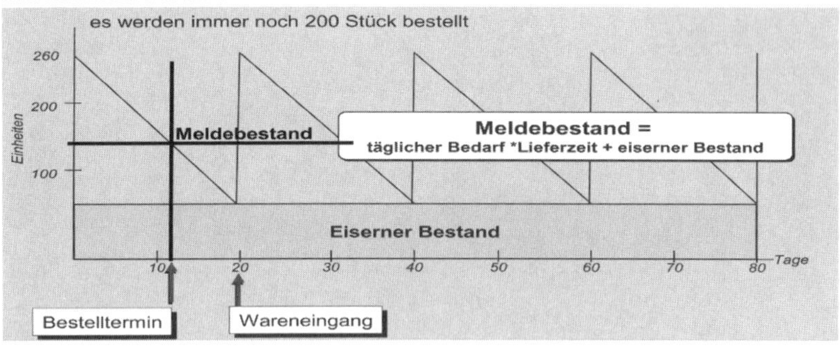

Wichtige Berechnungsgrößen:

Ø-Jahresverbrauch (Wareneinsatz) = Ø-Tagesverbrauch * Arbeitstage pro Jahr

Ø-Jahresverbrauch (Wareneinsatz) = AB + Zugänge - EB

Der durchschnittliche Tagesverbrauch kann entweder über vorhandene Vergangenheitswerte oder über Planzahlen (sehr aufwändig) ermittelt werden.

Wir verwenden hier die einfache Methode über die Vergangenheitswerte:

$$\text{ø Tagesverbrauch} = \frac{\text{Jahresbedarf}}{\text{Anzahl der Arbeitstage pro Jahr}}$$

Diese Methode unterstellt allerdings, dass die Verarbeitung in gleichmäßigen Arbeitsschritten erfolgt.

Wenn dies nicht der Fall ist, wendet man folgende Ansätze an:

$$\text{ø Tagesverbrauch} = \frac{\text{Summe Lagerabgänge in der Periode}}{\text{Anzahl der Tage in der Periode}}$$

oder:

$$\text{ø Tagesverbrauch} = \frac{\text{Anfangsbestand + Summe Lagerzugänge - Endbestand}}{\text{Anzahl der Tage in der Periode}}$$

Tendenzen (langfristig zunehmender / abnehmender Verbrauch) und zu erwartenden Schwankungen (konjunkturell, saisonal) werden berücksichtigt.

Nochmals und ergänzend die wichtigsten Begriffe:

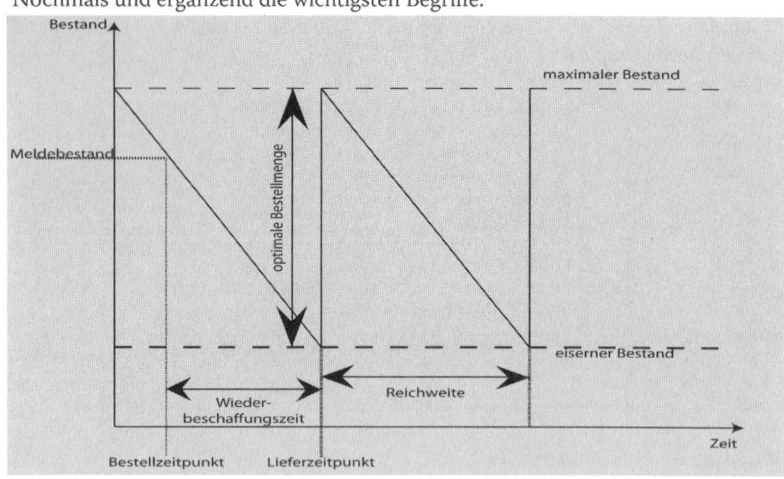

Vor- und Nachteile des Bestellpunktverfahrens:

	Vorteile	Nachteile
Bestellung erfolgt, wenn der Meldebestand erreicht ist (Menge fest; Zeitpunkt variabel). Es wird ein Meldebestand festgelegt	• gleichmäßige Lagerhaltung • flexibel, da keine festen Liefertermine • geringere Lieferantenbindung	• Meldebestandsüberwachung nötig • unregelmäßige Bestellzeitpunkte (höhere Bestellkosten)

Zusammenfassung:

Meldebestand = täglicher Bedarf * Lieferzeit + Eiserner Bestand

$$\textbf{Optimale Bestellmenge} = \sqrt{\frac{200 * \text{Jahresbedarf} * \text{BKfix}}{p * (\text{LZS} + \text{LKS})}}$$

Maximaler Bestand = Eiserner Bestand + optimale Bestellmenge

Reichweite = Bestellmenge / Ø-Tagesverbrauch

2.5.2 Bestellrhythmusverfahren

Das Bestellrhythmusverfahren kann als Variante des Bestellpunktverfahrens angesehen werden. Hier wird in bestimmten Abständen bestellt, unabhängig davon, wieviel Bestand das Lager noch aufweist. Also: Fester Bestelltermin, variable Bestellmenge.

Hier fallen weniger Kosten für die Lagerverwaltung (EDV) an. Die Gefahr der Produktionsunterbrechung ist dabei allerdings höher. Um dieser Gefahr zu begegnen sind in der Regel höhere Lagerbestände erforderlich.

Berechnung des Höchstbestandes:

Sicherheitsbestand + (Überprüfungszeitraum + Beschaffungszeit) x Ø Verbrauch

Oder: Mindestbestand + optimale Bestellmenge (falls bekannt)

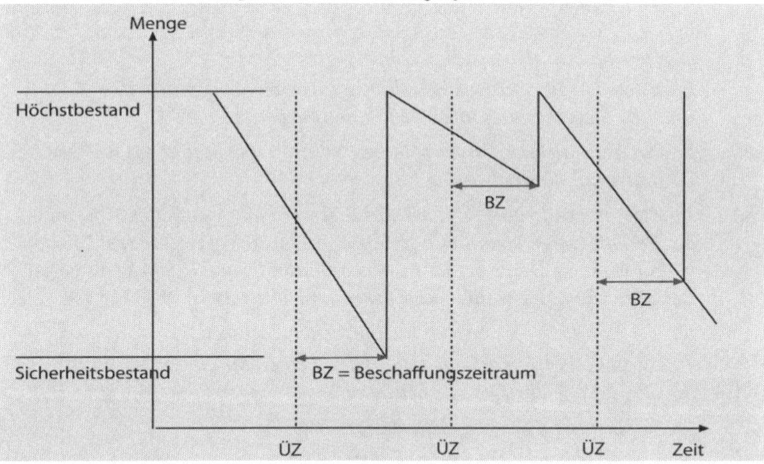

Vor- und Nachteile des Bestellrhythmusverfahrens:

	Vorteile	Nachteile
Bestellung zu festen Lieferterminen (Zeitpunkt fest; Menge variabel). Es findet regelmäßig eine Überprüfung statt	• Terminplanung entfällt • keine Meldebestandsüberwachung nötig	• Lagerplatz wird unterschiedlich belegt • Lieferantenbindung • hohe Kapitalbindungskosten bei schwankender Produktion

Aufgabenblock MAT 2

1. *Für die Herstellung des Produkts BASE 2005 werden jährlich 1050 Gussteile benötigt. Der Einstandspreis pro Stück beträgt € 24,00. Der Lagerhaltungskostensatz liegt bei 20%. Pro Bestellung fallen € 70,00 an Bearbeitungskosten an. Ermitteln Sie die optimale Bestellmenge mit Hilfe einer Tabelle und stellen Sie die Situation grafisch dar.*
2. *Definieren Sie den Begriff „fertigungssynchrone Beschaffung"*
3. *Die WAFOS AG benötigt für Zweigwerk K Elektromotoren zum Einbau in ihre Produkte.*

Jahresbedarf	*1.800*	*Preis pro Einheit*	*100,00*
Lagerhaltungskostensatz	*30%*	*eiserner Bestand*	*10 Stück*
täglicher Verbrauch	*5 Stück*	*feste Bestellkosten*	*20,00*
Lieferzeit	*3 Tage*		

   Ermitteln Sie die optimale Bestellmenge (gerundet auf glatte 10er-Zahl) und den Meldebestand sowie den Bestellzeitpunkt.
4. *Erklären sie, was man unter Mindestbestand versteht und aus welchen Gründen ein Mindestbestand festgelegt wird.*
5. *Im Zweigwerk Eiselfing wird an 260 Tagen pro Jahr gearbeitet. Am Anfang der Periode waren vom Rohstoff AG/58 1.200,000 kg vorhanden. Die Inventur ergab am Ende des Jahres einen Bestand von 800,000 kg. Es liegen Belege für Einkäufe während des Jahres in Höhe von 5.320,000 kg vor.*
   a. *Ermitteln Sie den durchschnittlichen Tagesbedarf.*

   Aus Sicherheitsgründen bildet der Betrieb einen Mindestbestand von 300,000 kg. Die Bestelldauer beträgt 4 Tage.

   b. *Ermitteln Sie den Meldebestand.*
   c. *Wie hoch ist der Jahresbedarf?*
6. *Stellen Sie Bestellpunkt- und Bestellrhythmusverfahren gegenüber (Vorgehensweise, Voraussetzungen, Vorteile, Nachteile)*
7. *Es liegen folgende Verhältnisse vor:*
   Der Sicherheitsbestand beträgt 500 Stück und hat bei gleichmäßigem Verbrauch eine Reichweite von einer Woche. Die Wiederbeschaffungszeit beträgt ebenfalls eine Woche, die Bestellmenge beträgt 1.000 Stück.
   a. *Stellen Sie den Bedarfsverlauf grafisch dar.*
   b. *Wie hoch ist der Höchstbestand anzusetzen?*
   c. *Wie hoch ist der Meldebestand?*
   d. *Wie hoch ist der durchschnittliche Bestand?*
8. *Teil AG/67 wird verbrauchsgesteuert disponiert. Pro Woche werden 100 Teile gleichmäßig verbraucht. Die Wiederbeschaffungszeit beträgt 3 Wochen, der Sicherheitsbestand 100 Stück. Der Bestand zu Beginn der Woche 13 beträgt 400 Stück. Anfang Woche 14 werden 300 Stück bestellt.*
   a. *Definieren sie den Begriff „verbrauchsgesteuert".*
   b. *Stellen Sie den Bestandsverlauf von Woche 13 - 17 grafisch dar. (Frage: Wird der Sicherheitsbestand unterschritten?)*

c. *Welches Bestellverfahren wird hier angewendet?*

9. *Gegeben sei folgender Bestandsverlauf des Artikels RT-32 für ein Jahr:*

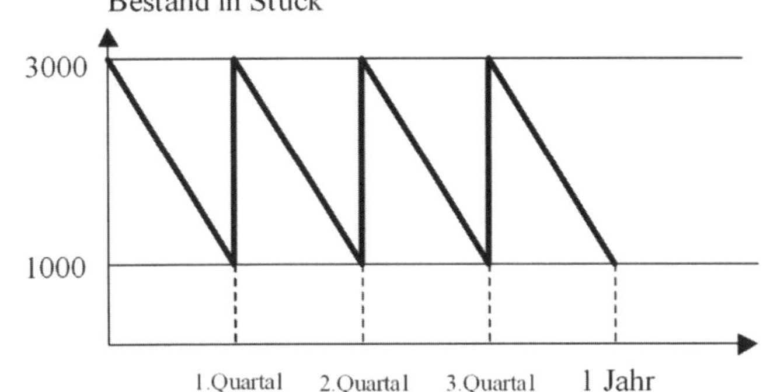

a. *Wie hoch ist der Jahresverbrauch?*
b. *Wie hoch ist der Durchschnittsbestand?*
c. *Welches Bestellverfahren liegt vor?*
d. *Berechnen Sie die optimale Bestellmenge nach Andler, wenn gilt:*
Fixe Bestellkosten: 100,00 € pro Bestellung, Preis por Stück: 50,00 €
Lagerhaltungskostensatz: 20%
e. *Wie viele Bestellungen sind bei der optimalen Bestellmenge nötig?*

10. *Folgende Daten sind bekannt:*
Jahresbedarf .... 16.000 Einheiten
Bestellkosten .... 100,00 €
Lagerhaltungskostensatz 16%
Bezugspreis/St. .... 2,50 €

a. *Ermitteln Sie die optimale Bestellmenge nach der Andlerschen Formel*
b. *Nennen Sie drei Kritikpunkte gegen diese Formel*
c. *Ermitteln Sie – am besten mit einer Tabellenkalkulation – die Lagerkosten, Die Bestellkosten und die Gesamtkosten und stellen Sie den Verlauf grafisch dar.*

Bestell-menge	Bestell-häufigkeit	Durch-schn. LB	Lager-kosten	Bestell-kosten	Gesamt-kosten
800					
1600					
2400					
3200					
4000					

11. *Gegeben sind:*
Optimale Bestellmenge .... 15 Stück
Jahresbedarf .... 180 Stück
Einstandspreis pro Stück .... 1.000,00 €
Lagerhaltungskostensatz 16%

a. *Unterstellen Sie die Andlersche Formel. Wie hoch sind bei diesen Daten die bestellfixen Kosten?*

b. *Nennen Sie zwei wesentliche Voraussetzungen für das Funktionieren der Andlerschen Formel.*

3. Optimale Lagerhaltung

In den vergangenen Jahren sind viele Unternehmen dazu übergegangen, ihre Lager aus Kostengründen zu verkleinern und, falls möglich und so weit wie möglich gänzlich abzuschaffen. Man spricht in diesem Zusammenhang von fertigungssynchroner oder „Just in Time" Produktion.

Die große Masse der Unternehmen kann trotzdem auf Lagerhaltung nicht verzichten. Deshalb wollen wir uns die Lagerhaltung zunächst einmal genauer ansehen:

3.1 Die Lagerorganisation

Lager kosten viel Geld. Deshalb ist eine sinnvolle Lagerordnung ausschlaggebend für die Wirtschaftlichkeit.

3.1.1 Lagerarten

In einem Industriebetrieb findet man Lager in allen Betriebsbereichen:

Im Beschaffungsbereich: Eingangslager, Hauptlager, Nebenlager

Im Produktionsbereich: Bereitstellungslager, Handlager, Zwischenlager

Im Absatzbereich: Fertigerzeugnislager, Ersatzteillager, Handelswarenlager

In der Verwaltung: ein kleines Lager für Büromaterialien

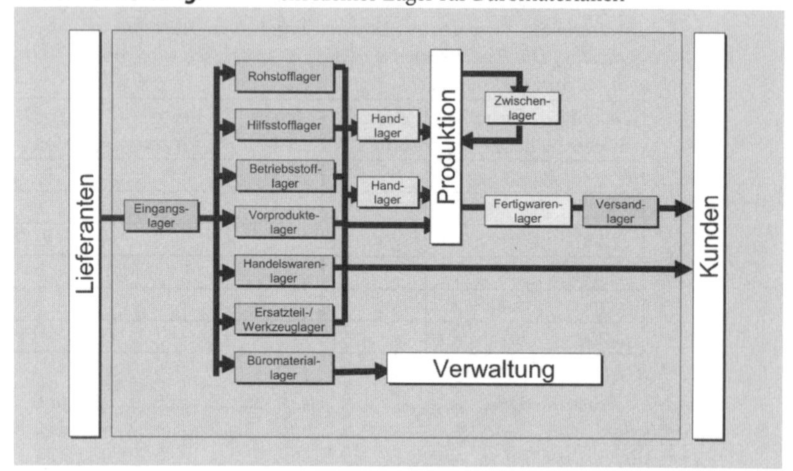

3.1.2 Funktionen der Lagerhaltung

Eingangslager: Dient zur Aufnahme der angelieferten Waren. Hier werden sie auf Vollständigkeit und Qualität hin überprüft.

Zwischenlager: Häufig sind die aufeinanderfolgenden Fertigungsstufen nicht so genau aufeinander abgestimmt, dass keine Zwischenlager erforderlich sind. (Lager für unfertige Erzeugnisse)

Fertigwarenlager: In der Regel geschieht die Auslieferung nicht sofort nach der Fertigstellung. Die reine Auftragsfertigung kommt auch selten vor. Deshalb werden in vielen Betrieben Fertigwarenlager geführt.

Diese verschiedenen Lagerarten haben selbstverständlich unterschiedliche Aufgaben.

Generell kann man für die verschiedenen Lager jedoch folgenden Grundfunktionen feststellen:

Sicherungsfunktion	**Beschaffungsbereich:** Sicherung der Produktionsbereitschaft **Produktionsbereich (Zwischenlager):** Verhinderung von Produktionsausfällen bei defekten Maschinen; Synchronisierung von Arbeitsabläufen **Absatzbereich (Fertigwarenlager):** Ausgleich zwischen kontinuierlicher Produktion und punktuell anfallender Nachfrage
Ausgleichs- und Überbrückungsfunktion	Zeitlich mengenmäßig preislich
Umformungsfunktion	Zwischenlager fungieren häufig als Teil des Produktionsprozesses. Halbfertige Erzeugnisse werden in diesen Lagern abgehärtet, getrocknet, gekühlt,...
Kosteneinsparungsfunktion	**Beschaffungsbereich:** Erzielung von Preisnachlässen bei großen Einkaufsmengen. **Produktionsbereich:** Handlager verringern unnötige Wege zu den einzelnen Werkstofflagern. Der Produktionsablauf wird beschleunigt. **Absatzbereich:** Viele Aufträge können erst durch eine entsprechend große Losgröße realisiert werden.

3.2 Lagerkosten

Fixe Lagerkosten: Kosten, die unabhängig von der tatsächlichen Lagermenge in konstanter Höhe anfallen: – Personalkosten – Abschreibungen – kalkulatorische Zinsen – EDV	Kosten der Lagereinrichtung Instandhaltung, Heizung, Beleuchtung, Versicherung, Abschreibung, Miete, Zinsen,... Kosten der Lagerverwaltung Gehälter, Löhne, Organisationskosten (z.B. Lagerbestandsführung, EDV)
Variable Lagerkosten: Kosten, deren Höhe vom Lagerbestand abhängt: – Lagerzinsen (Opportunitätskosten) – Versicherung – Energieverbrauch – kalkulatorische Risikokosten	Kosten der Lagervorräte Warenpflege, Versicherung, Wertverluste (Diebstahl, Schwund, Veralten), Transportkosten, Güterbearbeitung, Verzinsung des eingesetzten Kapitals, ...

3.3 Lagerrisiken

Je größer das Lager, desto größer sind auch die damit verbundenen Risiken:

- Gelagerte Stoffe können durch technische Neuerungen wertlos werden
- Stoffe oder Fremdbauteile können durch die Änderung modischer Trends unverkäuflich werden
- Preisschwankungen auf dem Beschaffungsmarkt können den Wert der eingelagerten Ware erheblich beeinträchtigen
- Durch Verderb, Schwund oder auch Diebstahl können Mengenverluste entstehen

3.4 Kosteneinsparungen im Lager

Einsparung von fixen Kosten

Um die Lagerkosten zu senken, ist es sinnvoll,

- die Größe der Lagerräume und -einrichtungen in bestimmten Zeitabständen dem tatsächlichen Bedarf anzupassen
- einen optimalen Standort für das Lager zu suchen und gutes (geschultes Personal) einzusetzen
- optimale (raumnutzende, arbeitserleichternde oder transportorientierte) Lagereinrichtungen einzusetzen

Einsparungen von variablen Kosten

Um variable Kosten zu senken, ist es sinnvoll,

- die Lagervorräte so klein wie möglich zu halten (geringe Kapitalbindungskosten, niedriges Lagerrisiko)
- die Lagervorräte so rasch wie möglich umzuschlagen (Verringerung der Lagerdauer = Freisetzung des gebundenen Kapitals)

3.5 Lagerordnung

Ein modernes, wirtschaftliches Lager muss folgenden Anforderungen genügen:

1. Optimale Raum und Flächennutzung
2. Hohe Umschlagsleistung (schneller Zugriff auf die eingelagerte Ware)
3. Wirtschaftliche Lagertechnik (Senkung des notwendigen Personaleinsatzes)
4. Verwaltung des Material- und Informationsflusses (Auskunftsbereitschaft über aktuelle Lagerbestände)

Es bieten sich dabei u.a. folgende Organisationsformen an:

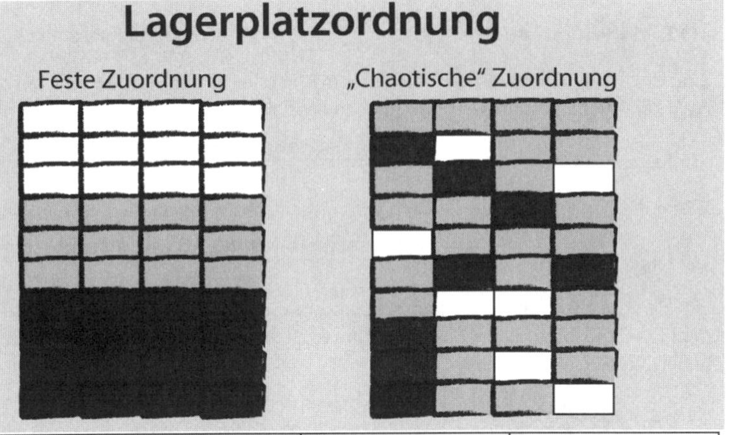

Strategie	Vorgehensweise	Vorteile	Nachteile
Fifo-Prinzip	die zuerst eingelagerte n Materialien (first-in) werden zuerst wieder ausgelagert (first-out)	Vermeidung von Ladenhütern; beugt Wertminderungen und Qualitätsverlusten vor; erleichtert Planung des Materialflusses	hohe organisatorische Ansprüche hohe Kosten (EDV-Anlage, geeignet Lagertechnik)
Prinzip der Fachzoneneinteilung	Ordnung der Lagerplätze in Zonen Zonenbildung hinsichtlich der Materialeigenschaften	schneller Zugriff durch die Einrichtung sog. Schnellläuferzonen; hohe Umschlagsleistung; weniger Kapitalbindung	schlechte Raumnutzung geringe Flexibilität hoher organisatorischer Aufwand bei der Zonenumbildung
Prinzip der freien Lagerordnung	Zuordnung eines beliebigen Platzes eine Materialart befindet sich zufallsbedingt an wechselnden Orten	erhebliche Platzeinsparung hohe Flexibilität	hohe organisatorische Ansprüche hohe Kosten (EDV-Anlage, geeignet Lagertechnik)

3.6 Lageroptimierung mit Hilfe von Kennziffern

Lagerkennziffern dienen dazu, die Lagerhaltung transparenter zu machen und helfen dabei, die Lagerhaltung zu optimieren. Die wichtigsten sind:

Ø-Lagerbestand

gibt an, wie hoch die Vorräte im Durchschnitt sind. Verändert sich diese Kennzahl, so hat das Auswirkungen auf die Kapitalbindungskosten und damit natürlich auch auf die Lagerkosten.

$$\textbf{Ø Lagerbestand} = \frac{\text{Bestellmenge}}{2} + \text{Sicherheitsbestand}$$

Sind die Zu- und Abgänge relativ gleichmäßig oder ist die Periode sehr kurz (Monat), kann man auch folgende Formel anwenden:

$$\textbf{Ø Lagerbestand} = \frac{\text{Anfangsbestand + Endbestand}}{2}$$

Wenn die Periode ein Jahr beträgt, geht es genauer mit monatlichen Zahlen:

$$\textbf{Ø Lagerbestand} = \frac{\text{Jahresanfangsbestand + 12 Monatsendbestände}}{13}$$

Um den durchschnittlichen Lagerbestand in € zu erhalten, wird das Ergebnis mit dem Einstandspreis multipliziert. Grundsätzlich hängt es allerdings von den gegebenen Werten ab.

Umschlagshäufigkeit

Die Lagerumschlagshäufigkeit (UH) gibt an, wie oft sich das im Lager befindliche Material innerhalb einer Periode (meist 1 Jahr) umschlägt; d. h. wie oft sich das Material im Lager verbraucht oder verkauft und durch Neueinlagerung ersetzt wurde.

$$\textbf{Umschlagshäufigkeit} = \frac{\text{Jahresverbrauch}}{\text{Ø-Lagerbestand}}$$

oder - wenn die **Ø**-Lagerdauer schon bekannt ist:

$$\textbf{Umschlagshäufigkeit} = \frac{360}{\text{Ø-Lagerdauer}}$$

Eine hohe Umschlagshäufigkeit wirkt sich günstig auf die Lagerkosten aus (geringere Kapitalbindung, weniger Schwund, niedrigere Lagerkosten).

Ø Lagerdauer

Die durchschnittliche Lagerdauer (Ø LD) gibt Auskunft über die Entwicklung der Kapitalbindung im Lager. Sie macht deutlich, wie lange die Vorräte durchschnittlich im Lager gebunden sind.

$$\textbf{Ø Lagerdauer} = \frac{360}{\text{Umschlagshäufigkeit}}$$

oder:

$$\text{Ø Lagerdauer} = \frac{\text{360 Tage * Ø Lagerbestand}}{\text{Jahresverbrauch}}$$

Durch eine Reduzierung der Lagerdauer kann die Kapitalbindung gesenkt werden, was die Wirtschaftlichkeit verbessern würde. Eine kürzere Lagerdauer bedeutet auch, dass die eingelagerten Materialien schneller wieder in liquide Mittel umgewandelt werden (Finanzierungseffekt).

Lagerzinssatz (LZS)

Der Lagerzinssatz (LZS) gibt an, wie viel Prozent Zinsen das im durchschnittlichen Lagerbestand gebundene Kapital während der durchschnittlichen Lagerdauer kostet.

$$\text{Lagerzinssatz} = \frac{\text{Zinssatz (p.a.) * Ø-Lagerdauer (in Tagen)}}{\text{360 Tage}}$$

Der Lagerzinssatz verringert sich, wenn sich beispielsweise die Lagerumschlagshäufigkeit erhöht.

Lagerzinsen

Der Lagerzins (LZ) gibt an, wie viel das im durchschnittlichen Lagerbestand gebundene Kapital während der durchschnittlichen Lagerdauer kostet.

$$\text{Lagerzinsen} = \frac{\text{Ø-Lagerbestand (€)* Lagerzinssatz}}{100}$$

Die Lagerzinsen entsprechen den Kapitalbindungskosten.

Lagerkostensatz (LKS)

$$\text{Lagerkostensatz} = \frac{\text{Lagerkosten gesamt *100}}{\text{durchschnittlicher Lagerbestand (€)}}$$

Lagerkosten

Die Lagerkosten bestehen aus Personalkosten, Kosten der Lagerräume und Kosten für die gelagerten Waren. In der Praxis kann man sie nur mit kostenrechnerischen Methoden ermitteln. Falls der Lagerkostensatz allerdings bekannt ist, kann man obige Formel einfach umdrehen:

Lagerkosten = Ø-Lagerbestand * LKS

Lagerhaltungskosten

Lagerhaltungskosten = Zinskosten + Lagerkosten

Die Lagerhaltungskosten umfassen neben den Lagerkosten auch die Kosten für das gebundene Kapital.

Lagerhaltungskostensatz (LHKS)

LHKS = LZS + LKS

Aufgabenblock MAT 3

1. *Definieren Sie die Begriffe „variable Kosten" und „fixe Kosten" und teilen sie die Lagerkosten entsprechend ein. Stellen sie die Kostenverläufe auf Stückebene dar (in Abhängigkeit der Ausbringungsmenge).*

2. *Die WAFOS AG produziert im Zweigwerk Straußdorf nur Standard PCs. Die Absatzmenge beträgt durchschnittlich 50 Stück pro Monat. Die Einkaufsabteilung soll nun kostengünstig Speicherbausteine einkaufen. Ein Mitarbeiter schlägt vor, einmalig eine Menge von 1.000 Stück einzukaufen, da die Preise im Augenblick sowieso sehr niedrig seien und der Zwischenhändler noch einen zusätzlichen Rabatt von 20% einräumen würde. Nehmen Sie dazu Stellung.*

3. *Für das Jahr 01 liegen aus der Lagerhaltung für die Komponente F/34 folgende Werte vor:*

	Stück
Anfangsbestand	4.000
Endbestand	3.000
Jahresverbrauch	50.000
Preis pro Komponente	2,50 €
Jahreszinssatz	7%
Branchenwerte:	
Umschlagshäufigkeit	12
durchschnittliche Lagerdauer	30 Tage
Lagerzinssatz	0,8%

Ermitteln Sie die Lagerkennziffern und interpretieren Sie diese im Vergleich zu den Branchenwerten.

4. *Der neu installierte Bewachungsdienst möchte wissen, bei welchen Stoffbeständen besonders kontrolliert werden soll. Es stehen folgende Daten zur Verfügung:*

Stoff	Verbrauch in Stück	Wert pro Stück
AP / 13	5.000	12,00
OJ /34	800	200,00
GH/11	500	140,00
GH/08	2.000	7,00
KL/13	3.000	2,00
FG/12	1.000	140,00
FG/09	200	420,00
DS/45	3.000	50,00
AS/55	1.000	90,00
AJ/02	8.000	1,50

Welches Verfahren wählen Sie? Machen Sie auch deutlich, welche Vorzüge dieses Verfahren hat. Stellen Sie die Ausführung dar.

5. *Der Betrieb legt folgende Zahlen zugrunde:*

Jahresbedarf	1.800 Stück	Preis pro Einheit	100,00 €
Lagerkostensatz	30%	eiserner Bestand	10 Stück
täglicher Verbrauch	5 Stück	Marktzins	8%

Untersuchen Sie folgende Situationen:

Fall 1: Der Betrieb bestellt jeweils den gesamten Jahresbedarf auf einmal

Fall 2: Der Betrieb bestellt jeweils die optimale Bestellmenge (50 Stück)

Berechnen Sie die Lagerzinsen (Kapitalbindungskosten) und interpretieren Sie das Ergebnis.

6. *Der Jahresbedarf bei Stoff AWe/14 beträgt 6.000 Einheiten. Es wird einmal pro Monat bestellt und angeliefert. Es wird kein eiserner Bestand geführt.*
   - a. *Welches Bestellverfahren liegt vor?*
   - b. *Wie hoch sind die Kapitalbindungskosten, wenn eine Einheit 800,00 € kostet und der marktübliche Zinssatz 9% beträgt? (Es kann gleichmäßige Lagerentnahme vorausgesetzt werden)*

7. *Fortsetzung von 6.*
   Es soll überprüft werden, ob diese Situation für den Betrieb optimal ist. Zwei Mitarbeiter werden beauftragt, die optimale Bestellmenge zu ermitteln und die Kapitalbindungskosten dafür zu ermitteln. Ihre Recherchen ergeben folgendes:
   - *fixe Bestellkosten........................ 30,00 €*
   - *Lagerhaltungskostensatz........................ 18%*

   Stellen Sie den Verlauf der Bestellkosten und der Lagerkosten grafisch dar. Ermitteln Sie für die optimale Menge die Bestellkosten und die Lagerkosten.

8. *Vom Rohstoff ER/45 wurde im abgelaufenen Jahr 860.000,00 € verbraucht. Die Umschlagshäufigkeit dieses Rohstoffs ist 6 und der kalkulatorische Lagerzinssatz beträgt 2%.*
   Berechnen Sie
   - *die durchschnittliche Lagerdauer*
   - *die kalkulatorischen Lagerzinsen (Kapitalbindungskosten) und*
   - *den unterstellten Marktzins.*

   Nennen Sie je zwei Nachteile eines
   - *zu hohen Lagerbestands*
   - *zu niedrigen Lagerbestands.*

9. *Für die Herstellung des Produkts K sind je 10 Schrauben vom Typ Z33 nötig. Jeden Monat werden 6.000 Stück von K fertig gestellt. Jede Schraube kostet 0,10 €. Bei jeder Lieferung fallen unabhängig von der Bestellmenge Bearbeitungskosten und Transportkosten in Höhe von 100,00 € an. Der Lagerkostensatz beträgt 4%, der Lagerzinssatz 6%.*
   Ermitteln Sie die optimale Bestellmenge.

3.7 Rationalisierung im Beschaffungsbereich

In den meisten Branchen liegen sog. Käufermärkte vor, auf denen der Kunde sehr anspruchsvolle Wünsche hat. Außerdem unterliegt die Nachfrage einem raschen Wandel.

Marktfaktoren	Folgen
Produktdifferenzierung Qualitätsansprüche Schnelligkeit Flexibilität	Kostendruck durch Einzelteil-Inflation hohe Kapitalbindung Beschaffung wird komplizierter

Der Rationalisierungsbedarf nimmt dadurch zu. Man muss, um konkurrenzfähig zu bleiben, Lagerbestände abbauen und den Materialfluss beschleunigen. Diese Maßnahmen sind ohne eine entsprechende Logistik nicht möglich.

Im betrieblichen Zusammenhang kann man dabei unterscheiden zwischen

- Beschaffungslogistik: optimaler Informationsfluss zwischen Betrieb und Lieferant
- Produktionslogistik: die sinnvolle Organisation der Produktion (Materialfluss und Informationsfluss)
- Absatzlogistik: der Informationsfluss zwischen Betrieb und Kunde
- Entsorgungslogistik: organisatorische Maßnahmen zur Abfallvermeidung, Abfallbeseitigung und Abfallverwertung

Alle diese Teilbereiche gehören zu einem modernen logistischen Betriebskonzepts, das sich im Endeffekt vom Kunden bis hin zum Lieferanten erstreckt.

Exkurs: Das JIT-Konzept

Die Just-in-Time-Produktion ist nur bei Serien- oder Massenfertigung interessant. Sie erfordert eine exakte Fertigungsplanung und zuverlässige Lieferanten, hilft jedoch andererseits, die Kosten im Materialbereich stark zu verringen.

Beim Just-in-Time-Konzept erfolgt die Lieferung der benötigten Werkstoffe synchron zur Produktion des Weiterverarbeiters. Die Zielsetzung dieser Lieferstrategie ist der Abbau von Vorratsbeständen im Unternehmen und damit reduzierte Zins- und Lagerkosten. Das Produktionsmaterial soll so spät wie möglich vom Lieferanten zeitgenau und in der richtigen Reihenfolge angeliefert werden. Entlang der Montagelinie werden Andockstationen eingerichtet, durch die eine Anlieferung der Bauteile an die jeweiligen Einbaustellen im Produktionsprozess ermöglicht wird. Immer häufiger baut der Lieferant seine Module selbst in das Produkt des Weiterverarbeiters ein.

Der hohe Grad an Zusammenarbeit zwischen Lieferer und Weiterverarbeiter führt zu einer deutlichen Reduktion der Lieferantenzahl (Single-Sourcing). Da diese den Weiterverarbeitern zusätzlich komplette Problemlösungen anbieten, werden sie als Systemlieferanten bezeichnet. Sie übernehmen gleichzeitig die Koordination der vorgelagerten Teilebeschaffung, die Vormontage sowie die Liefer- und Qualitätsverantwortung.

Anforderungen an die Beteiligten:

Kommunikation:
- enge informationstechnische Verknüpfung zwischen Lieferant und Weiterverarbeiter (z.B. Intranet)
- standardisierte Bestellvorgänge
- reibungslose Kommunikation ohne bürokratische Hindernisse und organisatorische Umwege
- kurze Reaktionszeiten

Qualität:
- exakte Einhaltung der Qualitätsvorgaben durch den Lieferer, da ansonsten der Materialfluss gestört wird und ein Rückgriff auf fehlerfreie Bauteile durch den Lagerabbau oft nicht mehr möglich ist
- Aufbau von erstklassigen Qualitätssicherungssystemen, in denen Qualitätsingenieure in regelmäßigen Abständen Qualitätskontrollen beim Lieferanten vornehmen
- Einbeziehung des Lieferanten in die Produktentwicklung um den Entwicklungszeitraum zu verkürzen und einen hohen Qualitätsstandard sicherzustellen Zeit
- exakte Einhaltung der Liefertermine um einen Produktionsstillstand zu vermeiden
- kurze Reaktionszeiten des Lieferers

Lieferverträge:
- langfristig ausgelegte Lieferverträge, um organisatorische und produktionstechnische Veränderungen im Betrieb des Lieferanten (die durch das JIT- Konzept notwendig werden) finanzierbar zu machen

Problemfelder:

Lieferanten : hohe Kostenbelastung des Lieferanten durch Konventionalstrafen bei Lieferverzug,
logistische Probleme bei mehreren Weiterverarbeitern,
Aufbau von umfangreichen Warenausgangslagern (=Beschaffungslager der Weiterverarbeiter),
Produktionsverlagerung in räumliche Nähe zum Kunden

Verkehr : erhöhtes Transportaufkommen auf Autobahnen,
hohe Störanfälligkeit des JIT- Konzepts (z.B. Stau und winterliche Straßenzustände),
Umweltbelastung

Aufgabenblock MAT 4

1 aus BW 98_2 MATERIALWIRTSCHAFT

Die Müller GmbH ist Hersteller von Elektronikbauteilen und möchte vor allem in der Materialwirtschaft Kosten einsparen.

1. *Zunächst möchte die Müller GmbH neue Bezugsquellen erschließen. Sie holt von verschiedenen Firmen Angebote ein. Unter anderem erhält sie folgende Angebote:*

   Angebot I: Listenpreis 21,00 € je Stück ab 5.000 Stück Abnahme 10 % Rabatt, 2% Skonto bei Zahlung innerhalb von 10 Tagen, Lieferung „frei Haus", Verpackungskosten 25,00 € je 100 Stück.

   Angebot II: Listenpreis 24,00 €, ab 7.500 Stück Abnahme 20 % Rabatt 3 % Skonto bei Zahlung innerhalb von 10 Tagen, Frachtkostenpauschale 800,00 €, Verpackungskosten 12,50 € je 100 Stück

   1.1 *Führen Sie einen Angebotsvergleich für eine Bestellmenge von 8.000 Stück durch und ermitteln Sie das rein rechnerisch günstigere Angebot. Die Zahlung soll innerhalb der Skontofrist erfolgen.*

   1.2 *Nennen Sie vier weitere Faktoren, die für eine endgültige Lieferantenauswahl herangezogen werden müssen.*

   1.3 *Beschreiben Sie ein geeignetes Verfahren, das bei der Lieferantenwahl angewandt wird und die individuellen betrieblichen Bedürfnisse berücksichtigt.*

2 *Die Müller GmbH verbraucht pro Tag etwa 50 gleiche Fremdbauteile mit einem Einstandspreis von je 20,00 € je Stück. Bei jeder Bestellung fallen fixe Bestellkosten von 9,00 € an. Zinssatz und Lagerkostensatz betragen insgesamt 4,5 %. Als eiserner Bestand sind 300 Stück festgelegt. (Das Jahr wird mit 360 Tagen gerechnet).*

   2.1 *Berechnen Sie die optimale Bestellmenge (rechnerischer Nachweis!).*

   2.2 *Berechnen Sie in welchem Abstand (in Tagen) und wie oft pro Jahr die Unternehmung bestellen muss, um die Kosten möglichst niedrig zu halten, wenn die optimale Bestellmenge 600 Stück beträgt.*

   2.3 *Berechnen Sie den durchschnittlichen Lagerbestand.*

   2.4 *Zeigen Sie auf, in welchem Zielkonflikt das Unternehmen bei der Festlegung der eisernen Reserve (=eiserner Bestand) steht.*

2 aus BW 97_1

Aus Gründen der Kostensenkung wird der Bereich Materialwirtschaft eines großen Industriebetriebes auf Einsparungsmöglichkeiten hin überprüft.

1. *Erläutern Sie das sog. „ Just in time" - Konzept und gehen Sie dabei auf je zwei Vor- und Nachteile dieser Beschaffungskonzeption ein.*

2. *Beschreiben Sie das Verfahren. mit dem festgestellt werden kann, bei welchen Materialien sich Aufwendungen für Kostenreduktionen besonders lohnen.*

3. *Für eine Materialposition besteht ein Bedarf von 80 ME/Tag. Die Beschaffungszeit wird mit 20 Arbeitstagen angenommen. Der Sicherheitsbestand soll für einen Bedarf von 10 Arbeitstagen reichen.*

3.1 Berechnen Sie den Bestellpunkt. Welche Situation würde eintreten, wenn der Verbrauch bei sonst gleichbleibenden Daten auf 130 ME/Tag steigen würde?

3.2 Stellen Sie in einer Skizze die Veränderung des Lagerbestandes bei gleichmäßiger Entnahme dar. Kennzeichnen Sie den Höchstbestand, den Bestellpunkt und den Sicherheitsbestand.

4. Der durchschnittliche Lagerbestand beträgt 27.000,00 € bei einem Wareneinsatz von jährlich 243.000,00 €. Berechnen Sie den Zinssatz für das in den Lagerbeständen gebundene Kapital, wenn ein Kapitalmarktzins von 8 % zugrunde gelegt wird.

3. aus BW 00_1

Bei einer Bereichsleiterbesprechung der SOMMER AG wird unter anderem festgestellt, dass sich die Kosten in den vergangenen Abrechnungsperioden ständig erhöht haben. In diesem Zusammenhang wird angeregt, die Kosten für die Lagerhaltung näher zu untersuchen.

Im laufenden Jahr betrug der durchschnittliche Lagerbestand beim Produkt Gartenstuhl Modell Italien 824 Stück und die durchschnittliche Lagerdauer 32 Tage. Die Endbestände in den Monaten Januar bis Dezember ergeben eine Summe von 9.600 Stück.

1. Berechnen Sie den Bestand zum 01.01.

2. Berechnen Sie die Summe der Materialentnahme.

3. Berechnen Sie den Lagerzinssatz bei einem angenommenen Kapitalzinssatz von 6,5%.

4. Erläutern Sie, was man unter der optimalen Bestellmenge versteht und auf welchem Zielkonflikt die Bestimmung der optimalen Bestellmenge beruht.

4 Aus Thüringen 2002

Sachverhalt:

„Das Berufsfeld Logistik boomt in Zeiten der Globalisierung. Führungskräfte werden gesucht. Logistik-Manager kontrollieren Lagerbestände und die Abwicklung von Gütertransporten. In ihrer Verantwortung liegt es, dass die richtige Ware zur richtigen Zeit am richtigen Ort in der gewünschten Menge bereit steht."

Aus: Leipziger Volkszeitung vom 24./25. März 2001

1 Lagerhaltung im Unternehmen ist notwendig, um den Betriebszweck zu erreichen.

1.1 Nennen und erläutern Sie zwei Funktionen der Lagerhaltung.

1.2 Nennen Sie je zwei Arten von Kosten, die für die Lagereinrichtung und für die Lagervorräte anfallen.

1.3 Die Lagerkosten sollten möglichst gering gehalten werden. Nennen Sie je zwei Möglichkeiten zur Senkung der fixen und der variablen Kosten der Lagerhaltung.

2. Die Lunalux GmbH, führender ostdeutscher Hersteller von Spiegelreflexkameras, sieht in der Optimierung ihrer Lagerhaltung eine wesentliche Möglichkeit zur Kostensenkung im Unternehmen.

Die Lagerkartei weist für das Objektiv „202" für das 1. Halbjahr die folgende Bestandsentwicklung aus (siehe Tabelle unten).
Weitere Angaben:

Mindestbestand. .... 100 Stück
Meldebestand .... 200 Stück
Einstandspreis. .... 400 €/Stück.

2.1 *Erklären Sie die Begriffe Mindestbestand und Meldebestand.*

2.2 *Vervollständigen Sie die Lagerdatei auf dem Arbeitsblatt 2, indem Sie die Bestände ermitteln.*

2.3 *Berechnen Sie für das Objektiv „202" folgende Lagerkennziffern:*
- *durchschnittlicher Lagerbestand in Stück und €*
- *Umschlagshäufigkeit für das 1. Halbjahr*
- *Durchschnittliche Lagerdauer (1. Halbjahr)*

3. *Die Umschlagshäufigkeit (1. Halbjahr) betrug in der Branche 2,2.*

3.1 *Nennen Sie zwei mögliche Gründe für die Abweichung dieser Kennziffer vom Branchendurchschnitt.*

3.2 *Durch welche 2 Maßnahmen könnte die Umschlagshäufigkeit im Unternehmen erhöht werden ?*

Lagerdatei (Angaben in Stück)

Datum	Eingang	Ausgang	Bestand
01.01.			200
14.01.	140		
20.01.		60	
29.01.	140		
06.02.		40	
26.02.		100	
10.03.	140		
27.04.		80	
05.05.		100	
28.05.	140		
29.06.		60	

5 Aus Thüringen 2002 (Nachtermin)

Die Wasch - Masch GmbH ist ein mittelständischer Hersteller von Waschmaschinen. Sie sollen als Mitarbeiter/in der Einkaufsabteilung bei den Trommeln für die Waschmaschinen die Kosten senken.

Es liegen Ihnen folgende Daten vor:

Gesamtbedarf: .... 600 Stück
Einstandspreis: .... 25,00 €
Kosten je Bestellung: .... 40,00 €
Lagerhaltungskostensatz: .... 10 %

Aufgabenstellung:

1 *Erläutern Sie den Begriff optimale Bestellmenge.*

2 *Ermitteln Sie die optimale Bestellmenge annäherungsweise mit Hilfe der folgenden Tabelle. (Zur Kontrolle können Sie auch die Andlersche Formel anwenden) Stellen Sie die optimale Menge grafisch dar.*

Arbeitsblatt zu Aufgabe

Anzahl der Bestellungen	Bestellmenge (Stück)	Durchschnittlicher Lagerbestand (Stück)	Durchschnittlicher Lagerwert (Euro)	Lagerkosten (Euro)	Bestellkosten	Gesamtkosten (Euro)
1						
2						
3						
4						
5						
6						

Aufgabe 6.

Die Lagerbuchhaltung ergibt für den Artikel AF/34 folgende Aufzeichnungen:

Tag	Eingang	Ausgang	Bestand
1.1.			480
14.1.	600		1.080
7.2.		570	510
15.3.	240		750
2.4.		320	430
4.5.	340		770
2.6.		620	150
12.8.		80	70
8.9.	580		650
22.9.		190	460
19.10.		320	140
1.11.	200		340
2.11.	230		570
1.12.		460	110
17.12.	600	170	540
31.12.			540

a. *Ermitteln Sie den durchschnittlichen Lagerbestand mit Hilfe von Monatswerten.*

b. *Ermitteln Sie die Umschlagshäufigkeit und die durchschnittliche Lagerdauer*

c. *Der Marktzins beträgt im Augenblick 6% p.a. Der durchschnittliche Einkaufspreis beträgt pro Einheit 78,00 €.*
Ermitteln Sie die Kapitalbindungskosten.

Aufgabe 7.

Es liegt ein Auszug aus der Lagerdatei der WAFOS AG vor.

Lagerbestände in € :		Warenverkäufe zu Einstandspreisen	
02.01.2004	19 200,00	1. Quartal	100 000,00
31.03.2004	24 700,00	2. Quartal	150 000,00
30.06.2004	23 500,00	3. Quartal	80 000,00
30.09.2004	18 300,00	4. Quartal	140 000,00
31.12.2004	20 900,00		
Eiserner Bestand	50	Liefertage	10
Tagesverbrauch	15	aktueller Marktzins	8 %

1. *Ermitteln Sie die Lagerkennziffern (Meldebestand, durchschnittlicher Lagerbestand (zwei unterschiedliche Wege), Umschlagshäufigkeit, durchschnittliche Lagerdauer, Lagerzinssatz) und erläutern Sie kurz Ihre Ergebnisse!*

2. *Füllen Sie sinnvoll auf*

   Grundsätzlich hängt die Umschlagshäufigkeit von der Branche und von der Art der Ware ab. Aber auch der Ruf eines Geschäftes (Leistungsfähigkeit, __________________) beeinflusst die Umschlagshäufigkeit. Diese Kennzahl ist für den Betrieb von größter Bedeutung. Je rascher der Lagerumschlag, desto __________die Kapitalbindung, desto ___________ Zinskosten, desto ________ die Liquidität, desto ________ der Fremdkapitalbedarf, desto ________ das Lagerrisiko, usw.

3. *Die WAFOS AG erhält für das laufende Jahr folgende Branchendurchschnittswerte:*
   durchschnittlicher Lagerbestand: 15 800,00 €; Umschlagshäufigkeit 18; durchschnittliche Lagerdauer 15 Tage. Sind diese Abweichungen für die WAFOS AG günstig oder ungünstig?

4. *Die hohen Lagerkosten der WAFOS AG wurden von der Geschäftsleitung beanstandet. Nun soll geprüft werden, ob sich diese Kosten senken lassen. Schlagen Sie eine Maßnahme zur Verkürzung der Lagerdauer vor und nennen Sie Voraussetzungen, die erfüllt sein müssen, damit die Maßnahme getroffen werden kann.*
   Erläutern Sie auch, auf welche Kosten sich die vorgeschlagenen Maßnahmen auswirken.

Aufgabe 8.

Die Firma Stein benötigt bei der Montage ihrer Saunas spezielle Schrauben. Da in der letzten Zeit immer wieder Störungen bei der Lieferung dieser Spezialschrauben auftraten, soll sowohl der Mindestbestand, als auch der Meldebestand neu festgelegt werden.

1. *Wovon ist der Mindestbestand abhängig?*
2. *Berechnen Sie den Meldebestand. Es liegen folgende Angaben vor: Tagesverbrauch 1.200 Stück, Lieferzeit 20 Tage, Mindestbestand: 3 000 Stück.*
3. *Die Firma Stein führt u.a. folgendes Lagerbestandskonto:*

S		2020	H
AB (8000)	99 000,00	SB (8010)	135 000,00

   a. *Ermitteln Sie die Bestandsveränderung.*
   b. *Es wurden während der Periode Einkäufe in Höhe von 724.000,00 € getätigt. Berechnen Sie die Umschlagshäufigkeit und die durchschnittliche Lagerdauer, bei einem durchschnittlichen Lagerbestand von 86 000,00 €.*

Aufgabe 9.

1. *Formulieren Sie die Zielsetzung der Lagerhaltung und beschreiben Sie mögliche Zielkonflikte.*
2. *Nennen Sie die wichtigsten Aufgaben der Lagerhaltung.*
3. *Zählen Sie fünf typische Lagerarbeiten auf.*
4. *Beschreiben Sie die Lagerkennziffer „Lagerzins". Welche Folgerungen können aus konkreten Zahlen geschlossen werden?*
5. *Stellen Sie die vor- und Nachteile von Eigen- und Fremdlagern gegenüber.*
6. *Zählen Sie die wichtigsten Bestandteile der Lagerkosten auf und nennen Sie signifikante Beispiele. Verdeutlichen Sie, inwieweit die verschiedenen Kostengruppen durch unternehmerische Entscheidungen beeinflusst werden können.*

Aufgabe 10.

1. *Welche Aussage zur Berechnung der optimalen Bestellmenge ist richtig?*
   a. *Die Meldemenge und der Mindestbestand ergeben die opt. Bestellmenge*
   b. *Die Bedarfsmenge für einen bestimmten Zeitraum ist insgesamt vorgegeben*
   c. *Die Anzahl der in einem bestimmten Zeitraum vorzunehmenden Bestellungen ist vorgegeben*
   d. *Die zu berücksichtigenden Lagerzinsen werden unabhängig von der Bestellmenge als konstant betrachtet*
   e. *Der Höchstbestand und der Mindestbestand ergeben zusammen die opt. Bestellmenge*
2. *Berechnen Sie die optimale Bestellmenge:*

   Der Halbjahresbedarf an Festplatten beträgt bei einem PC-Hersteller 800 Stück. Der Listenverkaufspreis unseres Lieferanten beträgt 120,00 € je Stück. Wir können entweder 200, 400 oder 800 Stück bestellen. Beim Bezug von 400 Stück erhalten wir einen Mengenrabatt von 5%, wenn wir 800 bestellen, erhalten wir 10% Preisnachlass. Die Transportkosten belaufen sich auf 75,00 € pro Lieferung. Die Bestellkosten betragen 50,00 € pro Bestellung. Die täglichen Lagerkosten sind mit 1,00 € pro Festplatte und pro Tag berechnet. Bestimmen Sie rechnerisch die Bestellmenge, die Sie bestellen würden.
3. *Welche Aussage über die Bestellmenge bzw. die Lagerkosten ist richtig?*
   a. *Die Bestellmenge hat keinen Einfluss auf die Höhe der Lagerkosten*
   b. *Sämtliche Lagerkosten sind von der Bestellmenge abhängig*
   c. *Je höher die Bestellmenge ist, desto höher sind auch die Lagerkosten, aber die Bestellkosten sind geringer*
   d. *Die Bestellung großer Mengen senkt die Lagerkosten*
4. *Welche Kriterien sprechen für eine hohe Lagermenge?*
5. *Welche Kriterien sprechen für ein geringes Lager?*
6. *Welche Aussage zur ABC-Analyse ist richtig?*
   a. *Die Materialgruppen im C-Bereich haben den höchsten Mengenanteil und müssen daher besonders sorgfältig kontrolliert werden*
   b. *Die Materialgruppen im A-Bereich haben wertmäßig einen geringeren Anteil am Gesamtwert als die Materialgruppen im C-Bereich*
   c. *Die Materialgruppen im A-Bereich haben ein Wert-Mengen-Verhältnis von 20/75*
   d. *Die Materialgruppen im B-Bereich haben einen Anteil am Gesamtwert von 15%*
   e. *Die Materialgruppen im A-Bereich haben wertmäßig einen höheren Anteil am Gesamtwert als die Materialgruppen im C-Bereich*

Jahresabschluss

1. Einführung

Die Vorschriften für den Jahresabsschluss sind abhängig von der Unternehmensform und der Größe des Unternehmens.

Kapitalgesellschaften, insbesondere Aktiengesellschaften (AG) und Gesellschaften mit beschränkter Haftung (GmbH) werden nach handelsgesetzlichen Vorschriften in kleine, mittelgroße und große Kapitalgesellschaften unterteilt. Die Einordnung in eine dieser Größenklassen bedeuten bestimmte Pflichten hinsichtlich der Aufstellung, des Umfanges, der Prüfungspflicht durch Wirtschaftsprüfer und der Veröffentlichung.

Die Größenklassen werden in § 267 HGB geregelt, die Pflicht zur Offenlegung in § 325 HGB.

Kapitalgesellschaft	**Kleine**	**Mittelgroße**	**Große**
Bilanzsumme	< 4.015.000 €	< 16.060.000 €	> 16.060.000 €
Umsatz	< 8.030.000 €	< 32.120.000 €	> 32.120.000 €
Arbeitnehmer	Jahres Ø < 50	Jahres Ø < 250	Jahres Ø > 250

Mindestens zwei dieser drei Größenmerkmale müssen an zwei aufeinander folgenden Geschäftsjahren über- oder unterschritten werden (Stand 31.12.2004)

Pflichten	**Kleine**	**Mittelgroße**	**Große**
Prüfungspflicht	nicht prüfungspfl.	prüfungspflichtig	prüfungspflichtig
Aufstellungsfrist	max. 6 Monate	max. 3 Monate	max. 3 Monate
Umfang	Bilanz, GuV, Anhang	Bilanz, GuV, Anhang, Lagebericht	Bilanz, GuV, Anhang, Lagebericht
Offenlegung	Handelsregister	Handelsregister und Bundesanzeiger	Handelsregister und Bundesanzeiger

Neben den in Deutschland geltenden handelsrechtlichen Vorschriften können die Unternehmen eine Bilanz auch nach den internationalen Rechnungslegungsstandards IAS/IFRS aufstellen.

Die so erstellt Bilanz heißt **Handelsbilanz** und bildet die Basis für die **Steuerbilanz**, die für das Finanzamt nach steuerrechtlichen Bestimmungen zu erstellen ist. Früher haben viele Unternehmen eine Einheitsbilanz, also eine kombinierte Handels- und Steuerbilanz aufgestellt. In den vergangenen Jahren haben sich die handelsrechtlichen Vorschriften (HGB) und die steuerrechtlichen Vorschriften (EStG) allerdings so auseinander entwickelt, dass die getrennte Aufstellung immer wichtiger wird. Außerdem erfolgen beide Ansätze auch unterschiedliche Ziele:

Handlsbilanz	Steuerbilanz
Die Handelsbilanz schützt die Interessen der Gläubiger, der Gesellschafter, der Belegschaft und der Öffentlichkeit. Sie verbietet deshalb eine Überbewertung des Vermögens und eine Unterbewertung der Schulden (Erhaltung der Unternehmenssubstanz). Sie setzt Bewertungsuntergrenzen für Vermögen und Bewertungsobergrenzen für Schulden, um die Bildung von übermäßigen stillen Rücklagen zu verhindern.	Die Steuerbilanz stellt die Basis für eine gerechte Besteuerung des Unternehmens dar. Deshalb wird in der Steuerbilanz der Ermessensspielraum des Handelsrechts im Bezug auf eine Unterbewertung des Vermögens (bzw. Überbewertung der Schulden) eingeengt.
Die **Maßgeblichkeit der Handelsbilanz für die Steuerbilanz** bestimmt, dass die Wertansätze der Handelsbilanz auch in der Steuerbilanz angesetzt werden müssen, sofern das Steuerrecht nicht ausdrücklich etwas anderes bestimmt.	

An der FOS/BOS beschränken wir uns auf die große Kapitalgesellschaft und die Steuerbilanz.

Wir beschäftigen uns mit der Vorbereitung, Erstellung und Auswertung des Jahresabschlusses einer großen Aktiengesellschaft unter Berücksichtigung der steuerrechtlichen Vorschriften.

Die Hauptabschlussübersicht (siehe unten) ist ein gutes Hilfsmittel, um den Jahresabschluss vorzubereiten. In tabellarischer Form führt man darin, ausgehend von der Eröffnungsbilanz, alle Veränderungen auf den Bestands- und Erfolgskonten auf. In der Saldenbilanz I werden alle Konten aufsaldiert. Anschließend führt man alle nötigen Umbuchungen und die vorbereitenden Abschlussbuchungen durch. Erneut werden dann die Konten saldiert (Ergebnis: Saldenbilanz II) und zum Schluss in Schlussbilanzkonto und GuV-Konto aufgeteilt.

Wir konzentrieren uns dabei zunächst auf die vorbereitenden Abschlussbuchungen (Spalte Umbuchungen).

Hauptabschlussübersicht

Die Hauptabschlussübersicht ist eine Zusammenfassung aller Schritte, die am Jahresende zur Erstellung des Jahresabschlusses nötig sind.

Konten	Eröffnungsbilanz	Verkehrszahlen	Summenbilanz	Saldenbilanz I		Umbuchungen		Saldenbilanz II		SBK		GuV	
				Soll	Haben	**Soll**	**Haben**	Soll	Haben	Aktiva	Passiva	Soll	Haben
Gebäude				200.000			**12.000**	188.000		188000	125.000	95.000	300.000
Maschinen				100.000			**13.000**	87.000		87.000	150.000	205.000	
Verbindlichk.					150.000				150.000	275.000	275.000	300.000	300.000
Erträge					300.000				300.000				
Aufwand				120.000		25.000		95.000					

Eröffnungsbilanz	Bestände zu Beginn des Geschäftsjahres
Verkehrszahlen	Veränderungen während des Jahres
Summenbilanz	Soll und Haben werden jeweils aufsummiert
Saldenbilanz I	Soll und Haben werden gegeneinander aufgerechnet
Umbuchungen	**Rückstellungen, Abschreibung, Zuschreibungen, ... Bewertung**
Saldenbilanz II	erneuter Kontenabschluss
SBK	Abschluss der Bestandskonten im Schlussbilanzkonto
GuV	Abschluss der Erfolgskonten über das GuV-Konto

2. Die Bewertung der Vermögensgegenstände und Schulden

Am Jahresende (zwischen Saldenbilanz I und Saldenbilanz II) müssen alle Vermögensgegenstände und Schulden auf ihre aktuelle Richtigkeit hin untersucht werden. Dazu gibt der Gesetzgeber Richtlinien vor. Das Ziel ist eine möglichst gerechte und sachgemäße Beurteilung und Besteuerung.

2.1 Bewertungsprinzipien (§ 252 HGB)

Kaufmännische Vorsicht: Die kaufmännische Vorsicht nach §252 Abs. 1 Nr. 4 HGB ist die grundlegendste Vorschrift und stellt die Basis für alle anderen Prinzipien dar.

Identitätsprinzip : Die Wertansätze der Eröffnungsbilanz müssen mit der Schlussbilanz des letzten Jahres übereinstimmen.

Going-Concern-Prinzip: Bei der Anwendung von Bewertungsvorschriften ist grundsätzlich von der Fortsetzung des Unternehmens auszugehen.

Einzelbewertungsprinzip: Jeder Vermögensgegenstand und jede Schuld sind grundsätzlich einzeln zu bewerten (Ausnahmen: Pauschalwertberichtigung sicherer Forderungen, Durchschnittsbewertung im Vorratsvermögen)

Stichtagsprinzip: Es sind die Werte am Bilanzstichtag anzugeben.

Imparitätsprinzip: Gewinne dürfen in der GuV erst dann ausgewiesen werden, wenn sie tatsächlich realisiert sind; Verluste müssen auch bei einer Vermutung ausgewiesen werden (kaufmännische Vorsicht)

Stetigkeitsprinzip: Die Bewertungsmethoden des Vorjahres sind weiter zu verwenden, falls keine gravierenden Änderungen eingetreten sind.

...

2.2 Einkommensteuerrechtliche Wertbegriffe

Während die Bewertungsprinzipien noch sowohl für die Handelsbilanz als auch für die Steuerbilanz gelten, gibt es bei den Wertbegriffen bereits deutliche Unterschiede.

Die Bewertungsvorschriften für die Handelsbilanz achten vor allem darauf, dass der Gläubiger nicht durch zu hohe Bewertung getäuscht wird, während die Steuerbilanz-Vorschriften dazu dienen, den Gewinnausweis nicht durch zu niedrige Bewertung zu klein darzustellen. Das Unternehmen muss dabei beachten, dass der Gesetzgeber einen direkten Zusammenhang zwischen diesen beiden Bilanzen sieht. Wenn in der Handelsbilanz ein möglichst hoher Gewinn ausgewiesen werden soll, so gilt diese Zielsetzung zwangsläufig auch für die Steuerbilanz (Maßgeblichkeit der Handelsbilanz für die Steuerbilanz).

Wie bereits erwähnt sind für die FOS/BOS nur die steuerrechtlichen Bestimmungen von Bedeutung.

Regelwert (Buchwert)
- Anschaffungskosten
- fortgeführte AHK
- Herstellkosten

Teilwert (Vergleichswert)
- Marktwert
- Börsenwert
- Teilwert im engeren Sinne

2.2.1 Regelwert

Der Regelwert oder Buchwert eines Gegenstandes kann in drei Ausprägungen auftreten, die **Anschaffungskosten**, wenn ein Gegenstand käuflich erworben wird, die **Herstellkosten**, wenn der Gegenstand innerbetrieblich erstellt wird und die **fortgeführten Anschaffungs- und Herstellungskosten (AHK)**, wenn der Gegenstand schon mindestens einmal abgeschrieben worden ist.

Anschaffungskosten	
Listeneinkaufspreis	Die **Anschaffungskosten** stellen die absolute Bewertungsobergrenze dar, d.h. ein Vermögensgegenstand darf in der Bilanz nie höher angesetzt werden, als mit den Anschaffungskosten.
- Rabatt	
= Zieleinkaufspreis	
- Skonto/Rücksendungen/Preisnachlässe	
= Bareinkaufspreis	
+ Anschaffungsnebenkosten	
= Anschaffungskosten	

Herstellkosten	
Fertigungsmaterial	Vertriebsgemeinkosten und Sondereinzelkosten des Vertriebs dürfen nicht eingerechnet werden. Der wahlweise Ansatz der Verwaltungsgemeinkosten bleibt dem Unternehmen überlassen. Das Steuerrecht lässt hier also ein Wahlrecht zu. Das Unternehmen kann den eigenerstellten Gegenstand mit der BUG oder mit der BOG bewerten. Dies hängt von der Zielsetzung ab.
+ Materialgemeinkosten	
+ Fertigungslöhne	
+ Fertigungsgemeinkosten	
+ Sondereinzelkosten der Fertigung	
= **Bewertungsuntergrenze (BUG)**	
+ Verwaltungsgemeinkosten	
= **Bewertungsobergrenze (BOG)**	

Hoher Gewinnausweis: Ansatz an der BOG, da dadurch die VWGK aus der GuV herausgenommen werden, der Aufwand also verkleinert wird.

Kleiner Gewinnausweis: Ansatz an der BUG; die Verwaltungsgemeinkosten verbleiben als Aufwand in der GuV und belasten somit den ausgewiesenen Gewinn.

2.2.2 Teilwert

Der Teilwert stellt den entsprechenden Vergleichswert dar. Dieser kann aus dem derzeitigen **Markt- oder Börsenwert** bestehen (falls vorhanden) oder aus dem **Teilwert im engeren Sinne** (= der Wert, der unter der Voraussetzung für diesen Gegenstand anzusetzen ist, dass der Betrieb fortgeführt wird (Going-Concern-Prinzip)). Der Teilwert ist dann anzusetzen, wenn kein Markt- oder Börsenwert existiert.

Die Bewertung der Vermögensgegenstände und der Schulden geschieht dadurch, dass zum Bilanzstichtag der **Regelwert** (AK, HK oder fortgeführte AHK) mit dem **Teilwert** verglichen wird. Welcher dieser Wertansätze dann in der Bilanz zum Tragen kommt, wird weiter unten besprochen.

2.3 Steuerrechtliche Bestimmungen zur Regel-AfA

2.3.1 Abschreibungsbasis

Abgeschrieben wird immer von den AHK bzw. fortgeführten AHK (Anschaffungskosten minus bereits erfolgte Regel-AfA).

2.3.2 Betriebsgewöhnliche Nutzungsdauer

Das Finanzamt schreibt die normale Nutzungsdauer von AV Gegenständen vor, beruhend auf Erfahrungswerten. Von dieser betriebsgewöhnlichen Nutzungsdauer darf nur im begründeten Ausnahmefall abgewichen werden.

Die aktuelle AfA-Tabelle gilt für alle Anlagegüter, welche nach dem **31. Dezember 2000** angeschafft oder hergestellt wurden.

Beispiele:

Gebäude .... 33 Jahre
Transportbänder .... 14 Jahre
LKW .... 9 Jahre
Büromöbel .... 13 Jahre

Näheres kann man leicht im Internet unter dem Suchbegriff „ AfA-Tabellen“ eruieren.

2.3.3 Abschreibungsmethoden

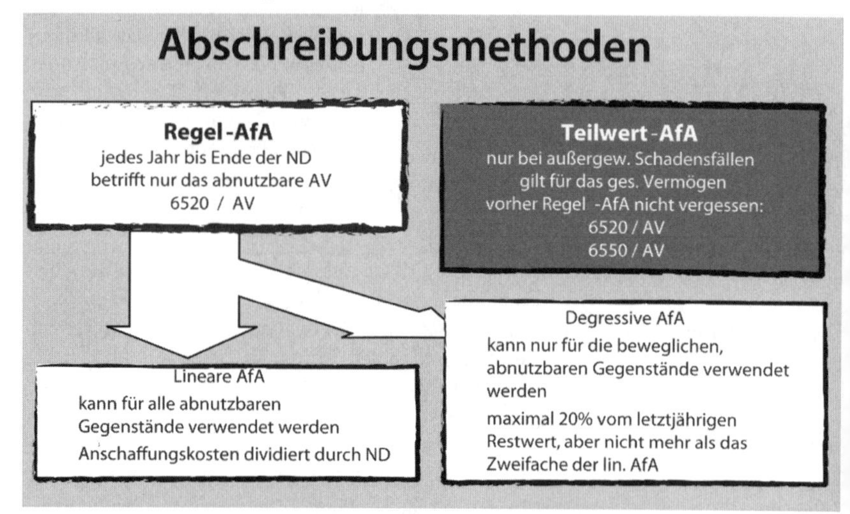

Man unterscheidet grundsätzlich einmal zwischen RegelAfA (bei abnutzbaren Gegenständen unter normalen Bedingungen) und Teilwertabschreibung (bei außerplanmäßigen Wertminderungen). Für die RegelAfA lässt das Steuerrecht im Augenblick grundsätzlich noch zwei Methoden zu:

Lineare AfA:

Betrag: AHK/ND; Satz: 100/ND

Diese Methode darf für alle abnutzbaren Gegenstände angewendet werden. Mit dieser Methode wird die Abnutzung in gleichen Raten auf die Nutzungsdauer verteilt.

Degressive AfA

Für bewegliche Gegenstände ist wahlweise auch die degressive Methode erlaubt. Der höchstmögliche degressive AfA-Satz beträgt derzeit 20%. Er darf aber auch das Zweifache des linearen Satzes nicht übersteigen.

Die degressive AfA soll allerdings ab 1.1.2006, befristet bis zum 31.12.2007, von 20% auf 30 % angehoben werden und maximal das 3-fache der linearen AfA betragen (Aufgrund der zeitlichen Befristung wird in der Schule allerdings darauf verzichtet).

Der Vorteil dieser Methode besteht darin, dass in den ersten Jahren eine höhere Abnutzung angesetzt werden kann. Dies bewirkt einen schnelleren Mittelrückfluss.

Beispiel 1

Anschaffungskosten.. 100.000,00
Nutzungsdauer...**8 Jahre**

Methode	Berechnung	AfA-Betrag im Anschaffungsjahr
linear	100.000,00 / 8	12.500,00
degressiv	20%	20.000,00

Beispiel 2

Anschaffungskosten.. 100.000,00
Nutzungsdauer... **12 Jahre**

Methode	Berechnung	AfA-Betrag im Anschaffungsjahr
linear	100.000,00 / 12	8.333,33
degressiv	16,67%	16.666,67

2.3.4 Anteilige Verrechnung im Anschaffungsjahr

Ab dem 05.05.04 gilt folgende Regelung:

Im Anschaffungsjahr wird immer monatlich abgerechnet. Das bedeutet, das ein abnutzbarer Gegenstand, der z.B. im Mai angeschafft worden ist im ersten Jahr nur um 8/12 des eigentlichen Jahres-AfA-Betrages gekürzt.

Beispiel:

Anschaffungskosten.. 100.000,00
Nutzungsdauer...10 Jahre
Anschaffungsmonat...März

Methode	JahresAfA	davon 10/12	AfA-Betrag im Anschaffungsjahr
linear	100.000,00 / 10	8,33%	8.333,33
degressiv	20%	16,67%	16.666,67

2.3.5 Die Wahl der richtigen Methode

Die Wahl der Methode ist von der Zielsetzung abhängig: Will der Betrieb die steuerrechtlichen Möglichkeiten voll ausnutzen und einen möglichst kleinen (zu versteuernden) Gewinn ausweisen, so wählt er die Methode, die die höchste AfA bewirkt. Will er aus evtl. taktischen Gründen einen möglichst großen Gewinn ausweisen, entscheidet er sich für die kleinere AfA.

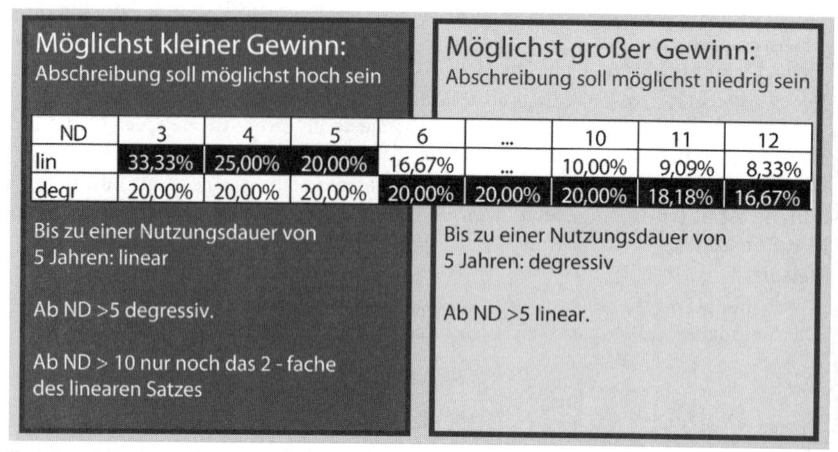

Möglichst kleiner Gewinn:
Abschreibung soll möglichst hoch sein

Möglichst großer Gewinn:
Abschreibung soll möglichst niedrig sein

ND	3	4	5	6	...	10	11	12
lin	33,33%	25,00%	20,00%	16,67%	...	10,00%	9,09%	8,33%
degr	20,00%	20,00%	20,00%	20,00%	20,00%	20,00%	18,18%	16,67%

Bis zu einer Nutzungsdauer von 5 Jahren: linear

Ab ND >5 degressiv.

Ab ND > 10 nur noch das 2 - fache des linearen Satzes

Bis zu einer Nutzungsdauer von 5 Jahren: degressiv

Ab ND >5 linear.

Bei einer Nutzungsdauer von bis zu vier Jahren ist der Lineare AfA-Betrag höher als der degressive. Bei „kleinstmöglichem Gewinn" wird also linear abgeschrieben. Ab ND>5: Degressiv > Linear; Kleinstmöglicher Gewinn: Degressiv.Ab einer ND > 10 darf degressiv nur noch das zweifache des linearen Betrages abgeschrieben werden.

2.3.6 Übergang von degressiv auf linear

Die gewählte AfA-Methode muss bis zum Ende der Nutzungsdauer beibehalten werden. Einzige Ausnahme: Da die degressive Methode nie den Restwert 0 erreichen kann, ist ein einmaliger Wechsel von degressiv nach linear möglich. Der Übergang ist dann vorteilhaft, sobald die lineare Abschreibung des Restwerts, verteilt auf die Restnutzungsdauer, einen höheren Abschreibungsbetrag ermöglicht als eine fortgesetzte degressive AfA.

Rechnerisch kann der Zeitpunkt des Wechsels folgendermaßen ermittelt werden:

Restnutzungsjahre =	Nutzungsdauer - bereits abgeschriebene Jahre
Restnutzungsdauer =	Restnutzungsjahre + (im ersten Jahr nicht abgeschriebene Monate / 12)
Wechsel	sobald 1/Restnutzungsdauer > deg. AfA-Satz
lin. AfA-Satz nach Wechsel	1 / Restnutzungsdauer

Einfacher geht die Bestimmung des Wechselzeitpunkts mit folgender Formel:

x = ND + 1 - 100/p

wobei p der degressive Satz ist. Das Ergebnis wird immer abgerundet und ergibt die Periode, in der **noch degressiv** abgeschrieben wird.

2.3.7 Geringwertige Wirtschaftsgüter

Wenn die AHK eines Gegenstandes unter 410,00 € liegen und dieser Gegenstand selbständig nutzbar ist, so kann er in der Anschaffungsperiode voll abgeschrieben werden. Man kann ihn jedoch auch der Regel-AfA unterwerfen. Die getroffene Entscheidung kann nicht rückgängig gemacht werden. Zur besseren Kennzeichnung werden diese Gegenstände bei Bekanntwerden der Geringwertigkeit auf extra Konten (z.B. 0790 oder 0890) ausgewiesen, unabhängig von der Entscheidung am Jahresende.

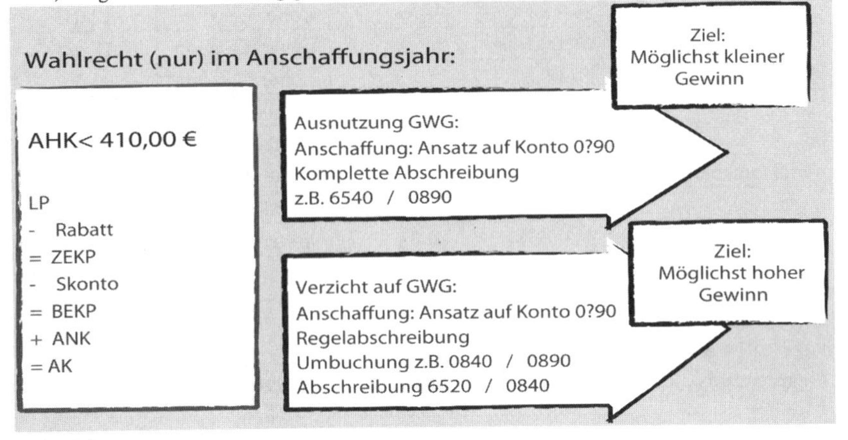

Beispiel:

Einkauf eines Bürostuhls für 390,00 € (netto) per Barzahlung (AZ: 13.08.; ND 6 Jahre):

Die Eingangsrechnung wird bei offensichtlicher Geringfügigkeit bereits auf Konto 0890 gebucht.

0890 390,00
2600 .... 62,40 / 2880 452,40

Am Jahresende wird dann je nach Zielsetzung entschieden, ob dieser Gegenstand ganz abgeschrieben wird (kleinster Gewinn):

6540 .... / 0890 390,00

oder bei einer Nutzungsaduer von 6 Jahren und der Zielsetzung „möglichst hohem Gewinn" linear (+ mon. Verrechnung) abgeschrieben wird. In diesem Fall ist eine entsprechende Umbuchung erforderlich:

0860 .... / 0890 390,00
6520 .... / 0860 27,08

Aufgabenblock JA 1

1.

Nennen Sie jeweils die Abschreibungsmethode und den Abschreibungssatz und berechnen Sie den Abschreibungsbetrag im Anschaffungsjahr.

Gegenstand	AK	ND	Ziel	Zeitpunkt
Maschine	24.000,00	6	hoher Gewinn	13.04.
LKW	120.000,00	9	kleiner Gewinn	17.08.
Schreibtisch	3.000,00	13	hoher Gewinn	06.06.
PKW	46.000,00	6	kleiner Gewinn	23.11.
PC	4.200,00	3	kleiner Gewinn	17.06.
Transportband	34.000,00	14	kleiner Gewinn	12.12.
Gebäude	240.000,00	33,3333	kleiner Gewinn	05.09.
Lagerregal	80.000,00	14	hoher Gewinn	16.07.

2.

Angenommen, unsere Zielsetzung ist immer „kleiner Gewinn". In welchem Jahr muss von degressiv nach linear gewechselt werden?

Gegenstand	ND	Zeitpunkt
Maschine	8	05.06.
LKW	9	11.11.
Aktenschrank	13	07.07.
PKW	6	19.09.
Transportband	14	04.10.
Gebäude	33,33	15.09.
Lagerregal	14	06.07.

3.

Erstellen Sie die Abschreibungspläne für folgende Gegenstände:

Gegenstand	AK	ND	Ziel	Zeitpunkt
Maschine	24.000,00	6	hoher Gewinn	13.04.
LKW (gebraucht)	60.000,00	4	kleiner Gewinn	17.08.
Aktenvernichter	3.000,00	8	hoher Gewinn	06.06.
PKW	46.000,00	6	kleiner Gewinn	23.11.
PC	4.200,00	3	kleiner Gewinn	17.08.

4.

Anschaffung einer Maschine, für die bis zur reibungslosen Produktion noch folgende Aufwendungen anfallen:

Katalogpreis (Listeneinkaufspreis)	20.000,00
Rabatt	10%
Skonto	2%
Überführung	400,00
Finanzierungskosten	400,00

Montage in Eigenleistung 2.560,00
zusätzliches Maschinenwerkzeug 400,00
Löhne auf Probelauf 100,00
Ausschussarbeit während der Einarbeitung 800,00

a. *Ermitteln Sie die steuerrechtlich zulässigen Anschaffungskosten und erstellen Sie die nötigen Buchungen (einschließlich Zahlungsausgleich). Der Anschaffungszeitpunkt ist der 05.08.*

b. *Ermitteln Sie den Bilanzansatz am 31.12. (fortgeführte AHK) bei einer betriebsgewöhnlichen Nutzungsdauer von 6 Jahren bei höchstmöglichem Gewinn und bei niedrigstem Gewinnausweis.*

5.

Kauf eines Grundstücks mit Betriebsgebäude zum 13.5.06 Kaufpreis 450.000,00 € wobei 250.000,00 € auf das Grundstück entfallen. Die AfA auf Gebäude beträgt 3% . Es fallen folgende Nebenkosten an (in €):

Grunderwerbssteuer 15.750,00
Beurkundungs- und Grundbuchgebühren 4.500,00
Notargebühren 3.600,00
Umbaukosten (Fremdleistung; nachträglich) 30.000,00

Die Finanzierung erfolgt über ein langfristiges Bankdarlehen.

a. *Ermitteln Sie die Anschaffungskosten und buchen Sie die Anschaffung und die Rechnung über die Umbauarbeiten.*

b. *Ermitteln Sie auch den Bilanzwert zum 31.12.06 bei niedrigstem Gewinnausweis. Buchen Sie die AfA.*

6.

Eine kleine Werkbank mit einer betriebsgewöhnlichen Nutzungsdauer von acht Jahren wurde am 13.04. fertig gestellt. Der Projektleiter legt folgende Zahlen für die Kalkulation der Herstellkosten vor:

FM	120,00 €	FL	130,00 €
MGK%	10%	FGK%	100%
VWGK%	10%	VTGK%	5%

Welche Wertansätze sind bei der Fertigstellung möglich? Ermitteln und buchen Sie die Herstellkosten bei der Fertigstellung und die Abschreibung am 31.12. bei niedrigstem Gewinnausweis.

7

Anschaffung einer Maschine zum Preis von 30.000,00 €, Transportkosten 1.000,00 €, Fundamentierung 3.000,00 € (alles netto). Anschaffungszeitpunkt 26.05.; Nutzungsdauer 8 Jahre.

a. *Buchen Sie den Einkauf.*

b. *Ermitteln Sie die verschiedenen, möglichen Abschreibungsbeträge im Anschaffungsjahr und erklären Sie die jeweilige Auswirkung auf den Gewinn.*

c. *Erstellen Sie einen Abschreibungsplan für die steuerlich interessanteste Abschreibungsmethode.*

8.

Schreiben Sie die folgenden, in der abgelaufenen Periode angeschafften Gegenstände zum 31.12. steuerlich höchstmöglich ab:

Gegenstand	ND	AHK	Zeitpunkt
Schreibtisch	13 Jahre	3.800,00 €	17.05.
Betriebsgebäude	AfA: 3%	1.560.000,00 €	12.06.
Tischrechner	4 Jahre	390,00 €	13.08.
Maschine	8 Jahre	200.000,00 €	18.11.

9.

Einkauf eines Faxgerätes am 11.11., Listenpreis 460,00 € netto; 10% Rabatt und 2% Skonto, Nutzungsdauer 6 Jahre. Buchen Sie den Einkauf und den Zahlungsausgleich. Schreiben Sie höchstmöglich ab. Buchen Sie die Abschreibung.

10.

Einkauf eines Computers für 3.900,00 €, ND 3 Jahre, Zeitpunkt 17.12.. Erstellen Sie den Abschreibungsplan. Berücksichtigen Sie dabei, dass kleinstmöglicher Gewinn ausgewiesen werden soll.

11. AP 81 I.4 — 2 Punkte

Die AG hat im Januar 05 eine Büroeinrichtung, deren Nutzungsdauer 10 Jahre beträgt, für 100.000,00 € angeschafft. Der Buchwert beträgt vor dem Jahresabschluss 06 90.000,00 €. Der Betrieb möchte die einkommensteuerrechtlichen Möglichkeiten ausschöpfen und beabsichtigt eine degressive Abschreibung von 20%. Nehmen Sie dazu Stellung und buchen Sie den höchsten einkommensteuerrechtlich zulässigen Betrag.

12. AP 81 I.5 — 4 Punkte

Für Schulungszwecke wurde im Mai 05 ein Projektor für 440,30 € brutto angeschafft. Man erwartete damals eine Nutzungsdauer von 8 Jahren und nahm eine lineare AfA vor. Im Jahr 06 soll von der Möglichkeit, den Projektor als geringwertiges Wirtschaftgut zu behandeln, Gebrauch gemacht werden. Nehmen Sie dazu Stellung und buchen Sie den höchsten einkommensteuerrechtlich zulässigen Betrag.

13 AP 81 I.6 — 10 Punkte

Der Maschinenpark wurde im Laufe des Jahres 06 weit gehend erneuert. Er soll mit dem höchsten einkommensteuerrechtlich zulässigen Satz abgeschrieben werden.

1. *Im Februar wurden Maschinen im Anschaffungswert von 4.000.000,00 € aufgestellt. Die Nutzungsdauer wurde auf 10 Jahre festgelegt,*
2. *Weitere Maschinen (Nutzungsdauer 8 Jahre) wurden Anfang Dezember in Betrieb genommen. Sie stehen mit 1.221.100,00 € zu Buch. Bisher blieb unberücksichtigt, dass die Montage im November mit eigenem Personal durchgeführt wurde. Dabei fielen an:*
   Löhne für Montage .... 15.000,00 €
   Material für Montage .... 22.000,00 €
   Anlaufkosten von .... 13.000,00 €

Der Betrieb rechnet mit folgenden Zuschlagsätzen:

MGK .... 20% FGK 250%
VwGK .... 10% VtGK 10%

Begründen Sie Ihre Lösung unter einkommensteuerrechtlichen Gesichtspunkten!

14 AP 82 I.1.2 — 7 Punkte

Der Anlagekartei sind folgende Daten zu entnehmen:

Maschinen	Anschaffungswert	Betriebsgewöhnl. Nutzungsdauer	Tag der Anschaffung
M 1	320.000,00 €	10 Jahre	05.07.06
M 2	20.000,00 €	6 Jahre	06.06.04
M 3	350,00 €	4 Jahre	11.11.06

In den vergangenen Geschäftsjahren wurde stets der steuerliche Höchstsatz für die Abschreibung gewählt. Berechnen Sie jeweils die Abschreibung zum 31.12.06 (steuerlich höchstmöglicher Betrag) und führen Sie die Buchungen durch.

15. AP 89 II.1 (adaptiert) — 4 Punkte

Als bilanzielle Abschreibungen wurden im Jahr 02 insgesamt 174.000,00 € gebucht. In diesem Betrag ist die Abschreibung auf eine Maschine mit 14.760,00 € enthalten. Diese Maschine (Nutzungsdauer 8 Jahre) wurde am 11.12.01 angeschafft und in beiden Jahren höchstmöglich abgeschrieben.

Wie hoch waren die Anschaffungskosten der Maschine?

16 AP 90 I.1 (adaptiert) — 12 Punkte

Aufgrund eines Sonderangebots beschaffte die AG am 24.11. ein Tischkopiergerät zum Listenpreis von 480,00 € netto.

Zahlungsbedingungen: 14% Rabatt; 2% Skonto bei Zahlung innerhalb von 14 Tagen. Die betriebsgewöhnliche Nutzungsdauer des Kopiergerätes beträgt sieben Jahre.

1. *Buchen Sie die Eingangsrechnung des Lieferanten am 24.11. und den Rechnungsausgleich am 04.12. durch Banküberweisung!*
2. *Ist das Kopiergerät nach den einkommensteuerrechtlichen Bestimmungen ein geringwertiges Wirtschaftsgut? Begründen Sie die Antwort!*
3. *Mit welchem Betrag soll das Kopiergerät zum 31.12. bilanziert werden, wenn das Unternehmen*
   a. *den nach EStG geringstmöglichen Vermögensausweis anstrebt?*
   b. *den nach EStG höchstmöglichen Vermögensausweis anstrebt?*
4. *Wie lauten bei 3.a und 3.b die erforderlichen vorbereitenden Abschlussbuchungen?*

2.4 Bewertungsvorschriften

Wenn die planmäßige AfA durchgeführt ist, stehen die Regelwerte der Vermögensgegenstände fest:	AHK (oder Bilanzwert 00)
	- RegelAfA (01)
	= Regelwert (01)

Nach dem Einzelbewertungsprinzip werden am Jahresende die Regelwerte der Vermögensgegenstände und der Schulden jeweils mit den entsprechenden Teilwerten (Marktwert, Börsenwert oder Teilwert im engeren Sinne) verglichen. Welcher Wert dann letztendlich in der Steuerbilanz anzusetzen ist, hängt von den jeweiligen steuerrechtlichen Bestimmungen ab.

2.4.1 Wertansätze in der Steuerbilanz

Teilwert < Regelwert

1. **Bei Finanzanlagen, anderem Anlagevermögen und Umlaufvermögen gilt das Niederstwertprinzip:**
   Wenn die Wertminderung **voraussichtlich kurzfristig** ist, muss der **höhere Regelwert** angesetzt werden. Bei **voraussichtlich dauerhafter** Wertminderung muss der **niedrigere TW** angesetzt werden. Da Kursschwankungen in aller Regel als kurzfristig anzusehen sind, muss nach §6 EStG der Regelwert angesetzt werden. Eine Teilwertabschreibung ist nicht zulässig.
2. **Verbindlichkeiten**
   Da Kursschwankungen in der Regel als kurzfristig einzustufen sind, muss der höhere Regelwert angesetzt werden.

Teilwert > Regelwert

1. **Bei allen Vermögensgegenständen: Wertaufholungsgebot**

   Ist nach einer Teilwertabschreibung (außerplanmäßige Abschreibung) der Teilwert (Vergleichswert) wieder gestiegen, so muss nach §6 EStG eine Zuschreibung auf den gestiegenen Teilwert durchgeführt werden. Die Bewertungsobergrenze sind die (fortgeführten) AHK. Der letztjährige Bilanzansatz darf nur bei entsprechendem Nachweis beibehalten werden.
2. **Bei Verbindlichkeiten**

   Kurs- bzw. Wertschwankungen sind in der Regel kurzfristig, der höhere Teilwert darf nicht angesetzt werden. Die Verbindlichkeit wird mit dem niedrigeren Regelwert bewertet. Nur bei einer voraussichtlich dauerhaften „Werterhöhung" muss der höhere Teilwert angesetzt werden.

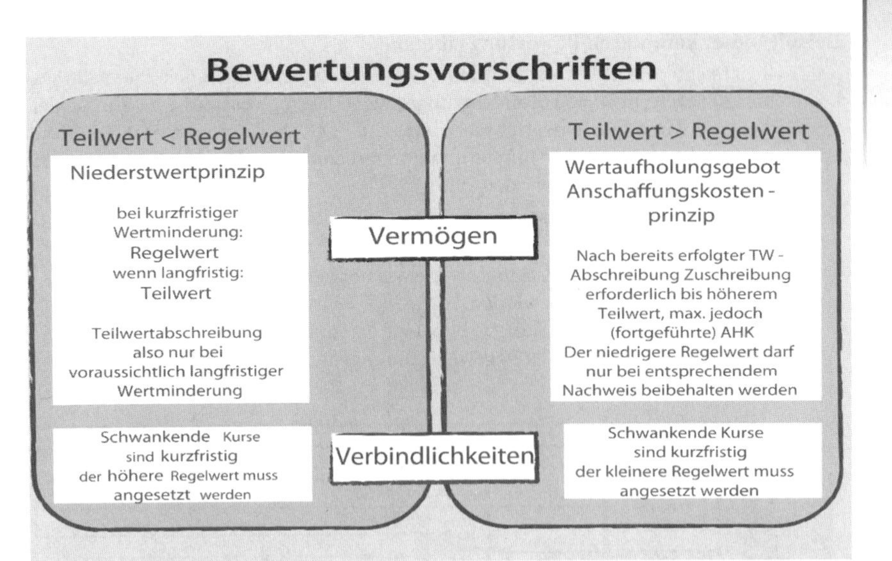

2.4.2 Lösungsstrategie

Zuerst einige wichtige Grundsätze:

- **Die AHK bzw. die fortgeführten AHK sind immer die absolute Bewertungsobergrenze!**
- **Nach einer Teilwertabschreibung wird der neue Regelwert auf die Restnutzungsdauer verteilt.**
- **Bei abnutzbaren Gegenständen ist eine Zuschreibung bis maximal den unter normalen Bedingungen zu ermittelnden fortgeführten AHK möglich (Anschaffungskostenprinzip).**

Bei Bewertungsaufgaben empfiehlt sich folgende Vorgehensweise:

1. Bestimmung der Bilanzposition (AV, UV, Verbindlichkeiten)
(2. eventuell: Berechnung des Regelwerts oder des Teilwerts)
3. Vergleich: Regelwert - Teilwert
4. Bestimmung des Bewertungsprinzips
5. Wahl des Wertansatzes mit Begründung.

Beispiel einer komplexen Bewertungsaufgabe:

Eine selbsterstellte Maschine wird im Juli 01 in Betrieb genommen. Die Herstellungskosten belaufen sich auf 20.000,00 €; Nutzungsdauer 6 Jahre, Zielsetzung möglichst kleiner Gewinn. 02 wird eine Teilwertabschreibung auf 4.000,00 € vorgenommen. (Grund: voraussichtlich langfristige Wertminderung durch technischen Defekt). 03 kann dieser Schaden wieder ganz behoben werden.

So komplex wird es in der Abschlussprüfung wohl nicht werden. Wichtig ist jedoch folgendes:

- Bei abnutzbaren Gegenständen muss vor einer nötigen Teilwertabschreibung erst noch die Regel-AfA gemacht werden.
- Falls aufgrund des Wertaufholungsgebots eine Zuschreibung erforderlich wird, muss ebenfalls vorher noch die Regel-AfA durchgeführt werden.

01 02 03 04 05 06 07
RegelAfA 01 degr. (10%: Jährlich 20% davon 6/12)
RegelAfA 02 degr. (20%) und Teilwertabschreibung
„historische" RegelAfA 03 lin. (22,22..%)
RegelAfA 04 lin. (28,57..%)
RegelAfA 05 lin (28,57..%)
06 lin. (28,57..%)
Lin. 14,29%
Fortgeführte AHK Bewertungs - obergrenze
Teilwert - Abschr .
Zuschreibung
RegelAfA
RegelAfA: 6520 / 0720
RegelAfA: 6520 /0720
Teilwertabschr.: 6550 / 0720
RegelAfA: 6520 /0720
Zuschreibung: 0720/ 5440
RegelAfA: 6520 /0720
RegelAfA: 6520 / 0720
RegelAfA: 6520 / 0720
RegelAfA: 6520 / 0720
Wechsel zu linear

Aufgabenblock JA 2

1.

Eine Beteiligung an einer Firma, die im Jahr 00 für 200.000,00 € erworben wurde, war am 31.12.05 aufgrund einer vermutlich längerfristig schlechten Ertragslage der Firma nur noch 170.000,00 € wert und wurde deshalb auf den Teilwert herabgesetzt. Ende 06 beträgt der Wert der Beteiligung 230.000,00 €. Nennen Sie die erforderliche Buchung für 05 und bewerten Sie diesen Posten 06 nach den maßgeblichen steuerlichen Bestimmungen (gehen Sie davon aus, dass möglichst kleiner Gewinn ausgewiesen werden soll). Führen Sie auch für 06 die erforderliche Buchung durch.

2.

Ein Posten Rohstoffe wurde am 13.04.06 für 12.000,00 € eingekauft und bis zum Jahresende nur zur Hälfte verbraucht. Der Preis für diesen Stoff ist bis zum Jahresende um 20% gesunken. Welche Wertansätze sind möglich? Wie wirkt sich dieser Tatbestand buchhalterisch aus?

3.

Bei einem anderen Stoff sieht es gerade umgekehrt aus: Einkauf für 4.000,00 €, Marktwert zum 31.12.06: 4.800,00 €. Es ist bislang noch nichts davon verbraucht worden. Ermitteln Sie den Wertansatz bei möglichst hohem Gewinnausweis.

4.

Wir haben eine Verbindlichkeit in Höhe von 20.000 $. Bei Rechnungsstellung lag der Kurs bei 1,06 €. Zum 31.12.06 beträgt der Kurs 1,12 €. Wie ist diese Verbindlichkeit zu bewerten?

5.

Aufgrund vermutlich langfristiger technischer Schwierigkeiten sollte eine Maschine, die am 13.05.05 für 16.000,00 € erworben wurde (ND 8 Jahre, geringstmöglicher Gewinnausweis), im Jahr 09 ausgemustert werden. Ende 08 wird sie deshalb auf 800,00 € herabgesetzt. Prüfen Sie, ob diese Teilwertabschreibung möglich oder nötig ist und nennen Sie die erforderlichen Buchungen.

6.

Ein Posten Hilfsstoffe wurde am 10.12. zu 10.000,00 € angeschafft. Der Lieferant stellte außerdem 400,00 € für den Transport in Rechnung. Bei der Zahlung (17.12) wurden 2% Skonto auf den Warenwert berücksichtigt. Verbraucht wurde bis zum Bilanzstichtag noch nichts. Am 31.12. beträgt der Einstandspreis für diesen Posten 11.500,00 € (unter Berücksichtigung der Nebenkosten). Bewerten Sie den Posten zum Jahresende (Zielsetzung: Möglichst kleiner Gewinn).

7.

a. Ein Posten Wertpapiere, der im Jahr 00 als langfristige Anlage für 57.000,00 € angeschafft worden war, ist am Jahresende 05 nur noch 34.000,00 € wert. Kann die AG die Abschreibung auf den niedrigeren Teilwert durchführen?

b. Am 31.12.06 beträgt der Kurswert des Postens 60.000,00 €. Das Unternehmen möchte den zu erwartenden Verlust so klein wie möglich halten und deshalb 60.000,00 € bilanzieren. Ist dies steuerrechtlich möglich?

8.

Ein anderer Posten Wertpapiere wurde im November 06 zu Spekulationszwecken für 12.000,00 € gekauft. Am 31.12. beträgt der Kurswert 15.000,00 €. Welche Wertansätze sind bei der Bilanzierung möglich?

9.

Mit einem dritten Aktieneinkauf, als kurzfristige Liquiditätsanlage gedacht, hatte die WAFOS AG nicht so viel Glück. Eingekauft zu 25.000,00 € betrug der Kurswert zum 31.12. nur 18.000,00 €. Wie kann/muss dieser Posten bilanziert werden?

10.

Zur Abwicklung eines Auslandsgeschäfts nimmt die WAFOS AG bei einer amerikanischen Bank ein Darlehen von 100.000 $ zum Kurs von 1 : 1,10 € auf. Am Bilanzstichtag steht der Kurs bei 1,13 €. Bewerten Sie diesen Posten zum Bilanzstichtag.

11.

Eine maschinelle Anlage (AHK 50.000,00 €; Anschaffungszeitpunkt Sept.05) mit einer Nutzungsdauer von 6 Jahren war in den ersten beiden Jahren immer steuerlich höchstmöglich abgeschrieben worden. 07 will das Unternehmen eine Teilwertabschreibung auf 7.000,00 € vornehmen (Grund: Langfristige technische Schwierigkeiten). Nehmen Sie dazu Stellung. Führen Sie auch die nötigen Buchungen am 31.12. 07 durch.

2.5 Bewertungsvereinfachung beim Vorratsvermögen nach dem Durchschnittsverfahren

Bei gleichartigen und annähernd gleichwertigen Gegenständen des Umlaufvermögens erlaubt das Finanzamt eine Abweichung vom Prinzip der Einzelbewertung. Steuerrechtlich sind zwar zwei Methoden zulässig, für FOS bzw. BOS reicht die Darstellung des Durchschnittsverfahrens.

Im Durchschnittsverfahren werden alle angefallenen Kosten der Einkäufe (einschl. Anfangsbestand) aufsummiert und durch die Gesamtmenge (wiederum einschl. Anfangsbestand) dividiert. Der daraus resultierende Durchschnittswert wird als Regelwert angesetzt (Preis/Einheit* Endbestand) und mit dem Teilwert des Endbestands verglichen (NWP bzw. AKP!).

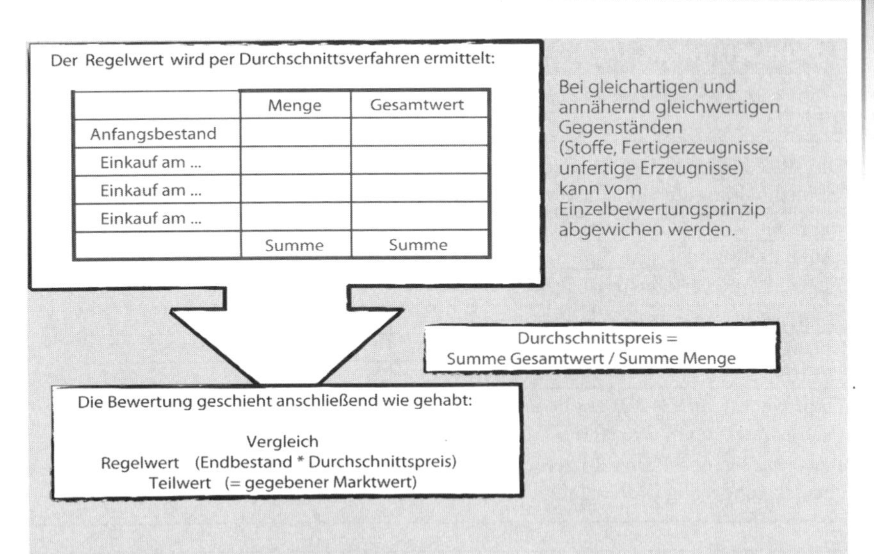

Mit Hilfe der vorliegenden Daten kann auch die Bestandsveränderung bei diesem Stoff buchhalterisch erledigt werden. Der Anfangsbestand ist gegeben. Als Endbestand muss man den Wert verwenden, der sich aufgrund der erfolgten Bewertung ergibt (strenges NWP!). Wenn es sich beispielsweise um einen Rohstoff handelt, wird der Differenzbetrag von Konto 2000 auf Konto 6000 umgebucht. Bei unfertigen bzw. Fertigerzeugnissen buchen wir auf Konto 5200.

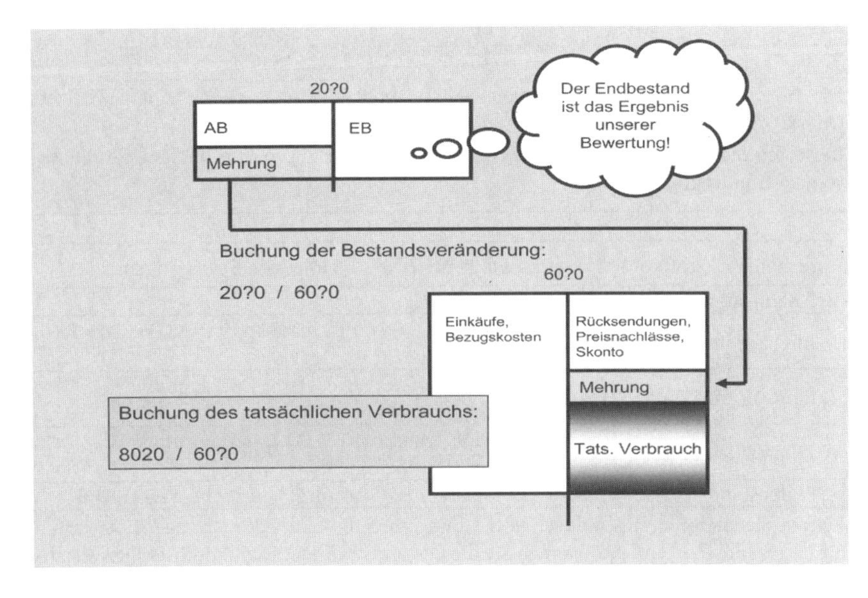

Aufgabenblock JA 3

1.

Die WAFOS AG fertigt im Werk A ausschließlich Produkt A. Aus der Finanz- und Lagerbuchhaltung stehen folgende Daten zur Verfügung:

Jahr 06:	Menge	AK/Stück	AK
Anfangsbestand	64	500,00 €	

Zugänge zum Fertigwaren-Lager:

15.07.	50	520,00 €	
30.07.	60	530,00 €	
23.10.	55	520,00 €	

Die Inventur am 31.12. ergibt einen Bestand von 72 Einheiten mit einem Teilwert (Marktwert) von 37.296,00 €.

Bewerten Sie den Bestand nach dem Durchschnittsverfahren und buchen Sie die Bestandsveränderung (Darstellung in T-Kontenform).

2.

Die WAFOS AG fertigt Produkt C in Werk C. Aus der Finanz- und Lagerbuchhaltung stehen folgende Daten zur Verfügung:

Jahr 06:	Menge	AK/Stück	AK
Anfangsbestand	84	525,00 €	?

Zugänge zum Lager für Unfertige Erzeugnisse:

15.04.	40	527,00 €	?
13.07.	60	530,00 €	?
23.11.	40	515,00 €	?

Die Inventur am 31.12. ergibt einen Bestand von 80 Einheiten mit einem Teilwert (Marktwert) von 40.000,00 €.

Bewerten Sie den Bestand nach dem Durchschnittsverfahren und buchen Sie die Bestandsveränderung.

3.

Auf einem Rohstoffkonto gab es im Laufe des Jahres 06 folgende Bewegungen:

a. Anfangsbestand:	800 kg	2,05 € pro Kg
b. Eingang am 13.2.:	3.000 kg	Listenpreis 2,00 € / Kg; Transport 218,00 €; 10% Rabatt, 2% Skonto
c. Eingang am 12.5.:	2.000 kg	à 1,95 €; Lieferung frei Haus; Rücksendung beschädigter Ware 200 kg
d. Eingang am 17.11.	1.500 kg	à 2,05 €; Transport 170,00 €, Verpackung 80,00; Rabatt 10%, Skonto 2%
e. Endbestand	1.300 kg	Der Marktwert liegt am Bilanzstichtag bei 1,83 €

Führen Sie alle Buchungen durch (zur Übung auch die Einkaufsbuchungen). Bewerten Sie den Schlussbestand und buchen Sie die Bestandsveränderung (Durchschnittsverfahren). Ermitteln Sie den tatsächlichen Verbrauch (in €) und schließen Sie die Konten ab (auf die Darstellung von Unterkonten kann verzichtet werden)

4. AP 81 I.8 — 3 Punkte

Ein unbebautes Grundstück steht mit seinem Anschaffungswert von 130.000,00 € zu Buch.

Da dieses Grundstück im nächsten Jahr verkauft werden soll und sein Wert bis zum Bilanzstichtag auf 150.000,00 € gestiegen ist, soll eine entsprechende Zuschreibung vorgenommen werden. Begründen Sie Ihre Lösung!

5. AP 89 I.2 — 4 Punkte

Das Konto Hilfsstoffe weist zum 01.01. einen Anfangsbestand von 35.000,00 € auf. Zum 31.12. befinden sich 2.000 kg auf Lager. Der Bezugspreis dieser Hilfsstoffe betrug 3,50 € pro kg, der Marktpreis am Bilanzstichtag 3,20 € pro kg.

1. *Bewerten Sie den Schlussbestand und begründen Sie Ihre Bewertungsentscheidung.*
2. *Führen Sie die vorbereitende Abschlussbuchung des Kontos Hilfsstoffe zum 31.12. durch.*

6. AP 90 I.2, (adaptiert) — 10 Punkte

Die Maschinenbau AG hatte am 06.07.01 ein bebautes Grundstück mit einer Fläche von 2.500 m² erworben. Für einen Quadratmeter Grund wurden 200,00 € gezahlt.

Der Kaufpreis für das erst 01 fertig gestellte Gebäude, das von der Verwaltung der AG genutzt werden soll, betrug 3.000.000,00 €. Es wird laut AfA-Tabelle jährlich mit 3% abgeschrieben.

Im Rahmen des Kaufes mussten noch folgende Beträge entrichtet werden:

- Grunderwerbsteuer 3,5%
- Rechnung der Finanz- und Wirtschaftsberatungs-GmbH für die Abwicklung der Gesamtfinanzierung 5.831,00 € einschließlich USt,
- Grundbuchgebühren 4.620,00 €,
- Feuerversicherung für die Zeit vom 06.07. bis 30.09.01, Gesamtbeitrag einschl. Versicherungssteuer 308,00 €,
- Handwerkerrechnungen für die Fertigstellung der noch nicht betriebsbereiten Personenaufzüge, Gesamtsumme 136.040,00 € + 19% USt (Fertigstellung zum Kauftermin).

1. *Ermitteln Sie in übersichtlicher Form die Anschaffungskosten des Grundstücks sowie die des Gebäudes!*
2. *Am Bilanzstichtag des Vorjahres (31.12.01) schätzte ein vereidigter Sachverständiger den Grundstückswert auf 480.660,00 €. Es war mit einer dauernden Wertminderung zu rechnen.*
   Welcher Wert wurde für das Grundstück in der Steuerbilanz des Vorjahres angesetzt? Begründen Sie Ihre Bewertungsentscheidung und geben Sie, falls erforderlich, die Vorabschlussbuchung an!
3. *Wie muss das Grundstück zum Ende dieses Geschäftsjahres in der Steuerbilanz bewertet werden, wenn der Teilwert am 31.12.02 unerwartet auf 625.000,00 € gestiegen ist? Begründen Sie den Wertansatz und bilden Sie, falls erforderlich, einen notwendigen Vorabschlussbuchungssatz!*
4. *Mit welchem Wert wird das Gebäude am 31.12.02 bilanziert?*

7. AP 91 I. 4 (adaptiert) — 3 Punkte

Die Metallbau AG hatte am 05.07. einem osteuropäischen Kunden ein langfristiges Darlehen in Höhe von 50.000 US-Dollar gewährt.

Der Umrechnungskurs am 05.07. betrug 1,15 €. Am 31.12. wurde ein Kurs von 1,18 € für einen US-Dollar notiert. Welcher Wert wurde für diese Finanzanlage zum 31.12. angesetzt? Begründung des Wertansatzes.

8. AP 92 I.2 (adaptiert)) — 6 Punkte

Die FRIMAG AG stellt gleichartige Hauptplatinen (unfertige Erzeugnisse) zum Einbau in ihre NC-Steuerungen her. Aus der Finanz- und Lagerbuchhaltung liegen folgende Daten vor:

Anfangsbestand: 52 Stück, Wertansatz 860,00 €/Stück

Lagerzugänge Menge Herstellungskosten/Stück

12.06. ....220 Stück ....850,00 €
08.05. ....240 Stück ....805,00 €
06.12. ....260 Stück ....810,00 €
Schlussbestand: ....95 Stück
Der Teilwert zum 31.12.06 beträgt 830,00 €/Stück.

1. *Bewerten Sie den Schlussbestand zum 31.12.06 mithilfe des Durchschnittswertverfahrens. Begründen Sie den Bilanzansatz.*
2. *Buchen Sie die Bestandsveränderung und stellen Sie das Lagerkonto in T-Kontenform dar.*

9. AP 92 I.3 — 7 Punkte

In der Anlagenkartei (Bereich Fertigungsmaschinen) liegen die Daten für die Maschine M1 vor. Die AG wählt grundsätzlich den nach Einkommensteuergesetz geringstmöglichen Vermögensausweis.

Anschaffungskosten ....150.000,00 €
Anschaffungsdatum 30.07.05
Nutzungsdauer ....6 Jahre
Teilwert zum 31.12..07 (voraussichtlich langfristige Wertminderung) 45.000,00 €

1. *Ermitteln Sie in übersichtlicher Form den Bilanzansatz für die Maschine M 1 zum 31.12.07, wenn weiterhin höchstmöglich abgeschrieben werden soll!*
2. *Begründen Sie Ihre Bewertungsentscheidung!*
3. *Geben Sie die vorbereitenden Abschlussbuchungen an!*

10. AP 93 I.4 (adaptiert) — 6 Punkte

Die SOLAND AG fertigte im laufenden Jahr eine Maschine, die sie in ihrer Produktion einsetzt. Die Maschine wurde am 05.10. in Betrieb genommen. Die Nutzungsdauer beträgt 8 Jahre. Der Finanzbuchhaltung stehen zur Ermittlung der Herstellungskosten folgende Daten zur Verfügung:

Fertigungsmaterial ....3.000,00 €
Fertigungslöhne ....2.000,00 €
MGK-Zuschlagssatz 10%
FGK-Zuschlagssatz 150%
VwGK-Zuschlagssatz 15%
VtGK-Zuschlagssatz.. 8%

1. *Welche Wertansätze sind steuerrechtlich zulässig?*
2. *Buchen Sie die aktivierungspflichtigen Herstellungskosten (bei möglichst kleinem Gewinnausweis).*
3. *Buchen Sie dazu die höchstmögliche Abschreibung zum 31.12.*

11. AP 94 I. 2 — 13 Punkte

Die Textil AG kaufte im Jahr 06 ein Grundstück.

Kaufpreis des Grundstücks .... 1.400.000,00 €
3,5% Grunderwerbsteuer,
Grundbuchgebühr .... 7.000,00 €,
Vermessungskosten .... 4.000,00 €,
Notariatsgebühren .... 6.000,00 € (netto).

Auf dem Grundstück wurde eine Lagerhalle gebaut, die am 05.07.06 in Betrieb genommen wurde:

Anschaffungskosten .... 2.100.000,00 €,
jährlicher AfA-Satz .... 3%.

Ende 06 wurde die ursprünglich vorgesehene Verkehrsanbindung des Grundstücks an eine Bundesautobahn auf unbestimmte Zeit verschoben. Die Textil AG geht von einer dauerhaften Wertminderung aus und setzt folgende Teilwerte zum 31.12.06 an:

Grundstück .... 1.000.000,00 €,
Lagerhalle .... 1.500.000,00 €.

1 *Ermitteln und begründen Sie den Wertansatz zum 31.12.06 für das Grundstück und die Lagerhalle.*

2 *Geben Sie die vorbereitenden Abschlussbuchungen zum 31.12.06 an.*

3 *Im Jahr 07 wurde der Ausbau des Autobahnzubringers unerwartet genehmigt. Der Buchwert der Lagerhalle beträgt nach Fortführung der Abschreibung am 31.12.07 1.455.000,00 €. Die Werte von Grundstück und Lagerhalle werden nun auf jeweils 2.000.000,00 € geschätzt.*
Ermitteln und begründen Sie die möglichen Wertansätze zum 31.12.07 für das Grundstück und die Lagerhalle.

12. AP 98 I.3 — 6 Punkte

In der Betriebsschlosserei der Allgäuer Käsewerke AG wurde im Laufe des Jahres eine Käsewendeeinrichtung in Eigenleistung erstellt und am 15.12. in Betrieb genommen.

Der Finanzbuchhaltung stehen zur Ermittlung der Herstellungskosten folgende Angaben aus der Kosten- und Leistungsrechnung zur Verfügung:

- Fertigungsmaterial .... 10.000,00 €
- Fertigungslöhne .... 14.000,00 €
- MGK-Zuschlagssatz 40%
- FGK-Zuschlagssatz 150%
- VwGK-Zuschlagssatz 20%
- VtGK-Zuschlagssatz 10%

Der Anteil der kalkulatorischen Kosten beträgt bei den MGK 20% und bei den FGK 30% von den jeweiligen Gemeinkostenbeträgen. Die in der Kostenrechnung ermittelten VWGK und VTGK enthalten jeweils 1.000,00 € kalkulatorische Kosten.

1. *Ermitteln Sie die möglichen Wertansätze bei der Fertigstellung nach Einkommensteuerrecht.*

2. *Buchen Sie die Inbetriebnahme am 15.12., wenn der steuerpflichtige Gewinn möglichst niedrig ausgewiesen werden soll.*
3. *Begründen Sie den Wertansatz zum 31.12..*

3. Bewertung von Forderungen

Die Forderungen gehören zum Umlaufvermögen. Deshalb gilt auch hier das strenge NWP. Allerdings gelten hier besondere Regeln.
Man unterscheidet dabei drei verschiedene Gruppen:

3.1 Uneinbringliche Forderungen

Diese Forderungen werden gleich bei Bekanntwerden der Uneinbringlichkeit abgeschrieben (Konto 6951). Dabei muss auch die Umsatzsteuer berichtigt werden.
Buchung der Abschreibung:

6951 .... / 2400 ....
4800 ....

Stellt sich später heraus (Verjährungsfrist 30 Jahre!), dass der Schuldner seine Zahlungsfähigkeit wieder erlangt, können wir das Geld zurückverlangen (Konto 5495). Die Umsatzsteuer muss dann wieder ausgewiesen werden.
Buchung des Zahlungseingangs:

2800 .... / 5495 ....
4800 ....

3.2 Zweifelhafte (dubiose) Forderungen

Die zweifelhaften Forderungen werden am Jahresende einzelwertberichtigt, d.h. jede für sich auf ihren wahrscheinlich niedrigeren Wert herabgesetzt (Konten 3670, 6952, 5450). Wenn eine Forderung während des Jahres zweifelhaft wird, wird noch nicht gebucht! Der Bestand der einzelwertberichtigten Forderungen wird am Jahresende nur fortgeschrieben. Das Konto 3670 darf aus steuerrechtlichen Gründen nicht in der Bilanz ausgewiesen werden. Es wird nach allen Buchungen über das Konto 2400 abgeschlossen (und am 1. Geschäftstag des Folgejahres wieder eröffnet).

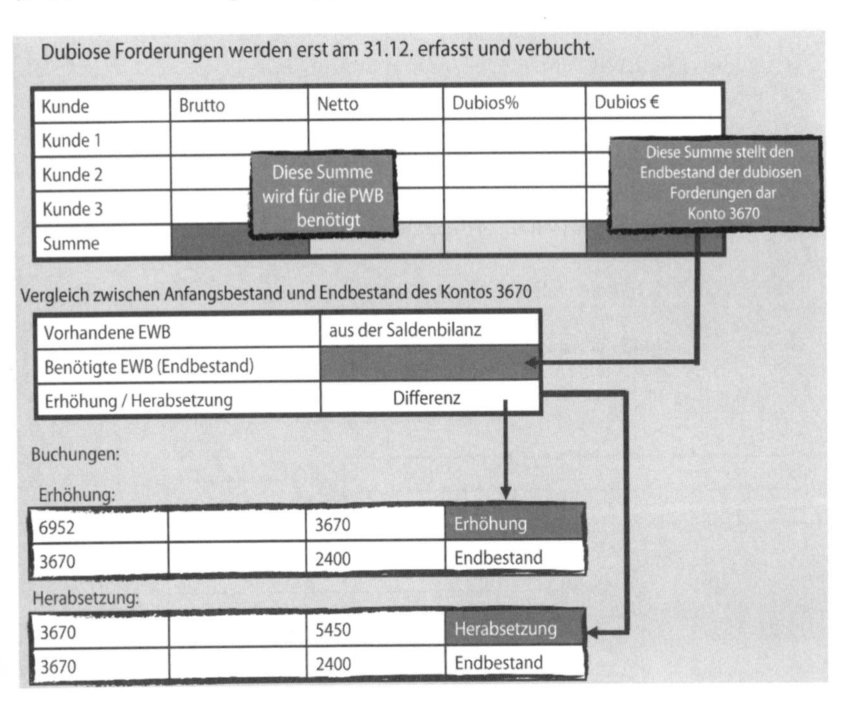

3.3 Sichere Forderungen

Da ein Restrisiko bestehen bleibt, werden die sicheren Forderungen noch pauschal herabgesetzt (Pauschalwertberichtigung). Es wird dabei von Erfahrungswerten aus der Vergangenheit ausgegangen (Konten 3680, 6953, 5450). Auch hier wird nur fortgeschrieben und das Konto 3680 am Jahresende über 2400 abgeschlossen.
Die erforderliche Pauschalwertberichtigung wird folgendermaßen ermittelt:

	Forderungsbestand aus der Saldenbilanz
+	alle Zugänge auf dem Konto 2400 (seit der Saldenbilanz)
-	alle Abgänge auf dem Konto 2400
-	Summe aller EWB-Forderungen (gesamt brutto)
=	**Endbestand der sicheren Forderungen (brutto)**
-	Mehrwertsteuer
=	**Endbestand der sicheren Forderungen (netto)**
	davon Delkrederesatz (Pauschalwertberichtigungssatz)
=	**Endbestand der Pauschalwertberichtigung (Konto 3680)**

Buchungstechnisch hat dies folgende Auswirkungen:

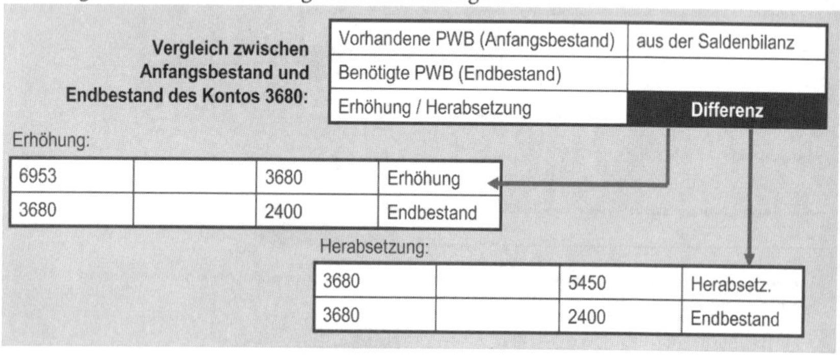

3.4 Lösungsstrategie bei komplexeren Aufgaben

1. Erledigung eventuell noch ausstehender Buchungen (dubiose Forderungen werden während des Jahres nicht verbucht!)
2. Erledigung der einzelwertzuberichtigenden Forderungen am 31.12.
3. Ermittlung des Restbestands an Forderungen am 31.12.
4. Ermittlung des PWB-Betrags.

Aufgabenblock JA 4

Uneinbringliche Forderung 1.

Kunde Braun versichert uns eidesstattlich, dass er zahlungsunfähig geworden ist. Die Forderung beträgt 23.800,00 €. Buchen Sie die Abschreibung.

Uneinbringliche Forderung 2.

Das Insolvenzverfahren gegen Kunde Schmidt wird abgeschlossen. Der Konkursverwalter überweist 11.900,00 € als Konkursquote von 20% auf unser Bankkonto. Der Rest der Forderung wird abgeschrieben.

Uneinbringliche Forderung 3.

Aus oben genannter Forderung (Beispiel 1) gehen nach Abmahnung 40% auf unserem Bankkonto ein.

EWB 4. (Periode 1)

Die Forderung gegenüber Kunde Klaube (3.570,00 €) ist vermutlich zu 60% zweifelhaft. Das Konto 3670 weist bislang noch keine Einträge auf. Führen Sie die Einzelwertberichtigung durch und schließen Sie die Konten ab.

EWB 5. (Periode 2)

Am Ende des nächsten Jahres ergibt die Durchsicht der Forderungen folgendes Bild:

Die Forderung gegenüber Kunde Braun (€ 14.280,00) ist wahrscheinlich nur zu 30% sicher (= erwartete Vergleichsquote). Kunde Salz (4.760,00 €) hat nach mehreren Mahnungen immer noch nicht bezahlt. Die Forderung ist realistischen Schätzungen zufolge zu 40% dubios. Führen Sie die Einzelwertberichtigung durch und schließen Sie die Konten ab.

EWB 6. (Periode 3)

Am Ende des nächsten Jahres ergibt die Durchsicht der Forderungen folgendes Bild:

Kunde Steif (8.330,00 €) beantragt ein Insolvenzverfahren. Erwartete Konkursquote 20%. Gegen Kunde Pfiff (11.900,00 €) wird ein Mahnverfahren beantragt. Unserer Schätzung nach ist die Forderung nur zu 80% sicher. Führen Sie die Einzelwertberichtigung durch und schließen Sie die Konten ab.

PWB 7.

a. Am Ende des Gründungsjahres einer AG (04) waren insgesamt 119.000,00 € sicher scheinende Forderungen vorhanden. Das allgemeine Kreditrisiko wurde, da angeblich branchenüblich, mit 1% unterstellt. Buchen Sie die Pauschalwertberichtigung Ende 04.

b. 05 wurde aufgrund der Erfahrungen während des vergangenen Jahres ein Delkrederesatz von 1,5% gebildet. Nach Abzug der EWB-Forderungen ergab sich zum 31.12.05 ein Bestand an sicheren Forderungen in Höhe von 214.200,00 €. Buchung der PWB zum 31.12.05.

c. 06 waren zum Ende des Geschäftsjahres 166.600,00 € an sicheren Forderungen zu verzeichnen. Der Delkrederesatz von 1% wurde wieder übernommen. Buchung der PWB zum 31.12.06

8.

a. Zum Ende des Gründungsjahres einer AG ergibt die Überprüfung des Forderungsbestandes einen Betrag von 238.000,00 €. Darin enthalten ist die Forderung gegenüber Kunde Bauer (2.380,00 €), die nach näherer Analyse zu 60% dubios zu sein scheint. Auch die Forderung gegen Hirsch (5.950,00 €) ist vermutlich zu 70% uneinbringlich. Die übrigen Forderungen gelten als sicher. Eine Pauschalwertberichtigung von 1% wird als ausreichend angesehen. Führen Sie alle nötigen Vorabschlussbuchungen durch.

b Am Ende des zweiten Geschäftsjahres liegt der Gesamtbestand an Forderungen bei 193.851,00 €. Die Überprüfung der Forderungen ergibt im Einzelnen: Die Forderung gegenüber Kunde Braun (7.140,00 €) gilt mit 40% als sicher. Die Forderung gegen Schwarz (8.568,00 €) dürfte mit 70% einbringlich sein. Alle übrigen Forderungen gelten als sicher. Der Delkrederesatz wird beibehalten.

Buchen Sie jeweils zum Jahresende die EWB und die PWB.

9. AP 1980 (adaptiert) 9 Punkte

Auszug aus der vorläufigen Saldenbilanz zum 30.11.

Konto	Soll	Haben
2400	128.520,00	
3670		5.500,00
3680		6.000,00

Wie lauten die Buchungen im Dezember und zum Jahresende für folgende Geschäftsvorfälle:

a. Zielverkäufe von FE im Dezember insgesamt 43.750,00 € (netto) abzüglich 20% Mengenrabatt.

b. Zahlungseingang von Kunden für FE im Dezember auf unserem Bankkonto in Höhe von 26.548,90 €, wobei die Kunden bereits 3% Skonto abgezogen haben.

c. Für die Forderung an Kunde Mayer in Höhe von 20.320,00 € wird zum Jahresende mit einer Ausfallquote von 40% gerechnet.

d. Für die restlichen Forderungen wird am 31.12. ein Pauschaldelkrederesatz von 1% angesetzt.

10. AP 1985 (adaptiert) 12 Punkte

Auszug aus der Saldenbilanz zum 30.11.

	Soll	Haben
2400	214.200,00	
3670		3.200,00
3680		3.500,00

a. Der Gerichtsvollzieher teilt im Dezember mit, dass das Konkursverfahren gegen den Kunden Bruch mangels Masse eingestellt wurde. Gegen den Kunden besteht eine Forderung in Höhe von 4.760,00 €. Buchung.

b. *Von dem anfangs des Jahres in Konkurs gegangenen Kunden Knacks gehen überraschenderweise 2.380,00 € auf unserem Bankkonto ein. Die Forderung war damals ganz abgeschrieben worden. Die Gutschrift ist noch zu erfassen.*

c. *Am 13.12. stellt sich heraus, dass im Vergleichsverfahren gegen den Kunden Riesling höchstens mit einer Vergleichsquote von 40% zu rechnen ist. Unsere Forderung beträgt 7.616,00 €.*

d. *Ein Kunde meldet am 30.12. eine Mängelrüge an und sendet gelieferte Erzeugnisse im Nettowert von 10.000,00 € zurück. Der Fall ist noch nicht verbucht.*

e. *Das Verlustrisiko des übrigen Forderungsbestands beträgt 1%. Erstellen Sie die zum 30.12 und 31.12. erforderlichen Buchungen.*

11.

Die am 01.12. erstellte Saldenbilanz der WAFOS AG weist u.a. folgende Werte aus:

Konto	Soll	Haben
2400	138.516,00	
3670		1.000,00
3680		4.150,00

Im Dezember 06 sind noch folgende Vorgänge zu bearbeiten:

a. *Gegenüber dem Kunden K besteht eine Forderung über 2.380,00 €. Er hatte im Oktober Konkurs angemeldet. Der Konkursverwalter teilt mit, dass das Verfahren im nächsten Jahr vermutlich mangels Masse eingestellt werden wird.*

b. *Am 06.12. zahlte Kunde M den Betrag von 5.831,00 € nach Abzug von 2% Skonto auf das Girokonto.*

c. *Am 13.12. wird bekannt, dass bei dem Kunden F mit einer Konkursquote von 10% zu rechnen ist. Die Forderung gegenüber dem Kunden F beträgt 5.236,00 €.*

d. *Verkauf von Fertigerzeugnissen für 13.500,00 € (netto) am 19.12. Konditionen: 10% Rabatt, 2% Skonto. Nach Versenden der Ausgangsrechnung teilt der Kunde Schäden an der Ware mit. Wir vereinbaren einen nachträglichen Preisnachlass von 5%. Buchen Sie die Ausgangsrechnung und die Preiskorrektur.*

e. *Ermitteln und buchen Sie die Einzelwertberichtigung zum 31.12.*

f. *Die WAFOS AG beabsichtigt, das allgemeine Kreditrisiko mit 1,5% zu berücksichtigen. Ermitteln und buchen Sie die erforderliche Pauschalwertberichtigung.*

g. *In welcher Höhe werden die Forderungen in der Schlussbilanz ausgewiesen? Ermitteln Sie den Schlussbestand mit Hilfe eines T-Kontos.*

12. AP 82 I.1.5 (adaptiert) — 14 Punkte

Das Konto 2400 Forderungen weist Anfang Dezember 06 einen Bestand von 238.000,00 € auf. Einige Geschäftsvorfälle im Dezember sind noch zu buchen.

Die Anfangsbestände auf den Wertberichtigungskonten betragen:

Kto 3680 PWB .... 1.200,00 €
Kto 3670 EWB .... 5.000,00 €

1. *Gegenüber dem Kunden K1 besteht eine bereits gebuchte Forderung in Höhe von 11.900,00 €. Wegen einer mangelhaften Lieferung wurde ihm zwischenzeitlich ein Preisnachlass von 5% gewährt. K1 überweist per Bank unter Abzug des Preisnachlasses.*

2. *Kunde K2 bezog am 15.9.06 Fertigerzeugnisse auf Ziel im Werte von 20.000,00 € netto und erhielt 10% Rabatt. Die Warenlieferung wurde sofort verbucht, der Zahlungseingang auf Postscheckkonto ist noch zu buchen.*
3. *Von einer Forderung in Höhe von 9.520,00 € sind endgültig 20% verloren, der Rest betrag geht auf Bankkonto ein.*
4. *Der wahrscheinliche Wert einer weiteren zweifelhaften Forderung in Höhe von 4.760,00 € wird auf 3.570,00 € geschätzt.*
5. *Für den restlichen Forderungsbestand ist eine Pauschalwertberichtigung von 1% zu bilden.*

13. AP 89 I.6 (adaptiert) — 11 Punkte

Im Dezember sind noch die folgenden Vorgänge zu bearbeiten:

1. *Gegenüber dem Kunden K besteht eine Forderung über 2.380,00 €. Er hatte im Oktober Konkurs angemeldet, der im Dezember mangels Masse eingestellt wurde.*
2. *Am 06.12. zahlt der Kunde M den Betrag von 5.831,00 € nach Abzug von 2% Skonto auf das Bankkonto der OLAX-AG.*
3. *Am 13.12. wird bekannt, dass bei dem Kunden F mit einer Konkursquote von 10% zu rechnen ist. Die Forderung der OLAX-AG gegenüber dem Kunden beträgt 5.236,00 €.*
4. *Die am 05.12. erstellte Saldenbilanz der OLAX-AG hatte die folgenden Werte ausgewiesen:*

   Forderungen aus Lieferungen und Leistungen .... 138.516,00 €

   Einzelwertberichtigung zu Forderungen .... 1.000,00 €

   Pauschalwertberichtigung zu Forderungen .... 4.150,00 €

   a. *Ermitteln und buchen Sie die Einzelwertberichtigung (einschließlich vorbereitender Abschlussbuchung) zum 31.12.*
   b. *Die OLAX-AG berücksichtigt das allgemeine Ausfallrisiko beim Jahresabschluss 06 mit 1,5%. Ermitteln Sie die Höhe der erforderlichen Pauschalwertberichtigung.*
5. *In welcher Höhe werden die Forderungen in der Schlussbilanz ausgewiesen? Ermitteln Sie den Schlussbestand mit Hilfe eines T-Kontos.*

14. AP 91 I. 3 (adaptiert) — 5 Punkte

Am Ende des Geschäftsjahres nimmt der Bilanzbuchhalter der Metallbau AG die Bewertung des Forderungsbestandes aus Lieferungen und Leistungen vor. Dabei stehen ihm folgende Daten zur Verfügung: Bestände zum 01.01. nach Eröffnung aller Konten:

2400 Forderungen aus Lieferungen u. Leistungen .... 11.781.000,00 €
3670 Einzelwertberichtigung zu Forderungen .... 244.000,00 €
3680 Pauschalwertberichtigung zu Forderungen .... 278.000,00 €
Zwischen dem 01.01. und dem 31.12. erfolgten:

Zielverkäufe v. Fertigerzeugnissen, brutto .... 138.040.000,00 €
Zahlungseingänge von Kunden .... 136.850.000,00 €
Bei den zweifelhaften Forderungen ist mit einem Zahlungseingang von 523.600,00 € zu rechnen; dies entspricht einer durchschnittlichen Quote von 55%.

Die Metallbau AG berücksichtigt aufgrund der in der Vergangenheit gemachten Erfahrungen das allgemeine Ausfallrisiko bei den Forderungen aus Lieferungen und Leistun-

gen mit 1%.
Berechnen und buchen Sie die Veränderung der Pauschalwertberichtigung zum 31.12.

15. AP 92 I.5 (adaptiert) — 16 Punkte

Am 01.12. sind der Saldenbilanz u. a. folgende Werte zu entnehmen:

2400 Forderungen aus Lieferungen u. Leistungen .... ?
3670 Einzelwertberichtigung zu Forderungen .... 9.400,00 €
3680 Pauschalwertberichtigung zu Forderungen .... 48.000,00 €

1. *Buchen Sie - soweit erforderlich - folgende Geschäftsvorfälle, die im Laufe des Monats Dezember bis zum Bilanzstichtag angefallen sind!*
   Hinweis: Sollte keine Buchung erforderlich sein, ist dies kurz zu begründen.
   a. *Aufgrund einer Mängelrüge gewährt die FRIMAG AG dem Kunden A am 05.12. einen Preisnachlass in Höhe von 39.270,00 € brutto.*
   b. *Kunde B zahlt am 10.12. nach Abzug von 3% Skonto per Banküberweisung 141.978,90 €.*
   c. *Am 12.12. wird bekannt, dass beim Kunden C mit einer Vergleichsquote von 70% zu rechnen ist. Die Forderung der FRIMAG AG gegenüber diesem Kunden beträgt 16.660,00 €.*
2. *Im Rahmen der Vorbereitung des Jahrsabschlusses hat die FRIMAG AG die erforderliche Pauschalwertberichtigung zu Forderungen in Höhe von 25.500,00 € ermittelt. Der Bilanzansatz (Schlussbestand) des Kontos Forderungen aus Lieferungen und Leistungen beläuft sich auf 2.009.960,00 €.*
   a. *Berechnen und buchen Sie die Veränderung der Einzelwertberichtigung zum 31.12., wenn außer der Forderung bei 1.c keine weitere mehr zweifelhaft ist!*
   b. *Ermitteln Sie mithilfe eines T-Kontos, mit welchem Betrag die Forderungen aus Lieferungen und Leistungen in der Saldenbilanz vom 01.12. ausgewiesen waren! Gegenkonto/Gegenkonten sind anzugeben. Das Konto ist ordnungsgemäß abzuschließen.*
   c. *Bestimmen Sie den Prozentsatz der zum 31.12.06 erforderlichen Pauschalwertberichtigung zu Forderungen.*

16. AP 94 I. 3 — 11 Punkte

Zum 05.12.06 sind der Saldenbilanz unter anderem folgende Werte zu entnehmen:

2400	Forderungen aus Lieferungen und Leistungen	678.300,00 €
3670	Einzelwertberichtigung Zu Forderungen	20.000,00 €
3680	Pauschalwertberichtigung zu Forderungen	30.000,00 €

1. *Im Dezember sind noch folgende Geschäftsfälle zu buchen:*
   a. *Von einer Forderung in Höhe von 119.000,00 € gehen am 06.12.06 auf dem Bankkonto 40% als Vergleichsquote ein. Der Rest ist endgültig verloren.*
   b. *Kunde A sendet am 13.12.06 falsch gelieferte Ware im Wert von 15 000,00 € netto zurück.*
   c. *Kunde B überweist nach Abzug von 2% Skonto am 20.12.06 den Betrag von 104.958,00 € auf das Postgirokonto.*
2. *Zum 31.12.06 sind noch folgende Sachverhalte zu berücksichtigen:*

   Die Forderung an einen Kunden beträgt 142.800,00 €.

   Wegen des schwebenden Konkursverfahrens ist mit einer Ausfallquote von 70% zu rechnen.

Die Textil AG setzt die Pauschalwertberichtigung zu Forderungen um 26.325,00 € herab.

a. *Ermitteln Sie mit Hilfe eines T-Kontos den Schlussbestand des Kontos Forderungen aus Lieferungen und Leistungen. Gegenkonten sind anzugeben. Das Konto ist ordnungsgemäß abzuschließen. Buchungssätze sind nicht zu erstellen.*

b. *Berechnen Sie den Delkrederesatz*

17. AP 96 I.3 (adaptiert) — 10 Punkte

Zum 01.12.06 weist die vorläufige Saldenbilanz u. a. folgende Werte aus:

2400 Forderungen aus Lieferungen u. Leistungen ....4.165.000,00 €
3670 Einzelwertberichtigung zu Forderungen ....95.000,00 €
3680 Pauschalwertberichtigung zu Forderungen ....98.000,00 €

Im Laufe des Dezembers wurden bereits gebucht:

- Forderungen aus Lieferungen u. Leistungen ....7.378.000,00 €
- Zahlungseingänge von Kunden ....5.307.400,00 €
- Kundenbonus von 1% auf Jahresumsätze von ....107.100.000,00 €

Zum 31.12.06 ist noch folgendes zu berücksichtigen:

Bei den zweifelhaften Forderungen in Höhe von 178.500,00 € rechnet man erfahrungsgemäß mit einem Eingang von 30%. Der Delkrederesatz beträgt 1%.

1. *Ermitteln und buchen Sie die Anpassung*
   a. des Kontos 3670 und
   b. des Kontos 3680.

2. *Berechnen Sie mit Hilfe eines T-Kontos den Wertansatz der Forderungen für die Schlussbilanz.*

4 Rückstellungen

Rückstellungen sind in der abgelaufenen Periode verursachte Aufwendungen, deren Höhe und Fälligkeitsdatum jedoch noch nicht feststehen. Sie müssen aufgrund des Prinzips der kaufmännischen Vorsicht noch als Aufwand in die GuV aufgenommen werden.

An der FOS / BOS werden drei Arten näher besprochen:

3700	Pensionsrückstellungen (langfristige Verbindlichkeiten)
3800	Steuerrückstellungen (kurzfristige Verbindlichkeiten)
3930	Rückstellungen für ungewisse Verbindlichkeiten (kurzfristig)

4.1 Bildung und Erhöhung von Rückstellungen

Aufwandskonto

Rückstellung

Die Bildung (und Erhöhung) von Rückstellungen läuft immer nach dem Schema:

Aufwand .... / Rückstellung ....

Die Vorsteuer muss nicht berücksichtigt werden.

4.2 Herabsetzung von Pensionsrückstellungen

Rückstellung

5480

die Herabsetzung gibt es nur bei langfristigen Rückstellungen; für die FOS/BOS also nur bei Pensionsrückstellungen. Buchung also:

3700 .... / 5480 ....

Auch hier ist selbstverständlich keine MWSt zu verbuchen.

4.3 Auflösung von Rückstellungen

Bedingung	Buchung:	an
a. Rückstellung = Zahlungsbetrag	Rückstellung	Bankkonto
b. Rückstellung < Zahlungsbetrag	Rückstellung	
	Aufwand	Bankkonto
c. Rückstellung > Zahlungsbetrag	Rückstellung	Bankkonto
		5480

Die Auflösung erfolgt bei Fälligkeit, d.h. bei Bekanntwerden (und Verbuchung) des tatsächlichen Betrages. Beim Zahlungsausgleich (oder Rechnungseingang) muss gegebenenfalls die Vorsteuer berücksichtigt werden.

Aufgabenblock JA 5

1.

a. Aufgrund einer tarifvertraglichen Vereinbarung wurde für die Belegschaft am Ende des Jahres 04 eine zusätzliche Altersversorgung eingeführt. Zu diesem Zweck erfolgt die Gründung eines Pensionsfonds mit einer ersten Rückstellung von 2.000.000,00 €. Buchen Sie die Bildung des Fonds.

b. Eine gestiegene Beschäftigung ließ zum Bilanzstichtag 05 die gebildete Rückstellung zu niedrig erscheinen. Eine Rückstellung von 2.100.000,00 € erscheint angebracht. Buchen Sie die Erhöhung.

c. 06 sinkt die Beschäftigung aufgrund von Rationalisierungsmaßnahmen. Nach versicherungsmathematischen Berechnungen muss die gebildete Rückstellung auf 1.600.000,00 € gesenkt werden. Führen Sie die nötige Buchung durch.

2.

a. Die internen Steuerberechnungen ergeben zum Jahresende, dass mit einer Körperschaftssteuer-Nachzahlung über 8.000,00 € zu rechnen ist. Buchung zum 31.12.06.

b Der endgültige Steuerbescheid ergibt eine tatsächliche Steuerschuld in Höhe von 6.500,00 €. Buchung der Überweisung am 07.05.07.

3.

a. Für einen anhängigen Prozess sind nach Auskunft unseres Rechtsanwalts Gerichtskosten in Höhe von ca. 23.000,00 € zu erwarten. Vermutlich werden wir den Prozess verlieren. Buchung zum 31.12.06.

b. Am 3.3.07 verdonnert uns das Gericht zu 30.000,00 €.
Buchung der Überweisung.

4.

a. Ein Mitarbeiter verursacht am 27.12. einen Unfall mit einem Firmen-Pkw. Der Sachverständige rechnet mit einem Schaden von 3.000,00 € (netto). Da dieses Fahrzeug nicht vollkaskoversichert ist, wird am 31.12. eine entsprechende Rückstellung gebildet.

b. Am 13.05. des Folgejahres geht die Rechnung der Werkstätte ein. Die Reparatur kostet 4.760,00 € (brutto). Buchen Sie die Eingangsrechnung.

5. AP 95 I.7 — 3 Punkte

Wegen eines laufenden Rechtsstreits wurde im Jahr 01 eine Rückstellung für Anwaltskosten in Höhe von 11.000,00 € gebildet. Die tatsächlichen Anwaltskosten belaufen sich laut Rechnung vom 8.12.02 auf 9.520,00 € brutto. Der Betrag wird am 28.12.02 per Bank überwiesen. Buchen Sie

a. den Rechnungseingang und

b. die Überweisung.

5. Stille Rücklagen

5.1 Bildung von stillen Rücklagen

Durch den Ansatz der Bewertungsvorschriften und die Ausnutzung der Bewertungs- und Ansatzmöglichkeiten entstehen stille Rücklagen, d.h. Eigenkapital, das nicht in der Bilanz ausgewiesen wird. Zum Teil ergeben sich diese stillen Rücklagen zwangsläufig durch die Bewertungsvorschriften bzw. durch den Bildungszwang von Rückstellungen, zum Teil werden sie von den Unternehmen (im Rahmen der gesetzlichen Möglichkeiten) bewusst gebildet.

Stille Rücklagen können entstehen durch:

die Unterbewertung von Aktiva: Vermögensgegenstände werden unter ihrem tatsächlichen Wert ausgewiesen Niederstwertprinzip Anschaffungskostenprinzip	Beispiele: a. ein vor Jahren angeschafftes Grundstück wird mit seinem Anschaffungswert bilanziert, der Marktwert beträgt jedoch ein Vielfaches. b. Durch den Ansatz der degressiven AfA wird z.B. im ersten Jahr 20% abgeschrieben; die tatsächliche Abnutzung dieses Gegenstandes beträgt jedoch wesentlich weniger. c. Die ausgewiesenen Forderungen werden einzel- bzw. pauschalwertberichtigt.
die Überbewertung von Passiva: Schulden werden in der Bilanz negativer (also höher) ausgewiesen als sie tatsächlich sind Höchstwertprinzip	Beispiel: Trotz gesunkener Wechselkurse wird eine Verbindlichkeit in Dollar zu ihrem negativeren Aufnahmewert bilanziert (man unterstellt hier kurzfristige Wertschwankungen).

5.2 Auflösungen von stillen Rücklagen

Die stillen Rücklagen werden aufgelöst durch:

- den Verkauf von Vermögensgegenständen über dem Buchwert.
- die Weiterverwendung des Anlagegutes nach der vollständigen Abschreibung (den dadurch erzielten Erträgen stehen keine Aufwendungen mehr gegenüber).
- den Eingang wertberichtigter Forderungen,
- Zuschreibungen.

Aufgabenblock JA 6

1.

Im Jahr 00 wurde ein Grundstück für 500.000,00 € erworben. Am 31.12.06 ist der Wert auf 750.000,00 € gestiegen.

1. *Zu welchem Wert muss bzw. kann dieses Grundstück zum Bilanzstichtag 06 bilanziert werden (Begründung)*
2. *In welcher Höhe sind stille Rücklagen entstanden?*
3. *Wie bzw. wann lösen sich die stillen Rücklagen wieder auf?*

2.

Im Jahr 00 wurden Wertpapiere zur langfristigen Anlage für 45.000,00 € angeschafft. Ende 05 bestand der begründete Verdacht (auch vom Finanzamt anerkannt), dass diese Wertpapiere langfristig an Wert verloren haben. Der Posten wurde deshalb auf 20.000,00 € abgeschrieben. In der Periode 06 wird diese Firma von einem Weltkonzern übernommen. Der Börsenwert des Aktienbestands beträgt deshalb Ende 06 47.800,00 €.

1. *Mit welchem Wert wird dieser Posten 06 bilanziert? (Begründung und Vorabschlussbuchung)*
2. *Entstehen dadurch stille Rücklagen?*
3. *Wann werden diese wieder aufgelöst?*

3.

Am 07. Januar 01 wurde eine Werkstätteneinrichtung im Wert von 150.000,00 € angeschafft. Die betriebsgewöhnliche Nutzungsdauer beträgt 10 Jahre. Das Unternehmen schöpft alle einkommenssteuerlichen Möglichkeiten aus, um den Gewinnausweis zu minimieren.

a. *Wie hoch ist der Bilanzwert 03?*

b. *In welcher Höhe sind stille Rücklagen entstanden, wenn linearer Wertverlust unterstellt werden kann?*

4.

Im Januar 06 wurde auch eine Maschine für 100.000,00 € angeschafft (Nutzungsdauer 8 Jahre) und steuerlich immer höchstmöglich abgeschrieben. Der Wertverlust ist linear.

Stellen Sie die Bildung und Auflösung der stillen Reserven im Zeitablauf dar.

5 AP 91 I. 2 (adaptiert) — 16 Punkte

Die Metallbau AG bestellte am 06.11. eine CNC-gesteuerte Fertigungsmaschine.

1. *Am 07.12. liefert ein Transportunternehmen die bestellte Maschine. Diese wird noch am selben Tag in Betrieb genommen.*
   a. *Die Überführungskosten im Gesamtrechnungsbetrag von 4.188,20 € werden sofort durch Bankscheck an den Frachtführer bezahlt. Buchen Sie!*
   b. *Die mit der Lieferung eingehende Rechnung des Maschinenherstellers enthält folgende Angaben:*

Listenpreis 80.000,00 €, 5% Rabatt, 2% Skonto bei Bezahlung innerhalb von 10 Tagen (vom Zieleinkaufspreis der neuen Maschine).
Buchen Sie die Eingangsrechnung!

2. *Die nicht mehr benötigte gebrauchte Maschine, deren Buchwert 14.700,00 € beträgt, wird gegen Bankscheck verkauft. Dabei ergibt sich ein Ertrag aus dem Abgang in Höhe von 800,00 €. Buchen Sie den Vorgang!*

3. *Die Metallbau AG begleicht die Verbindlichkeit am 11.12. durch Postgiroüberweisung. Bilden Sie den Buchungssatz!*

4. *Der Betrieb arbeitet in drei Schichten. Unter dieser Voraussetzung beträgt die betriebsgewöhnliche Nutzungsdauer der neuen Maschine vier Jahre. Es soll ein möglichst niedriges Gesamtergebnis ausgewiesen werden.*

   Führen Sie die vorbereitende Abschlussbuchung zum 31.12. durch, die sich aus diesen Bedingungen ergibt!

5. *Die tatsächliche Nutzungsdauer der CNC-gesteuerten Maschine beträgt voraussichtlich fünf Jahre. Es ist mit einer gleichmäßigen Wertminderung zu rechnen. Wie hoch ist die durch den Bilanzansatz zum 31.12. entstandene stille Rücklage?*

6 AP 96 I. (adaptiert) — 14 Punkte

Am 05.10.05 aktivierte die AG eine Fertigungsmaschine mit 350.000,00 €, Nutzungsdauer 7 Jahre. Einkommensteuerrechtliche Vorteile wurden stets genutzt. Am Jahresende 08 ergab sich nach einer dauerhaften Wertminderung ein Teilwert der Maschine von 72.000,00 €, am Jahresende 09 ein Restbuchwert (nach AfA) von 52.800,00 € und ein Teilwert von 65.000,00 €.

1. *Berechnen Sie die zum 31.12.08 fortgeführten Anschaffungskosten und begründen Sie den Bilanzansatz zum 31.12.08.*

2. *Ermitteln und begründen Sie den einkommensteuerrechtlich höchstmöglichen Wertansatz zum 31.12.09.*

3. *Ermitteln Sie, in welcher Höhe im Jahr 05 stille Reserven gebildet wurden. Es liegt eine gleichmäßige Abnutzung vor.*

4. *Nennen Sie zwei Möglichkeiten zur Auflösung stiller Reserven bei abnutzbarem Anlagevermögen.*

6. Ergebnisverwendung

Der Jahresabschluss einer großen Kapitalgesellschaft besteht aus Bilanz, Gewinn- und Verlustrechnung, dem Anhang und den Erläuterungen. Anhang und Erläuterungen dienen u.a. dazu, die einzelnen Bilanz- und GuV-Positionen genauer zu erklären.

Das Ergebnis wird anschließend für unterschiedliche Zwecke ausgewertet. Die Unternehmen selbst führen Bilanzanalysen und Erfolgsanalysen durch, um Entwicklungstendenzen und finanzielle Lage besser einschätzen zu können, Börsendienste, um die Aktie und deren mögliche Entwicklung besser beurteilen zu können und für kreditgebende Banken stellen die Analysen die Basis für die Bestimmung der Bonität des Unternehmens dar.

Im Rahmen des Lehrplans für die 12. Jahrgangsstufe interessiert uns nur die Ergebnisverwendung.

Nach der Ermittlung des Jahresüberschusses / Jahresfehlbetrages mit Hilfe der GuV-Rechnung muss dieser weiter behandelt werden. Grundsätzlich hat die Vollversammlung zwei Möglichkeiten: Sie kann den Gewinn an die Aktionäre ausschütten oder thesaurieren (im Betrieb belassen). Dabei sind jedoch einige gesetzliche Bestimmungen zu beachten. Das Prozedere schaut folgendermaßen aus:

6.1 Bilanzarten

6.2 Wichtige Begriffe

Dazu noch einige Definitionen:

Gezeichnetes Kapital: Stammkapital der AG (Gesamtnennbeträge aller Aktien) : Konto 3000

Rücklagen: Rücklagen sind Teile des Eigenkapitals. Sie werden gebildet, um zusätzlich zum gez. Kapital Sicherheiten zu schaffen.
Stille Rücklagen entstehen durch die Unterbewertung von Vermögensgegenständen. Offene Rücklagen müssen in der Bilanz ausgewiesen werden. Man unterscheidet dabei verschiedene Arten, die sich in Bildung und Verwendung voneinander unterscheiden.

Kapitalrücklage: Die Kapitalrücklage beinhaltet alle Gelder, die der AG von außen zugeführt werden, also von der AG nicht erwirtschaftet worden sind. (Konto 3100)
Relevantes Beispiel: Das AGIO bei der Ausgabe neuer Aktien.
Kapitalrücklagen gelten zusammen mit den gesetzlichen Rücklagen zur „eisernen Reserve" und dürfen nur in Extremsituationen aufgelöst werden.

Gewinnrücklagen: stammen aus den Gewinnen des Unternehmens. Man unterscheidet dabei wiederum verschiedene Arten, von denen folgende für die FOS /BOS relevant sind:

gesetzliche Rücklage: Bildung: 5% vom Jahresüberschuss (evtl. abzüglich eines Verlustvortrages aus dem vergangenen Jahr) solange bis die Summe aus Kapitalrücklage und gesetzlicher Rücklage 10% des gezeichneten Kapitals erreicht hat. Die Bildung ist gesetzlich vorgeschrieben. (Konto 3210)

andere Gewinnrückl.: werden ebenfalls aus dem (verbleibenden) JÜ gebildet. Über die Höhe dieser Rücklage entscheidet die Satzung bzw. die Vollversammlung. (Konto 3240). Andere Gewinnrücklagen werden freiwillig gebildet und dürfen auch nach Belieben wieder aufgelöst werden (z.B. zur Dividendenausschüttung)

Gewinnvortrag: Das Steuerrecht erlaubt, das die AG den nicht ausgeschütteten Teil des Bilanzgewinns auf neue Rechnung in das kommende Jahr überträgt. Dieser Teil geht als zusätzlicher Gewinn in die GuV-Rechnung des kommenden Jahres ein

Verlustvortrag: Wenn der Bilanzgewinn beispielsweise nicht ausreicht, um die vereinbarte Dividende abzudecken, darf die AG den Fehlbetrag als Verlustvortrag in die GuV des neuen Jahres übertragen.

6.3 Ermittlung und Verwendung des Bilanzgewinns

Die Berechnung des Bilanzgewinns erfolgt nach folgendem Schema:

Jahresüberschuss

- Verlustvortrag aus Vorjahr
  oder
\+ Gewinnvortrag aus Vorjahr

- Einbringung in gesetzliche Rücklagen

- Einbringung in and. Gewinnrücklagen
  oder
\+ Entnahmen aus and. GRL

= **Bilanzgewinn**

Verlust- oder Gewinnvortrag ist im letzten Jahr z.B. dadurch entstanden, dass mehr oder weniger Dividende ausgeschüttet wurde als Bilanzgewinn dafür vorhanden war.

Gesetzlich Rücklagen:
Bildung: 5% vom Jahresüberschuss (evtl. abzüglich eines Verlustvortrages aus dem vergangenen Jahr) solange bis die Summe aus Kapitalrücklage und gesetzlicher Rücklage 10% des gezeichneten Kapitals erreicht hat. Die Bildung ist gesetzlich vorgeschrieben.

Andere Gewinnrücklagen:
Den Prozentsatz bestimmt die Satzung oder die Vollversammlung. Er darf jedoch vom Vorstand ohne ausdrückliche Zustimmung der Hauptversammlung nicht höher als 50% angesetzt werden. Falls der zu erwartende Bilanzgewinn zu klein ist, um die beabsichtigte Dividende zu decken, kann aus den and. Gewinnrücklagen entnommen werden

Der Bilanzgewinn kann auf drei verschiedene Arten verwendet werden: Er kann als Dividende ausgeschüttet werden, zusätzlich in eine Rücklage eingestellt werden oder als Gewinnvortrag „auf neue Rechnung vorgetragen werden".

Die Dividende wird immer auf der Basis des gez. Kapitals ermittelt. Wenn also 10% Dividende ausgeschüttet werden, heißt dies immer 10% vom gez. Kapital.

$$\textbf{max. Dividende} = \frac{\textbf{BilGew * 100}}{\textbf{gez. Kap}}$$

Wenn Sie die maximal mögliche Dividende ermitteln müssen, teilen Sie einfach den Bilanzgewinn durch das gez. Kapital. Es werden immer nur ganze %-Werte ausgeschüttet; also müssen Sie das Ergebnis abrunden. Der verbleibende Rest wird i.d.R. als Gewinnvortrag betrachtet.

Aufgabenblock JA 7

1.

Wie viel % Dividende können ausgeschüttet werden? Wie hoch ist der zu erwartende Gewinnvortrag ?

Gez. Kapital.. 20.000.000,00 €
Bilanzgewinn ....1.720.000,00 €

2.

Die AG (Gez. Kapital: 20.000.000,00 €) führt während des Jahres eine Kapitalerhöhung um 20% durch. Der Ausgabekurs für eine 50,00 € Aktie liegt bei 280,00 €. Buchen Sie die Kapitalerhöhung.

3.

Gegeben sind folgende Werte:

Anfangsbestände / Jahr	04	05	06
Gez. Kapital	20.000.000,00	20.000.000,00	
Kapitalrücklagen	0,00	0,00	
ges. Rücklagen	240.000,00		
and. Gewinnrücklagen	1.800.000,00		
Gewinn- / Verlustvortrag	1.536.000,00		

Bedingungen

Einbringung in ges. RL	60.000,00	161.000,00	139.000,00
Einbringung in and. GRL (laut Satzung)	456.000,00	1.223.600,00	1.664.400,0
Dividende	12%	max.	max.
Jahresüberschuss	1.200.000,00	3.400.000,00	4.300.000,00
Kapitalerhöhung (nom.)	----	2.000.000,00	------
Verlust- / Gewinnvortrag	falls nötig: VV	?	?
Agio	----	1.600.000,00	-------

Gehen Sie davon aus, dass das neue Kapital im Jahr 05 noch nicht gewinnberechtigt war.

a. *Berechnen Sie jeweils die entsprechenden Einbringungen (Entnahmen), die auszuschüttende Dividende, den Gewinn- oder Verlustvortrag und den Endbestand des EK.*

b. *Stellen Sie für 06 die Eigenkapitalbestände vor teilweiser, nach teilweiser und nach vollständiger Gewinnverwendung dar.*

4.

BILANZ 1: Bilanz vor Gewinnverwendung (mit Gewinnvortrag)

Aktiva		Passiva	
A. Anlagevermögen		A. Eigenkapital	
Immat.Gegenstände		Gezeichnetes Kapital	2.000.000,00
Lizenzen	120.000,00	Kapitalrücklage	350.000,00
II. Sachanlagen		Gesetzliche RL	50.000,00
Grundstücke u. Geb.	1.970.000,00	andere Gewinnrückl.	2.654.400,00
Maschinen	3.600.000,00	Jahresüberschuss	920.000,00
BGA	870.000,00	Gewinnvortrag	120.000,00
Anzahlung u. Anl. im Bau	43.000,00		
III. Finanzanlagen			
Beteiligungen	46.000,00	B. Rückstellungen	
Wertpapiere des AV	120.000,00	Pensionsrückst.	43.000,00
B. Umlaufvermögen		Steuerrückstellungen	14.000,00
Vorräte		sonst. Rückstellungen	4.300,00
RHB-Stoffe	134.000,00	C. Verbindlichkeiten	
Unfertige Erz.	120.000,00	Anleihen	538.000,00
Forderungen und sonst Verm.		Verb. Kreditinstitute	1.100.000,00
Ford LL	830.000,00	erhaltene Anzahlung	21.000,00
sonst. Verm.gegenst.	27.000,00	Verb LL	130.000,00
Wertpapiere	76.000,00	Schuldwechsel	23.000,00
Flüssige Mittel	89.000,00	sonst. Verb.	76.500,00
C. Rechnungsabgr.	31.000,00	D Rechnungsabgr	31.800,00
	8.076.000,00		8.076.000,00

Weitere Angaben:

geplante Dividende 8%

Einbringung in die ges. Rücklagen 0,00

anderen Gewinnrücklagen 200.000,00

Ermitteln Sie den Bilanzgewinn und bereiten Sie die Dividendenausschüttung vor.

5. AP 89 I.7 (adaptiert) 6Punkte

Die Schlussbilanz der OLAX-AG zum 31.12. weist nach Einstellung von Teilen des Jahresüberschusses in die Rücklagen u. a. die folgenden Werte auf:

Gezeichnetes Kapital .... 2.800.000,00 €

Kapitalrücklage (vor 06 gebildet) .... 100.000,00 €

Andere Gewinnrücklagen .... 865.000,00 €

In der GuV-Rechnung betrug der Jahresüberschuss 420.000,00 € und der Gewinnvortrag aus dem Vorjahr 5.000,00 €. Der Anfangsbestand der gesetzlichen Rücklage betrug 160.000,00 €. In die gesetzlichen Rücklagen wurden 20.000,00 €, in die anderen Gewinnrücklagen wurden 276.000,00 € eingestellt.

1. *Wie viel Prozent Dividende können aus dem Bilanzgewinn ausgeschüttet werden (ganzer Prozentsatz)?*
2. *Berechnen Sie die Höhe des Eigenkapitals zum 31.12. (Schlussbestand) und zum 01.01. (Anfangsbestand).*

6. AP 91 I. 5 (adaptiert) 3 Punkte

Die Metallbau AG wies zum 01.01. auf den Eigenkapitalkonten folgende Anfangsbestände aus:

3000 Gezeichnetes Kapital ....8.500.000,00 €
3100 Kapitalrücklage ....340.000,00 €
3210 Gesetzliche Rücklage ....480.000,00 €
3240 Andere Gewinnrücklagen ....1.920.000,00 €
Verlustvortrag aus dem Vorjahr ....40.000,00 €
Jahresüberschuss .... 840.000,00 €

Die Einstellung in die gesetzliche Rücklage erfolgt nach den Vorschriften des Aktiengesetzes und beträgt 30.000,00 €.

Der Vorstand der Metallbau AG schlägt der Hauptversammlung eine Divididenausschüttung von 12% vor.

Wie muss die Gewinn- und Verlustrechnung nach dem Posten „Jahresüberschuss" fortgeführt werden, damit die oben genannten Zielsetzungen erfüllt werden können? Es soll kein Verlustvortrag gebildet werden.

7. AP 96 I.6 (adaptiert)

Die Bilanzen der AG für die Jahre 05 und 06 weisen nach teilweiser Ergebnisverwendung folgende Zahlen (in €) aus:

	31.12.05	31.12.06
Gezeichnetes Kapital	20.000.000,00	30.000.000,00
Kapitalrücklage	400.000,00	1.400.000,00
gesetzliche Rücklage	1.000.000,00	1.250.000,00
andere Gewinnrücklagen	5.000.000,00	5.800.000,00
Bilanzgewinn	1.425.000,00	?

Für das Geschäftsjahr 05 wurde eine Dividende von 3,50 € pro 50,00 € Nennwert ausgeschüttet. Im Jahr 06 erfolgte eine Kapitalerhöhung durch Ausgabe junger Aktien. Die Einstellung in die gesetzliche Rücklage wurde nach den aktienrechtlichen Vorschriften durchgeführt.

Ermitteln Sie den Bilanzgewinn für 06 in übersichtlicher Form, wenn der Jahresüberschuss 06 5.000.000,00 € beträgt.

8.

Nach Erledigung aller Buchungen ergibt sich zum Bilanzstichtag folgende verkürzte Passivseite der AG-Bilanz (in T€):

	31.12.05	31.12.06
gezeichnetes Kapital	90.000,00	90.000,00
Kapitalrücklagen	45.000,00	45.000,00
Gesetzl. Rücklagen	2.000,00	2.000,00
and. Gewinnrücklagen	272.000,00	278.000,00
Bilanzgewinn	19.000,00	20.000,00
Rückstellungen	450.000,00	472.000,00
Verbindlichkeiten	1.154.000,00	1.160.000,00

In beiden Geschäftsjahren wurde eine Dividende von 10,00 € je Aktie im Nennwert von 50,00 € ausgeschüttet.

Ermitteln Sie aus den vorliegenden Daten den Jahresüberschuss 06.

9. AP 97 I.6 (adaptiert) 6 Punkte

Die Passivseiten der Bilanzen der DONAU AG weisen für die Jahre 05 und 06 nach teilweiser Verwendung der Jahresergebnisse durch Vorstand und Aufsichtsrat die folgenden Werte aus (Beträge in €):

	31.12.05	31.12.06
Gezeichnetes Kapital	20.000.000,00	20.000.000,00
Kapitalrücklage	800.000,00	800.000,00
Gesetzliche Rücklage	?	1.100.000,00
Andere Gewinnrücklagen	?	1.800.000,00
Bilanzgewinn	?	300.000,00
davon GV/ VV	0,00	0,00
langfristige Bankschulden	30.000.000,00	30.000.000,00
Pensionsrückstellungen	6.000.000,00	6.150.000,00
Verbindlichkeiten aus LL	14.000.000,00	9.850.000,00
Bilanzsumme	74.400.000,00	70.000.000,00

Zum 31.12.06 hat der Vorstand 270.000,00 € in die anderen Gewinnrücklagen eingestellt. Die gesetzliche Rücklage wurde nach den Vorschriften des Aktiengesetzes gebildet (30.000,00 €).

1. *Berechnen Sie den Bilanzgewinn des Jahres 05, wenn auf Vorschlag des Vorstandes der gesamte Bilanzgewinn von 05 an die Aktionäre ausgeschüttet wurde und die Stuckdividende 2,50 € bei einem Nennwert von 50,00 € pro Aktie betrug.*

2. *Ermitteln Sie den Jahresüberschuss zum 31.12.06.*

Finanzwesen

Die Finanzwirtschaft hat die Aufgabe, das Unternehmen mit dem erforderlichen Kapital zu versorgen, um die Produktion zu gewährleisten und Investitionen durchführen zu können. Sie muss also die erforderlichen Mittel beschaffen und die geplanten Investitionen finanziell begleiten.

1. Begriffsklärungen

1.1 Finanzierung

Unter Finanzierung versteht man alle Maßnahmen zur Deckung des Kapitalbedarfs einer Unternehmung. Die Kapitalbeschaffung wird auf der rechten Seite der Bilanz dargestellt und besteht je nach Kapitalherkunft aus Eigenkapital oder Fremdkapital, das entweder von außen zugeführt wird (Außenfinanzierung) oder selbst erwirtschaftet wird (Innenfinanzierung).

1.2 Investition

Aktiva	Passiva
Vermögen Anlagevermögen Umlaufvermögen	Kapital Eigenkapital Fremdkapital
= *Kapitalverwendung*	= *Kapitalbeschaffung*
= INVESTITION	= FINANZIERUNG

Investition ist der zukunftsorientierte Einsatz finanzieller Mittel für Güter, die zur Erfüllung bestimmter Ziele längerfristig genutzt werden sollen. Die Investition beinhaltet dabei nicht nur die jeweiligen Anschaffungskosten, sondern auch die damit verbundenen Folgekosten (Reparaturen, Energieverbrauch, Steuern, Versicherungen, Zahlungsziel, ...), stellt also den Gesamtbetrag der Kapitalbindung dar.

Unter **Finanzinvestition** versteht man dabei die Kapitalbindung, mit der man Beteiligungs- oder Forderungsrechte erwirbt z. B., wenn sich ein Unternehmen an einem anderen Unternehmen beteiligt. **Sachinvestitionen** kann man nochmals unterteilten in **Anlageinvestitionen** (Schaffung oder Erwerb von Anlagevermögen) oder **Lagerinvestitionen** (Lageraufstockung im Umlaufvermögen).

Nach dem Investitionszweck kann man sie weiter gliedern in

• *Errichtungsinvestition,*	• *Erweiterungsinvestition,*
• *Rationalisierungsinvestition,*	• *Umstellungsinvestition,*
• *Diversifikationsinvestition,*	• *Sicherungsinvestition,*
• *Ersatzinvestitionen.*	

Die Investitionen werden auf der linken Seite der Bilanz dargestellt.

Unter **Desinvestition** versteht man die Rückführung von gebundenem Kapital in freies Kapital (Geldmittelrückfluss (Vermögensveräußerungen, Liquidation)).

Investitionspläne werden langfristig, mittelfristig und kurzfristig erstellt, wobei die Planungen dabei immer konkreter werden. In der betrieblichen Praxis unterscheidet man zwischen Budgetinvestitionen und Projektinvestitionen, wobei erstere die kleineren, eher unwichtigeren und zweitere die großen Investitionen darstellen, die jeweils einzeln geplant werden.

Die Investitionen sind alle eingebunden in ein Gesamtbudget. Das heißt, die Unternehmensleitung legt, abhängig von den praktizierten Finanzierungsgrundsätzen und der strategischen Planung, einen lang- mittel- und kurzfristigen Finanzrahmen fest. Ein Investitionsranking entscheidet dann über Dringlichkeit und Verwirklichung eines Vorhabens. Wichtige Kriterien sind dabei die Rentabilität und die Amortisierung. Je höher die Amortisationszeit, desto höher ist in der Regel das Investitionsrisiko. In der Industrie wird deshalb als Faustregel eine Amortisationsdauer von maximal 2,5 Jahren angestrebt.

Ablauf einer Investition

1. Beschreibung des Investitionsobjektes
2. Begründung (Marktsituation, technische Entwicklung, Zielsetzung)
3. Beschreibung der möglichen Risiken
4. Auswirkungen auf Kosten, Erträge, Bilanz, ...
5. Investitionsrechnung (Rendite, Risiko, ...)
6. Entscheidung (Strategie, Rendite, ...)
7. Durchführung
8. Investitionscontrolling

1.3 Finanzwirtschaftlicher Kreislauf

Für die Produktion benötigt der Betrieb Produktionsfaktoren. Die Beschaffung der Produktionsfaktoren führt zu Ausgaben. Diese entstehen allerdings nicht nur bei der Beschaffung der Grundstücke, Maschinen, RHB-Stoffe usw. sondern auch für Zinszahlungen, Gewinnausschüttungen, für Steuern, für das Einräumen von Zahlungszielen oder für die Rückzahlung von Krediten.

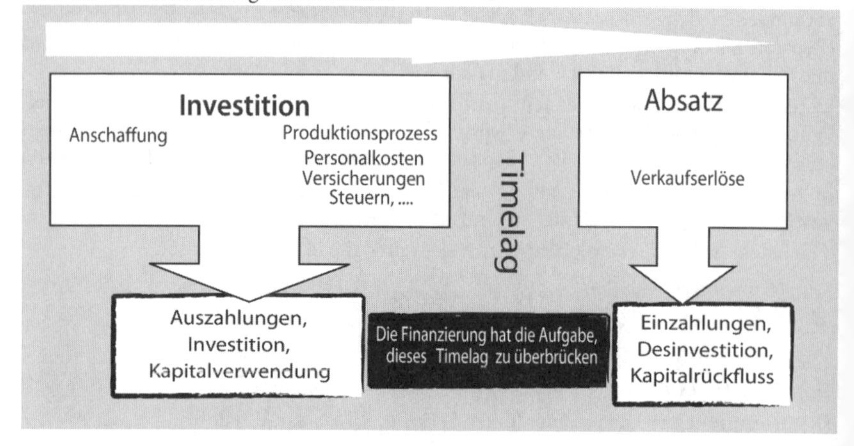

Man unterscheidet dabei:

Auszahlungen, Investition, Kapitalverwendung führen zu:	
kapitalbindende Ausgaben *bilanziell:* *Aktivtausch*	1. Ausgaben für die Beschaffung von Produktionsfaktoren 2. Ausgaben für Kreditgewährung bzw. Beteiligungen (Finanzanlagen)
kapitalentziehende Ausgaben *bilanziell:* *Aktiv-Passiv-Minderung*	1. Ausgaben für Fremdkapitaltilgung und -zinsen 2. Ausgaben für Steuern 3. Ausgaben für Gewinnausschüttungen

Das Unternehmen benötigt also Geld. Die Einnahmequellen sind **die Absatzmärkte** (Einnahmen aus Verkäufen) und die **die Finanzmärkte** (Kreditaufnahmen, (Kapitalerhöhungen). Die unterschiedlichen Einnahmen kann man wieder in zwei Gruppen einteilen:

Einzahlungen, Desinvestiton, Kapitalrückfluss führen zu:	
kapitalfreisetzende Einnahmen *bilanziell:* *Aktivtausch*	1. Einnahmen durach Absatzleistungen zum Selbstkostenpreis 2. Einnahmen aus Rückzahlung gewährter Kredite oder Auflösung von Beteiligungen 3. Einnahmen aus dem Verkauf von Vermögensgegenständen (zum Buchwert)
kapitalzuführende Einnahmen *bilanziell:* *Aktiv-Passiv-Mehrung*	1. Einnahmen aus Kapitalerhöhungen 2. Einnahmen aus Kreditaufnahmen 3. Einnahmen aus Gewinnen (Verkauf von Fertigerzeugnissen und Vermögensgegenständen) 4. Einnahmen aus Subventionen

Investitionen führen zu Auszahlungen, denen erst viel später Einzahlungen aus den Verkäufen gegenüberstehen. Die Finanzierung muss diese zeitliche Lücke (timelag) überbrücken. Dieser Kreislauf der Mittel lässt sich folgendermaßen darstellen:

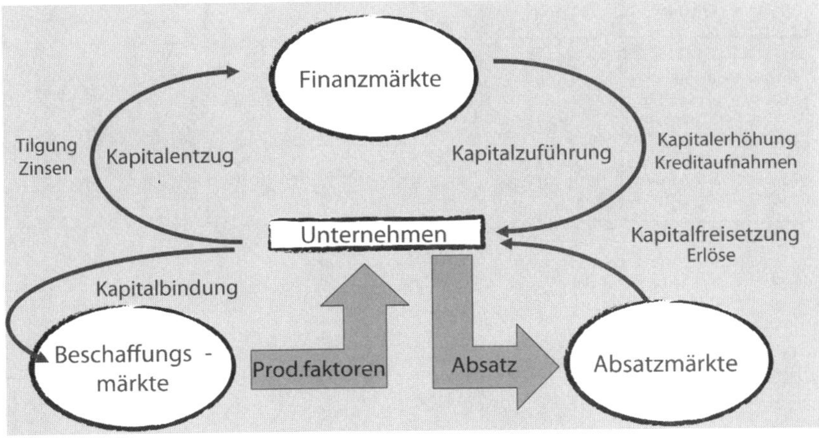

Wenn man diesen Prozess nun als zeitliche Abfolge betrachtet, kann man vier Phasen unterscheiden:

Vorgang	bilanziell:
Phase 1: Kapitalbeschaffung Zuführung von finanziellen Mitteln von außen; entweder durch eine Kapitalerhöhung (Eigenkapital) oder eine Kreditaufnahme (Fremdkapital)	**Bilanzverlängerung** (Kapitalzuführende Einnahmen)
Phase 2: Investition Es werden flüssige Mittel in z.B. Maschinen, Gebäude, Vorratsvermögen usw. umgewandelt.	**Aktivtausch** (Kapitalbindende Ausgaben)
Phase 3: Leistungserstellung Der Prozess der Leistungserstellung führt zunächst zu einer Umformung der Sachgüter (z.B. Rohstoffe) in Halb- und Fertigerzeugnisse. Der nachfolgende Verkauf der Fertigerzeugnisse führt zu einem **Kapitalrückfluss** über den Absatzmarkt. Es tritt eine **Desinvestition** in Höhe z.B. der Maschinenabschreibungen, des Materialverbrauchs, der investierten Löhne usw. ein. Werden die Produkte mit Gewinn verkauft so kommt es in dieser Phase zu einer **Kapitalneubildung**.	**Aktivtausch** **Aktivtausch** (Kapitalfreisetzende Einnahmen) **Bilanzverlängerung** (Kapitalzuführende Einnahmen)
Phase 4: Kapitalabfluss Werden Teile des Eigenkapitals oder des Fremdkapitals zurückbezahlt (Zahlung einer Dividende, Tilgung eines Darlehens) oder entstehen Verluste, so kommt es zu einem **Kapitalabfluss** (Kapitalentzug, Definanzierung, Entfinanzierung).	**Bilanzverkürzung** (Kapitalentziehende Ausgaben)

Bilanziell wirken sich die Zahlungsströme also folgendermaßen aus:

1.4 Ermittlung des Kapitalbedarfs

Bevor Unternehmen ihre Produkte auf den Absatzmärkten veräußern können, müssen sie den Beschaffungs- und Produktionsprozess finanzieren. Es sind Auszahlungen (z.B. für Maschinen, Rohstoffe, Personal) zu leisten, denen unmittelbar keine entsprechenden Einzahlungen (z.B. aus dem Verkauf von Produkten) gegenüberstehen. Es muss also der sog. Kapitalbedarf bestimmt werden.

Der Kapitalbedarf ergibt sich zu jedem Zeitpunkt aus der Differenz aller kapitalbindenden Ausgaben und kapitalfreisetzenden Einnahmen, die bis dahin angefallen sind. Es gilt also:

Kapitalbedarf = Kumulierte Ausgaben (Kapitalbindung) - kumulierte Einnahmen (Kapitalfreisetzung)

Liegt ein negatives Ergebnis vor, dann ist mehr Kapital vorhanden als benötigt wird.

Beispiel

Quartal	Auszahlungen	Einzahlungen
1/2006	15.000 Euro	0 Euro
2/2006	25.000 Euro	1.500 Euro
3/2006	40.000 Euro	10.000 Euro
4/2006	40.000 Euro	60.000 Euro

Es wird daraus ersichtlich, dass in den ersten drei Quartalen Kapital benötigt wird, da die Auszahlungen höher sind als die Einzahlungen. Im vierten Kapital liegt kein Kapitalbedarf vor, da die Einzahlungen die Auszahlungen übersteigen. Die Größe des Kapitalbedarfs hängt im wesentlichen von zwei Faktoren ab:

- Höhe der Auszahlungen und Einzahlungen
- Zeitlicher Abstand zwischen Auszahlungen und Einzahlungen.

Darüber hinaus spielen auch Fertigungsverfahren, Unternehmensgröße, Prozessgeschwindigkeit (Kapitalbindungsdauer) usw. eine Rolle.

Die **Kapitalbedarfsrechnung** übernimmt die Aufgabe, die Höhe des Kapitalbedarfs zu ermitteln.. Sie wird in drei Schritten durchgeführt:

- **Ermittlung des Anlagekapitalbedarfs**
- **Ermittlung des Umlaufkapitalbedarfs**
- **Feststellung des Gesamtkapitalbedarfs**

Das Verfahren ist recht komplex und nicht prüfungsrelevant, wird also nicht weiter vertieft.

Aufgabenblock FIN 1

Aufgabe 1

Beantworten Sie folgende Verständnisfragen:

a. Definieren Sie den Begriff Finanzierung.
b. Welche Arten von Zahlungsströmen lassen sich unterscheiden?
c. Was versteht man unter dem Kapitalbedarf?
d. Wie wird der Kapitalbedarf ermittelt?

Aufgabe 2

Gegeben sind folgende Einzahlungen und Auszahlungen (jeweils in T€):

Monat	Auszahlungen	Einzahlungen
Januar	100	0
Februar	80	20
März	50	70
April	100	100
Mai	100	70
Juni	60	100
Juli	60	110
August	60	240
September	80	90
Oktober	110	40
November	110	0
Dezember	80	20

Ermitteln Sie den Kapitalbedarf jedes Monats rechnerisch!
Stellen Sie den Kapitalbedarf für die einzelnen Monate grafisch dar!

Aufgabe 3

Die WAFOS AG hat folgende vereinfachte Bilanz:

Aktiva	WAFOS AG		Passiva
Anlagevermögen	200.000,00 €	gez. Kapital	180.000,00 €
Umlaufvermögen	500.000,00 €	Rücklagen	360.000,00 €
		Bankdarlehen	
		Langfristig	10.000,00 €
		Kurzfristig	40.000,00 €
		Verb LL	100.000,00 €
		Gewinnvortrag	10.000,00 €
	700.000,00 €		700.000,00 €

Wie wirken sich die folgenden Vorgänge auf die Bilanzstruktur aus?

1. Ein Blitzschlag zerstört eine Maschine.
2. Anlagevermögen wird verkauft und durch Leasingverträge ersetzt.
3. Ein Grundstück wird gegen langfristigen Kredit erworben.

4. Der Gewinnvortrag wird in offenen Rücklagen eingestellt.
5. Eine ordentliche Kapitalerhöhung wird durchgeführt.

Aufgabe 4

Welche Aussagen sind richtig?

a. Der Kapitalbedarf ergibt sich aus der Differenz von kapitalbindenden Ausgaben und kapitalfreisetzenden Einnahmen.
b. Lohnzahlungen stellen kapitalentziehende Ausgaben dar.
c. Zinszahlungen für aufgenommenes Fremdkapital stellen kapitalbindende Ausgaben dar.
d. Pensionsrückstellungen sind kapitalzuführende Einnahmen.
e. Einnahmen aus einer Kapitalerhöhung stellen kapitalzuführende Einnahmen dar.
f. Verkäufe zu Selbstkosten führen zu kapitalfreisetzenden Einnahmen.

Aufgabe 5

Definieren Sie folgende Begriffe:

Auszahlung
Ausgabe
Aufwand
Ertrag

Einzahlung
Einnahme
Kosten
Leistung

Aufgabe 6

Nennen Sie je ein betriebliches Beispiel für folgende Bedingungen:

1. Auszahlung ≠ Ausgabe
2. Auszahlung = Ausgabe
3. .Ausgabe ≠ Auszahlung
4. Ausgabe ≠ Aufwand
5. Ausgabe = Aufwand
6. Aufwand ≠ Ausgabe
7. Aufwand = Kosten
8. Aufwand ≠ Kosten
9. Kosten ≠ Aufwand
10. Einzahlung ≠ Einnahme
11. Einzahlung = Einnahme
12. Einnahme ≠ Einzahlung
13. Einnahme ≠ Ertrag
14. Einnahme = Ertrag
15. Ertrag ≠ Einnahme
16. Ertrag = Leistung
17. Ertrag ≠ Leistung
18. Leistung ≠ Ertrag

2. Finanzierungsarten

Die Beschaffung finanzieller Mittel kann auf unterschiedliche Weise erfolgen:

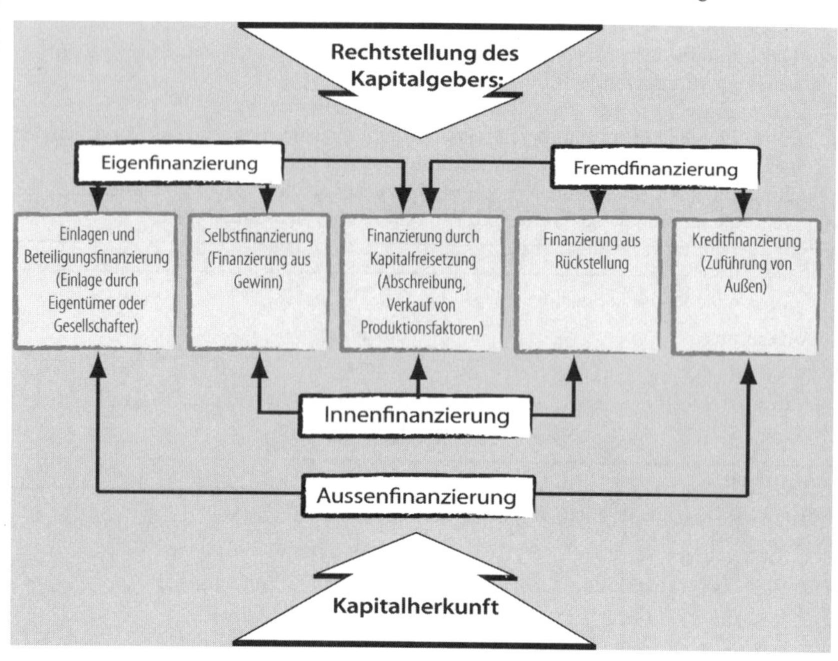

2.1 Grundlegende Unterschiede

2.1.1 Eigenkapital - Fremdkapital

Grundsätzlich kann man sagen, dass je höher das Eigenkapital eines Unternehmens ist, desto freier ist es in seinen Entscheidungen und desto höher ist auch die sogenannte Bonität des Unternehmens. Von der Bonität sind die Konditionen abhängig, zu denen das Unternehmen Kredite aufnehmen kann. Allerdings weisen deutsche Unternehmen im Vergleich zu Firmen im europäischen Ausland (deutlich mehr als 30%) oder zu US-Firmen (45%) eine sehr niedrige Eigenkapitalquote aus.

Interessant ist dabei der Vergleich der unterschiedlichen Unternehmensformen hinsichtlich des Anteils der Eigenmittel an der Bilanzsumme:

Kapitalgesellschaften .... knapp 25%
Personengesellschaften ....ca. 12%
gesamt ....ca. 18%

Die Eigenkapitalquote ist auch hinsichtlich der verschiedenen Branchen sehr unterschiedlich:

Verkehr.......................................ca. 17%	Einzelhandel................................ca. 4%
Baugewerbe.................................ca. 3%	verarbeitendes Gewerbe.........ca. 23%
Energie/Wasser ....ca. 25%	

Auch die Größe der Unternehmen spielt dabei eine Rolle. Kleine und mittlere Unternehmen weisen durchschnittlich 8%, Großunternehmen jedoch ca. 25% Eigenkapitalquote auf. Grundsätzlich kann man folgendes sagen:

- **Die Eigenkapitalquote steigt mit der Unternehmensgröße.**
- **Kapitalgesellschaften haben eine größere Eigenkapitalquote als Nichtkapitalgesellschaften und konnten die Quote über die letzten Jahre vergleichsweise stärker erhöhen.**
- **Die Eigenkapitalquoten variieren deutlich zwischen verschiedenen Branchen.**

Quelle: Monatsbericht 08/2004; Bundesministerium der Finanzen

Je kleiner die Eigenkapitalquote, desto abhängiger ist das Unternehmen vom Marktkapital. Die Beschaffung von Fremdkapital ist jedoch wiederum von der Bonität des Unternehmens abhängig. Die kreditgebenden Banken müssen diese aufgrund internationaler Bestimmungen (BASEL II) sehr genau prüfen. Die zu zahlenden Zinsen hängen dann vom mit diesem Kredit zusammen hängeneden Risiko ab. Da es auf der einen Seite schwierig ist, das Eigenkapital nachhaltig zu erhöhen und auf der anderen Seit durch die internationalen Eigenkapitalrichtlinien (BASEL II) immer schwieriger wird, Fremdkapital zu niedrigen Kosten zu beschaffen, entwickeln sich immer mehr Sonderformen der finanzierung (Factoring, Leasing, Mezzanine-Kapital(z.B. stille Beteiligungen), ...).

Wenn man Eigenkapital und Fremdkapital gegenüberstellt, ergeben sich unterschiedliche Vor- und Nachteile:

Kriterien	Eigenkapital (EK)	Fremdkapital (FK)
Haftung	(Mit-) Eigentümerstellung: Im Konkursfall Haftung zumindest in Einlagenhöhe	Gläubigerstellung: Keine Haftung
Ertragsanspruch	Teilhabe an Gewinn und Verlust	In der Regel Zinsanspruch in vorher festgelegter Höhe, kein Anteil an Gewinn und Verlust
Vermögensanspruch	Anspruch in Höhe der EK-Einlage, wenn der Liquidationserlös die Schulden übersteigt	Anspruch in Höhe der Gläubigerforderung
Unternehmensleitung	EK-Geber haben in der Regel Anspruch auf die Unternehmensleitung	Grundsätzlich ausgeschlossen, aber faktisch möglich (z.B. über Aufsichtsrat)
Zeitliche Verfügbarkeit des Kapitals	In der Regel zeitlich unbegrenzt	In der Regel befristete Laufzeit
Steuerliche Belastung	Gewinn voll belastet mit Einkommens- und Körperschaftsteuer; Gewerbesteuerbelastung variiert nach Rechtsform	Zinsen sind als Aufwand steuerlich absetzbar (Einschränkung bei Gewerbesteuer)
Finanzielle Kapazität	Begrenzt durch Kapazität und Bereitschaft der Kapitalgeber	Begrenzt durch die Sicherheiten der Unternehmung

2.2 Aussenfinanzierung

Die **Finanzierung** erfolgt von außerhalb des Unternehmens. Man unterscheidet :

- Beteiligungsfinanzierung
- Langfristige Fremdfinanzierung
- Kurzfristige Fremdfinanzierung
- Sonderformen der Außenfinanzierung

2.2.1 Beteiligungsfinanzierung

Die Beteiligungsfinanzierung stellt gleichzeitig Außenfinanzierung und Eigenfinanzierung dar. Es wird dem Unternehmen von außen Eigenkapital zugeführt. Bei Aktiengesellschaften geschieht dies über die Ausgabe von Aktien.

Die nachträgliche Erhöhung des Eigenkapitals bei der Aktiengesellschaft geschieht durch Ausgabe neuer (junger) Aktien. Dem Unternehmen werden liquide Mittel oder Sachkapital zugeführt.

Fließen aufgrund der Kapitalerhöhung dem Unternehmen Mittel zu, die den Nominalbetrag der Aktie übersteigen (Agio, Aufgeld), werden diese als Kapitalrücklage den Rücklagen zugebucht.

Beispiel 1:

Die WAFOS AG wird gegründet. Die Gründerversammlung beschließt ein Gezeichnetes Kapital in Höhe von 10.000.000,00€. Zunächst wird die Mindesteinlage von 25% von den Gründungsgesellschaftern eingezahlt, der Rest wird sukzessive erbracht. Stellen Sie die (vereinfachte) Gründungsbilanz dar.

Lösung:

vereinfachte Gründungsbilanz

Bank	2.500.000,00	Gezeichnetes Kapital	10.000.000,00
ausstehende Einlagen	7.500.000,00		

Beispiel 2:

Die Aktien der WAFOS AG lauten auf nominal 50,00 €.

Es werden 20.000 neue Aktien zum Kurs von 200,00 € ausgegeben. Nennen Sie die erforderliche Buchung.

Lösung:

Wenn die WAFOS AG die neuen Aktien zum Bezugspreis von 200,00 € emittiert, erhöht sich je ausgegebene Aktie das gezeichnete Kapital um 50,00 € und die Kapitalrücklage um 150,00 €.

Buchungssatz:

2800 .... 4.000,000,00 / 3000 .... 1.000.000,00
3100 .... 3.000.000,00

Beispiel 3:

Die DULL AG hat ein Gezeichnetes Kapital von 1.000.000,00 € und eine Kapitalrücklage von 2.000.000,00 €. Der Nennwert je Aktie beträgt 2,00 €.

Es wird eine Kapitalerhöhung durchgeführt. Das Bezugsverhältnis lautet 4:1. Der Emissionskurs der jungen Aktien beläuft sich auf 3,50 €, der Nennwert auf 2,00 €. Ermitteln Sie das neue gezeichnete Kapital und die neue Kapitalrücklage nach der Kapitalerhöhung.

Lösung:

Bezugsverhältnis = Altes gezeichnetes Kapital / Kapitalerhöhung (gez. Kapital)

Bei einem Bezugsverhältnis von 4:1 beträgt die Erhöhung des gezeichneten Kapitals 250.000,00 €. Es werden also 125.000 neue Aktien ausgegeben.

Insgesamt fließen der DULL AG dadurch 437.500,00 € neues Kapital zu. Davon gehen 250.000,00 in das Gezeichnete Kapital, 187.500,00 in die Kapitalrücklage.

Bilanz vorher

...	...	gezeichnetes Kapital	1.000.000,00
...	...	Kapitalrücklage	2.000.000,00
Bank	???	...	
...	...		

Bilanz nachher

...	...	gezeichnetes Kapital	1.250.000,00
...	...	Kapitalrücklage	2.187.500,00
Bank	??? + 437.500,00	...	
...	...		

Buchungssatz:

2800	437.500,00	/	3000	250.000,00
			3100	187.500,00

Für die Kapitalerhöhung bei der Aktiengesellschaft sieht das Aktiengesetz vier verschiedene Formen vor:

Die ordentliche Kapitalerhöhung
Sie ist die Normalform der Kapitalerhöhung über die Ausgabe neuer Aktien. Sie muss in einer Hauptversammlung beschlossen werden. Es ist die Zustimmung einer Drei-Viertel-Mehrheit des vertretenen Grundkapitals erforderlich.

die genehmigte Kapitalerhöhung
Die Kapitalerhöhung ist an keinen aktuellen Finanzierungsanlass gebunden. Diese Form ermöglicht, dass ein zu einem späteren Zeitpunkt gegebener Kapitalbedarf in den kommenden fünf Jahren) durch Ausgabe neuer Aktien schnellstens gedeckt werden kann, ohne das Prozedere einer ordentlichen Kapitalerhöhung.Voraussetzung ist wieder ein Drei-Viertel-Mehrheitsbeschluss der Hauptversammlung.

die bedingte Kapitalerhöhung	**die Kapitalerhöhung aus Gesellschaftsmitteln**
Sie ist zweckgebunden, und zwar für * Gewährung von Umtausch- oder Bezugsrechten auf Aktien bei der Ausgabe von Wandelschuldverschreibungen * Gewährung eines Umtausch- oder Bezugsrechts zur Vorbereitung von Fusionen * Gewährung von Bezugsrechten an Arbeitnehmer der Gesellschaft im Rahmen der Gewinnbeteiligung.	Sie unterscheidet sich von den vorhergehenden Kapitalerhöhungen dadurch, dass der AG **kein zusätzliches Kapital** zufließt. Es erfolgt nur eine Umschichtung des bilanzierten Eigenkapitals. Dafür können verwendet werden: * Kapitalrücklage und gesetzliche Rücklage, soweit sie zusammen größer als 10 % oder ein durch Satzung bestimmter höherer Anteil des bisherigen Grundkapitals sind. * Die andere Gewinnrücklage * Bei einer Kapitalerhöhung aus Gesellschaftsmitteln stehen den Aktionären im Verhältnis ihrer Anteile **Zusatzaktien** oder **Gratisaktien** zu.

Im Überblick:

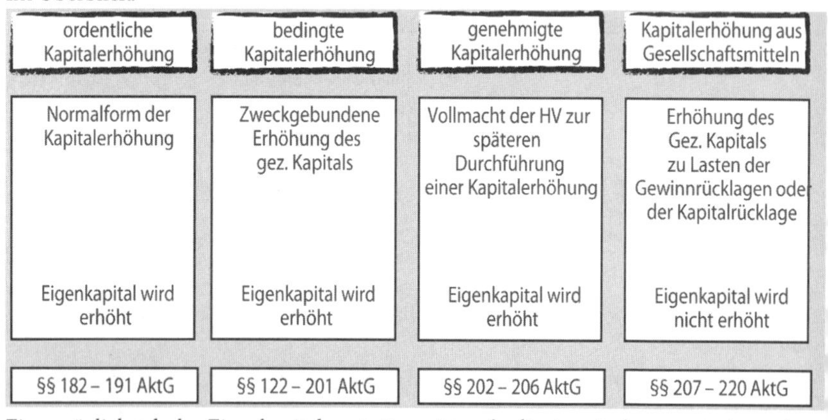

ordentliche Kapitalerhöhung	bedingte Kapitalerhöhung	genehmigte Kapitalerhöhung	Kapitalerhöhung aus Gesellschaftsmitteln
Normalform der Kapitalerhöhung	Zweckgebundene Erhöhung des gez. Kapitals	Vollmacht der HV zur späteren Durchführung einer Kapitalerhöhung	Erhöhung des Gez. Kapitals zu Lasten der Gewinnrücklagen oder der Kapitalrücklage
Eigenkapital wird erhöht	Eigenkapital wird erhöht	Eigenkapital wird erhöht	Eigenkapital wird nicht erhöht
§§ 182 – 191 AktG	§§ 122 – 201 AktG	§§ 202 – 206 AktG	§§ 207 – 220 AktG

Eine möglichst hohe Eigenkapitalausstattung ist unbedingt erstrebenswert, da es dem Unternehmen unbegrenzt zur Verfügung steht und keinen Zinsaufwand produziert. Die Aktionäre erwarten selbstverständlich auch regelmäßige Dividendenzahlungen. In Notsituationen besteht jedoch keine Verpflichtung zur Dividendenausschüttung. Eigenkapital erleichtert also das Handling schwieriger wirtschaftlicher Situationen. Bei den Insolvenzen findet man deshalb auch verstärkt Firmen mit sehr kleiner oder sogar negativer Eigenkapitalquote.

Der Wermutstropfen besteht darin, dass Eigenkapital - abhängig von der Aktienart - in der Regel Mitspracherecht bei unternehmerischen Entscheidungen hat.

2.2.2 Fremdfinanzierung

Selbstverständlich gibt es eine Vielzahl von unterschiedlichen Möglichkeiten, sich auf dem Kreditmarkt Geld zu beschaffen.

a. Langfristige Kreditformen

Für **langfristig** gewährte Darlehen gibt es unterschiedliche Tilgungsformen.
Einige wichtige Arten:

Annuitätendarlehen: Annuitätendarlehen werden auch als Amortisations- oder Tilgungsdarlehen bezeichnet. Annuitätendarlehen sind die heute meist vereinbarte Darlehensform. Die Bezeichnung stammt von der Art der Verzinsung und Tilgung der Darlehen. Der Darlehensnehmer zahlt während der vereinbarten Zinsbindung eine gleichbleibende Jahresleistung (Annuität). Darin enthalten sind ein Zins- und ein Tilgungsanteil. Durch die fortlaufende Tilgung sinkt allmählich der zu verzinsende Darlehensbetrag, so daß der Tilgungsanteil steigt und der Zinsanteil sinkt. Die Annuitiät wird je nach vertraglicher Vereinbarung meistens in gleichbleibenden halbjährlichen, vierteljährlichen oder monatlichen Teilbeträgen gezahlt.
Für den Kreditnehmer bietet die feste Annuität eine konstante und stetige Kalkulationsgrundlage.

Fälligkeitsdarlehen: Ein Darlehen, das im Gegensatz zum Annuitätendarlehen am Ende der Laufzeit in einer Summe zurückgezahlt wird. Während der Laufzeit sind nur die Zinsen zu entrichten.

Abzahlungsdarlehen: Darlehen mit fallenden Jahresleistungen. In der Regel bleibt der Tilgungsanteil gleich, während der Zinsanteil fällt, wodurch sich im Gegensatz zum Annuitätsdarlehen eine längere Laufzeit ergibt.
Abzahlungsdarlehen findet man häufig im Bereich der öffentlichen Wirtschaftsförderung.

Hypothekendarlehen: Als Hypothekendarlehen werden Darlehen bezeichnet, welche durch Grundpfandrechte gesichert sind.
Aufgrund der hohen Sicherheit durch die Verpfändung der Immobilie, sind Hypothekendarlehen eine der günstigsten Form der Darlehensaufnahme.

Schuldscheindarlehen: Unter einem Schuldscheindarlehen versteht man ein Darlehen, über die ein Schuldschein ausgestellt wird. Diese sind anleiheähnliche langfristige Großkredite, die von öffentlichen Stellen (wie z.B. Bund, Länder, Gemeinden) oder bekannten Unternehmen (z. B. Deutsche Bahn AG und Deutsche Post AG) bei Kapitalsammelstellen (meist keine Banken) aufgenommen werden. Die Kapitalsammelstellen erhalten die erforderlichen Mittel von mehreren Kapitalgebern, da es sich um Großkredite handelt.

Schuldverschreibungen: Wertpapiere, in denen sich der Aussteller verpflichtet, bei Fälligkeit einen bestimmten Geldbetrag zu zahlen und nach einem festgelegten Modus Zinszahlungen zu leisten. Schuldverschreibungen dienen der Deckung eines größeren Bedarfs an Fremdmitteln. Als Emittenten können neben staatlichen Stellen (öffentliche Anleihen) Banken (Bankschuldverschreibungen, Pfandbriefe) und Industrieunternehmen (Industrieobligationen) auftreten.

Im Rahmen des vorliegenden Lehrplans muss nur das **Annuitätendarlehen** intensiver besprochen werden.

Wer ein Darlehen aufnimmt, vereinbart mit seiner Bank häufig ein Disagio. Es handelt sich dabei um einen Abzug von der vereinbarten Darlehenssumme, der gewöhnlich in Prozent ausgedrückt wird. Der Kreditnehmer erhält den um das Disagio verminderten Betrag, während Zinsen und Tilgungen vom gesamten Darlehensbetrag berechnet werden. Der Sinn dieses Vorwegabzugs liegt darin, die Zinsbelastung während der Laufzeit zu verkleinern. Wird ein Disagio vereinbart, ist der Nennbetrag des Kredits höher als der Auszahlungsbetrag. Steuerrechtlich muss jedoch der höhere Nennbetrag ausgewiesen werden.

Beispiel 1:

Bei Vereinbarung eines Darlehens in Höhe von 200.000,00 € mit einem Disagio von 5% werden nur 190.000,00 ausbezahlt. Es müssen aber 200.000,00 zurückgezahlt werden, und die Zinsen werden auch aus dem Betrag von 200.000,00 € berechnet.

Das muss bei der Darlehensaufnahme selbstverständlich auch buchhalterisch erfasst werden:

2800 .... 190.000,00
2910 .... 10.000,00 / 4250 .... 200.000,00

Das Disagio muss über die Laufzeit des Kredites linear abgeschrieben werden.

Beispiel 2:

Die WAFOS AG nimmt zu Beginn eines Jahres zur Erweiterung der Produktionsanlagen ein Annuitätendarlehen von 200.000,00 € auf. Das Darlehen wird mit 5% verzinst. Die Laufzeit beträgt 5 Jahre. Zinsen und Tilgung sind jeweils zum Ende eines Jahres fällig.

Erstellen Sie einen **Tilgungsplan** für die Rückzahlung des Darlehens.

Lösung:

Annuitätendarlehen bedeutet, dass der jährliche Zahlungsbetrag (Zinsen + Tilgung) über die Laufzeit gleich bleibt.

Die Annuität wird in der Regel durch die Summe von Zinssatz und Tilgungssatz im ersten Jahr ermittelt.

Zinssatz pro Jahr		5%
anfänglicher Tilgungsatz	100 / Laufzeit	20%
jährliche Annuität	Zinssatz + anf. Tilgungssatz = 25%	50.000,00 €

Diese Annuität wird bis zum vorletzten Jahr der Laufzeit beibehalten, im letzten Jahr wird noch der Differenzbetrag ermittelt:

Jahr	Darlehen	Zinsen	Tilgung	Annuität	Restschuld
1	200,000.00	10,000.00	40,000.00	50,000.00	160,000.00
2	160,000.00	8,000.00	42,000.00	50,000.00	118,000.00
3	118,000.00	5,900.00	44,100.00	50,000.00	73,900.00
4	73,900.00	3,695.00	46,305.00	50,000.00	27,595.00
5	27,595.00	1,379.75	27,595.00	28,974.75	0.00
Summen		**28,974.75**	**200,000.00**	**228,974.75**	

Die jeweilige Restschuld ergibt sich aus der Differenz zwischen Darlehensbetrag und Tilgung.

In der Praxis berechnen die Banken mit Hilfe eines Computerprogramms die Annuitäten so genau, dass es im letzten Jahr zu keiner nennenswerten Abweichung des Betrages kommt.

b. Kurzfristige Kreditformen

Die gängigsten Arten von kurzfristigen Krediten sind Lieferantenkredit, Kontokorrentkredit und Wechselkredit.

Lieferantenkredit: Lieferanten räumen ihren Abnehmern häufig bestimmte Zahlungsfristen ein. Zusätzlich gewähren viele Verkäufer ihren Kunden auch noch Skonto, wenn sie den Rechnungsbetrag vor Ablauf des Zahlungsziels innerhalb einer bestimmten Frist begleichen.

Für die Kunden stellt sich dann zwangsläufig die Frage, welchen Preis sie für die Inanspruchnahme des Lieferantenkredits zahlen müssen bzw. ob es gegebenenfalls nicht günstiger ist, einen Bankkredit aufzunehmen und die Rechnung innerhalb der Skontofrist unter Abzug des „Barzahlungsrabatts" zu begleichen. Denn anders als häufig angenommen, wird der Lieferantenkredit dem Kunden nicht zinslos gewährt. Der Preis für den Lieferantenkredit wird nämlich vom Gläubiger bereits in den Endpreis eingerechnet. Mit anderen Worten: Die Verzinsung für den Lieferantenkredit ist im Rechnungsbetrag bereits versteckt enthalten (siehe Angebotskalkulation).

Wenn man feststellen will, welchen aufs Jahr gerechneten Zinssatz man bei der Inanspruchnahme des vollen Zahlungsziels tatsächlich zu entrichten hat, muss man den entsprechenden Zinssatz ausrechnen.

Wechselkredit: Der Verkäufer stellt den Wechsel im Einvernehmen mit dem Käufer, dem Akzeptanten auf dessen Namen aus und gewährt damit einen meist kurzfristigen Kredit. Die gesetzlich verankerte besondere "Wechselstrenge" gibt ihm weitgehende Sicherheit, dass der Wechsel am Fälligkeitstag auch eingelöst wird.

Kontokorrentkredit: In der Praxis wickeln die Unternehmen ihren gesamten Zahlungsverkehr über das Kontokorrentkonto bei ihrer Hausbank ab. Auf dem Konto erfolgt eine laufende Verrechnung der Zahlungseingänge und -abgänge.

Man vereinbart mit der Hausbank einen Kreditrahmen, bis zu

dem man auf diesem Konto “ins Minus” gehen kann (Kontokorrentlinie). Die Zinsen werden nur in dem Maße berechnet, wie der Kontokorrent in Anspruch genommen wird. Die Bank verlangt aber auch eine Gebühr (0,5 bis 1%), da der gesamte Kreditbetrag zu jedem Zeitpunkt von ihr bereitgestellt werden muss. Der Kontokorrentkredit eignet sich vor allem für kurzfristige Kredite wie Betriebsmittelkredite, Zwischenkredite oder Saisonkredite. Vorteilhaft beim Kontokorrentkredit ist die Ausnutzung von Skontovorteilen, flexible Inanspruchnahme und die fehlende Zweckbindung.

Beispiel 1:

Der Lieferant bietet die Möglichkeit, den Kaufpreis unter Abzug eines Skontos innerhalb der Skontofrist (z.B. 2 % Skonto bei Zahlung innerhalb von 10 Tagen) oder den vollen Kaufpreis bis zum Fälligkeitsdatum (der Rechnungsbetrag ist zum Beispiel innerhalb von 30 Tagen zahlbar) zu zahlen. Der Zinssatz, zu dem man einen Lieferantenkredit akzeptiert, lässt sich überschlagsmäßig mit folgender Formel errechnen:

$$\frac{\text{Skontosatz in \% * 360 (Tage)}}{\text{Zahlungsziel (Tage) - Skontofrist (Tage)}} = \text{Zinssatz p.a.}$$

Im obigen Beispiel würde Sie der Verzicht auf den Skonto einen Zinsaufwand von ca. 36% für den Lieferantenkredit kosten. Der Zinssatz für den Lieferantenkredit für die Dauer von 20 Tagen nach Ablauf der 10-tägigen Skontofrist beträgt bei einem Skontosatz von 2 Prozent somit umgerechnet auf ein Jahr 36 Prozent.

Es ist also eigentlich immer günstiger, Rechnungen innerhalb der eingeräumten Skontofrist zu begleichen. Dies gilt selbst dann, wenn hierzu das betriebliche Kontokorrentkonto überzogen werden muss. Die entsprechenden Schuldzinsen sind im Regelfall deutlich niedriger als die Kosten für die Inanspruchnahme des Lieferantenkredits unter Verzicht auf den Skontoabzug.

Dabei ist jedoch noch nicht berücksichtigt, dass sich der Kontokorrentkredit um den einbehaltenen Skontobetrag vermindert (siehe Beispiel).

Beispiel 2:

Die WAFOS AG bekommt von der Dau AG Rohstoffe zum Rechnungsbetrag von 476.000,00 € brutto geliefert. Die Dau AG gewährt bei Zahlung innerhalb von 10 Tagen 2 % Skonto. Ansonsten ist der Rechnungsbetrag ohne Abzug nach 30 Tagen fällig.

Ermitteln Sie den Zinssatz für den Lieferantenkredit.

Lösung:

Skonto beträgt in diesem Fall 9.5280,00 €. Wenn die WAFOS AG dies nicht in Anspruch nimmt, so kostet sie also der Lieferantenkredit 9.520,00 € für 20 Tage (Zinsen).

Falls das Unternehmen Skonto in Anspruch nimmt und einen Kontokorrentkredit beansprucht, muss es also noch 466.480,00 € für 20 Tage verzinsen.

Dies entspricht bei 360 Zinstagen pro Jahr einem Zinssatz von 36,73 %.

$$\text{Zinssatz} = \frac{\text{Skontobetrag * 360 (*100)}}{\text{(Rechnungsbetrag - Skonto) * (Zahlungsziel netto - ZZ Skonto)}}$$

oder ohne €-Beträge:

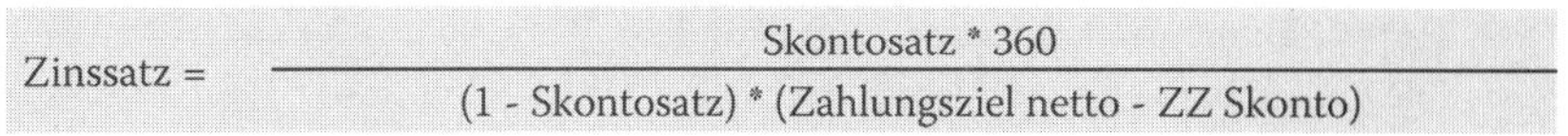

$$\text{Zinssatz} = \frac{\text{Skontosatz} * 360}{(1 - \text{Skontosatz}) * (\text{Zahlungsziel netto} - \text{ZZ Skonto})}$$

Ein Kontokorrentkredit ist also in der Regel wesentlich günstiger. Ausschlaggebend ist natürlich auch das eingeräumte Zahlungsziel. Bei 60 Tagen und 2% Skonto ist es bereits günstiger, das Zahlungsziel auszunutzen, wenn der Kontokorrentkredit mehr als 14,69% (p.a.) Zinsen kostet.

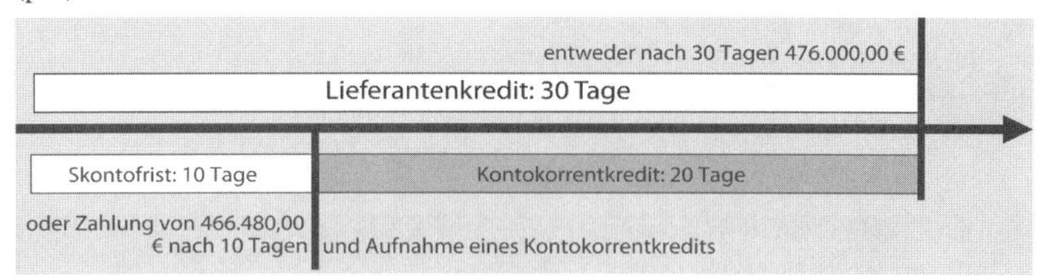

c. Beurteilung der Kreditfinanzierung

Zusammenfassend lässt sich für die Kreditfinanzierung feststellen, dass mit ihr in der Regel keine direkte Einschränkung der Verfügungs- und Leitungsrechte verbunden ist. Zudem wirken die Fremdkapitalzinsen als Aufwand steuermindernd.

Allerdings steht das Kapital nur befristet zur Verfügung. Die Liquidität der Unternehmung wird durch feste Zins- und Tilgungszahlungen beeinflusst. Es müssen Kreditsicherheiten gestellt werden. Somit ist die Verfügbarkeit über als Sicherheit dienende Vermögensteile eingeschränkt. Aufgrund der bereits oben erwähnten Verschärfung der Kreditsicherungspflichten der Banken werden diese in Zukunft im Rahmen der Kreditvergabe verstärkt in die Geschäftspolitik der Unternehmen eingreifen. Das hat den Nachteil, dass u.U. erfolgversprechende aber riskante Investitionen nicht durchgeführt werden können. Andererseits stellt diese „externe" Prüfung durch die kreditgewährende Bank eine zusätzliche Kontrolle dar, die Fehlentscheidungen verhindern kann.

2.2.3 Sonderform der Fremdfinanzierung: Leasing

Leasing bedeutet die mietweise Überlassung von beweglichen und/oder unbeweglichen Investitionsgütern und stellt somit eine Spezialform der Miete dar.

Leasingraten sind Betriebsausgaben, müssen jedoch im Rahmen des Jahresabschlusses im Anhang noch extra ausgewiesen werden.

Leasing tritt in unterschiedlichen Ausprägungen auf:

- **Operating Leasing**
  - Entspricht etwa üblicher Miete
  - Kurzfristiges Kündigungsrecht
  - Volle Amortisation des L.gebers nur durch mehrmalige Vermietung des Leasing-Objekts.
  - Übernahme des Investitionsrisikos sowie der Reparatur-, Wartungs- und Versicherungskosten durch den Vermieter
  - Objekte werden beim L.geber aktiviert und über die ND abgeschrieben
  - L.raten sind beim L.nehmer Aufwand bzw. steuerlich Betriebsausgaben
  - Nach Ablauf des L.vertrages geht L.objekt wieder an L.geber zurück

- **Financial Leasing**
  - Feste Grundmietzeit, für diese Zeit unkündbar
  - Die L.raten in der Grundmietzeit decken die Anschaffungskosten des L.objekts sowie alle Nebenkosten inkl. Finanzierungskosten und Gewinnzuschlag des L.gebers (Vollamortisationsverträge)
  - L.nehmer trägt das volle Investitionsrisiko (Überholung durch technischen Fortschritt, Wegfall der Verwendungsmöglichkeit, zufälliger Untergang während der Grundmietzeit)

Leasing ist im Normalfall teurer als ein kreditfinanzierter Kauf. Allerdings führt es zu einer Liquiditätsentlastung des Unternehmens. Der Gesamtliquiditätsabfluss ist aber mittelfristig größer als bei kreditfinanziertem Kauf.

Aufgabenblock FIN 2

1. Darlehensaufnahme

Die AG nimmt zu Beginn eines Jahres zur Erweiterung der Produktionsanlagen ein Darlehen von 400.000,00 € auf. Es wird die Form des Annuitätendarlehens gewählt. Das Darlehen wird mit 7 % verzinst. Die jährliche Annuität (Zinsanteil und Tilgungsanteil) beträgt 97.556,28 €. Zinsen und Tilgung sind jeweils zum Ende eines Jahres fällig.

Erstellen Sie einen **Tilgungsplan** für die Rückzahlung des Darlehens (Laufzeit 5 Jahre).

2. Darlehensaufnahme mit Disagio

Die WAFOS AG nimmt zum Kauf einer Transporteinrichtung zu Beginn des Jahres 04 ein Darlehen in Höhe von 600.000,00 € auf. Der Zinssatz beträgt 6 %, das Disagio 5%. Es wird eine jährliche Tilgung in Höhe von 10 % zuzüglich ersparter Zinsen vereinbart. Zinsen und Tilgung sind jeweils zum Ende eines Jahres fällig.

1. *Buchen Sie die Kreditaufnahme*
2. *Ermitteln Sie in übersichtlicher Form die Annuität, die Restschuld am Ende des Jahres 07 und die bis dahin bezahlten Zinsen.*

3. Vergleich Lieferantenkredit - Kontokorrentkredit

Ermitteln Sie die Zinskosten eines Lieferantenkredits bei Vorliegen folgender Zahlungsbedingungen:

1. Zahlung mit 2 % Skonto innerhalb von 10 Tagen oder ohne Abzug innerhalb von 30 Tagen,
2. Zahlung mit 2 % Skonto innerhalb von 10 Tagen oder ohne Abzug innerhalb von 60 Tagen,
3. Zahlung mit 3 % Skonto innerhalb von 10 Tagen oder ohne Abzug innerhalb von 60 Tagen.
4.

4. Begriffsklärungen

a. Welche Art der Kapitalbeschaffung steht einem Unternehmen nicht zur Verfügung?

(A)	Ausgabe von Pfandbriefen
(B)	Bankkredite
(C)	Erhöhung des Grundkapitals
(D)	Rückführung investierter Geldmittel über den Absatzmarkt in liquide Form

b. Was ist eine Desinvestition?

A.	Eine unrentable Investition
B.	Im Rahmen der betrieblichen Leistungserbringung: Umformen von Sachgütern und Dienstleistung zu Fertigfabrikaten
C.	Investition von Zahlungsmitteln außerhalb des Betriebes
D.	Rückführung investierter Geldmittel über den Absatzmarkt in liquide Form

c. Außenfinanzierung ist die Finanzierung

A.	aus dem betrieblichen Umsatzprozess
B.	aus freigesetztem Kapital
C.	aus Kapital, das dem Unternehmen von außen zufliest
D.	für Projekte im Ausland

d. Eine Finanzierung des Unternehmens von innen (also über den erwirtschafteten Gewinn) heißt

A.	Eigenfinanzierung
B.	Fremdfinanzierung
C.	Selbstfinanzierung
D.	Subventionierung

e. Die veröffentlichte Bilanz einer AG sagt nichts aus über

A.	Beteiligungsfinanzierung
B.	Finanzierung mit Industrieobligation
C.	Kreditfinanzierung
D.	Selbstfinanzierung

f. Was ist unter Liquidität zu verstehen?

A.	Entlassen von Personen aus einem Unternehmen
B.	Freiwillige Unternehmensauflösung
C.	Kostenrechnung
D.	Zahlungsfähigkeit

g. Eine Unternehmung möchte expandieren, ohne direkt oder indirekt Sonderrechte zu verlieren. Unter diesen Gesichtspunkten ist am ehesten zu empfehlen die

A.	Finanzierung durch Aufnahme neuer Gesellschafter
B.	Fremdfinanzierung
C.	Selbstfinanzierung

2.3 Innenfinanzierung

Von Innenfinanzierung spricht man, wenn Unternehmen ihre Finanzierung aus dem selbst erwirtschafteten Kapital vornehmen. Ein Maß für das Innenfinanzierungspotenzial stellt der Cash Flow, also der Einzahlungsüberschuss, dar.

Finanzierungseffekte entstehen nur dann, wenn dem Unternehmen die finanziellen Gegenwerte in liquider Form durch die Umsatzerlöse zugeführt werden.

Innenfinanzierung

Finanzierung aus Umsatzerlösen	Finanzierung aus sonstigen Kapitalfreisetzungen
Selbstfinanzierung	Rationalisierung
Finanzierung aus Abschreibung	Vermögensumschichtung
Finanzierung aus Rückstellung	

2.3.1 Selbstfinanzierung (Überschussfinanzierung)

Bei der Selbstfinanzierung handelt es sich um eine Form der Innenfinanzierung und gleichzeitig der Eigenfinanzierung. Sie stellt eine Mittelbeschaffung über den Produktions- und Absatzbereich des Unternehmens dar. Bisher gebundenes Kapital wird in frei verfügbare liquide Mittel zur Finanzierung von Investitionen umgewandelt (Desinvestition).

Wenn Bilanzgewinne nicht ausgeschüttet sondern in die Rücklagen eingestellt (thesauriert) werden, so bezeichnet man diesen Vorgang als **offene Selbstfinanzierung**. Die offene Selbstfinanzierung ist teilweise gesetzlich vorgeschrieben (gesetzliche Rücklagen) oder kann freiwillig erfolgen (andere Gewinnrücklagen). Der Gegenwert des einbehaltenen Gewinns befindet sich in Aktivpositionen der Bilanz

- als Guthaben, soweit noch keine Verwendung vorgenommen wurde,
- als Anlagevermögen oder Vorräte, soweit bereits mit den finanziellen Mitteln Investitionen getätigt worden sind.

Die **stille Selbstfinanzierung** ist aus der Bilanz nicht unmittelbar ersichtlich. Dabei werden Aktivposten zu niedrig oder/und Passivposten zu hoch ausgewiesen (stille Rücklagen).

Zur stillen Selbstfinanzierung kommt es beispielsweise, wenn

- *Abschreibungsquoten angesetzt werden, die die tatsächliche Wertminderung übersteigen,*
- *wenn geringwertige Wirtschaftsgüter trotz mehrjähriger Nutzungsdauer im Jahr der Anschaffung vollständig abgeschrieben werden oder*
- *wenn Rückstellungen zu hoch angesetzt werden.*

Die Selbstfinanzierung hat gegenüber anderen Finanzierungsformen entscheidende Vorteile.

- Es wird zusätzliches Eigenkapital geschaffen, das nicht gleichzeitig auch die Herrschaftsverhältnisse verändert. Die Selbstfinanzierung trägt somit zur Unabhängigkeit der Unternehmung bei.

* Da es sich um Eigenkapital handelt, verursacht die Selbstfinanzierung keinen Zinsaufwand.
* Die Selbstfinanzierung stärkt darüber hinaus die Eigenkapitalbasis. Die vermindert die Krisenanfälligkeit und stärkt die Kreditwürdigkeit der Unternehmung (bessere Bonität).

Alledings spricht die Literatur auch von damit verbundenen Nachteilen: So kann es passieren, dass Investitionen ohne ausreichende Rentabilitätsermittlung realisiert werden (es fehlt das Zinsregulativ).

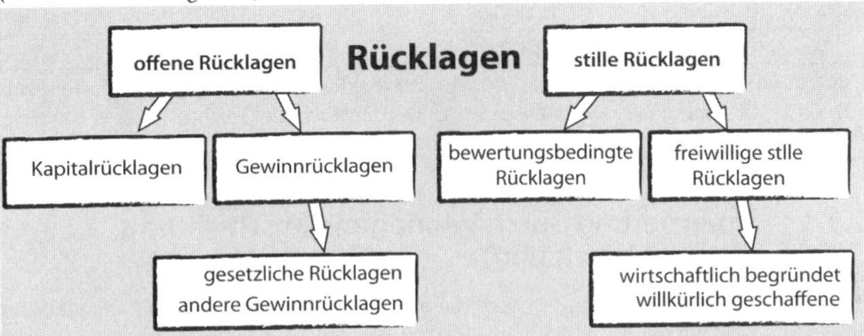

2.3.2 Kapitalerhöhung aus Gesellschaftsmitteln

Im Gegensatz zu den anderen Arten der Kapitalerhöhung stellt die Kapitalerhöhung aus Gesellschaftsmitteln eine Form der Selbstfinanzierung dar. Diese Art der Kapitalerhöhung ist keine echte Maßnahme der Kapitalbeschaffung. Es findet lediglich eine Umstrukturierung des Eigenkapitals statt.

Die Kapitalerhöhung aus Gesellschaftsmitteln vollzieht sich durch die Umwandlung offener Rücklagen in Grundkapital. Der eigentliche Finanzierungseffekt besteht darin, dass das Unternehmen die thesaurierten Gewinne endgültig vor einer möglichen Ausschüttung an die Aktionäre sichert. Im Gegensatz zu den Rücklagen kann das gezeichnete Kapital nicht für eine Ausschüttung aufgelöst werden.

2.3.3 Finanzierung aus Abschreibungsrückflüssen

Die **bilanziellen Abschreibungen** gehen als Aufwendungen in die Gewinn- und Verlustrechnung ein, mindern den steuerpflichtigen Gewinn und stehen nicht zur Ausschüttung zur Verfügung. Die **kalkulatorischen Abschreibungen** fließen als Kosten in die Kostenrechnung bzw. Preiskalkulation ein. Durch die kalkulatorische Abschreibung soll sichergestellt werden, daß über die Absatzpreise mindestens die Beträge des realen Werteverzehrs wieder zurückfließen.

Da die Abschreibungen Aufwendungen bzw. Kosten darstellen, die in der selben Periode nicht zu Auszahlungen führen, bleiben die Abschreibungsbeträge im Unternehmen. Die Abschreibung bewirkt eine Vermögensumschichtung: Die Abnahme des Anlagevermögens (z. B. Maschinen) wird durch eine Zunahme des Umlaufvermögens (z. B. Forderungen oder Bankguthaben, die Umsatzerlöse enthalten) kompensiert. Buchungstechnisch handelt es sich also um einen Aktivtausch.

Soweit stellt die Abschreibung noch keinen Finanzierungseffekt dar. Der ergibt sich dann, wenn die bilanzielle AfA höher ist als die kalkulatorische Abschreibung, weil dann erst tatsächlich zusätzliche Mittel zur freien Verfügung geschaffen werden (Kapitalfreisetzungseffekt).

Beispiel:

	bilanziell	kalkulatorisch	Finanzierungseffekt
Erlös	100.000,00	100.000,00	
Kosten (ohne AfA)	80.000,00	80.000,00	
AfA	10.000,00	6.000,00	4.000,00
Gewinn	**10.000,00**	14.000,00	

Die AfA wirkt hier gewinnreduzierend , der Betrag der AfA kann zur Finanzierung von z.B. neuen Maschinen verwendet werden, es werden auch die Gewinnsteuern reduziert. Voraussetzung: die AfA muss vom Unternehmen über die Umsatzerlöse „verdient" werden, d.h. als Einzahlung zufließen.

2.3.4 Finanzierung durch Vermögensumschichtung (Kapitalfreisetzung)

Bei dieser Art der Finanzierung werden die benötigten Mittel durch eine Desinvestition beschafft. Die Finanzierung durch Vermögensumschichtung führt zu einem Aktivtausch.

Gebundenes Kapital wird durch Veräußerung von Vermögensteilen in freies Kapital übergeführt. Nichtbetriebsnotwendige Vermögensteile (Wertpapiere, freistehende Grundstücke etc.) werden veräußert, der Gegenwert steht in liquider Form zur Verfügung. Beispiel: Kapitalfreisetzung durch Rationalisierung (z.B. Verringerung der Lagerbestände durch Rationalisierung des Bestellwesens usw.)

Einen Sonderfall stellt das **Factoring** dar. Dabei tritt das Unternehmen Forderungen an Kunden bereits vor Fälligkeit an eine Bank ab. Der Mittelrückfluss wird dadurch beschleunigt.

2.3.5 Finanzierung aus Rückstellungen

Finanzierung aus Rückstellungsgegenwerten ist als **innerbetriebliche Fremdfinanzierung** einzuordnen.

Rückstellungen sind Schulden gegenüber Dritten (Fremdkapital), deren Eintritt oder Höhe am Abschlussstichtag unsicher ist. Durch ihre Bildung vermindert sich der Gewinnausweis. Dies vermindert den Mittelabfluss und bindet somit finanzielle Mittel an das Unternehmen, die auch zur Finanzierung von Investitionen verwendet werden können.

Für die Eignung als Finanzierungsquelle ist die **Fristigkeit** entscheidend, d.h. der Zeitraum zwischen Bildung und Auflösung/Inanspruchname von Rückstellungen.

Die Mehrzahl der Rückstellungen sind kurzfristiger Natur. Da Rückstellungen aber jährlich neu gebildet werden, kommt es zu einem sogenannten "Bodensatz" und damit zu einem gewissen dauerhaften Finanzierungseffekt.

Besonders bedeutsam für die Finanzierung von Investitionen sind **Pensionsrückstellungen**, und dies vorallem in der Phase der Neuzusagen. Sie haben in Hinblick auf die Fristigkeit quasi den Charakter von Eigenkapital.

Voraussetzung für die Finanzierung aus Rückstellungsgegenwerten ist in allen Fällen, dass sie in liquider Form über den Umsatzprozess eingegangen sind.

Vor allem langfristige Rückstellungen (Pensionsrückstellungen) sind für Finanzierung geeignet:

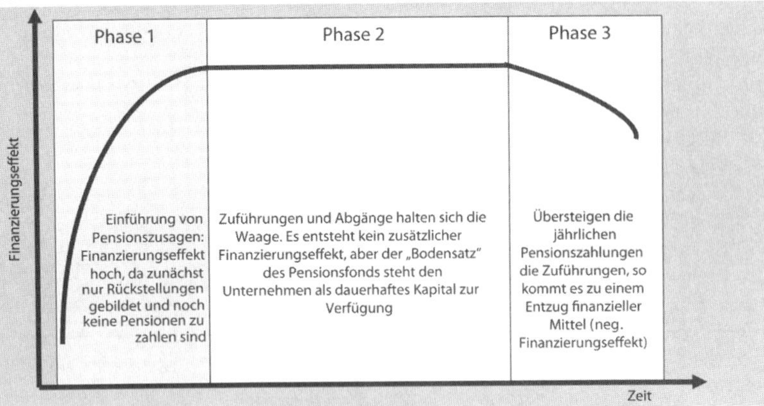

Aufgabenblock FIN 3

1. Vergleich Eigenkapital und Fremdkapital

Stellen Sie die Unterschiede zwischen Eigen- und Fremdkapital nach den folgenden Kriterien dar!

a. Risiko
b. Entgelt für die Nutzung
c. Haftung des Kapitalgebers
d. Dauer der Zurverfügungstellung
e. Mitspracherechte der Kapitalgeber in der Unternehmensführung

2. Lieferantenkredit

Ein Lieferant gewährt folgende Zahlungsziele:

2 % Skonto bei Zahlung innerhalb von 8 Tagen, sonst 20 Tage rein netto.

a. *Berechnen Sie die Effektivverzinsung des Lieferantenkredits. (Gehen Sie von einem Rechnungsbetrag von 100.000,00 € aus).*

b. *Wie hoch wäre der Verlust, wenn das Unternehmen das Zahlungsziel voll ausschöpfen würde und für einen Kontokorrentkredit 12% bezahlen müsste?*

3. Begriffe

Unterscheiden Sie die Begriffe „kapitalbindende Ausgaben" und „kapitalfreisetzende Einnahmen". Was haben beide Zahlungsströme gemeinsam?

4. Finanzierungsarten

Entscheiden Sie, welchen Finanzierungsarten die folgenden Vorgänge zuzurechnen sind. (Eigenfinanzierung, Fremdfinanzierung, Innenfinanzierung, Außenfinanzierung

a. Kapitaleinlage der Gesellschafter
b. Aufnahme eines Hypothekendarlehens
c. Akzeptierung eines Wechsels
d. Bildung einer Prozessrückstellung (Gericht)
e. Verrechnung von Abschreibungen in den Verkaufspreis
f. Einbehaltung von Gewinnanteilen
g. Überziehung des Bankkontos
h. Bildung stiller Reserven durch überhöhte Abschreibungen
i. Ausnutzung eines Zahlungsziels von 60 Tagen

5. Finanzströme

Die Maika AG wird gegründet. In ihrer Anlaufphase werden folgende Geschäftsvorfälle registriert.

Klassifizieren Sie die Geschäftsvorfälle (Zahlungsvorgänge) gemäß folgendem Schema:

Kapitalbindend	Kapitalentziehend	Kapitalfreisetzend	Kapitalzuführend

Vorfall	Betrag in €
Aufnahme von Bankkrediten (bar)	3.000,00 €
Bareinlage der Gesellschafter	2.000,00 €
Barkauf von Material	2.300,00 €
Gewährung eines Darlehens an ein befreundetes Unternehmen (bar)	600,00 €
Einnahmen aus Produktverkäufen (2.500,00 €), davon Selbstkostenanteil	2.000,00 €
Gewinn	500,00 €
Lohnzahlung	4.000,00 €
Zahlung von FK – Zinsen	300,00 €
Ausscheiden eines Gesellschafters (Eigenkapitalrückzahlung)	500,00 €
Rückzahlung eines Bankkredits	1.000,00 €
Zinsen aus Darlehensgewährung	50,00 €
Aufnahme eines Darlehenskredits	500,00 €
Barverkauf nicht verarbeitenden Materials zu Selbstkosten	500,00 €

6. Begriffsklärungen

a. *Stellen Sie Vor- und Nachteile von Beteiligungsfinanzierung und Kreditfinanzierung gegenüber.*

b. *Erläutern Sie den Unterschied zwischen einem Kontokorrentkredit und einem Darlehen.*

c. *Erläutern Sie: Der Kontokorrentkredit ist rechtlich gesehen ein kurzfristiger Kredit. In der Praxis kann er aber den Charakter eines langfristigen Kredits annehmen.*

d. *Worin bestehen die Unterschiede zwischen:*

   a. *Außenfinanzierung und Innenfinanzierung*
   b. *Umschichtungsfinanzierung und Selbstfinanzierung*
   c. *Stiller und offener Selbstfinanzierung*
   d. *Innenfinanzierung durch Abschreibungen und durch Rückstellungen?*

e. *Erläutern Sie den Satz: „Stille Rücklagen verschaffen bei ihrer Bildung erhöhte Liquidität, führen aber später zu stärkeren Einschränkungen der Liquidität."*

7. kurzfristiger Kredit

Sie beziehen Waren im Wert von 6.000,00 €.

Zahlungsbedingungen: 30 Tage netto Kasse oder binnen 10 Tagen mit 3 % Skonto.

Sie haben den Betrag im Moment nicht zur Verfügung, können jedoch einen Kontokorrentkredit zu 15 % pro Jahr in Anspruch nehmen.

Welche Zahlungsweise ziehen Sie vor? Begründen Sie Ihre Entscheidung durch eine Rechnung.

8. Kreditaufnahme

Die Firma Hans Schneider Druckerei Gießen, besteht seit drei Jahren und hat sich gut entwickelt.

Nun wird eine Erweiterung des Betriebes erforderlich. Eine Kapitalbedarfsplanung für die erforderlichen Investitionen ergibt folgenden Kapitalbedarf:

Gebäude .... 420.000,00 €
Geschäftsausstattung .... 35.000,00 €
Maschinen........ 115.000,00 €

Es ist damit zu rechnen, dass sich der Bestand an Roh-, Hilfs- und Betriebsstoffen um 20.000,00 € und die Kundenforderungen um 40.000,00 € erhöhen werden. Ein sonstiger Finanzbedarf entsteht nicht. 50 % der Gebäudekosten werden durch Eigenfinanzierung aufgebracht.

a. *Welche Anforderungen an die Laufzeit sollten an das noch zu beschaffende Fremdkapital gestellt werden?*

b. *Von wem könnten die erforderlichen Fremdmittel grundsätzlich beschafft werden?*

c. *Wieviel € Fremdkapital werden langfristig und wieviel € kurzfristig benötigt?*

9. Beteiligungsfinanzierung

Welche der folgenden Sätze sind falsch?

a. AGs haben ein festes Grundkapital, das von den Gesellschaftern aufgebracht wird.
b. Die Rücklagen weisen bei einer Kapitalgesellschaft das zugewachsene Kapital aus.
c. Eine Kapitalerhöhung erfolgt bei einer AG durch Privateinlagen der Gesellschafter.
d. Die Höhe des gezeichneten Kapitals ist bei einer AG durch die Satzung festgelegt.
e. Eine Kapitalerhöhung stellt eine Zuführung von Gewinnen zu den Rücklagen dar.
f. Für die Aktionäre einer AG besteht Nachschußpflicht.
g. Ein Agio bei der Ausgabe von Aktien wird in die Kapitalrücklage eingestellt.
h. Kapitalerhöhungen werden vom Vorstand der AG beschlossen.
i. Bei der Ausgabe junger Aktien haben die Aktionäre ein Bezugsrecht, nicht jedoch bei der Ausgabe von Wandelanleihen.

10. Finanzierung durch Vermögensumschichtung

Durch eine Umstellung des Rechnungswesens auf Datenverarbeitung werden Buchungsmaschinen, die noch mit 40.000,00 € zu Buche stehen, zum Buchwert verkauft.

Wie wirkt sich dieser Verkauf finanzwirtschaftlich aus?

11. Umfinanzierung

Die Mai AG, Kerschdorf hat folgende vereinfachte Bilanz:

Aktiva	Mai AG		Passiva
Anlagevermögen	200.000,00 €	Grundkapital	180.000,00 €
Umlaufvermögen	500.000,00 €	Rücklagen	360.000,00 €
		Bankdarlehen - Langfr.	10.000,00 €
		- Kurzfristig	40.000,00 €
		Lieferantenkredite	100.000,00 €
		Gewinnvortrag	10.000,00 €
	700.000,00 €		700.000,00 €

a. *Wie wirken sich die folgenden Vorgänge auf die Bilanzstruktur aus?*
   1. *Eine Kapitalerhöhung aus Gesellschaftsmitteln soll im Verhältnis 1:1 durchgeführt werden.*
   2. *Der Gewinnvortrag wird in offenen Rücklagen eingestellt.*
   3. *Die Lieferantenverbindlichkeiten sollen zur Hälfte durch einen Kontokorrentkredit abgelöst werden.*
   4. *Ein kurzfristiger Bankkredit über 20.000,00 € soll durch einen langfristigen Bankkredit ersetzt werden.*

b. *Nennen Sie zwei Gründe für den Vorgang unter a) 1. !*

c. *Nennen Sie zwei Gründe für den Vorgang unter a) 3. !*

d. *Nennen Sie zwei Gründe für den Vorgang unter a) 4. !*

12. Selbstfinanzierung

folgende Daten liegen vor:

Umsatzerlöse	19.532.000,00 €
Aufwendungen für Roh-, Hilfs- und Betriebsstoffe	10.465.000,00 €
Löhne und Gehälter, soziale Ausgaben	6.531.000,00 €
Abschreibungen auf Sach- und Finanzanlagen	745.000,00 €
Sonstige Aufwendungen einschließlich Zinsen	332.000,00 €

Weiterhin ist zu berücksichtigen:

Eine Investition über 800.000,00 € für Anlagen in der Zweigniederlassung in Chile. Wegen dort vorhandener politischer Risiken wird die Anlage, die eine Nutzungsdauer von 8 Jahren hat, bereits in 2 Jahren abgeschrieben.

Ein in den USA aufgenommenes Darlehen über 1.000.000,00 € US$ wurde mit einem Kurs von 0,80 € aufgenommen. Die Kursentwicklung des US-Dollars rechtfertigt es, dass vorsichtshalber mit einem Rückzahlungskurs von 0,90 € gerechnet wird.

a. *Wie hoch ist der Jahresüberschuss nach Berücksichtigung der beiden Abschreibungen?*

b. *50% des Jahresüberschusses sind in Gewinnrücklagen einzustellen. Der Rest wird an die Aktionäre ausgeschüttet. Wie viel € sind das jeweils?*

c. *Wie viel € Finanzierungsmittel werden als offene Selbstfinanzierung bereitgestellt?*

d. *Wie viel € sind in Form der stillen Selbstfinanzierung beschafft worden?*

e. *Welche Folgen ergeben sich aus der Möglichkeit der Schaffung stiller Reserven für die Aktiengesellschaft für Aktionäre und für den Staat?*

Abschlussprüfungsaufgaben

Abschlussprüfung BOS 1995, Aufgabe 2

Die Industrie AG veröffentlicht zum 31.12.2006 folgende Bilanz (nach teilweiser Ergebnisverwendung).

Aktiva	Bilanz zum 31.12.2006 in Tsd. €		Passiva
Immaterielles Vermögen	200	Gezeichnetes Kapital	7 000
Sachanlagen	20 000	Kapitalrücklage	460
Fuhrpark	10 000	Gewinnrücklagen	1 132
Finanzanlagen	6 800	Bilanzgewinn	1 000
Fertigerzeugnisse	16 000	Pensionsrückstellungen	25 000
Rohstoffe	15 000	Kurzfristige Rückstellun-	23 000
Wertpapiere	13 000	gen	21 000
Forderungen	20 000	Hypothek	11 620
Wechsel	10 000	Darlehen	22 300
Bankguthaben	900	Kurzfr. Verbindlichkeiten	
Kassenbestand	612		
	112 512		112 512

Die Hauptversammlung beschließt eine Dividende von 7,00 € pro 50,00 €-Aktie.

Weitere Angaben (in Tsd. €):

Umsatzerlöse 61.000
Zinserträge 3.000
Abschreibungen auf Sachanlagen 4.000
Gewinnvortrag aus dem Vorjahr 4
Jahresüberschuss 1.900
Zinsaufwendungen 4.800

Im Vorjahr betrugen die Pensionsrückstellungen 22.000 Tsd. €. In der Kalkulation wurden als Abschreibungen auf Sachanlagen 3.600 Tsd. € verrechnet, die dem tatsächlichen Werteverzehr entsprechen.

1. *Ermitteln Sie den Betrag für die Gewinnrücklagen zum 01.01.2006.*
2. *Laut Geschäftsbericht wurde von der Möglichkeit der Finanzierung durch Abschreibung reger Gebrauch gemacht.*

   Erklären Sie das Wesen der Finanzierung durch Abschreibungen und legen Sie dar, in welchem Fall Abschreibungen zu einer stillen Selbstfinanzierung führen.
3. *Nennen Sie zu jeder aus dem Geschäftsbericht 2006 erkennbaren Finanzierungsart alle Fachbegriffe sowie den zugehörigen Zahlenwert.*
4. *Die Unternehmung plant eine Kapitalerhöhung im Verhältnis von 10:1. Der Ausgabekurs der jungen Aktien beträgt 150,00 €, der Nennwert 50,00 €.*

4.1 *Ermitteln Sie, welche Bilanzpositionen sich ändern und welche Höhe sie nach der Kapitalerhöhung haben.*

4.2 *Nennen Sie die Finanzierungsarten und bestimmen Sie deren Höhe.*

Abschlussprüfung BOS 1997, Aufgabe 2

Die Automobil AG weist folgende Bilanzwerte (in Mio. EUR) zum 31. 12. aus:

Aktiva	2005	2006	Passiva	2005	2006
Anlagevermögen	4 973	5 782	gez. Kapital	899	902
Vorräte	1 663	1 500	Kapitalrücklage	817	835
Forderungen	3 430	3 614	Gewinnrücklagen	2 769	2 983
Wertpapiere des UV	1 612	1 117	Bilanzgewinn	226	226
flüssige Mittel	448	942	Pensionsrückstellungen	1 485	1 574
			sonstige Rückstellungen	3 657	4 045
			Verbindlichkeiten (davon >1 Jahr)	2 273 (110)	2 390 (287)
	12 126	12 955		12 126	12 955

Zusatzangaben für das Geschäftsjahr 2006 (in Mio. €):

Gewinnvortrag aus dem Vorjahr 0
Bilanzielle Abschreibung 1.413
Kalkulatorische Abschreibung 1.000
Umsatzerlöse 25.275
Zinsaufwendungen 413

Der Bilanzgewinn wird vollständig an die Aktionäre ausgeschüttet. Der Nennwert der Aktien beträgt 50,00 €.

a. *Berechnen Sie die Anzahl und den Ausgabekurs der 2006 ausgegebenen jungen Aktien.*

b. *Ermitteln Sie für das Geschäftsjahr 2006 den Betrag der*
- *Eigenfinanzierung, die gleichzeitig Innenfinanzierung ist,*
- *Eigenfinanzierung, die gleichzeitig Außenfinanzierung ist,*
- *Fremdfinanzierung, die gleichzeitig Innenfinanzierung ist,*
- *Fremdfinanzierung, die gleichzeitig Außenfinanzierung ist,*
- *Finanzierung aus Vermögensumschichtung ist.*

Abschlussprüfung BOS 1998 (NT)

Die Industrie AG legt zum 31.12.2006 folgende Abschlusszahlen (vor Ergebnisverwendung) vor:

Aktiva	Mio. EUR	Passiva	Mio. EUR
Immat. Vermögen	1.940	Gezeichnetes Kapital	1.831
Sachanlagen	7.274	Kapitalrücklage	2.867
Finanzanlagen	1.137	Gewinnrücklagen	1.333
Vorräte	2.861	Gewinnvortrag	10
Forderungen a.L.L.	4.122	Jahresüberschuss	340
Übrige Forderungen	1.180	Pensionsrückstellungen	4.333
Wertpapiere	353	Kurzfr. Rückstellungen	4.840
Flüssige Mittel	1.939	Verbindlichkeiten a. L. u. L.	2.326
		Übrige Verb. (50 % kurzfr.)	2.926
Summe Vermögen	20.806	Summe Kapital	20.806

Der Nennwert einer Aktie beträgt 50,00 €. Der Schlussbestand zum 31.12.2005 bei den Pensionsrückstellungen betrug 4.265 Mio. €, bei den übrigen kurzfristigen Rückstellungen 4.618 Mio. €.

Auszug aus der GuV-Rechnung:

Abschreibungen auf Sachanlagen und imm. Vermögen .... 1.769 Mio. €
Abschreibungen auf Finanzanlagen .... 13 Mio. €

Für eine Erweiterungsinvestition im Geschäftsjahr 2007 benötigt die Aktiengesellschaft finanzielle Mittel in Höhe von 150 Mio. €.

1. *Alternative 1:*
   Der Betrag soll durch offene Selbstfinanzierung aus dem Geschäftsjahr 2006 aufgebracht werden. Führen Sie die entsprechende Ergebnisverwendung durch und errechnen Sie die verbleibende ganzzahlige Dividende in €, die der Betrieb ausschütten könnte.

2. *Alternative 2:*
   Der Investitionsbetrag soll durch eine Kapitalerhöhung im Verhältnis 20:1 aufgebracht werden. Errechnen Sie den notwendigen Ausgabekurs der jungen Aktien als ganzzahligen €-Betrag und stellen Sie die veränderten Positionen der Passivseite der Bilanz nach erfolgter Kapitalerhöhung dar.

Abschlussprüfung BOS 1998, Aufgabe 2 (adaptiert)

Die INDUSTRIE AG veröffentlicht folgenden verkürzten Jahresabschluss.

Bilanz in Tsd. €					
Aktiva	2006	2005	Passiva	2006	2005
Anlagevermögen	180.000	191.000	Gez. Kapital	37.665	36.000
Vorräte	237.000	204.000	Kapitalrücklage	41.263	37.600
Forderungen	242.000	168.000	Gewinnrücklagen	80.000	73.000
flüssige Mittel	4.500	600	Bilanzgewinn	7.100	7.300
			Rückstellungen	155.000	122.000
			Verbindlichkeiten	342.472	287.700
	663.500	563.600		663.500	563.600

Der Jahresüberschuss des Jahres 2006 beträgt 14.050 Tsd. €.

1. *Errechnen Sie den Emissionskurs (Ausgabekurs) der 2006 durchgeführten Kapitalerhöhung bei einem Aktiennennwert von 50,00 €.*
2. *Berechnen Sie den Gewinnvortrag aus dem Jahr 2005.*
3. *Erstellen Sie für 2006 eine Übersicht über die Posten des Eigenkapitals zum Zeitpunkt vor der Entscheidung über die Gewinnverwendung.*
4. *Die Hauptversammlung der AG hat zu Beginn des Jahres 2007 beschlossen, eine Dividende von 9,50 € je Aktie für das Jahr 2006 auszuschütten. Die neuen Aktien sind nicht dividendenberechtigt.*
   Berechnen Sie den Gewinnvortrag für das Jahr 2007.
5. *Nennen Sie drei Finanzierungsvorgänge im Jahr 2006, die aus den beiden angeführten Bilanzen ersichtlich sind, gliedern Sie diese sowohl nach der Herkunft als auch nach der Rechtsstellung des Kapitalgebers und geben Sie die jeweiligen Beträge an.*

Abschlussprüfung BOS 2000 (NT)

Geben Sie für die folgenden Beispiele alle finanzwirtschaftlichen Begriffe an.

1. *Zahlung der Steuern vom Einkommen und Ertrag*
2. *Einstellung in die Gewinnrücklagen*
3. *Dividendenzahlung*
4. *Kalkulatorische Abschreibung 125 Tsd. € und bilanzielle Abschreibung 150 Tsd. €*
5. *Erhöhung der Pensionsrückstellungen um 100 Tsd. €*

Abschlussprüfung BOS 2000

Die ZWEIRAD AG legt für das Geschäftsjahr 2006 folgende Bilanz vor:

Aktiva	Bilanz (in Tsd. €) zum 31.12.2006		Passiva
Sachanlagen	78.000	Gez. Kapital	35.000
Finanzanlagen	12.000	Kapitalrücklage	26.000
Vorräte	17.000	Gesetzliche Rücklage	2.500
Forderungen a.L.L.	17.500	Andere Gewinnrücklagen	14.400
Wertpapiere des UV	3.400	Bilanzgewinn	4.500
Flüssige Mittel	9.800	Pensionsrückstellungen	3.800
		Sonst. Rückstellungen	4.000
		Langfr. Verbindlichkeiten	10.000
		Kurzfr. Verbindlichkeiten	37.500
	137.700		137.700

Außerdem liegen folgende Angaben vor (in Tsd. €):

bilanzielle Abschreibungen 12.500
kalkulatorische Abschreibungen 8.600
Zinsaufwendungen 1.200
Jahresüberschuss 6.900

Im Jahr 2006 wurden die Pensionsrückstellungen gegenüber dem Vorjahr um 800 Tsd. € herabgesetzt. Der Gewinnvortrag aus dem Vorjahr beträgt 400 Tsd. €. Die Hauptversammlung hat für das Jahr 2006 eine Dividende von 6,00 € je Aktie zu 50,00 € Nennwert beschlossen.

Die ZWEIRAD AG hat im Jahr 2006 eine Kapitalerhöhung im Verhältnis 5:2 durchgeführt. Der Ausgabekurs der voll dividendenberechtigten neuen Aktien betrug 130,00 € je 50,00 € - Aktie.

1. *Stellen Sie dar, welche Bilanzpositionen sich gegenüber dem 01.01.2006 aufgrund dieser Kapitalerhöhung geändert haben, und geben Sie den jeweiligen Änderungsbetrag an. Nennen und begründen Sie kurz die hier vorliegenden Finanzierungsarten.*

2. *Ermitteln Sie den Betrag der offenen und stillen Selbstfinanzierung im Geschäftsjahr 2006, der aus dem Zahlenmaterial ersichtlich ist (detaillierte Aufstellung unter Verwendung der Fachbegriffe).*

Abschlussprüfung BOS 2001 (NT)

Dem Jahresabschluss der BOS AG sind nach teilweiser Gewinnverwendung folgende Daten zu entnehmen:

Bilanz der BOS AG in Mio. € zum 31.12. 2006					
	2006	**2005**		**2006**	**2005**
Sachanlagen	2.500	2.400	Gezeichnetes Kapital	900	700
Vorräte	970	870	Kapitalrücklage	700	300
Forderungen	460	440	Gewinnrücklage	250	245
Wertpapiere des UV	8	33	Bilanzgewinn	200	190
Flüssige Mittel	62	57	Pensionsrückstellungen	500	380
			Kurzfr. Rückstellungen	150	185
			Kurzfr. Verbindlichkeiten	900	1.130
			Langfr. Verbindlichkeiten	400	670
	4.000	3.800		4.000	3.800

Im Vorjahr 2005 wurde der Bilanzgewinn voll ausgeschüttet. Für das Geschäftsjahr 2006 soll laut Beschluss der Hauptversammlung eine maximale Dividende (abgerundeter 10-Cent-Betrag pro 5,00-€-Aktie) ausgeschüttet werden. Anfang Juli 2006 wurde eine Kapitalerhöhung vorgenommen; auf die jungen Aktien wird die halbe Dividende gezahlt.

1. *Berechnen Sie die Höhe des nach der Ausschüttung im Jahr 2006 entstehenden Gewinnvortrags.*

2. *Berechnen Sie den Ausgabekurs pro 5,00-€-Aktie, zu dem die Kapitalerhöhung durchgeführt wurde.*

Deckungsbeitragsrechnung

1. Grundlagen

1.1 Abgrenzung zur Vollkostenrechnung

Die Vollkostenrechnung ist eine Rechnungsart, die nur auf Vergangenheitswerte zurückgreift. Diese Daten sind recht einfach zu ermitteln. Wenn man sie auf zukünftige Perioden anwenden will (Normalkostenrechnung), so kann sie jedoch zu falschen Kalkulationen führen. Die Gründe liegen auf der Hand:

In den vergangenen Perioden wurden die Gesamtkosten auf die entsprechenden Produktionsmengen verteilt. Die daraus resultierenden Zuschlagssätze stimmen nur wenn sich die Ausbringungsmenge nicht ändert.

Falls wir in der folgenden Periode jedoch mehr oder weniger Produkte herstellen, werden die fixen Kosten (die meisten Gemeinkosten haben Fixkostencharakter) falsch verteilt.

Diese Nachteile der Vollkostenrechnung können durch die Anwendung anderer Kostenrechnungsarten verhindert werden.

Die **Deckungsbeitragsrechnung** greift deshalb nicht nur auf Vergangenheitswerte zurück, sondern versucht, durch entsprechende Planungen zu erwartende Entwicklungen (besonders die zu erwartenden Ausbringungsmenge) mit einzubeziehen.

Dazu sind die verschiedenen Kostenarten nicht wie bisher in Einzel- und Gemeinkosten sondern in fixe und variable Kosten aufzuspalten.

1.2 Rechnerische Kostenaufspaltung

Anders als in der Vollkostenrechnung ist im Rahmen der DBR die Abhängigkeit der Kosten von der Ausbringungsmenge interessant. Deshalb also nicht mehr Einzel- und Gemeinkosten sondern variable und fixe Kosten:

variable Kosten (abhängig von der Menge):	**Fixkosten** (unabhängig von der Menge):
Fertigungsmaterial	Miete
Fertigungslöhne	Gehälter
Sondereinzelkosten	Abschreibung
Teile der Abschreibung	Steuern ...
Provisionen	
mengenabhängige Transport- und Verpackungskosten ...	

Die Aufspaltung der Kosten in fixe und variable Kostenbestandteile erfordert in der Praxis einen erheblichen Aufwand.

In der Theorie unterstellt man typischerweise einen S-förmigen Kostenverlauf. Zu Beginn, in der Einarbeitungsphase, nehmen bei noch geringen Stückzahlen die stückvariablen Kosten mit zunehmender Produktionsmenge ab. Ab einer gewissen Ausbringungsmenge bleiben die kvar gleich (optimale Phase), bis sie dann, bei weiter steigender

Menge aufgrund von Überlastungserscheinungen wieder steigen (Überhitzungsphase).

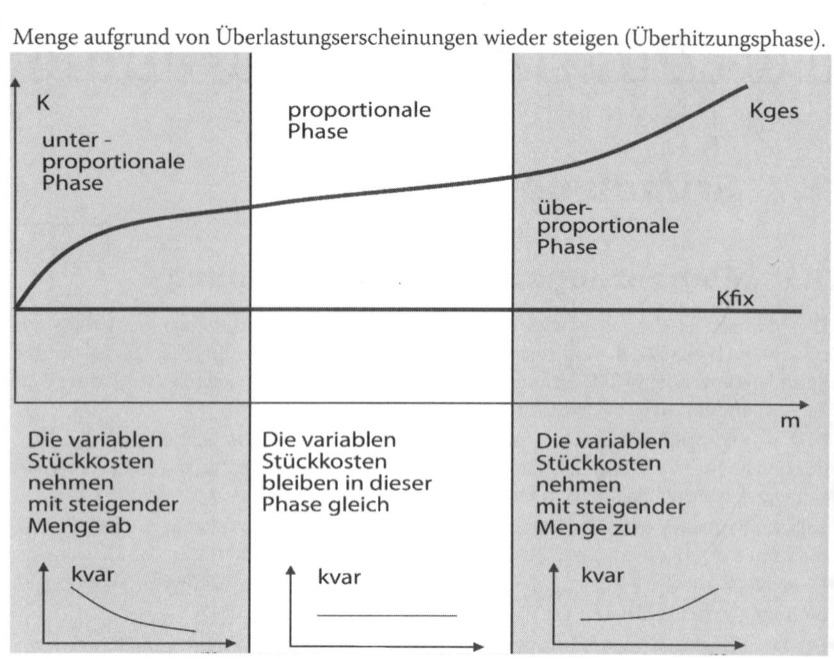

Wir gehen immer davon aus, dass wir uns im proportionalen Abschnitt der Kostenfunktion befinden. Das bedeutet, dass die variablen Kosten proportional verlaufen, also die stückvariablen Kosten konstant sind.

Außerdem gilt, dass die Fixkosten grundsätzlich als konstant zu betrachten sind.

In der proportionalen Phase kann man folgende Zusammenhänge darstellen:

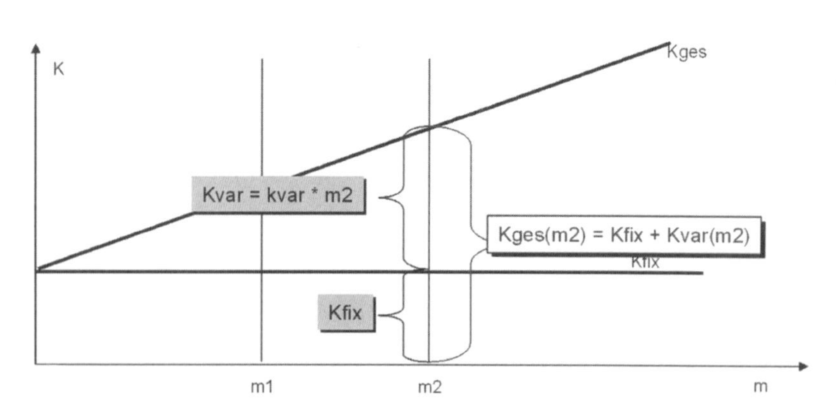

Die Kostenaufspaltung kann auf zwei Arten durchgeführt werden.

1.2.1 Direkte Methode

Bei der direkten Methode werden alle Kostenarten in monatelanger Kleinarbeit dahingehend untersucht, wie viel Prozent fix oder variabel sind. Dies ist die genaueste Methode, die jedoch wegen ihres Umfangs in der Schule nicht detailliert behandelt werden kann. Das Prinzip ist dennoch wichtig: Die Einzelkosten können als variabel (proportional) angesehen werden. Von den Gemeinkosten haben einige Kostenarten ganz oder teilweise variablen oder fixen Charakter.

Beispiel: Die Kostenrechner ermitteln, dass die Gemeinkosten zu 80% fix sind. Die derzeitige Menge beträgt 1.200 Stück. Die Kostenaufspaltung wird auf Stückkostenbasis durchgeführt.

Alle Einzelkosten sind variabel, die Gemeinkosten werden anteilsmäßig aufgeteilt

	gesamt	variabel	fix
FM	100,00	100,00	0,00
MGK	50,00	10,00	40,00
FL	200,00	200,00	0,00
FGK	200,00	40,00	160,00
SEKF	10,00	10,00	0,00
VWGK	42,00	8,40	33,60
VTGK	14,00	2,80	11,20
SEKVT	2,00	2,00	0,00
	SK	**kvar**	**kfix**
Summe	**618,00**	**373,20**	**244,80**
Kfix = Stückfixkosten * Menge			**293.760,00**

Auf Stückkostenbasis werden die Selbstkosten pro Stück zerlegt in variable (kvar) und fixe Kostenbestandteile (kfix). Wenn man das Verfahren auf Gesamtkostenbasis durchführt, bekommt man als Ergebnis die gesamten variablen Kosten (Kvar) und die gesamten Kfix.

Wichtig: Laut Definition gelten die für diese besondere Situation ermittelten kvar und Kfix für alle anderen Mengensituationen.

1.2.2 Indirekte Methode

Dazu muss man lediglich zwei Periodenergebnisse (Kostensituationen) einer Kostenstelle miteinander vergleichen.

Als Prämissen können folgende Bedingungen unterstellt werden:

Laut Definition sind die Fixkosten in beiden Situation gleich. Auch die stückvariablen Kosten können als konstant (proportional) angesehen werden.

Die Kostenänderung kann also nur durch das Produkt von Mengenänderung und stückvariablen Kosten verursacht worden sein. Daraus kann man leicht die stückvariablen Kosten ableiten.

Eingesetzt in eine der Kostengleichungen (KG = Kfix + kvar * m) ergeben sich daraus problemlos die Fixkosten.

Vorgehensweise:
Sie vergleichen zwei verschiedene Fertigungssituationen, von denen jeweils die Gesamtkosten (Kg) und die Ausbringungsmenge (m) bekannt sind.

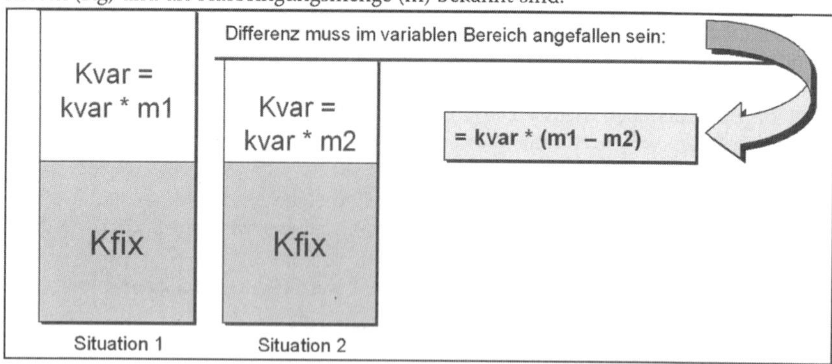

	Gesamtkosten	Ausbringungsmenge
Situation A (z.B. Jan.)	40.000,00 €	800 Stück
Situation B (z.B. Feb.)	30.000,00 €	400 Stück

Schritt 1: Ermittlung Differenz Gesamtkosten und Differenz Menge

	Kges	M
Situation A (z.B. Jan.)	40.000,00 €	800 Stück
Situation B (z.B. Feb.)	30.000,00 €	400 Stück
Differenz	10.000,00 €	400 Stück

Schritt 2: Ermittlung der kvar durch Division der beiden Differenzen:
kvar = 10.000,00 € / 400 Stück = 25,00 €

Schritt 3: Ermittlung der Kfix durch Auflösung einer der Kostengleichungen nach Kfix: **Kfix = Kges(Jan) – kvar * m(Jan) = 20.000,00 €**

1.3 Grafische Darstellung der Kostenaufspaltung

Die Kostenaufspaltung (indirekte Methode) lässt sich auch einfach grafisch darstellen. Man geht dabei folgendermaßen vor:

✷ Zeichnen Sie zwei senkrechte Hilfslinien (bei den zwei gegebenen Menge).	1
✷ Tragen Sie auf diesen Hilfslinien die entsprechenden Gesamtkosten ein.	2
✷ Verbinden Sie diese beiden Punkte mit einer Geraden und verlängern Sie diese bis zur Y-Achse. Der Schnittpunkt dieser Gerade mit der Y-Achse bestimmt die Fixkosten.	3

Aufgabenblock DBR 1

1.

Für zwei Beschäftigungssituationen (700 und 1.000 Stück) werden die Gesamtkosten einer Kostenart innerhalb einer Kostenstelle ermittelt:

bei 1.000 Stück .... 26.000,00 €
bei 700 Stück .... 20.000,00 €

Stellen Sie die Kostenaufspaltung rechnerisch und graphisch dar.

2.

In einer Kostenstelle sind die Gesamtkosten bei 300 Std. im Monat mit 50.000,00 € und bei 400 Std. mit 60.000,00 € ermittelt.

Stellen Sie die Kostenaufspaltung rechnerisch und graphisch dar.

3.

Die wirtschaftliche Kapazität der Kostenstelle 5 von 1.000 Einheiten/Monat wurde im Mai zu 80%, im Juni zu 90% ausgelastet. An Energiekosten fielen im Mai 1.680,00 €, im Juni 1.840,00 € an.

Stellen Sie die Kostenaufspaltung rechnerisch dar.

4.

Die Auslastung des Betriebes mit einer max. Kapazität von 6.000 Fertigungsstunden konnte im Vergleich zum Vormonat von 60% auf 75% gesteigert werden. Dadurch entstanden zusätzliche Kosten in Höhe von 20.700,00 €. In der laufenden Periode betragen die Gesamtkosten 135.500,00 €.

Stellen Sie die Kostenaufspaltung rechnerisch dar.

5.

Das Unternehmen möchte in Zukunft neben der Vollkostenrechnung auch die DBR anwenden und lässt aus diesem Grunde von einem Team von Technikern, Kostenrechnern u.a. die Kostenstellen untersuchen, die durch das Produkt B beansprucht werden.

Bei der Kostenstelle 2 ergeben diese Untersuchungen bei einer angenommenen Produktion von 45 Stück/Monat folgendes Bild:

Fertigungsmaterial (gesamt) .... 6.000,00 €
Fertigungslöhne .... 8.500,00 €
Hilfslöhne .... 1.600,00 €
Abschreibungen .... 1.200,00 €
Sonst. Gemeinkosten .... 2.200,00 €

Bei allen Gemeinkosten sind 30% als fix anzusehen.

Führen Sie die Kostenaufspaltung durch.

2. DBR im Einproduktunternehmen

Die DBR versucht erst gar nicht, die Fixkosten zu verteilen. Sie geht davon aus, dass alle Produkte gemeinsam dafür verantwortlich sind. Die Fixkosten werden deshalb auch aus der kurzfristigen Verkaufsentscheidung herausgelassen. Der Deckungsbeitrag stellt deswegen die zentrale Entscheidungsbasis dar.

Die Ergebnisrechnung schaut in der DBR deshalb so aus:

Auf Gesamtbasis	Auf Stückbasis
Verkaufserlöse (Preis * Menge) - Variable Kosten (kvar * Menge)	Stückpreis (= VVKP) - stückvariable Kosten
= Deckungsbeitrag (DB)	= Stückdeckungsbeitrag (db)
- Fixkosten	* Menge
= Betriebsergebnis	= Gesamtdeckungsbeitrag (DB)
	- Fixkosten
	= Betriebsergebnis

2.1 Grundlagen

Prämissen:

- *Die Fixkosten sind konstant*
- *Die stückvariablen Kosten sind konstant*
- *Der Preis ist konstant*

Entscheidende Größe:

Stückdeckungsbeitrag: db = p - kvar

entscheidende Frage:

wie viele Deckungsbeiträge braucht man ?

Zur Deckung der Fixkosten benötigt man eine bestimmte Menge an Stückdeckungsbeiträgen. Jeder darüber hinaus produzierte db stellt Gewinn dar.

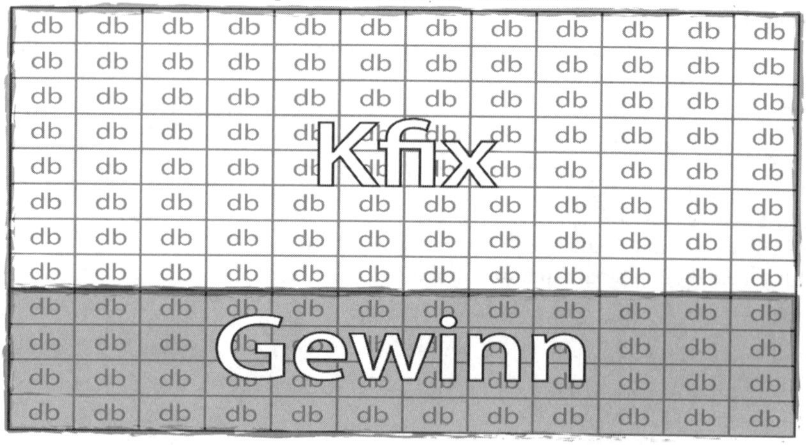

db	db	db	db	db	db	db	db	db	db	db	db
db	db	db	db	db	db	db	db	db	db	db	db
db	db	db	db	db	db	db	db	db	db	db	db
db	db	db	db	db	db	db	db	db	db	db	db
db	db	db	db	db	db	db	db	db	db	db	db
db	db	db	db	db	db	db	db	db	db	db	db
db	db	db	db	db	db	db	db	db	db	db	db
db	db	db	db	db	db	db	db	db	db	db	db
db	db	db	db	db	db	db	db	db	db	db	db
db	db	db	db	db	db	db	db	db	db	db	db
db	db	db	db	db	db	db	db	db	db	db	db
db	db	db	db	db	db	db	db	db	db	db	db

Kfix

Gewinn

Die Deckungsbeitragsrechnung kommt demnach mit vier Grundgrößen aus und kann mit diesen Komponenten eine Reihe von sehr entscheidenden Fragen beantworten.

- **Wie groß ist das Betriebsergebnis (bei sich ändernden Mengen)?**
- **Ab welcher Menge rentiert sich die Produktion (Break-Even-Point)?**
- **Wie wirkt sich ein Zusatzauftrag auf das Ergebnis aus?**
- **Welche Auswirkungen hat z.B. eine Lohnerhöhung auf das bisherige Ergebnis?**

2.2 Berechnungen

Man kann sich das vereinfachend so vorstellen: Jedes produzierte Stück ergibt einen Deckungsbeitrag. Die Anzahl der produzierten Deckungsbeiträge entscheidet dann über den Gewinn oder Verlust.

Die Menge, bei der gerade die Kfix durch die Deckungsbeiträge gedeckt sind, nennt man **Grenzmenge**, **Gewinnschwellenmenge** oder „**Break-Even-Point**".

Als zusätzliche Informationsquelle dient der sog. Deckungsbeitragsfaktor. Er drückt aus, welchen Anteil der Deckungsbeitrag am Erlös hat. Je höher dieser Anteil ist, desto höher sind selbstverständlich die Gewinnerwartungen.

Wenn man dies in Prozent ausdrückt, ergibt sich der Deckungsbeitragssatz.

Die Deckungsbeitragsrechnung kann dadurch folgende Ergebnisse berechnen:

Stückdeckungsbeitrag	db = p - kvar Der Stückdeckungsbeitrag gibt an, welchen Beitrag das einzelne Produkt zur Deckung der fixen Kosten beiträgt. Ein negativer db führt grundsätzlich zur Einstellung der Produktion. Die absolute Preisuntergrenze liegt bei db = 0. Ein positiver db bedeutet, dass eine Produktionserweiterung grundsätzlich zur Verbesserung des Betriebsergebnisses führt.
Gesamtdeckungsbeitrag	DB = E – Kvar oder DB = db * m Der Gesamtdeckungsbeitrag (DB) stellt die gesamte finanzielle „Manövriermasse" des Betriebes dar. Ist der DB größer als die Kfix, ergibt sich ein Gewinn.
Gewinnschwelle	mg = Kfix / db Die Gewinnschwelle (Break-Even-Point) gibt die Menge an, ab der die Produktion Gewinn erwirtschaftet. Ab dieser Menge trägt jedes zusätzlich produzierte Produkt in Höhe eines db zum Betriebsergebnis bei. Der Gewinnschwellenumsatz (p * mg) ist der Umsatz, der erzielt werden muss, um alle Kosten zu decken. An der Gewinnschwelle gilt: E = Kges - BE = 0,00 - DB = Kfix
Preisuntergrenze	kurzfristig: kvar; langfristig: kvar + kfix (Selbstkosten) Die stückvariablen Kosten stellen die absolute oder kurzfristige Preisuntergrenze dar. Wenn der Preis nicht einmal die stückvariablen Kosten deckt, ist die Produktion sinnlos. Die langfristige Preisuntergrenze liegt bei den Selbstkosten.

Sicherheitsspanne	Wertmäßig: Getätigter UMSATZ – Gewinnschwellenumsatz Mengenmäßig: Verkaufte Menge – Gewinnschwellenmenge Gibt an, um welchen Betrag der Umsatz bzw. um welche Zahl die Absatzmenge zurückgehen darf, bevor der Betrieb (das Produkt) Verlust produziert.
Deckungsbeitrags-faktor	dbf = db / p oder DB / E Anteil des Deckungsbeitrags am Erlös. Gibt an, welcher Teil des Preises oder der Erlöse zur Deckung der fixen Kosten beiträgt. Bei einem Deckungsbeitragsfaktor von 0,20 werden 80% des Preises für die kvar verwendet, 20% bleiben zur Deckung der Kfix und zur Erzielung eines Gewinns.

2.3 Zusatzauftrag

Die DBR hilft ganz besonders bei der Frage, ob bei freien Kapazitäten ein Zusatzauftrag angenommen werden kann, auch wenn der Kunde große Preiszugeständnisse haben möchte.

Grundsätzlich kann man sagen, dass ein Zusatzauftrag betriebswirtschaftlich immer interessant ist, solange der Stückdeckungsbeitrag positiv ist. Dieser Auftrag muss nämlich keine Fixkosten mehr abdecken, weil diese ja schon bei der Normalproduktion mit eingerechnet worden sind.

Allerdings muss natürlich beachtet werden, dass dadurch nicht der normale Markt beeinträchtigt wird - sonst wollen alle Kunden diesen Preis; und dann können die Kosten unter Umständen nicht mehr gedeckt werden.

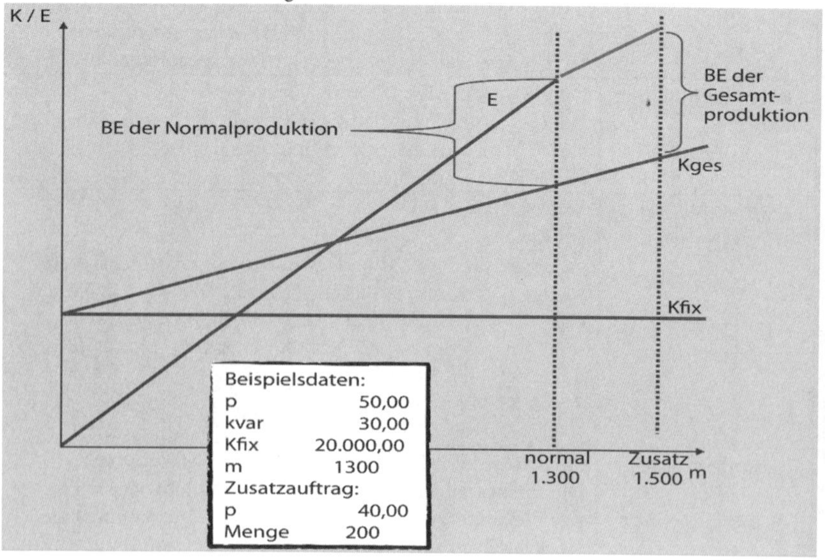

Aufgabenblock DBR 2

1

Ein Unternehmen produziert den Laserdrucker C 2000, der bisher zu 300,00 € verkauft wurde. Zu diesem Preis konnten bisher 3.000 Stück/Monat abgesetzt werden. Die Produktion hat sich dieser Menge angepasst, die Kapazität war damit jedoch nicht voll ausgelastet.
Die Fixkosten/Periode betragen 180.000,00 €, die stückvariablen Kosten 225,00 €. Die Selbstkosten (Vollkostenrechnung) betragen € 285,00.

a. *Ermitteln Sie das bisherige Betriebsergebnis mit Hilfe der DBR. Ermitteln Sie auch den Deckungsbeitragsfaktor und den Break-Even-Point. Stellen Sie die Situation grafisch dar (100.000,00 € = 1 cm; 250 Stück = 1 cm)*

b. *Mit Besorgnis beobachtet die Geschäftsleitung den aktuellen Preiskampf auf dem Markt. Zu 300,00 € wird der Absatz des Druckers immer schwieriger. Der von den Kunden akzeptierte Marktpreis pendelt sich bei 270,00 € ein. Allerdings könnten wir zu diesem Preis 5.500 Stück pro Periode vertreiben.*
Wie verändert sich dadurch das Betriebsergebnis?

c. *Bei welcher Menge sind die gesamten Kosten gerade noch gedeckt?*

d. *Wie hoch ist der Deckungsbeitragsfaktor jetzt?*

2.

Unser Zweigwerk Grafenau stellt nur ein Produkt her. Der Absatz des Produktes steigt in der zweiten Jahreshälfte 02 nicht so, wie die Geschäftsleitung eigentlich angenommen hat. Dennoch kann man mit dem bisherigen Ergebnis zufrieden sein. Es wurden im vergangenen Quartal pro Monat 1.200 Stück abgesetzt.
Der Marktpreis war konstant bei 550,00 € geblieben. Die Selbstkosten des Produkts wurden bisher mit Hilfe der Vollkostenrechnung ermittelt:

FM	80,00 €
MGK	40,00 €
FL	120,00 €
FGK	160,00 €
HK/St.	400,00 €
VWGK	40,00 €
VTGK	20,00 €
SK	460,00 €

Die weiteren Konditionen : 8% Rabatt, 2% Skonto, 5% Vertreterprovision.

a. *Ermitteln Sie den erzielten Stückgewinn und den verrechneten Gesamtgewinn bei der vorliegenden Situation mit Hilfe der Vollkostenrechnung.*

b. *Bei der gegebenen Situation sind die vorhandenen Kapazitäten jedoch nur zu 60% ausgelastet. Wie viele Stück können derzeit maximal produziert werden?*

c. *Ein afrikanischer Abnehmer ist bereit, im nächsten Monat kurzfristig und vorläufig einmalig* **zusätzlich** *400 Stück abzunehmen. Er ist jedoch nur bereit, pro Stück 440,00 € zu bezahlen (dieser Preis versteht sich nach Abzug von Rabatt* *und Skonto und ohne Berücksichtigung der Vertreterprovision, da dieser Vertrag auf Geschäftsführungsebene zustande gekommen ist). Würde sich dieser Auftrag laut Vollkostenrechnung lohnen?*

d. *Spalten Sie die Kosten entsprechend auf. Betrachten Sie dabei alle Gemeinkosten zu 80% als fix und ermitteln Sie das bisherige Betriebsergebnis und die Auswirkungen dieses Zusatzauftrags auch mit Hilfe der DBR.*

e. *Ermitteln Sie den Break-Even-Point der Normalproduktion und die Sicherheitsspanne in Stück und €.*

3.

Ein Betrieb produziert ausschließlich Computerspiele und verkauft diese zum Preis von 15,00 €. Die stückvariablen Kosten betragen 10,00 €. Die monatlichen Fixkosten belaufen sich auf 60.000,00 €. Die maximale Kapazitätsauslastung beträgt 25.000 Stück pro Monat.

a. *Berechnen Sie die Gewinnschwelle.*

b. *Welches Ergebnis erzielt der Betrieb bei einer Ausbringungsmenge von 14.000 Stück?*

c. *Eine einmalige Werbeaktion würde 20.000,00 € kosten. Wie viele zusätzliche Computerspiele müssten produziert und verkauft werden, um diese Kosten in einem Monat wieder zu erwirtschaften? Reicht die Kapazität dafür aus, wenn derzeit 14.000 Stück produziert werden?*

d. *Für die Verwaltung müssten zusätzlich drei PCs geleast werden, jährliche Kosten € 6.000,00. Wie viel Stück müssten dafür zusätzlich pro Monat verkauft werden?*

e. *Durch einen neuen Tarifvertrag steigen die proportionalen Stückkosten um 20%. Wie verändert dies bei einer Ausbringungsmenge von 15.000 Stück das Betriebsergebnis? Um welche Zahl müsste die Produktion erhöht werden, um diese Kostensteigerung abzufangen? (Kfix = 60.000,00)*

f. *Die steigende Nachfrage nach dem Produkt erlaubt eine Preisanhebung um 3,00 €. Die Nachfrage ist vollkommen unelastisch. Wie hoch ist unser Ergebnis jetzt (15.000 Stück, kvar = 12,00 €)?*
Wie würde sich das Ergebnis verändern, wenn sich die Nachfrage dadurch von 15.000 Stück auf 12.500 vermindern würde?
Berechnen Sie die Preiselastizität der Nachfrage.
(e = rel. Änderung der Menge / rel. Änderung des Preises)

g. *Einem langjährigen Kunden, der pro Monat 800 Stück abnimmt, wird als Treuebonus einmalig ein Vorzugspreis von 13,00 € für eine Monatslieferung eingeräumt. Wie verändert sich dadurch unser Ergebnis (Stückzahl 15.000)? Um wie viel müsste die Produktion zum Normalpreis angehoben werden (Preis: 18,00 €, kvar: 12,00 €)?*

h. *Ein Kunde, der monatlich mit 1.000 Stück zum Vorzugspreis von 14,00 € beliefert wurde, ist nur noch bereit, 11,00 € zu zahlen. Wir wollen nicht auf diese Bedingungen eingehen und in Zukunft auf diesen Kunden verzichten. Wie viel % der Kapazität werden dadurch frei? Wie viel Stück zum normalen Preis von 18,00 € müssten mehr verkauft werden, um das Ergebnis zu halten?*

4.

Ein Betrieb stellt nur ein Produkt her. Bei einer Ausbringungsmenge von konstant 5.000 Stück pro Monat hat man bisher mit der Vollkostenkalkulation die Kosten und den Angebotspreis ermittelt. Dabei sind folgende Werte unterstellt worden:

FM	35,00 €	FL	48,00 €
MGK	40%	SEKF	7,00 €
FGK	200%	VWGK	12%
VTGK	7%	SEKVT	12,00 €
Gewinn	10%	Skonto	2%
Rabatt	15%		

a. *Berechnen Sie den bisherigen Angebotspreis. Ermitteln Sie auch das bisherige Periodenergebnis mit der Vollkostenrechnung.*

b. *Da die zukünftige Marktsituation sich ändernde Ausbringungsmengen erwarten lässt, soll auf die Deckungsbeitragsrechnung umgestiegen werden. Die Kostenrechner ermitteln, dass alle Einzelkosten selbstverständlich variabel sind und von den Gemeinkosten 40% als Fixkosten anzusehen sind.*
Ermitteln Sie den Stückdeckungsbeitrag, den Gesamtdeckungsbeitrag, den Deckungsbeitragsfaktor und das Betriebsergebnis bei 5.000 Stück/Monat.

c. *Ermitteln Sie die Gewinnschwelle und den Gewinnschwellenumsatz.*

d. *Um wie viel € dürfte der Umsatz höchstens zurückgehen (bei 5.000 Stück), um nicht in die Verlustzone zu geraten?*

e. *Durch eine Preisaktion sollen zusätzliche Kunden gewonnen werden. Dazu soll der bisherige Angebotspreis bei sonst gleichen Bedingungen einmalig für ein Monat um 10% gesenkt werden. Wie viele Stücke müssten mehr produziert und verkauft werden, um das Betriebsergebnis zumindest zu halten?*

f. *Welche Auswirkung hätte eine dauerhafte Preissenkung des Angebotspreises um 20,00 € wenn gleichzeitig dadurch eine Absatzsteigerung von 10% bewirkt würde?*

g. *Ermitteln Sie für die Situation f. den Deckungsbeitragsfaktor.*

5.

Ein anderer Betrieb fertigt Zubehörteile für die Kfz-Industrie. Die vorhandene Anlage erlaubt maximal eine Produktion von 5.000 Stück pro Monat. Die Fixkosten betragen 200.000,00 € pro Periode; die proportionalen Stückkosten 200,00 €.

In der abgelaufenen Periode wurden 3.500 Stück produziert und zu einem Angebotspreis von 350,00 € verkauft. Dabei gewährte man dem Vertreter 10% für seine Vertriebsbemühungen. Skonto und Rabatt wurden nicht gewährt.

a. *Ermitteln Sie den Kapazitätsauslastungsgrad, die Gewinnschwellenmenge, den Gewinnschwellenumsatz und das erzielte Betriebsergebnis.*

b. *Bei welcher Ausbringung liegt der Break-Even-Point, wenn durch Lohn- und Materialpreissteigerungen die stückvariablen Kosten um 10% steigen?*

c. *Wie verändert sich in der kommenden Periode das Betriebsergebnis, wenn die bisherigen Kunden gleich beliefert werden, einem ausländischen Neukunden jedoch für weitere 500 Stück ein Nettopreis von 270,00 € eingeräumt wird? (Vertreterprovision fällt hier nicht an; kvar = 220,00 €)*

d. *Einem der bisherigen Kunden wird in der kommenden Periode ein Preisnachlass von 10% auf den Angebotspreis eingeräumt. Seine Absatzmenge beträgt 200 Stück. Vertreterprovision fällt wie oben an; kvar wieder 220,00 €.*
Wie verändert sich dadurch das Betriebsergebnis?
Wie viele Stücke müssten anderweitig (zum normalen Verkaufspreis) verkauft werden, um diese Ergebniseinbuße auszugleichen?

6.

Eine Lampenfabrik erzeugt zurzeit 4 Mio. Leuchtstoffröhren für Zierfischbecken, die zum Preis von 10,00 € abgesetzt werden. Dabei fallen 28.800.000,00 € Kosten an, wobei bei diesem Beschäftigungsgrad 40% beschäftigungsabhängig sind.

a. *Bei welchem Preis liegt die kurzfristige bzw. die langfristige Preisuntergrenze?*

b. *Berechnen Sie das Betriebsergebnis und stellen Sie die Situation graphisch dar.*

c. *Zur Erhöhung des Ergebnisses soll die Produktion bis zur Kapazitätsgrenze von 6.000.000 Stück erhöht werden und die Mehrproduktion im Ausland für 6,00 €/Stück verkauft werden. Wie würde sich dadurch das Ergebnis verändern?*

d. *Es stellt sich heraus, dass diese verschiedenen Preise am Markt nicht durchsetzbar sind. Eine allgemeine Preissenkung auf 8,00 € würde jedoch die volle Kapazitätsauslastung ermöglichen. Wäre diese Entscheidung sinnvoll?*

7.

Ein Ein-Produkt-Unternehmen erzielte in der vergangenen Periode einen Deckungsbeitragsfaktor von 0,30. Die Periodenfixkosten betragen 82.470,00 €.

Das Produkt wurde immer zum Angebotspreis von 487,20 € (brutto) angeboten. Rabatt (10%) wurde immer angenommen; Skonto wurde nicht gewährt.

In der abgelaufenen Periode wurden 1.200 Stück verkauft. Ermitteln Sie das Betriebsergebnis.

Ein potentieller Großabnehmer möchte zusätzlich einen Posten von 600 Stück beziehen. Allerdings ist er nur dazu bereit, wenn er einen Sonderrabatt von 30% erhält. Soll dieses Angebot angenommen werden?

8.

Dem Verkauf des Produkts B liegen folgende Werte zugrunde:

Skonto 3%, Vertreterprovision 7%, Selbstkosten 320,00 €/Stück, Wiederverkäuferrabatt 20%, Gewinnzuschlag 8%. In der vergangenen Periode wurde 400 Stück verkauft.

a. *Ermitteln Sie den Angebotspreis.*

b. *Ein Vertreter meldet nun, dass ein Großhändler 60 Tische abnimmt, wenn ihm ein Wiederverkäuferrabatt von 30% eingeräumt wird. Nimmt die AG dieses Angebot an, wenn eine Entscheidung aufgrund der Vollkostenrechnung getroffen wird? (Rechnerischer Nachweis mit Hilfe der Angebotskalkulation)*

c. *Die Kostenrechner gehen davon aus, dass in dieser Situation 35% der Selbstkosten pro Stück als fix, der Rest als variabel zu betrachten sind. Stellen Sie mit Hilfe der Teilkostenrechnung fest, ob die aufgrund der Vollkostenrechnung zu treffende Entscheidung richtig ist. Zeigen Sie im Rahmen Ihrer Begründung auf, wie und in welcher Höhe sich durch eine Annahme des Auftrags die Gewinnsituation des Unternehmens verändert.*

d. *Berechnen Sie das erzielte BE (mit Zusatzauftrag) und stellen Sie dies auch zeichnerisch dar (nur Skizze).*

9.

In einem Zweigwerk produziert die WAFOS AG nur das Produkt W. Die Kostenrechner ermittelten, dass die Gewinnschwelle von W bei 150 Stück liegt.

Trotz intensiver Bemühungen konnten im vergangenen Monat nur 117 Produkte abgesetzt werden. Dies bedeutete ein negatives Ergebnis von 4.633,20 €. Die variablen Kosten pro Stück betragen 93,60 €.

a. *Ermitteln Sie den Stückpreis, zu dem die AG das Produkt W im vergangenen Monat verkauft hat.*

b: *Ermitteln Sie die im Dezember angefallenen Fixkosten. Stellen Sie die Situation mit Hilfe einer Skizze dar.*

10.

Ein Unternehmen der Sportbekleidungsindustrie produziert in einem Zweigwerk nur Trainingsanzüge. Die Fixkosten betragen dabei pro Monat 83.200,00 €, die stückvariablen Kosten 40,00 €. Der Verkaufspreis (vorläufiger Verkaufspreis) liegt bei 125,00 €. Zurzeit werden monatlich 1.300 Anzüge verkauft, was einer Kapazität von 65% entspricht. Ein ausländischer Kunde bietet nun die Abnahme von 300 Stück an, ist aber nur bereit, 90,00 € pro Stück zu bezahlen.

a. *Ermitteln Sie zunächst das normale Betriebsergebnis.*

b. *Wie verändert sich durch den Zusatzauftrag das Betriebsergebnis?*
Stellen Sie die Situation grafisch dar .

c. *Bestimmen Sie die absolute (kurzfristige) und die langfristige Preisuntergrenze bei der Normalproduktion.*

11. AP 90 II.2 23 Punkte

Die Textil AG produziert in ihrem Hauptwerk ausschließlich den hochwertigen Trachtenanzug Modell „Arber". Im Geschäftsjahr 01 betrug der Angebotspreis für das Modell 280,00 € netto. Die Verkaufsaufschläge von 10% Rabatt für Großabnehmer und 2% Skonto wurden von den Kunden stets in Anspruch genommen. Der Handelsvertreter der AG erhielt 7% Provision. Ein Teil der in der EDV-Anlage gespeicherten Daten der Angebotskalkulation ist zurzeit nicht verfügbar.

1. *Aus dem Datensatz liegen noch folgende Angaben vor:*

Spezialverpackung .... 7,90 € pro Stück
FGK% .... 200% (= 60,00 €)
Materialkosten .... 72,00 €
MGK% 20%
VWVTGK% .... 13% (= 22,10 €)

Vollziehen Sie die Bestimmung folgender Daten rechnerisch nach:

a. *Herstellkosten pro Stück,* .... *2 P.*
b. *Gewinn je Stück in € und als Prozentsatz,* .... *3 P.*
c. *Entwicklungs- und Designkosten pro Stück,* .... *2 P.*
d. *Fertigungsmaterial je Stück.* .... *1 P.*

2. *Zum 31.12.01 stellt sich heraus, dass das Modell „Arber" ein Verkaufsschlager war. Das Fertigerzeugnislager ist zu diesem Zeitpunkt vollständig geräumt. Im Jahr 01 wurden bei voller Ausnutzung der Kapazität 1.500 Trachtenanzüge hergestellt. Laut Lagerkartei ergibt sich 01 für das Modell „Arber" eine Bestandsminderung von 50 Stück, die zu den gleichen Bedingungen wie 01 kalkuliert wurden. Das Kostenträgerzeitblatt weist für 01 eine Gemeinkostenüberdeckung von insgesamt 10.850,00 € aus. Berechnen Sie*
   a. *die Selbstkosten des Umsatzes auf Istkostenbasis,................................3 P.*
   b. *den tatsächlichen Gewinn in Prozent, wenn Rabatt, Skonto und Vertreterprovision stets beansprucht wurden!...5 P.*
3. *Die Produktion der Trachtenanzüge fand 01 auf einer veralteten Maschinenanlage statt, deren Kapazität voll ausgeschöpft werden musste (siehe Aufgabe 2.b). Dabei beliefen sich die Fixkosten auf 85.500,00 € und die variablen Kosten der produzierten Fertigerzeugnisse auf 204.000 €.*
   Für das Jahr 02 ist eine Erweiterungsinvestition beschlossen worden, um die Kapazität zu erhöhen. Die neue Anlage wird Fixkosten von 100.000,00 € pro Jahr verursachen, aber die variablen Stückkosten auf 132,00 € je Stück reduzieren. Die Kapazität für die Herstellung der Trachtenanzüge erhöht sich durch die Neuinvestition auf insgesamt 2.600 Stück.
   Für das Jahr 02 liegen folgende Kundenaufträge vor:
   1.000 Stück zu je 230,00 €,
   500 Stück zu je 240,00 €,
   800 Stück zu je 235,00 €.
   a. *Berechnen Sie die Stückzahlen, die auf den beiden Anlagen jeweils gefertigt werden! Begründen Sie Ihre Lösung!*
   b. *Ermitteln Sie das optimale Betriebsergebnis für 02!*

12 AP 91 II. 4 (leicht adaptiert) 12 Punkte

Die Metallbau AG beabsichtigt, die Produktion des Erzeugnisses F zusätzlich aufzunehmen. Hierfür müsste eine neue maschinelle Anlage angeschafft werden, deren monatliche Kapazität 2.000 Stück beträgt. Die Stückkalkulation ergibt Selbstkosten in Höhe von 200,00 €. Ein Vertreter hat den Kontakt zu einem Großabnehmer angebahnt, der bereit ist, 800 Stück des Produktes F zu kaufen.

Aus dem Angebot, das die Metallbau AG dem Kunden macht, ergibt sich ein Barverkaufspreis von 223,10 €. Vereinbarte Konditionen: 8% Rabatt und 3% Skonto; 7% Vertreterprovision.

1. *Ermitteln Sie den Listenverkaufspreis (Angebotspreis) sowie den Stückgewinn in € und als Prozentsatz!*
2. *Wie hoch ist der erwartete Gesamtgewinn aus diesem Auftrag?*
3. *Die Selbstkosten sind bei voller Auslastung zu 70% variabel. Es ist davon auszugehen, dass der Großabnehmer die vereinbarten Konditionen beansprucht.*
   Bei welcher monatlichen Absatzmenge werden die anzurechnenden Kosten voll gedeckt?
4. *Welchen Beitrag leistet auf Basis der Teilkostenrechnung der Auftrag des Großabnehmers zum Betriebsergebnis? (Rechnung und Antwort!)*

5. *Worauf ist die Ergebnisdifferenz zwischen Voll- und Teilkostenrechnung zurückzuführen?*
   Begründen Sie Ihre Antwort durch eine genaue Berechnung.

13 AP 94 II. 2 (adaptiert) 23 Punkte

Im Zweigwerk 2 wird ausschließlich Produkt A hergestellt.

Die Kostenrechnung weist für den Monat Dezember folgende Werte aus:

	Istkosten in €	Ist-%	Normalkosten in €	Normal-%
FM				
MGK		25%	44.000,00	20%
FL I	148.800,00			
FGK I				130%
FL II				
Rest FGK II	97.830,00			80%
Masch.kosten II			120.100,00	
VWVTGK%	198.450,00	21%	183.000,00	20%

Anmerkung:

Von der fertig gestellten Menge konnten 40 Stück nicht verkauft werden. Bei den unfertigen Erzeugnissen wurde eine Bestandsminderung von 1.000,00 € festgestellt. Insgesamt wurde eine Bestandsmehrung von 7.000,00 € errechnet.

1. *Berechnen Sie den Verbrauch an Fertigungsmaterial.*
2. *Berechnen Sie die Fertigungslöhne II.*
3. *Berechnen Sie die Herstellkosten pro Stück auf Normalkostenbasis.*
4. *Die Angebotskalkulation basiert auf folgenden weiteren Daten:*
   Rabatt .... 20%   Skonto 3%
   Gewinnzuschlag .... 15%   Vertreterprovision 5%
   a. *Ermitteln Sie den Angebotspreis und die Vertreterprovision in €.*
   b. *Der Deckungsbeitragsfaktor beträgt 0,20. Berechnen Sie die variablen Kosten pro Stück unter der Annahme, dass die Nachlässe und die Vertreterprovision in Anspruch genommen werden.*
5. *Berechnen Sie den tatsächlichen Gewinn in Prozent. Berücksichtigen Sie die Annahme von 4.b.*

14. AP 97 II,4 9 Punkte

Das norddeutsche Zweigwerk stellt im Abrechnungszeitraum nur das Produkt A her. Dazu liegen folgende Daten vor:

- Kapazität .... 9.000 Stück,
- variable Stückkosten .... 100,00 €,
- Fixkosten .... 900.000,00 €,
- Stückerlös .... 300,00 €.

1. *Berechnen Sie die Gewinnschwellenmenge.*
2. *Ermitteln Sie den Beschäftigungsgrad, wenn ein Betriebsgewinn von 300.000,00 € erreicht werden soll.*

3. *Stellen Sie in einer nicht maßstabsgetreuen Skizze die Gewinnschwellenmenge und die Höhe des geplanten Gewinns dar. Achten Sie auf die vollständige Beschriftung Ihrer Zeichnung.*

4. *Im nächsten Abrechnungszeitraum wird einem langjährigen Kunden für seinen Auftrag über 1.000 Stück ein Vorzugspreis von 270,00 € je Stück eingeräumt. Berechnen Sie, wie viel Stück von A im nächsten Abrechnungszeitraum zusätzlich gefertigt und zum üblichen Stückpreis von 300,00 € verkauft werden müssen, wenn der Betriebsgewinn von 300.000,00 € gehalten werden soll.*

15 AP 98 II.4 4 Punkte

Aus der Kostenrechnung sind folgende Größen bekannt:
Kapazität .... 10.000 Stück,
Gewinnschwellenmenge .... 70% der Kapazität,
fixe Kosten .... 20.000,00 €.
Am Break-Even-Point beträgt der Umsatz das Dreifache des Deckungsbeitrages.

Tragen Sie in eine Grafik folgende Kurven ein:

- Gesamterlöse, - Gesamtdeckungsbeitrag, - Gesamtkosten.

Maßstab: 1 cm = 1.000 Stück, 1 cm = 10.000,00 €

3. DBR im Mehrproduktunternehmen (Ergebnisrechnung)

Werden in einem Betrieb mehr als ein Produkt hergestellt, so stellt sich die Frage, wie die gesamten Kosten auf die einzelnen Produktgruppen verteilt werden sollen. Unter den fixen Kosten befinden sich nämlich Kostenanteile, die den einzelnen Produktgruppen (jedoch nicht den einzelnen Produkten) zugeordnet werden können. Man unterscheidet also

Erzeugnisfixe Kosten (erzKfix):

Den Produktgruppen zurechenbare Fixkosten (Lizenzgebühren, AfA auf Maschinen, Leasing, ...).

Unternehmensfixkosten (UKfix):

Der Rest der Fixkosten, bei denen keinerlei Zuordnung möglich ist (Gehälter der leitenden Angestellten, AfA auf BGA, ...). Daraus ergibt sich folgendes Schema zur Berechnung des Periodenergebnisses:

	Gesamt	Prod. A	Prod. B	Prod. C
db				
* m				
= Deckungsbeitrag I (DB I)				
- ErzeugnisKfix				
= Deckungsbeitrag II (DB II)				
- UnternehmensKfix				
= BE				

Der **Deckungsbeitrag I** zeigt, wie viel jede Produktgruppe zur Deckung der gesamten Fixkosten beiträgt.

Der **DB II** macht klar, inwieweit das einzelne Produkt in der Lage ist, die ihm zurechenbaren Fixkosten zu decken.

Beispiel

Ein Betrieb, der drei verschiedenen Produkte herstellt, führt zum ersten Mal die DBR durch und kommt dabei zu folgenden Ergebnissen:

	Gesamt	Prod. A	Prod. B	Prod. C
Erlöse	460.000,00	190.000.00	210.000,00	60.000,00
Kvariabel	140.000,00	70.000,00	50.000,00	20.000,00
DB I	+320.000,00	+120.000,00	+160.000,00	+40.000,00
- ErzeugnisKfix	180.000,00	30.000,00	90.000,00	60.000,00
= DB II	+140.000,00	+90.000,00	+70.000,00	-20.000,00
- UnternehmensKfix	80.000,00			
= BE	+60.000,00			

Bei diesem Beispiel wird unterstellt, dass alle drei Produktgruppen mit der vorhandenen Anlage uneingeschränkt produziert werden können (kein Engpass).

Bei Produkt A und B sind sowohl DB I als auch DB II positiv. Bei Produkt C ist zwar der DB I positiv (trägt zur Deckung der gesamten Fixkosten bei), der DB I reicht jedoch nicht aus, die eigenen Erzeugnisfixkosten zu decken. Es erscheint also zunächst einleuchtend, Produkt C nicht mehr zu produzieren, weil dadurch das Betriebsergebnis scheinbar erhöht werden könnte. Dieses vorschnelle Urteil kann sich jedoch als sehr falsch herausstellen.

Die Fixkosten (auch die Erzeugnisfixkosten) sind in der Regel nicht oder nur teilweise abbaubar, d.h. bei Einstellung des Produkts C kann nicht automatisch davon ausgegangen werden, dass damit auch die Erzeugnisfixkosten des Produktes (60.000,00 €) wegfallen.

a. Die Erzeugnisfixkosten von C sind nicht abbaubar

DB I		+120.000,00	+160.000,00	0,00
- ErzeugnisKfix		30.000,00	90.000,00	60.000,00
= DB II	+ 100.000,00	+90.000,00	+70.000,00	-60.000,00
- UnternehmensKfix	80.000,00			
= BE	20.000,00	Verschlechterung: 40.000,00		

b. Die Erzeugnisfixkosten können um 50% abgebaut werden

DB I		+120.000,00	+160.000,00	0,00
- ErzeugnisKfix		30.000,00	90.000,00	30.000,00
= DB II	130.000,00	+90.000,00	+70.000,00	**- 30.000,00**
- UnternehmensKfix	80.000,00			
= BE	50.000,00	Verschlechterung: 10.000,00		

c. Die Erzeugnisfixkosten können um 80% abgebaut werden

DB I		+120.000,00	+160.000,00	0,00
- ErzeugnisKfix		30.000,00	90.000,00	12.000,00
= DB II	148.000,00	+90.000,00	+70.000,00	**-12.000,00**
- UnternehmensKfix	80.000,00			
= BE	68.000,00	Verbesserung: 8.000,00		

Zusammenfassung:

Die Frage, ob ein Produkt mit einem negativen DB II eingestellt werden soll, hängt von der Möglichkeit ab, die Erzeugnisfixkosten abzubauen. Ein negativer DB I führt immer zur Einstellung des Produktes.

Die Entscheidung muss nicht unbedingt mit Hilfe des Schemas getroffen werden. Man kann dies auch wesentlich schneller erledigen.
Grundsätzlich ist eine Einstellung dann sinnvoll, wenn die Verringerung der Fixkosten größer ist als der verloren gehende DB.

Änderung des BEs = abbaubare Kfix - DB I

Also: Grad der Abbaubarkeit, ab der sich die Einstellung lohnt:

DB I / erzKfix * 100.

Aufgabenblock DBR 3

1.

Ein Betrieb fertigt bislang die drei Produkte A, B und C. Für die abgelaufene Abrechnungsperiode stehen folgende Daten zur Verfügung:

a. Für die Vollkostenrechnung

	Prod. A	Prod. B	Prod. C	
FM	50.000,00	30.000,00	20.000,00	
FL	250.000,00	75.000,00	175.000,00	
SEKF	95.000,00	42.000,00	53.000,00	
verk. Menge	100.000	50.000	35.000	
VVKP	15,00	10,00	20,00	
Zuschlags%	MGK%	10,00%	FGK%	200,00%
	VWGK%	20,00%	VTGK%	13 1/3%

Bestandsveränderungen fallen nicht an.

b. für die DBR

	Prod. A	Prod. B	Prod. C
kvar	10,00 €	4,00 €	18,00 €
ErzeugnisKfix	175.000,00 €	180.000,00 €	160.000,00 €

UnternehmensKfix.. 55.000,00 €

Aufgaben:

1. *Ermitteln Sie den jeweiligen Beitrag der einzelnen Produkte zum Umsatzergebnis mit Hilfe des Kostenträgerblattes.*
2. *Ermitteln Sie auch das Betriebsergebnis per DBR.*
3. *Welches Produkt ist das beste, wenn theoretisch beliebig viele verkauft werden könnten (laut Vollkostenrechnung / laut DBR)?*
4. *Es wird erwogen, die Fertigung des Verlustartikels einzustellen. Welche Auswirkung auf das Betriebsergebnis hätte diese Maßnahme, falls die Erzeugnisfixkosten*
   a. nicht abbaubar wären?
   b. zu 70% abbaubar wären?

5. *Tatsächlich erweisen sich die Erzeugnisfixkosten nur zu 25% abbaubar. Der Betrieb will dennoch nicht weiter produzieren, da das Produkt schon sehr lange auf dem Markt ist und keine Zuwächse mehr zu erwarten sind. Die zu erwartende Betriebsergebnisverschlechterung soll durch die Mehrproduktion eines der beiden verbleibenden Artikel aufgefangen werden.*
Mit welchem Artikel könnte dies unter der Voraussetzung am besten bewerkstelligt werden, dass die Kapazitäten möglichst wenig belastet werden sollen? (Von beiden Artikeln könnten beliebig viele zusätzlich bei gleicher Bearbeitungszeit produziert werden). Rechnerischer Nachweis der Menge erforderlich.

2.

Laut Vollkostenrechnung erzielte die Fa. DexMed AG in der abgelaufenen Periode ein Betriebsergebnis von 132.000,00 €. Der Betrieb stellt neben dem Hauptprodukt DexMed noch zwei weitere Produkte her. Während DexMed laut Vollkostenrechnung mit 80.000,00 € zum mon. Betriebsergebnis beiträgt, beläuft sich der Anteil des zweiten Produktes auf 70.000,00 € und des dritten Produktes auf -18.000,00 €. Der Betrieb ist derzeit nur zu 70% ausgelastet.

a. *Würden Sie aufgrund dieses Ergebnisses die Einstellung des dritten Produktes grundsätzlich befürworten?*

b. *Das Produkt Drei erwirtschaftete in der abgelaufenen Periode einen DB I von 38.000,00 € und einen DB II von –17.000,00 €.*
Würden Sie die Einstellung befürworten, falls es sich in diesem Fall um ein sehr junges Produkt handelt, das sich noch nicht richtig am Markt etabliert hat?

c. *Angenommen, das Produkt wurde von einer aufgekauften Firma übernommen und hat keine besonderen Zukunftsaussichten mehr (Die Auswertung der Verkaufszahlen der letzten Perioden zeigen eindeutig einen Trend nach unten).*
Trotz der Tatsache, dass die erzeugnisfixen Kosten des Produkts nur um 20% abgebaut werden können, soll die Produktion aus diesen Gründen eingestellt werden.
Da das Produkt DexMed auch im Zeitvergleich günstiger abschneidet als das zweite Produkt, soll versucht werden, auf dem asiatischen Markt mit DexMed die aus der Einstellung des Produkts Drei resultierenden Ergebniseinbußen aufzufangen. Der mögliche Absatzpreis liegt bei 32,00 € pro Einheit (100 g), die stückvariablen Kosten für diese Einheit liegen bei 12,00 €.
Welche Menge muss zusätzlich verkauft werden?

3. AP 85, II.3 — 9 Punkte

Die Pharma AG produziert in der Fertigungsstelle 3 ausschließlich das Produkt C. Bei ausgelasteter Kapazität werden 1.200 Stück gefertigt, am Markt können pro Stück 500,00 € erzielt werden. Dabei fallen 90.000,00 € Fixkosten und 438.000,00 € Gesamtkosten an.

Da das Management beschließt, den Marktanteil zu erhöhen, soll ein kleineres Unternehmen, das exakt das gleiche Produkt mit der vollen Jahreskapazität von 1.600 Stück mit einer moderneren Anlage herstellt, angekauft werden. Dabei würden 160.000,00 € als fixe Kosten und 220,00 € an variablen Stückkosten anfallen.

1. *Durch die Fusion wäre es möglich, einen voraussichtlichen Jahresabsatz von 2.400 Stück zu erzielen. Berechnen Sie den höchstmöglichen Gewinn bei unveränderter Preispolitik.*

2. *Wie hoch müsste bei gleichem Gewinn in der folgenden Periode der Stückpreis sein, wenn die ursprüngliche (kleinere) Anlage der PHARMA AG demontiert werden müsste, dadurch einmalige Kosten in Höhe von 150.000,00 € entstünden und die bisherigen Fixkosten der alten Anlage abgebaut werden könnten?*

4. AP 95 II.3 — 12 Punkte

Im Werk 11 werden drei Produkte hergestellt. Folgende Daten liegen für November vor:

	A	B	C
Preis/Stück in €	362,00	448,50	540,00
variable Kosten/Stück in €	200,00	270,00	340,00
produzierte und verkaufte Menge in Stück	1200	1000	950

Die gesamten Fixkosten betragen 450.300,00 €. Davon können 25% Produkt A zugerechnet werden. Fixkosten in Höhe von 27.300,00 € sind keinem Produkt zuzuordnen. Produkt B bringt einen negativen DB II von 24.135,00 €.

1. *Berechnen Sie für November die Erzeugnisfixkosten der drei Produkte, die fehlenden DB I und DB II und das Betriebsergebnis.*
2. *Für das Produkt B sind mehrere Möglichkeiten zu prüfen.*
   a. *Es wird erwogen, die Produktion von B einzustellen. Die Erzeugnisfixkosten wären um 80% abbaubar.*
   Berechnen Sie, wie sich das monatliche Betriebsergebnis unter sonst gleich bleibenden Bedingungen verändern würde.
   b. *Anstelle des Produktes B soll das Produkt D in das Programm aufgenommen werden. Die Fertigungszeit von D beträgt 20 Minuten pro Stück auf der vorhandenen Anlage. Die gesamte Produktionsmenge von D wäre absetzbar. Die variablen Stückkosten von D belaufen sich auf 320,00 €. Es ist noch mit einer zusätzlichen Investition in Höhe von 168.408,00 € je Monat zu rechnen. Die Kapazität ändert sich dadurch nicht. Das Produkt B nahm pro Monat 385 Stunden der vorhandenen Kapazität in Anspruch. Die Erzeugnisfixkosten von B sind zu 80% abbaubar.*
   Berechnen Sie den Preis für D, der mindestens erzielt werden müsste, damit sich das Betriebsergebnis aus 1. nicht verschlechtert.

5. AP 97 II,5 (adaptiert) — 9 Punkte

Im ostdeutschen Zweigwerk werden die Produkte E, F und G hergestellt. Es liegen folgende Daten vor:

	E	F	G
Produktion/Absatz in Stück	9.000	10.000	8.000
Deckungsbeitrag in €/Stück	110,00	200,00	208,00
Fertigungszeit/Stück in Min.	12	10	13
Erzeugnisfixkosten in €	600.000,00	500.000,00	650.000,00

Gesamte Fixkosten in € 3.000.000,00
Fertigungskapazität in min. 312.000

1. *Ermitteln Sie das bisherige Betriebsergebnis.*
2. *Bei Produkt E ist ein dramatischer Preisverfall eingetreten. Die Unternehmensleitung plant deshalb, die Produktion von Artikel E einzustellen. Durch Veräußerung von Maschinen würde die bisherige Kapazität der gesamten Fertigungs-*

anlagen um 25% gesenkt werden. Die Erzeugnisfixkosten von E könnten um 80% abgebaut werden. Die noch vorhandene freie Kapazität könnte durch eine mögliche Absatzsteigerung bei Erzeugnis F genutzt werden. Ansonsten ist von den gegebenen Daten auszugehen.
Entscheiden und begründen Sie mit Hilfe einer mehrstufigen Deckungsbeitragsrechnung, ob die Planung realisiert werden soll.

4. DBR im Mehrproduktunternehmen (Engpassrechnung)

Falls die vorhandenen Kapazitäten nicht ausreichen, alle Kundenwünsche abzudecken, und kurzfristig auch keine Kapazitätserweiterung möglich ist, geht man folgendermaßen vor:

Schritt 1:	Berechnung der für den maximalen Absatz der einzelnen Produkte nötigen Maschinenkapazität. (Wie viel Maschinenstunden bzw. -minuten braucht man, um theoretisch alle Kundenwünsche zu befriedigen?)
Schritt 2:	Ermittlung von Engpässen (Vergleich zwischen benötigter und vorhandener Kapazität).
Schritt 3:	Entscheidung über die Produktrangfolge mittels rel db (rel db =db/Zeit). Der normale (absolute) db reicht als Entscheidungsgrundlage nicht mehr aus, da die Produktionszeit jetzt eine wesentliche Rolle spielt. Deshalb ersetzt man den Deckungsbeitrag pro Stück nun durch den Deckungsbeitrag pro Zeiteinheit.
Schritt 4:	Ermittlung der produzierbaren Menge der einzelnen Produkte in der Reihenfolge des rel dbs; eventuell unter Berücksichtigung nicht kündbarer Verträge: Vorhandene Kapazität auf Engpassmaschine (minus unkündbare Verträge) minus benötigte Kapazität für bestes Produkt minus benötigte Kapazität für zweitbestes Produkt = Verbleibende Kapazität für letztes Produkt dividiert durch Bearbeitungszeit (letztes Produkt) = Produzierbare Menge des schlechtesten Produkts Auch möglich: DB = rel.db * t.
Schritt 5:	Erstellung des Maschinenbelegplans, in dem die Auslastung und Belegung der einzelnen Maschinen dargestellt wird (bei zwei Maschinen; sonst Produktionsplan).
Schritt 6:	Berechnung des optimalen Betriebsergebnisses.

Maschinenbelegplan

Für die einzelnen Produkte benötigte Zeit				Kapazität der Maschinen		
Maschine	Prod. A	Prod. B	Prod. C	vorhanden	benötigt	frei
Maschine 1						
Maschine 2						

Aufgabenblock DBR 4

1.

Ein Betrieb fertigt vier Arten von Rasenmähern, den Elektromäher (E), den Viertakt- (V), den Zweitaktmäher (Z) und den Handmäher (H). Seit der jüngsten Marktexpansion bildet die Montageabteilung, die alle vier Produktgruppen zu durchlaufen haben, durch ihre Kapazität von 2.200 Stunden pro Monat den betrieblichen Engpass. Folgende Daten sind bekannt:

	E	V	Z	H
db (€)	51,00	30,00	25,00	24,00
Montagezeit (min)	30	20	15	12
max. Absatzmenge	2.200	2.700	2.400	2.000

Fixkosten..120.000,00 €

Ermitteln Sie das optimale BE.

2.

Ein Betrieb produziert drei verschiedene exotische Parfums (Lotus, Kümmel, Koriander).

Folgende Daten liegen vor:

	Lotus	Koriander	Kümmel
Preis (€)	37,00	48,00	22,00
kvar (€)	26,00	40,00	18,00
erzKfix (€)	30.000,00	24.000,00	14.000,00
feste Aufträge (Stück)	2.000	12.000	8.000
maximale Absatzmenge	2.800	14.000	15.000
Bearbeitungszeit (Min)	30	20	5

Unternehmensfixkosten €...50.000,00

Alle drei Produkte werden auf einer maschinellen Anlage gefertigt (Maximalkapazität 400.000 Min). Ermitteln Sie das optimale BE.

3.

In einem Fertigungsbetrieb werden die drei Produkte A, B und C hergestellt. Alle drei Produkte müssen die Maschinen M1 und M2 durchlaufen. Für die KLR stehen folgende Daten zur Verfügung:

Produkt	A	B	C
p (€)	980,00	950,00	800,00
max. Absatz pro Monat	840	400	200
kvar (€)	853,00	710,00	600,00
Bearbeitung auf M1 (Min)	12	21	30
Bearbeitung auf M2	10	18	24

max. Kapazität auf M1 ....340 Stunden (Mon.)

max. Kapazität auf M2...380 Stunden

Fixe Kosten pro Monat...117.080,00 €

1. *Berechnen Sie das optimale Betriebsergebnis und erstellen Sie den dazu nötigen Maschinenbelegplan.*

2. *Es ist geplant, die Kapazität der Maschine M1 um 5 Stunden und 20 Minuten zu erhöhen, was zu einer Erhöhung der Fixkosten um 2.032,00 € führen würde. Wie würde sich diese Maßnahme auf das Betriebsergebnis auswirken?*

4 AP 76

Die Mahler AG stellt zurzeit die drei Produkte X, Y und Z her. In der Fertigung sind die Maschinen M1und M2 eingesetzt. M1 ist im Jahr 1.800 Stunden in Betrieb, M2 wird an 250 Arbeitstagen je 8 Stunden eingesetzt.

Im Laufe des letzten Quartals hat sich die Marktlage für das Produkt Z deutlich verschlechtert. Der Betrieb muss daher den Angebotspreis von 36,00 € auf 33,00 € zurücknehmen. Da der Gewinn nach wie vor 10% betragen soll, will man die Preiseinbußen durch Kostensenkungen im Materialbereich auffangen. Es werden deshalb die bisher verwendeten Metallteile durch kostengünstigere Kunststoffteile ersetzt.

a. *Wie hoch dürfen die Kosten für das Fertigungsmaterial sein, wenn im Übrigen von folgenden Konditionen ausgegangen werden muss?*

FL .... 10,00 € *MGK 12,5%*
FGK .... 95% *VwVtGK 20%*
Vertr.Prov. 4%

Rabatt und Skonto werden nicht gewährt.

b. *Trotz wiederholter Herabsetzung des Angebotspreises geht der Absatz von Z weiter zurück. Die Betriebsleitung beauftragt deshalb die Kostenrechnungsabteilung, ihr eine Entscheidungshilfe darüber zu geben, ob das Produkt Z weiterhin im Sortiment bleiben soll oder nicht. Es liegen dafür folgende Daten vor:*

erzeugte und abgesetzte Menge im letzten Quartal 200
Verkaufspreis (letztes Quartal) .... 30,00 €
proportionale Stückkosten .... 14,00 €
zurechenbare Fixkosten des Quartals .... 3.400,00 €

Diese Fixkosten wären bei einer Produktionseinstellung zu 80% abbaubar.

c. *Es soll auch untersucht werden, ob anstelle des Produkts Z nun das Produkt D produziert werden soll. Dies würde jedoch zusätzliche Investitionen erfordern, die die bisherigen beschäftigungsunabhängigen Kosten in Höhe von 10.000,00 € pro Quartal um 20% steigern würden. Die proportionalen Kosten für D werden mit 30,00 € kalkuliert, der Preis wird vom Markt mit 40,00 € diktiert. Wie viele Stücke von D müssten mindestens produziert werden, damit das Produkt für den Betrieb langfristig interessant wäre?*

d. *Da sich neuerdings die Nachfrage nach den nunmehr hergestellten Produkten X, Y und D stark belebt hat, wurden weitere Untersuchungen angestellt, die folgende Ergebnisse erbrachten:*

	X	Y	D
max. Absatz (Quartal/Stück)	800	500	1200
Verkaufspreis (€)	60,00	80,00	40,00
prop. Stückkosten (€)	35,00	48,00	30,00
Bearbeitung auf M1 (Min)	21	15	2
Bearbeitung auf M2 (Min)	15	18	9

Zusätzliche Investitionen sollen aus Kostengründen nicht vorgenommen werden. Mit welcher Maschinenbelegung kann das optimale BE erzielt werden?

5. AP 81 II.5 7 Punkte

In einem Zweigwerk des Betriebes werden die Produkte X und Y hergestellt. Es liegen folgende Daten vor:

	Produkt X	Produkt Y
Verkaufspreis	70,00 €	55,00 €
variable Stückkosten	50,00 €	40,00 €
Fertigungszeit	1,5 Minuten	0,75 Minuten

Die Fertigungseinrichtungen haben eine Monatskapazität von 190 Stunden. Davon wird für die Umstellung von einem Produkt auf das andere, die monatlich einmal erfolgt, eine Zeit von 10 Stunden benötigt. Der Rest der Zeit wird je zur Hälfte auf X und Y verwendet.

Es fallen monatlich 100.000,00 € Fixkosten und 2.000,00 € Umstellungskosten an.

a. *Wie große ist das Betriebsergebnis?*

b. *Welches maximale Betriebsergebnis könnte monatlich mit den vorhandenen Anlagen erzielt werden, wenn von jedem Erzeugnis beliebig viel abgesetzt werden kann?*

6. AP 89 II.4 13 Punkte

Im Zweigwerk B werden die Produkte X und Y ausschließlich für den Export in ein bestimmtes Abnehmerland hergestellt. Dazu liegen für den Monat Mai 02 folgende Daten vor:

Produkt	X	y
hergestellte und abgesetzte Mengen im Mai 02	300 Stück	400 Stück
Verkaufspreis je Stück	1.400,00 €	2.180,00 €
Einzelkosten je Stück	600,00 €	1.400,00 €
variable Gemeinkosten im Mai 02	150.000,00 €	160.000,00 €
erzeugnisfixe Gemeinkosten pro Monat	50.000,00 €	80.000,00 €

1. *Ermitteln Sie für jedes Produkt die Gesamtdeckungsbeiträge DB I, DB II sowie die Stückdeckungsbeiträge (bezogen auf DB I).*

2. *Es besteht weiterhin Nachfrage nach den beiden Produkten. Wegen Devisenbeschränkungen in dem Abnehmerland muss jedoch der Umsatz auf 90% des im letzten Monat erzielten Gesamterlöses begrenzt werden. Die Unternehmung kann sich dieser Situation durch Einschränkung der Produktionsmengen bei einem der beiden Produkte bei sonst gleichen Verhältnissen wie im letzten Monat anpassen. Ermitteln Sie das unter diesen Umständen optimale Produktionsprogramm.*

3. *Die frei werdende Kapazität könnte zur Herstellung von 200 Stück eines Produktes Z verwendet werden. Z verursacht variable Stückkosten von 700,00 €. Welcher Verkaufspreis müsste für dieses Produkt Z erzielt werden, um die Exporteinbußen (vgl. 1. und 2.) wieder auszugleichen?*

7 AP 91 II. 2

In einem Zweigwerk der Metallbau AG werden die Produkte X, Y und Z hergestellt. Für Monat Dezember 02 liegen folgende Daten vor:

	Produkt X	Produkt Y	Produkt Z
Verkaufspreis/Stück	125,00 €	140,00 €	150,00 €
Fertigungsmaterial/Stück	36,00 €	48,00 €	38,00 €
Fertigungslöhne/Stück	22,00 €	27,50 €	39,60 €
variable Gemeinkosten/Stück	3,50 €	4,50 €	6,40 €
Fertigungszeit/Stück	20 Min.	25 Min.	36 Min.
hergestellte u. verkaufte Menge	800 Stück	720 Stück	500 Stück

Die Kapazität pro Monat beträgt insgesamt 960 Fertigungsstunden. Im gleichen Zeitraum ergeben sich Gesamtfixkosten von 92.400,00 €.

Die Anteile der Erzeugnisfixkosten daran sind:

Produkt X 15%, Produkt Y 25% und Produkt Z 40%.

1. *Ermitteln Sie für Dezember 02 in übersichtlicher Form die Deckungsbeiträge 1 und 2 (je Erzeugnis und insgesamt) sowie das Betriebsergebnis!*

2. *Nach einer Verminderung der Kapazität um 25% soll die Produktion von Artikel Z eingestellt werden. Die Unternehmensleitung beabsichtigt, über die bisherige Produktion von X und Y hinaus, die noch vorhandene freie Kapazität zeitgleich auf die Produkte X und Y aufzuteilen. Wie hoch ist unter diesen Bedingungen die jeweils von Artikel X und Y monatlich hergestellte Stückzahl?*

8. AP 92 II.1 — 21 Punkte

In einem Teilbetrieb der FRIMAG AG werden die Produkte A, B und C hergestellt. A und C durchlaufen die Fertigungsbereiche F1 (= Vorfertigung) und F2 (= Montage); B wird in F2 aus fremdbezogenen Teilen montiert.

Folgende produktbezogenen Daten sind zu beachten:

Produkte	A	B	C
erzeugnisbezogene Fixkosten je Quartal in €	80.000,00	60.000,00	20.000,00
variable Kosten pro Stück in €	320,00	290,00	160,00
Preis pro Stück in €	420,00	360,00	180,00
Lieferverpflichtungen je Quartal in Stück	400	400	400
im 3. Quartal produzierte u. abgesetzte Menge in Stück	2.100	1.900	1.600
max. Absatzmenge im 4. Quartal in Stück	2.500	2.500	2.500
Produktionsdauer:			
je Stück in F1 in Minuten	25	0	15
je Stück in F2 in Minuten	40	20	10

Die unternehmensbezogenen Fixkosten betragen 23.000,00 € je Quartal.

1. *Ermitteln Sie die Deckungsbeiträge I und II je Produktgruppe sowie das Betriebsergebnis für das abgelaufene 3. Quartal!*

2. *Wegen einer Großreparatur ist im kommenden 4. Quartal die Kapazität beider Fertigungsstellen beschränkt. In F1 beträgt sie 1.800 Stunden und in F2 2.000 Stunden.*

Weisen Sie rechnerisch nach, dass im kommenden 4. Quartal im Montagebereich (= F2) ein Engpass herrscht, während in der Vorfertigung (= F1) freie Kapazitäten vorhanden sind!
Empfehlung: Rechnen Sie in Minuten!

3. *Ermitteln Sie das optimale Produktionsprogramm für diese Engpass-Situation im 4. Quartal!*

4. *Bei der Ermittlung des optimalen Betriebsergebnisses für die Engpass-Situation im 4. Quartal ergibt sich für das Produkt C ein negativer DB II. Zu welchem Stückpreis müsste man das Produkt C (bei einer Absatzmenge von 400 Stück) verkaufen, um die Deckung aller der Produktgruppe C zurechenbaren Kosten zu erreichen?*

5. *Wie würde sich das optimale Betriebsergebnis (165.000,00 €) für die Engpass-Situation im 4. Quartal ändern, wenn die Produktion des Erzeugnisses B kurzfristig wegen mangelnder Umweltverträglichkeit eingestellt werden müsste und dabei 75% der erzeugnisbezogenen Fixkosten abgebaut werden könnten?*
Hinweis: Die frei werdende Kapazität würde - soweit möglich - genutzt.

9. AP 96 II.2 — 15 Punkte

Die Fertigungsanlagen F1 und F2 werden zur Herstellung der Erzeugnisse A, B und C verwendet. Für den Abrechnungsmonat November liegen folgende Daten vor:

	A	B	C
Maximaler Absatz in Stück	800	640	500
Lieferverpflichtungen in Stück	460	160	----
Verkaufspreis/Stück in €	362,00	648,00	927,50
variable Kosten/Stück in €	296,00	463,00	634,50

Alle Produkte durchlaufen beide Fertigungsanlagen mit folgenden Bearbeitungszeiten:

	A	B	C
Fertigungsanlage F1	5 Min.	12,5 Min.	20 Min.
Fertigungsanlage F2	8 Min.	7 Min.	16 Min.

Die Fertigungsanlagen haben eine Monatskapazität von je 320 Stunden.

1. *Ermitteln Sie das gewinnmaximale Produktionsprogramm für November.*

2. *Auf einer der beiden Fertigungsanlagen verbleibt im November freie Kapazität, die zur Herstellung des Bauteils D genutzt werden könnte.*
Bauteil D beansprucht eine Fertigungszeit von 16 Minuten pro Stück und verursacht variable Stückkosten von 200,00 € sowie erzeugnisfixe Kosten von 60.000,00 € pro Monat. Die gesamte herstellbare Menge wäre zu einem Stückpreis von 400,00 € absetzbar.

a. *Ermitteln Sie rechnerisch, ob die noch vorhandene Kapazität ausreicht, um durch die Herstellung von Produkt D das Betriebsergebnis zu verbessern.*

b. *Ermitteln Sie grafisch die Gewinnschwellenmenge für Produkt D. Beschriften Sie die Grafik vollständig. (Maßstab: X- und y-Achse je 10 cm).*

5. Eigenfertigung oder Fremdbezug

Die DBR ist auch eine Entscheidungshilfe darüber, ob der Betrieb sinnvollerweise bislang fremdbezogene Fertigbauteile in Zukunft selbst herstellt, oder ob er bislang selbstgefertigte Bauteile in Zukunft von einer anderen Firma beziehen soll.

5.1 Eigenfertigung statt Fremdbezug (Insourcing)

Ein bisher käuflich erworbener Bauteil soll künftig selbst hergestellt werden. In dieser Situation muss sich der Betrieb folgende Fragen stellen:

- Kann dieser Bauteil mit den vorhandenen Maschinen produziert werden? (keine zusätzlichen Fixkosten nötig)
- Sind Zusatzinvestitionen nötig? (zusätzliche Fixkosten)
- Welche Stückzahl muss produziert werden, damit sich diese Investition lohnt? (Grenzmenge)
- Ist bei einer gegebenen Menge Eigenfertigung oder Fremdbezug sinnvoller?
- Muss aus Kapazitätsgründen ein anderes Produkt aufgegeben werden?

5.1.1 Bei freien Kapazitäten ohne zusätzliche Investitionen

Eigenfertigung wenn kvar < p

Die Eigenfertigung ist immer dann sinnvoll, wenn der Bezugspreis über den stückvariablen Kosten liegt

5.1.2 Bei freien Kapazitäten mit zusätzlichen Investitionen

EF wenn [(p - kvar)*m] > zus. Kfix

Falls zusätzliche Investitionen nötig sind, müssen diese von der Kostenersparnis (Preis des FB – kvar der EF) getragen werden. Solange die gesamte Kostenersparnis größer ist als die zusätzlichen Fixkosten, ist die Eigenfertigung sinnvoller.

5.1.3 Bei ausgelasteter Kapazität

EF wenn Kostenersparnis > (entgangener DB + nicht abb. Kfix)

Durch Verdrängung eines anderen Produkts muss die nötige Kapazität geschaffen werden. Die Kostenersparnis der Eigenproduktion muss den entgangenen Deckungsbeitrag und die nicht abbaubaren Erzeugnisfixkosten des eingestellten Produkts mindestens decken.

Die Grenzmenge ist dann erreicht, wenn die zusätzlichen Kosten durch die Kostenersparnis gedeckt sind.

$$mg = \frac{\text{zusätzliche Kosten}}{\text{Kostenersparnis}}$$

Überblick:

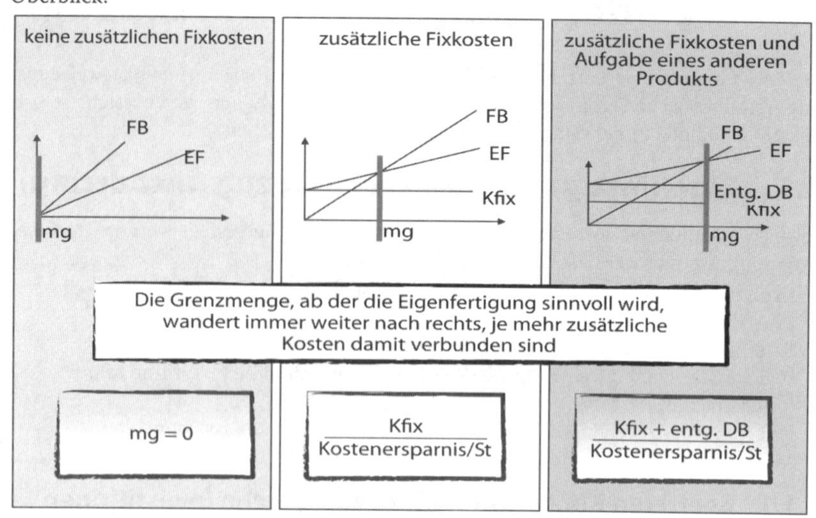

5.2 Fremdbezug statt Eigenfertigung (outsourcing)

Ein bislang selbst gefertigter Bauteil (oder ein fertiges Produkt) soll in Zukunft fremdbezogen werden.

Die Entscheidung, ob ein bislang selbst produziertes Produkt in Zukunft fremdbezogen werden soll, hängt vom Preis des Zulieferers und von der Abbaubarkeit der fixen Kosten (der Eigenproduktion) ab.

Um eine Entscheidung treffen zu können, kann ein direkter Kostenvergleich bei einer gegebenen Menge durchgeführt, oder die Grenzmenge ermittelt werden.

Kosten der Eigenfertigung: Kfix + kvar * mKosten des Fremdbezugs: p * m + nichtabbaubare Kfix der EF

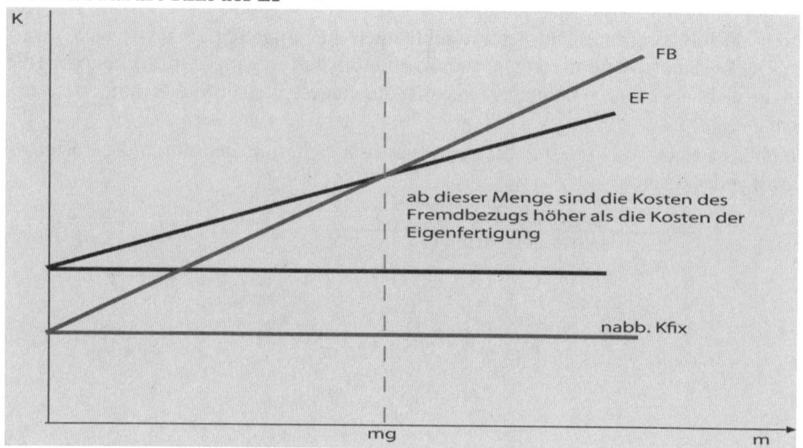

Grenzmenge:

$$EF = FB$$
$$Kfix + kvar(EF) * m = p(FB) * m + Kfix(nabb.)$$
$$m = (Kfix - Kfix(nabb.))/(p(FB) - kvar(EF))$$

Aufgabenblock DBR 5

1.

Der Betrieb bezieht bislang einen Bauteil für 24,00 € fremd. Die Kostenrechner ermitteln nun, dass die Eigenproduktion dieses Bauteils bei einer konstanten Bedarfsmenge von 1.000 Stück stückvariable Kosten von 10,00 € und zusätzliche Fixkosten in Höhe von 10.000,00 € verursachen würde.

a. *Ist es sinnvoll, die Eigenproduktion aufzunehmen? Welche Auswirkung hätte diese Maßnahme auf das Betriebsergebnis? Ab welcher Menge rentiert sich die Eigenfertigung?*

b. *Stellen Sie die Situation auch grafisch dar (Skizze).*

c. *Berechnen Sie die Auswirkung auf das BE und die Grenzmenge alternativ auch für den Fall, dass zusätzlich ein anderes Produkt, das einen db von 2,00 € erzielt, aus Kapazitätsgründen eingestellt werden müsste. Von diesem Produkt wurden bisher 3.000 Stück produziert.*

2.

Die Fa. DexMed AG überlegt, ob es nicht sinnvoll ist, das Nebenprodukt HP4/67, das bislang fertig bezogen wurde und anschließend unverändert verkauft wurde, zukünftig selbst zu produzieren, da die Produktionsanlagen nicht ausgelastet sind. Der Artikel HP4/67 kostet derzeit bei einer Bedarfsmenge von 500 Einheiten pro Einheit 30,00 €. Man kann davon ausgehen, dass dieser Preis sich auch längerfristig nicht verändern wird.

Zur Vorbereitung der Entscheidungen werden genauere Kostenuntersuchungen angestellt, die folgende Ergebnisse erbringen:

Zuschlagssätze:

MGK .... 30% FGK1 .... 130%
FGK2 .... 80% VwGK 12%
VtGK 10%

Einzelkosten in €:

FM 3,00 FL1 8,00
FL2 9,00

Laut Kostenanalyse ergeben sich folgende variable Kostenanteile (der Rest hat Fixkostencharakter)

FM .... 100% FL1 .... 100%
FL2 .... 100% MGK 50%
FGK1 .... 20% FGK2 .... 40%

VwGK ....10% VtGK 10%

1. *Ist die Eigenfertigung sinnvoll, wenn dieser Bestandteil auf den bestehenden Maschinen ohne zusätzliche Investitionen produziert werden könnte? (Die errechneten Fixkosten müssten also nicht berücksichtigt werden)*
2. *Wie würde sich dadurch das Betriebsergebnis verändern?*
3. *Wie würde die Entscheidung aussehen, wenn von den Fixkosten 3.000,00 € zusätzlich verrechnet werden müssten?*
4. *Ab welcher Menge würde sich die Eigenproduktion unter dieser Voraussetzung (3.) lohnen?*
5. *Wie würde Ihre Entscheidung ausfallen, wenn die Kapazität (ohne Berücksichtigung von 3.) bereits ausgelastet wäre und die Eigenfertigung von HP4/67 nur dann technisch möglich wäre, wenn die DexMed AG die Produktion eines „Nebenartikels" einstellen würde, der bei der Absatzmenge von 1.000 Stück bislang einen Stückdeckungsbeitrag von 1,20 € erzielte und pro Monat Fixkosten von 1.300,00 € verursachte,*
   a. *wenn die Fixkosten dieses Artikels ganz abgebaut werden könnten?*
   b. *wenn sie weiterhin bestehen blieben und nicht abbaubar wären?*

3.

Die DexMed AG bekommt von einem Händler das Angebot, den Duftstoff Kamillin zum KG-Preis von 24,00 € zu beziehen. Bisher verursachte die Eigenproduktion dieses Stoffes Fixkosten in Höhe von monatlich 24.000,00 € und variable Kosten pro Kilogramm von 8,00 €. Der monatliche Bedarf beträgt 800 kg.

Führen Sie den Kostenvergleich bei der aktuellen Menge durch,

a. wenn die Erzeugnisfixkosten nicht, *b. zur Hälfte,*

c. zu 80% oder *d. ganz abbaubar sind.*

Berechnen Sie für diese vier Situationen jeweils auch die Grenzmenge und stellen Sie den Sachverhalt mit Hilfe einer Skizze grafisch dar.

4. AP 84 II.2 (adaptiert) 9 Punkte

Bei der DUO AG wird u.a. die Deckungsbeitragsrechnung verwendet. Für das 4. Quartal liegen folgende Daten vor:

	Produkt S	Produkt D
Preis/Stück (€)	430,00	115,00
proportionale Kosten/Stück (€)	280,00	90,00
erzeugnisfixe Kosten (€)	180.000,00	65.000,00
verkaufte Menge	2.100	2.400
Unternehmensfixe Kosten (€)		72.160,00

1. *Die DUO AG hätte im November einen Zusatzauftrag über 300 Stück des Produktes D zum Angebotspreis von 110,00 € bei 2% Skonto und 10% Rabatt erhalten können. Obwohl freie Kapazitäten vorhanden waren, wurde dieser Auftrag abgelehnt. Wie beurteilen Sie diese Entscheidung?*
2. *Welches BE ist für das Quartal zu erwarten?*
3. *Die DUO AG führt Verhandlungen mit der FREPRO GmbH. Diese bietet der DUO AG an, die Fertigung der 2.400 Stück des Produktes D für 113,00 € netto zu übernehmen. Der Vertrieb soll ausschließlich über die DUO AG erfolgen.*

Bei Annahme des Angebots könnte die DUO AG die Fertigung des Produktes D einstellen, wobei die erzeugnisfixen Kosten hierfür um 80% abbaubar wären. Ist dies vorteilhaft (rechnerischer Nachweis)?

5. AP 86 II.3

Von der Neo-Technik AG werden neben den elektronisch gesteuerten Werkzeugmaschinen und den Robotern zur Abrundung des Fertigungsprogramms rein mechanische Werkzeugmaschinen hergestellt. Nach eingehenden Untersuchungen wurden folgende Werte festgestellt:

Werkzeugmaschinen	mechanische	elektronische	Roboter
	(M)	(E)	(I)
var. Kosten/Einheit (€)	10.000,00	15.000,00	25.000,00
Erlöse/Einheit (€)	15.000,00	25.000,00	68.000,00
im Dezember 02 abgesetzte Einheiten	3	16	25
Anteil der Erzeugnisfixkosten an den gesamten Fixkosten in Höhe von monatlich 1.253.200,00 €	10%	20%	50%

1. *Ermitteln Sie die Deckungsbeiträge jedes Produktbereiches und das Betriebsergebnis für Dezember 02.*
2. *Würden Sie aus Kostengründen die Einstellung der Produktion von mechanischen Werkzeugmaschinen aufgrund einer Deckungsbeitragsrechnung empfehlen, wenn die fixen Kosten dieses Produktbereichs zu 50% abbaufähig sind? (Rechnerische Begründung mit Angabe des eventuell veränderten Betriebsergebnisses!)*
3. *Im Unternehmen bestehen Bestrebungen, die Produktion der mechanischen Werkzeugmaschinen einzustellen. Aus marktpolitischen Gründen sollen sie jedoch nicht aus dem Produktprogramm gestrichen werden. Sie sollen vielmehr von einem Unternehmen bezogen werden, das sie zu 12.000,00 € je Einheit anbietet. Bis zu welcher Stückzahl ist der Fremdbezug vorteilhaft, wenn bei Fremdbezug aufgrund der verbleibenden Lager- und Vertriebsorganisation die fixen Kosten (= 125.320,00 €) nur zu 40% abbaubar sind?*

6. AP 93 II.4 — 6 Punkte

Zur Risikostreuung erwägt die Geschäftsleitung, ein weiteres Produkt anzubieten. Hierzu müsste der Maschinenpark erweitert werden. Es liegen zwei Angebote vor:

Anbieter	Fixkosten	kvar	Kapazität pro Jahr
FRIMAG AG	110.000,00 €	75,00 €/Stück	5.000 Stück
OLAX AG	250.000,00 €	40,00 €/Stück	11.000 Stück

1. *Erstellen Sie eine Skizze, die den Kostenverlauf der beiden Maschinen zeigt (nicht maßstabsgetreu)! Markieren Sie auf der X-Achse den Bereich, in dem die Maschine der FRIMAG AG kostengünstiger produziert als die Maschine der OLAX AG! Achten Sie auf die vollständige Beschriftung Ihrer Zeichnung!*
2. *Entgegen den bisherigen Prognosen ist ein langfristiger Absatz von 14.000 Stück pro Jahr möglich. Deshalb werden beide Maschinen gekauft. Geben Sie die optimale Maschinenbelegung an und begründen Sie Ihre Lösung!*

7. AP 82 II.2 13 Punkte

Wegen der gestiegenen Ölpreise sollen in einem Zweigwerk der Olympia-Industrie-AG, in dem das Produkt B gefertigt wird, alternative Energiequellen erprobt werden.

Das Zweigwerk soll mit 40.000,00 € aus der Gesamtsumme der dafür erforderlichen Investitionskosten belastet werden. In der vergangenen Abrechnungsperiode waren in der Kosten- und Leistungsrechnung des Zweigwerks folgende Daten aufgezeichnet worden:

Fixkosten der Abrechnungsperiode: .... 150.000,00 €
Variable Stückkosten: .... 20,00 €
Angebotspreis für 1 Stück: .... 30,00 €

Die produzierte (= verkaufte) Menge des Produktes B betrug 18.000 Stück und beanspruchte 96% der Kapazität.

1. *Welches Betriebsergebnis (in €) wurde in der vergangenen Abrechnungsperiode in dem Zweigwerk erzielt?*
2. *Wie hoch wäre das Betriebsergebnis, wenn davon ausgegangen wird, dass die Investition durchgeführt und alle anderen Faktoren konstant bleiben?*
3. *Der Zweigstellenleiter soll auf Grundlage der Deckungsbeitragsrechnung und ausgehend von der Kostensituation der vergangenen Abrechnungsperiode prüfen, ob die anteiligen Investitionskosten gedeckt werden können, ohne dass in dem Zweigwerk eine Verschlechterung des bisherigen betrieblichen Erfolges eintritt.*
   a. *Bei gleich bleibendem Angebotspreis könnte mehr als bisher abgesetzt werden. Wäre es möglich, bei gegebener Kapazität durch Überschreitung der bisherigen Absatzmenge das Betriebsergebnis von 30.000,00 € beizubehalten und gleichzeitig die durch die Zusatzinvestition entstandenen Kosten von 40.000,00 € zu decken? (Rechnerischer Nachweis und kurze Erklärung).*
   b. *Es wird vorgeschlagen, den Angebotspreis zu erhöhen und 18.750 Stück zu produzieren. Wie hoch müsste der Angebotspreis dann sein, wenn nach wie vor ein Betriebsgewinn von 30.000,00 € erwartet wird?*
   c. *Absatzanalysen der Marktforschungsabteilung der Olympia-Industrie-AG haben jedoch gezeigt, dass eine Preiserhöhung ohne Absatzeinbußen nicht möglich sein wird. Wie würde sich eine Preissteigerung von 20% auswirken, wenn gleichzeitig ein Absatzrückgang von 20% zu erwarten ist? (Berechnung des Betriebsergebnisses in €)*
   d. *Der Vertrieb des Produktes B erfolgte bisher durch den Einsatz von Vertretern, die auf Provisionsbasis arbeiteten und Reisenden, die ein festes Gehalt bezogen. Das Gehalt eines Reisenden beträgt 40.000,00 € jährlich, ein Vertreter ist mit 10% im Umsatzerlös beteiligt. Unter dem Aspekt der Kostenersparnis ist zu prüfen, ob der Absatz in Zukunft durch Vertreter oder durch Reisende durchzuführen ist. Berechnen Sie die Absatzmenge, bei der die Kosten für den Einsatz eines Vertreters und die Kosten für den Einsatz eines Reisenden gleich hoch sind. Berücksichtigen Sie dabei, dass in der nächsten Abrechnungsperiode das Produkt B zu einem Stückpreis von 36,00 € angeboten werden soll.*

Marketing

Der Markt hat sich generell grundlegend verändert: Vom Verkäufermarkt (gleich nach dem Krieg) hin zum Käufermarkt. Das bedeutet, dass der Käufer heute auf den meisten Märkten aus einer Vielzahl von Angeboten wählen kann, der Verkäufer aber keinen problemlosen Absatzbereich mehr vorfindet und deshalb vielerlei Maßnahmen ergreifen muss, um die Ware verkaufen zu können; er muss sich also an den Wünschen seiner Kunden orientieren. Die Unternehmensführung handelt heute deshalb marktorientiert.

Die Entwicklung kann man folgendermaßen umschreiben:

50er Jahre: „Hundeknochen-Marketing“:
Der Kunde bekommt das, was wir produziert haben!

60er Jahre: „Nadelöhr-Marketing“:
Wir verkaufen, was wir herstellen!

70er/80er Jahre: „Strategisches Marketing“:
Wir stellen her, was sich verkaufen lässt!

ab 90er Jahre: „Integriertes Marketing“:
Wir verkaufen erst, dann produzieren wir!

Quelle: http://www.kecos.de/script

Heute kann man die Ziele des Marketings folgendermaßen darstellen:

Ziele des Marketing

Kundengewinnung	Gewinnung bisheriger Nicht-Käufer Gewinnung von Käufern, die bisher bei der Konkurrenz gekauft haben
Kaufkraftabschöpfung	Ausbau der Marktmacht
Kundenbindung	Interessante Kunden identifizieren, Die Geschäftsbeziehungenzu interessanten Kunden systematisieren, die wertvollen Kunden binden.
Kunden-Wiedergewinnung	durch systematisches Auswerten von Daten verlorener Kunden im Rahmen des Beschwerde- und Reklamationsmanagements

Unter Marketing versteht man deshalb alle Maßnahmen und Aktivitäten eines Unternehmens, die darauf abzielen, die Bedürfnisse des heutigen und zukünftigen Marktes bestmöglich zu befriedigen und diesen im Sinne der eigenen Unternehmensziele zu beeinflussen. Dazu stehen folgende Instrumente zur Verfügung:

1. Marktforschung

Um Informationen über den Markt zu bekommen, stehen verschieden Quellen zur Verfügung. Die gesammelten Daten sind die Grundlage für die Absatzplanung und den Einsatz der absatzpolitischen Maßnahmen. Uns interessiert dabei besonders die Marktforschung.

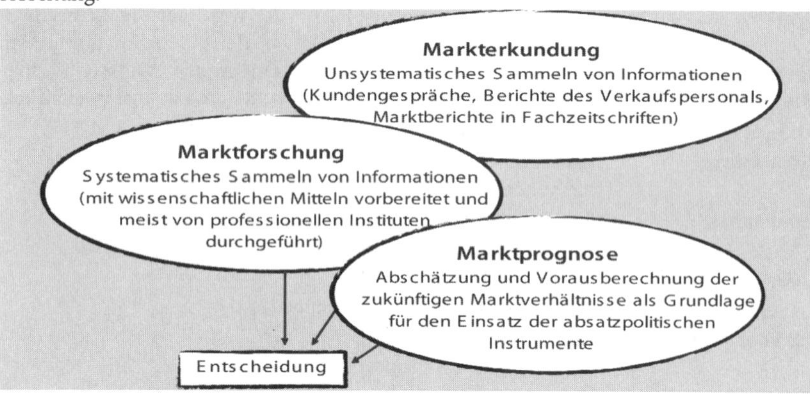

1.1 Aufgabenbereiche der Marktforschung

Die Marktforschung muss Antworten auf viele Fragen liefern:

- Allgemeine Wirtschaftslage (Konjunktur, Gesetzeslage, politische Tendenzen, ...)
- Branchenentwicklung (Zukunftsaussichten der eigenen Branche, Konkurrenz.)
- Chancen der Produkte, des Sortiments, der Dienstleistungen (Käuferschichten, Präferenzen der Kunden, Trends, Konkurrenzprodukte,...)
- Vertriebswege (Welche Absatzmöglichkeiten gibt es?)
- Wirkung der absatzpolitischen Maßnahmen (z.B. Erfolg der Werbung).

Die Aufgaben der Marktforschung können also folgendermaßen beschrieben werden:

Beobachtung und Analyse der Nachfrageverhältnisse (Bedarfsforschung)

- Marktgröße (Marktpotenzial, Marktvolumen, Marktsegmente),
- Komplementärgüter (Verkauf von Kameras erhöht auch das Filmgeschäft),
- Verbraucherverhalten
  Motivforschung (psychologische Tests z.B. über Bilder [Rosenzweig -Test] oder Wortassoziationstests),
- Beurteilung der Produkte
  Kundenbefragungen zu den Produkten.

Beobachtung und Analyse der Konkurrenzverhältnisse (Konkurrenzforschung)

- Konkurrenten
  Marktanteil, Umsatz, Größe, Kapital - und Personalstärke,...
- Konkurrenzprodukte
  = Substitutionsprodukte (Design, Qualität, Preis, Vertriebspolitik, Werbung,...).
- Marktverhalten
  Produkt-, Preis -, Sortimentspolitik der Konkurrenten; Auftreten auf dem Markt (aggressiv oder verhalten).

Kontrolle der Marketinginstrumente

- Test unserer Marketingkonzepte z.B. auf Testmärkten.
- Wie wirken sich unsere Maßnahmen in der Realität aus?

Erkennen von Entwicklungs - tendenzen (Konjunkturforschung)

- Entwicklung der verfügbaren Einkommen,
- mögliche Zusammenschlüsse von Konkurrenten,
- Technische Entwicklungen, ...

1.2 Methoden der Marktforschung

Die Antworten auf all diese Fragen sollen nun mit meist wissenschaftlichen Methoden herausgefunden werden. Man unterscheidet dabei zwischen Primär- und Sekundärforschung:

Die Sekundärforschung ist dabei die billigere Variante, kann jedoch nicht auf alle Fragen eine Antwort geben. Deshalb kann auf Primärforschung in der Regel nicht verzichtet werden. Primärforschung wird entweder selbst durchgeführt oder, was wohl vernünftiger ist, von einem Marktforschungsinstitut erledigt.

Die damit verbundenen Kosten sind abhängig von der Komplexität des Verfahrens.

1.2.1 Primärforschung

Unter Primärforschung oder Field-Research versteht man die Gewinnung originärer Daten. Im Gegensatz zur Sekundärforschung wird hierbei nicht auf die Daten von Dritten zurückgegriffen, sondern die Informationen werden durch Befragung oder Beobachtung gewonnen.

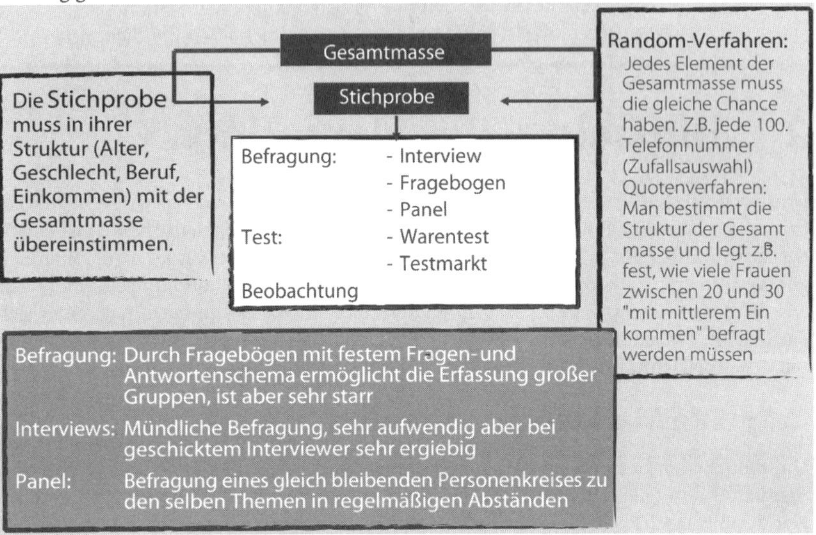

Das probeweise Platzieren eines neuen Produkts auf einem regionalen Testmarkt (z.B. Saarland; früher Berlin) kann mehrere Millionen € kosten. Wesentlich kostengünstiger sind lokale bzw. Mini-Testmärkte und Labor-Testmärkte. Von einem Panel spricht man, wenn repräsentativ ausgewählte Haushalte fortlaufend oder in bestimmten Abständen zu ihrem Kaufverhalten befragt werden.

Noch billiger aber auch ungenauer als ein Panel sind sog. Omnibusbefragungen. Das Unternehmen kann sich an einer „Mehr-Themen-Befragung" beteiligen. Sinn macht dies nur, wenn man sein Informationsbedürfnis auf wenige Fragen beschränken kann.

Aktuellere Ergebnisse erzielt man durch Telefon-Befragungen. Die Haushalte werden dabei durch das CATI-System (Computer Aided Telephone Interviewing) automatisch angewählt.

1.2.2 Sekundärforschung

Unter Sekundärforschung oder Desk-Research versteht man die Gewinnung von Informationen aus bereits vorhandenem Datenmaterial. Im Unterschied zur Primärforschung wird hier also auf Daten zurückgegriffen, die selbst oder von Dritten für ähnliche oder andere Zwecke bereits erhoben wurden.

Innerbetriebliche Informationsquellen	Außerbetriebliche Informationsquellen
Umsatzstatistik	Statistische Jahrbücher
Verkaufsberichte	Statistiken und Berichte der IHK
Schriftwechsel mit Kunden	Versicherungen, Banken,...
Sammlungen von Zeitschriftenartikeln	Geschäftsberichte von and. Unternehmen
Reparaturlisten	Prospekte und Kataloge
Lagerbestandsmeldungen	Preislisten von Konkurrenten
Vertreteraufzeichnungen	wissenschaftliche Veröffentlichungen

2 Hilfsmittel des Marketings

Um die gesetzten Unternehmens- und Marketingziele zu erreichen, wird ein Marketing-Mix zusammengestellt. Das bedeutet, dass die einzelnen Instrumente auf einander abgestimmt werden, um optimal wirken zu können. Um die Marketingmaßnahmen gut koordinieren zu können, muss man gewisse Vorplanungen durchführen. Man muss wissen, welche Zielgruppe man ansprechen möchte (Marktsegment), man muss sich darüber im Klaren sein, welches Objekt Ziel der Anstrengungen ist (strategische Geschäftseinheit) und man muss die Gegebenheiten auch visualisieren können.

2.1 Die Marktsegmentierung

Um die Kunden besser ansprechen zu können, wird der Markt in Teilmärkte (Marktsegmente) untergliedert. Diese Marktsegmente bilde je eine Gruppe von Kunden mit gleichen Eigenschaften, die sich klar von anderen Käufersegmenten unterscheiden.

Auf der sinnvollen Einteilung der Kunden basiert das komplette Marketing:

Die Marktsegmentierung kann nach unterschiedlichen Kriterien erfolgen:

- Geografische Kriterien:
  Einteilung nach Ländern, Gemeindegrößen, klimatische Verhältnisse, Struktur des Wohngebiets,...
- Soziodemografische Kriterien:
  Einteilung nach gesellschaftlichen Kriterien wie Alter, Geschlecht, Beruf, Einkommen, Ausbildung,...
- Psychografische Kriterien
  Einteilung nach Persönlichkeitsmerkmalen wie Lebensgewohnheiten, Vorlieben, Hobbys, soziale Schicht, politische Einstellung, ...

Hilfreich bei dieser Einteilung sind besonders sog. Verlagstypologien (= Zusammenfassung zahlreicher demografischer Kriterien und qualitativer Daten (Einstellungen, Präferenzen,...)). Die Verlage stellen aus Eigennutz möglichen Inserenten Informationen über ihre Leser zur Verfügung. Wenn die Lesergruppe der Zielgruppe entspricht, ist die Zeitschrift (die Zeitung, der Film) als Werbeträger sehr interessant. Die potenziellen Kunden werden dabei in Typen eingeteilt (=Personengruppen, bei denen Übereinstimmungen in bestimmten, vorher festgelegten Kriterien vorliegen). Die Einteilungskriterien müssen natürlich geeignet sein, eine sinnvolle Abgrenzung der einzelnen Typen zu ermöglichen. Mit Hilfe entsprechender Typologie-EDV-Programme (DATA-BASE-Marketing) lassen sich dann z.B. aus Befragungsunterlagen die verschiedenen Typen herausarbeiten.

2.2 Die Strategische Geschäftseinheit

Eine Strategische Geschäftseinheit (SGE) ist eine eindeutig abgrenzbare spezifische Produkt-Markt-Kombination (Produktgruppe oder Einzelprodukte, regionaler Markt) bzw. ein eigenständiges Erfolgsobjekt, welches intern homogen und extern heterogen ist. Also:

- Eigenständigkeit der Marktaufgabe; d.h. ein in sich geschlossenes homogenes Geschäft.
- Einheitliche Technologie
- Relative Unabhängigkeit der Entscheidungen; Eigenverantwortlichkeit durch selbständige Entscheidungen (z.B. Profit-Centers, Sparten); einheitliche Zielbildungsmöglichkeit.
- Abhebung von der Konkurrenz; klar bestimmbarer Kreis von Wettbewerbern.

2.3 Produktlebenszyklus

Wie in der Konjunkturforschung versucht man, mit einer Art Indikatoren das „Lebensalter“ des einzelnen Produktes herauszufinden. Der Produktlebenszyklus eines Produkts kann sehr unterschiedlich lang sein und auch einen sehr unterschiedlichen Verlauf nehmen. Dargestellt wird der Lebenszyklus meist anhand der Umsatz- und der Gewinnkurve. Für die genaue Bestimmung der einzelnen Phasen ist auch die Umsatzänderung als Kurve interessant.

Ein Beispiel: Für das Produkt 3/97 liegen folgende Daten vor:

	Jahr 1	Jahr 2	Jahr 3	Jahr 4	Jahr 5	Jahr 6
Menge	0	0	5,000	18,000	34,000	40,000
Preis	0	0	3.50	3.50	3.50	3.50
kvar	0.00	0.00	2.80	2.80	2.80	2.80
Kfix	6,000.00	7,000.00	8,000.00	8,000.00	8,000.00	8,000.00
	Jahr 7	Jahr 8	Jahr 9	Jahr 10	Jahr 11	Jahr 12
Menge	43,000	40,000	30,000	20,000	10,000	1,000
Preis	3.50	3.50	3.50	3.50	3.2	3
kvar	2.80	2.80	2.80	2.80	2.80	2.80
Kfix	8,000.00	8,000.00	8,000.00	8,000.00	8,000.00	8,000.00

Berechnen Sie mit Hilfe einer EXCEL-Tabelle die jeweiligen Umsätze, die Umsatzänderungen und den jeweiligen Gewinn pro Jahr.

Berechungen (Kurzform):

Produkt A	Jahr 2	Jahr 4	Jahr 6	Jahr 8	Jahr 10	Jahr 12
Umsatz	0,00	63.000,00	140.000,00	140.000,00	70.000,00	3.000,00
Änderung	0,00	45.500,00	21.000,00	-10.500,00	-35.000,00	-35.400,00
Gewinn	-7.000,00	4.600,00	20.000,00	20.000,00	6.000,00	-7.800,00

Stellen Sie diese drei Kurven grafisch dar und entwickeln Sie die unterschiedlichen Produktlebensphasen.

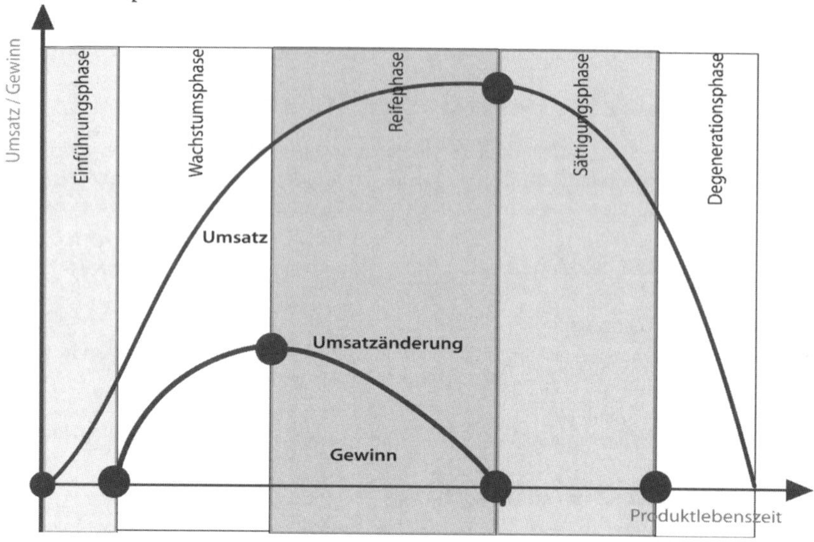

Die grafische Darstellung lässt sich dann entsprechend auswerten:

Unabhängig von Dauer und Verlauf des Lebenszyklus durchlaufen die Produkte einzelne Phasen, die im Modell folgendermaßen dargestellt werden können:

Modelltypischer Lebenszyklus

- ***Forschungs- und Entwicklungsphase:***
  Das Produkt verursacht nur Kosten, keine Umsätze.
- ***Einführungsphase***:
  Der **erste Umsatz** wird gemacht. Das Produkt tritt in den Markt ein. Die Nachfrage ist noch gering; zu Beginn werden nur geringe Umsätze erzielt. Zunächst macht man noch Verluste (negativer DBII).
  Die Nachfrage ist sehr unelastisch. Es gibt fast keine Wettbewerber. Der Markt entwickelt sich (steigendes Marktwachstum).
- ***Wachstumsphase***:
  Die **Gewinnschwelle wird überschritten**. Marktwiderstände werden überwunden (zufriedene Käufer bestellen nach, neugierige Kunden werden angelockt). Absatzmenge steigt, Stückkosten sinken. Der anfänglich monopolistische Markt wird oligopolistisch (Imitatoren drängen auf den Markt). Die Nachfrage wird elastischer. Das Marktwachstum ist hoch.
- ***Reifephase:***

Das **Umsatzwachstum erreicht den Höhepunkt**. Der Umsatz steigt zunächst noch an und nähert sich seinem Höhepunkt. Die Zahl der Neukunden wird jedoch kleiner. Da sich inzwischen viele Nachfrager (frühe Mehrheit) und einige Anbieter gegenüberstehen, wird die Nachfrage zunehmend elastisch. Der Markt wird polypolistisch. Das Marktwachstum nimmt langsam wieder ab.

- ***Marktsättigung***:
  Der **Umsatz überschreitet seinen Höhepunkt**, der Gewinn nimmt ab. Marktstruktur wird wieder oligopolistischer. Es bieten nur noch die „konservativen" Unternehmen an. Als Abnehmer treten nur noch der Tradition verpflichtete Kunden auf (späte Mehrheit). Stagnation der Wachstumsrate.
- ***Degenerationsphase***:
  Der **Break-Even-Point wird unterschritten**; die Umsätze sinken schnell. Überlegene Konkurrenzprodukte machen den Absatz des eigenen Produkts immer schwieriger. Viele Konkurrenten sind schon ausgestiegen. Die Nachfrage wird wieder unelastisch. Negative Wachstumsrate.

	Einführung	Wachstum	Reife	Sättigung	Rückgang
Marktform	Monopol	Oligopol ⇒ Polypol ⇒ Oligopol ⇒ Monopol			
Umsatz	gering aber steigend	stark steigend	langsamer bis zum Gipfel und nimmt dann wieder ab		sinkt immer schneller
Gewinn	zuerst Verlust, dann Gewinn	steigt stark an	steigt langsamer an	Break even point wird wieder unterschritten	
Nachfrage	sehr unelastisch	wird immer elastischer	sehr elastisch	wird wieder unelastischer	wieder sehr unelastisch

Das zu wählende Marketing-Mix wird auf die jeweilige Lebenszyklusphase abgestimmt.

Interessant ist, dass die Entwicklungsphasen in den vergangenen Jahren immer länger und die eigentliche Lebensdauer der Produkte immer kürzer geworden ist.

2.4 Die Portfolio-Analyse

Neben dem Produktlebenszyklus kann auch die sog. Portfolio-Analyse („Marktwachstums/Marktanteils-Portfolio" der Boston-Consulting-Group) zur Beurteilung eines Produktes / des Sortiments herangezogen werden.

Mit dieser Analyse wird die Stellung der einzelnen Produkte im Sortiment auf dem jeweiligen Markt dokumentiert. Die Produkte werden dabei in vier verschiedene Gruppen („Question Marks", „Stars", "Cash Cows" und „Poor Dogs") eingeteilt.

Die Portfolio-Analyse zeigt zukünftige Marktchancen und -risiken auf und erfasst Wettbewerbsvorteile bzw. -nachteile. Sie ermöglicht dadurch einen sinnvollen Vergleich und schafft die Basis für die Beurteilung bzw. die Ableitung von Normstrategien. Dazu muss jede einzelne strategische Geschäftseinheit (SGE) mit den anderen SGEs im Unternehmensportfolio abgestimmt werden, um langfristig den Ausgleich der Geldströme im Unternehmen insgesamt herzustellen.

Die Darstellungskriterien sind das Marktwachstum (Y-Achse) und der relative Marktanteil (X-Achse).

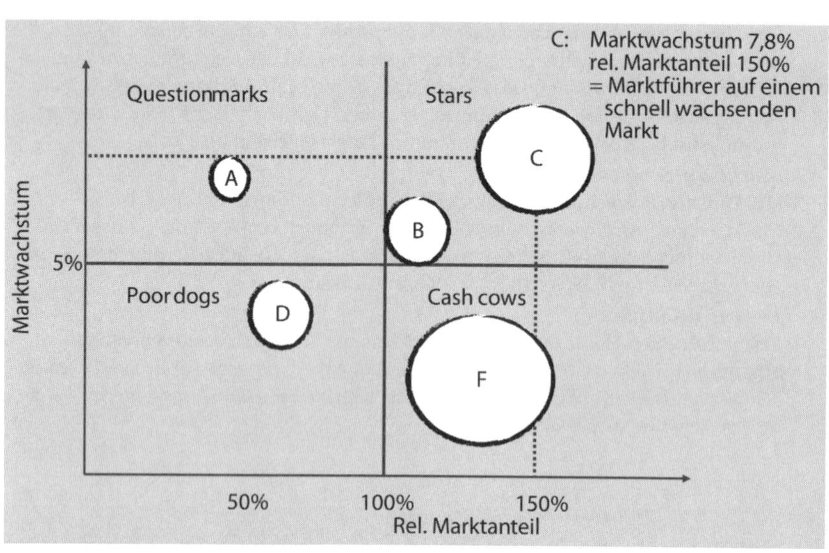

Anmerkungen:

Marktwachstum: Externer Faktor, der vom Unternehmen (fast) nicht beeinflusst werden kann. Als Anhaltspunkte können Größen wie das BIP oder das Branchenwachstum genommen werden. Die Grenze zwischen hoch und niedrig wird durch das Durchschnittswachstum bestimmt.

rel. Marktanteil: Kann durch Marketinganstrengungen des Unternehmens beeinflusst werden. Die Grenze wird zwischen Marktführer bzw. Mit-Marktführer und Nicht-Marktführer gezogen.
Berechnung:
eigener Marktanteil / Marktanteil des stärksten Konkurrenten.

Größe der SGE: Die Summe aller Kreisdurchschnitte (=Gesamtdurchmesser) wird in der Regel mit 10,00 cm festgesetzt.
Berechnung des Kreisdurchmessers des einzelnen Produkts:
Gesamtdurchmesser * [Umsatz (oder DB) der SGE] / [Umsatz (oder DB) des Unternehmens]

Grenzfälle: (Cinderellas) Falls Grenzfälle vorliegen, wird anteilig verrechnet.

Die einzelnen Felder der Portfolio-Analyse werden wie folgt klassifiziert:

Marktwachstum

?	Nachwuchsprodukte. Es ist noch unklar, was aus den einzelnen „Kindern" wird. Sie sind gekennzeichnet durch **kleinen Marktanteil und großes Marktwachstum**.	★	Die SGE hat einen **hohen Marktanteil in einem stark wachsenden Markt** (ist also Marktführer auf einem stark wachsenden Markt).
	Durch ihren **geringen Marktanteil in einem schwach wachsenden Markt** besitzen die „poor dogs" eine schwache Stellung im Wettbewerb.		Die Cash-Cows sind gekennzeichnet durch **hohen Marktanteil mit inzwischen geringem Marktwachstum.** Große Investitionen sind nicht mehr erforderlich.

relativer Marktanteil

Aufgabenblock Mar 1

1.

a. Definieren Sie den Begriff „Panel".

b. Nennen und beschreiben Sie drei wichtige Informationen, die zur Einführung eines neuen Produktes notwendig sind.

2.

Die Bigfoot GmbH, ein Reiseunternehmen, hat im vergangenen Jahr ihre Aktivitäten auf den Sektor Radreisen erweitert, da die zukünftige Entwicklung auf diesem Markt hohe Zuwachsraten verspricht.
Welche Informationen sind nötig, um fundierte Aussagen über diesen Markt treffen zu können?

3.

Nennen sie mögliche Informationsquellen.:

1. Der Verkaufsleiter eines Herstellers von Fruchtsaftgetränken will wissen, welche Umsätze die eigenen Getränke im Landkreis Ebersberg erzielt haben.
2. Er will auch wissen, wie sich der Getränkekonsum in diesem Marktsegment in den vergangenen fünf Jahren in den alten Bundesländern entwickelt hat.
3. Darüber hinaus interessiert ihn, wie die neue Marke „Bluelight" bei den Kunden angekommen ist.

4.

Das Produkt A erzielte während seiner Produktlebensdauer folgende Ergebnisse. (Es wird vereinfachend dabei unterstellt, dass weder Preisänderungen durchgeführt wurden, noch Kostenänderungen eingetreten sind).

	Jahr 1	Jahr 2	Jahr 3	Jahr 4	Jahr 5	Jahr 6
Menge	0,00	5.000	13.000	20.000	14.000	4.000
Preis	0,00	5,60	5,60	5,60	5,60	5,60
kvar	0,00	3,60	3,60	3,60	3,60	3,60
Kfix	13.000,00	13.000,00	13.000,00	13.000,00	13.000,00	13.000,00

Berechnen Sie die jeweiligen Umsätze, die Umsatzänderungen und den jeweiligen Gewinn pro Jahr. Stellen Sie diese drei Kurven grafisch dar und entwickeln Sie die unterschiedlichen Produktlebensphasen.

5.

Auf dem Markt für Rheuma-Pflaster, den die WAFOS AG mit unserem Produkt HOT-PLAST einige Zeit beherrschte, treten verstärkt Konkurrenten auf, die mit aggressiver Preispolitik versuchen, uns Marktanteile abzujagen. Das Marktwachstum wird inzwischen langsamer, die Umsätze steigen noch geringfügig an. In welcher Lebenszyklusphase befindet sich unser Produkt? Nennen Sie noch weitere Kriterien, die diese Phase beschreiben.

6.

Mit der Strategischen Geschäftseinheit „Adventuretrips" ist die Bigfoot GmbH seit zehn Jahren auf dem Markt. Die Kostenrechner stellen folgende Zahlen zur Verfügung:

Jahr	Umsatz	Kges
01	100.000,00	300.000,00
02	300.000,00	400.000,00
03	800.000,00	600.000,00
04	1.100.000,00	700.000,00
05	1.300.000,00	750.000,00
06	1.400.000,00	850.000,00
07	1.400.000,00	780.000,00
08	1.300.000,00	600.000,00
09	600.000,00	500.000,00
10	200.000,00	300.000,00

Stellen Sie den bisherigen Lebenszyklus dieser SGE dar (Umsatz- und Gewinnentwicklung). Wenden Sie dabei das Fünf-Phasen-Modell an.

7.

Folgende Daten sind gegeben:

SGE	A	B	C	D	E
Marktwachstum %	7,00%	1,80%	3,20%	6,00%	3,00%
Relativer Marktanteil	25%	50%	96%	133%	160%
Kreisdurchmesser in cm	0,57	0,91	1,14	2,27	5,11

Erstellen Sie das Marktwachstums/Marktanteil-Portfolio (durchschnittliches Marktwachstum 4%)

8.

Auf dem holländischen Markt vertreibt die WAFOS AG folgende vier strategischen Geschäftseinheiten:

SGE	A	B	C	D
Marktwachstum %	7,00%	2,00%	3,20%	8,00%
eigener Marktanteil	10,00%	15,00%	40,00%	50,00%
Marktanteil des stärksten Konkurrenten	40,00%	30,00%	25,00%	30,00%
Umsatz in Mio. €	2	3	15	5

Erstellen Sie ein Marktwachstums / Marktanteilsportfolio und beschreiben Sie die Bedeutung der einzelnen Produkte kurz. Gehen Sie dabei davon aus, dass der Gesamtdurchmesser aller SGEn 10 cm und das mittlere Wachstum 5% beträgt.

9.

Erstellen Sie mithilfe der folgenden Daten ein Marktwachstums/Marktanteilsportfolio der verschiedenen Strategischen Geschäftseinheiten der Bigfoot GmbH.

Marktwachstum		Branche	Bigfoot	stärkster Konkurrent
Radtouren	10%	10.000.000,00	2.000.000,00	2.800.000,00
Golfreisen	6%	8.000.000,00	1.000.000,00	3.000.000,00
Kulturwandern	3%	14.000.000,00	6.000.000,00	4.000.000,00
Wellnesswochenende	8%	16.000.000,00	3.200.000,00	1.800.000,00
Adventuretrips	4%	2.000.000,00	200.000,00	800.000,00

Das mittlere Marktwachstum der Branche wird mit 6% festgelegt.

10.

Die WAFOS AG stellt im Werk Wasserburg die Produkte A, B, C und D her. Diese erzielten in den vergangenen fünf Jahren folgende Umsätze.

a. *In welcher Produktlebenszyklusphase befinden sich die einzelnen Produkte (im fünften Jahr)? Stellen Sie die bisherigen Produktlebensläufe mit Hilfe der Umsatzzahlen grafisch dar.*

Produkt	Jahr 1	Jahr 2	Jahr 3	Jahr 4	Jahr 5
A		0,00	110.000,00	150.000,00	128.000,00
B	80.000,00	520.000,00	538.000,00	300.000,00	504.000,00
C	0,00	140.000,00	240.000,00	320.000,00	400.000,00
D	300.000,00	302.000,00	290.000,00	200.000,00	90.000,00

b. *Halten Sie es für erforderlich, ein Produkt aus produktprogrammtechnischer Sicht zu eliminieren?*
Welche produkt- und sortimentspolitischen Möglichkeiten hat ein Unternehmen, langfristig auf Veränderungen des Marktes zu reagieren?

c. *Es liegen folgende weitere Informationen vor:*

	A	B	C	D
p	3,20	18,00	32,00	7,03
kvar	1,80	13,00	24,00	6,50
erzKfix	8.000,00	34.000,00	55.000,00	23.000,00
Bearb.zeit (Sek.)	70	55	55	40

Gesamtkapazität auf M1: .... 1.800 Stunden
Unternehmensfixe Kosten: .... 51.000,00 €

Ermitteln Sie das erzielte Betriebsergebnis mit Hilfe der DBR und den bisherigen Auslastungsgrad.

d. *Das Produkt D soll eingestellt werden, obwohl die Fixkosten nur zu 20% abgebaut werden können. Marktuntersuchungen ergeben, dass die einzelnen Produkte folgendes Absatzpotenzial aufweisen:*

	A	B	C
Absatzpotenzial (möglicher Umsatz)	153.600,00	720.000,00	704.000,00

Ermitteln Sie das optimale Betriebsergebnis.

3. Das Marketing-Mix

Das Marketing-Mix besteht aus Komponenten der Produkt- und Sortimentspolitik, der Distributionspolitik, der Preispolitik und der Kommunikationspolitik.

3.1 Produktmix

Das Produktmix besteht aus der Sortimentpolitik und der Produktpolitik. Die **Sortimentpolitik** befasst sich mit der Angebotspalette, die **Produktpolitik** mit dem einzelnen Produkt.

3.1.1 Sortimentpolitik

Grundsätzlich kann man das Sortiment nach seiner Tiefe oder seiner Breite unterscheiden:

	geringe Breite	**große Breite**
geringe Tiefe	wenige verschiedene Produkte, wenige unterschiedliche Variationen	viele verschiedene Produkte, wenige unterschiedliche Variationen
große Tiefe	wenige verschiedene Produkte, viele unterschiedliche Variationen	viele verschiedene Produkte, viele unterschiedliche Variationen

Im Rahmen der **Sortimentspolitik** sind folgende Maßnahmen möglich und sinnvoll:

3.1.2 Produktpolitik

Neben diesen vorrangig sortimentpolitisch ausgerichteten Ansätzen kommen noch typische produktpolitsche Optionen (Produktgestaltung).

Die Produktgestaltung beinhaltet die **Markierung**, d.h. die Auswahl eines geeigneten Namens, die **Verpackung** und die **Qualität** des Produktes.

a. Markierung

Markenpolitische Entscheidungen umfassen alle Maßnahmen, die der Kennzeichnung von Produkten durch Marken dienen. Die Markierung von Produkten erfolgt durch die Verwendung einer Kombination von Namen, Symbolen und Zeichen.

In vielen Unternehmen ist das Firmenzeichen (Logo) tragendes Element in der visuellen Erscheinung. Durch eine im Laufe der Zeit entstandene Vertrautheit wird es auch ohne zusätzliche Information erkannt. Es identifiziert das Unternehmen.

Um den Aufbau einer eigenständigen Markenposition zu gewährleisten ist es notwendig, das Unternehmen bzw. das Produkt vom Wettbewerb abzuheben. Deshalb gibt es hohe Anforderungen an den Markennamen (z.B.: Produktentsprechung, Zielgruppenentsprechung, Unternehmensentsprechung, Eigenständigkeit und Originalität, Kürze/ Prägnanz, Merkfähigkeit, ...)

Der Markenname muss die Anforderungen alle erfüllen. Deshalb ist es sehr schwierig, den richtigen Namen zu finden. In der Regel werden dafür spezielle Werbeagenturen beauftragt. Für die Bildung des Markennamens wird viel Geld ausgegeben. Sie kann auf unterschiedliche Art geschehen:

- *Unkorrekte Schreibweise (z.B. Inteam)*
- *Abkürzungen (z.B. 4You)*
- *Semantische Stilmittel (z.B. Aquafresh)*

- *Produktableitung (z.B. Persil = WasserstoffPERoxyd – NatriumSILikat)*
- *Charakteristischer Vergleich (z.B. VW – Windnamen)*
- *Akronyme (z.B. HARIBO = Hans Riedel, Bonn)*

b. Qualität

Für den Erfolg auf dem Markt ist die **Qualität** des Produktes ausschlaggebend. Nur wenn diese stimmt, ist Erfolg möglich. Dennoch kann die Qualität des Produktes (Lebensdauer, Fehlerfreiheit, Gebrauchsfähigkeit, Haltbarkeit, Ausführung) aus marketingpolitischen Gründen verändert werden.

So ist es durchaus üblich, nach dem Erscheinen von Konkurrenten eine „Billigversion" mit abgespeckten Funktionen auf den Markt zu bringen, mit der man den Preis des Konkurrenten unterbieten kann (INTEL CELERON-Prozessoren).

Es besteht natürlich auch die Möglichkeit, die Qualität nach einer gewissen Zeit zu verbessern (Einsatz neuer Technologien, Einarbeitung von Erfahrungswerten,...).

c. Verpackung

Der **Verpackung** fällt eine wichtige Rolle zu, da der Kunde zuerst mit ihr in Kontakt tritt. Sie muss deshalb verschiedene Funktionen übernehmen:

- *Schutz- und Bewahrungsfunktion*
- *optimale Distributionsfähigkeit*
- *Produktidentifizierung*
- *Information*
- *Produktdifferenzierung*
- *Wertausdruck der Ware*
- *Selbstpräsentation*
- *Verkaufsaufforderung*

3.2 Distributionsmix

Die Produkte müssen zur richtigen Zeit, im richtigen Zustand, in der erforderlichen Menge dem Endverbraucher zur Verfügung stehen. Die Distributionspolitik hat also die Aufgabe, durch die Wahl der verschiedenen Absatzwege und Vertriebsorganisationen die Kunden optimal zu versorgen.

Die Distributionspolitik verfolgt u.a. folgende Ziele:

- **Sicherstellung der dauerhaften Verfügbarkeit der Ware,**
- **Sicherstellung der richtigen Positionierung der Ware,**
- **Sicherung des Nutzens für den Marktpartner.**

Bei der Auswahl des passenden Vertriebsweges sind folgende Kriterien zu berücksichtigen:

- Besonderheiten des Produktes: Größe, Gewicht, Verderblichkeit usw.,
- Umfang und Art der Produkte: breites oder tiefes Sortiment,
- Konkurrenzsituation (sind besondere Serviceleistungen erforderlich?),
- Anzahl und Struktur der Abnehmer,
- Art des Produkts (einfaches oder erklärungsbedürftiges Produkt)?,
- die vorhandene Infrastruktur,
- Größe des Unternehmens (Global Player oder Existenzgründer).

Eine große Rolle spielen dabei auch noch die eigene Unternehmensstrategie und die bestehenden Marktverhältnisse. Bei der **Anpassungsstrategie** akzeptiert der Hersteller die Marktmacht des Handels und stellt sich mit seinen absatzpolitischen Maßnahmen darauf ein. Bei der **Konfliktstrategie** ignoriert der Hersteller die Nachfragemacht des Handels und versucht selbst die Ware bestmöglich zu vermarkten. Bei der **Kooperationsstrategie** versuchen Hersteller und Händler gemeinsam den Absatz optimal zu gestalten. Die **Umgehungsstrategie** bedeutet eine eigenständige Vertriebsstruktur ohne sog. Absatzmittler.

3.2.1 Absatzwege

Man unterscheidet dabei grundsätzlich zwischen direktem und indirektem Absatz.

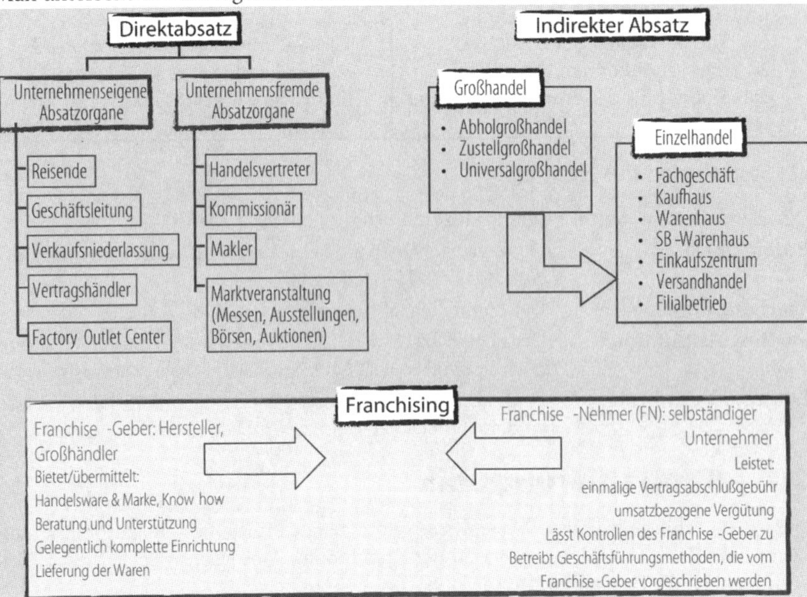

A. Direkter Absatz

Der direkte Absatz wird hauptsächlich bei Investitionsgütern durchgeführt.

Vorteile:	**Nachteile:**
• *unmittelbarer Kundenkontakt* • *schnelle Reaktion auf Kundenwünsche* • *schnelle Belieferung der Kunden* • *schneller Kundendienst* • *Einsparung der Händlerkosten und –gewinne* • *direkter Einfluss auf alle marketingpolitischen Entscheidungen*	• *kostenintensive Absatzorganisation* • *hohe Kapitalbindung durch Lagerung* • *hohe Transportkosten* • *mangelhafte Anpassung an Nachfrageänderungen*

B Indirekter Absatz

Der indirekte Handel ist bei Konsumgütern vorrangig.

Die Vorteile des direkten Absatzes sind gleichzeitig die Nachteile des indirekten Absatzes (siehe oben).

C. Sonderform: Franchising

Franchising ist die Absatzform mit den höchsten Zuwächsen (derzeit 25% pro Jahr) und stellt eine Mischform zwischen direktem und indirektem Absatz dar.

Vorteile für den Franchise-Geber:	Vorteile für den Franchise-Nehmer:
• geringer Mitteleinsatz nötig • große Expansionsmöglichkeiten • Die Selbständigkeit der Franchise-Nehmer erhöht deren Motivation • Das Know-how der Franchise-Nehmer wird genutzt	• Betriebsgründung ohne viel Know-how möglich • Verminderung des Unternehmerrisikos • Weit gehende Selbständigkeit • Sofortige Marktpräsenz • Aufwand im Materialbereich gering

D. Funktionen des Handels

Der Handel übernimmt für den Produzenten zusätzliche Aufgaben:

Pufferfunktion: Die Zwischenlagerung beim Verkäufer vermindert die Lagerkosten des Herstellers.

Werbungsfunktion: Der Handel wirbt für die angebotenen Produkte.

Sortimentsfunktion: Der Handel bietet dem Kunden alles, was zu diesem Produkt noch sinnvoll ist (z.B. MD Player, Mini Disks, Lautsprecher,...)

Betreuungsfunktion: Bei Fragen und Problemen wenden sich die Kunden zuerst an den Handel, der kleinere Probleme vor Ort lösen kann.

3.3 Kontrahierungsmix

Unter Kontrahierungspolitik versteht man ein Mix aus Preispolitik, Rabattpolitik, den Liefer- und Zahlungsbedingungen und der Kreditpolitik. Uns interessiert in diesem Zusammenhang die Preispolitik am meisten.

3.3.1 Die Preispolitik

Der Preis muss so gestaltet sein, dass er alle Kosten deckt, einen entsprechenden Gewinn abwirft und auch vom Kunden akzeptiert wird.

Die Preispolitik beinhaltet alle Methoden der Preisfestsetzung, der Preisveränderung und der Preisdifferenzierung. Die Preispolitik ist von unterschiedlichen Determinanten abhängig:

A. Abhängigkeit der Preispolitik von der Marktform

Wir können an dieser Stelle die verschiedenen Marktformen als bekannt voraussetzen und wollen uns deshalb auf die für uns wesentlichen Formen beschränken:

	Monopol	Angebotsoligopol	Polypol
Preiselastizität der Nachfrage	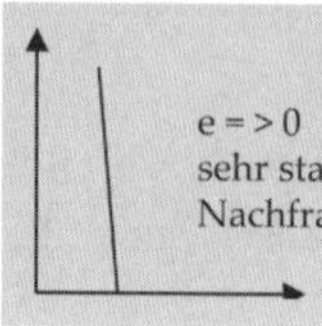 e = > 0 sehr starre Nachfrage	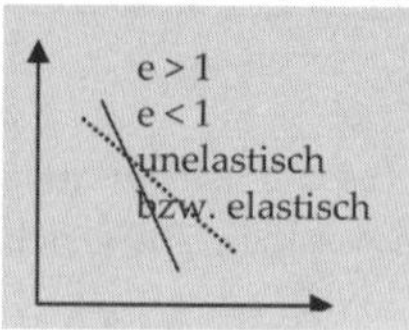 e > 1 e < 1 unelastisch bzw. elastisch	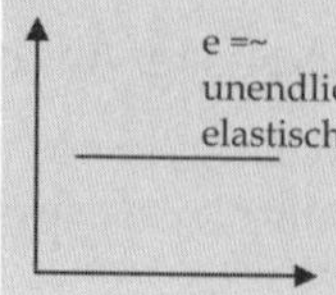 e =~ unendlich elastisch

Preisgestaltungs-spielräume	Hohe Preisspielräume: Preiserhöhungen führen nicht automatisch zu Absatzrückgang.	Abhängig von der Marktmacht (rel. Marktanteil)	Keinerlei Einfluss möglich. Der Preis wird vom Markt diktiert.

Generell kann man sagen, dass die preispolitischen Aktionsräume eines Anbieters umso mehr steigen,

- *je unvollständiger der Marktüberblick der Kunden ist,*
- *je mehr sich das eigene Produkt von denen der Konkurrenz unterscheidet,*
- *je mehr räumliche, zeitliche oder personelle Vorteile der Verkäufer geltend machen kann,*
- *je mehr es dem Verkäufer gelingt, die Exklusivität des Artikels herauszustellen (besonderes Logo, Unterstützung durch Opinion-Leaders).*

B. Abhängigkeit der Preispolitik von den Unternehmenszielen (Preisstrategien)

Grundsätzlich kann das Unternehmen entweder einen möglichst hohen Preis ansetzen (Gewinnmaximierung) oder mit möglichst tiefen Preisen die Konkurrenz fern halten (Marktmacht). Man unterscheidet dabei:

Hochpreisstrategie	
Prämienpreispolitik = dauerhaft hohe Preise	Abschöpfungspolitik = hohe Preise nur in der Einführungsphase
– gekoppelt an hohe Qualität und Serviceleistungen – besondere Werbemaßnahmen und spezielle Distributionsverfahren – Luxusgüter mit Sozialprestige	– möglich, wenn das Produkt einen Vorsprung hat – nachträgliche Preissenkung kann als Kampfmittel gegen die aufkeimende Konkurrenz gesehen werden (Telekom) – Preissenkung wird manchmal verbunden mit Verringerung der Leistung (z.B. Buchmarkt: Erst Hardcover, dann Taschenbuch)

Niedrigpreisstrategie	
Promotionspreispolitik = dauerhaft niedrige Preise	Penetrationspolitik = niedrige Preise in der Einführungsphase
– Preis wird zum wichtigsten Werbeargument	– möglichst schnell hoher Marktanteil angestrebt – Konkurrenz wird von Beginn an abgeschreckt – besonders interessant, wenn man einen Marktstandard durchdrücken möchte (z.B. neuer Grafik-Standard im PC-Bereich)

C Abhängigkeit der Preispolitik von der Reaktion der Konsumenten

Auch der Konsument beeinflusst die Preispolitik auf unterschiedliche Weise:

* **Die Preisvorstellungen des Konsumenten**:
  Der Kunden vergleicht die Waren auf dem Markt und wägt den Preis gegen den von ihm erwarteten Nutzen ab. Daraus entwickelt er dann seine eigenen Preisvorstellungen.
* **Die Preisbereitschaft des Kunden**
  Entsprechend seiner Preisvorstellungen und seiner Kaufkraft sowie der Dringlichkeit seines Bedarfs ist der Nachfrager bereit, einen bestimmten Preis zu zahlen.
* **Die Preisklasse des Kunden**
  Die Preisvorstellungen und die Preisbereitschaft der Nachfrager klassifizieren den Kunden (untere, mittlere, gehobene Klasse). Dies ist bei der Einordnung des Produktes in bestimmte Preisklassen sehr wichtig.
* **Das Image-Bewusstsein des Kunden**
  Manche Kunden kaufen scheinbar völlig irrational lieber teuere (weil deshalb vermeintlich gute) Produkte. Besonders bei jungen Kunden ist der Hang zu „Marken" sehr ausgeprägt.

D. Abhängigkeit der Preispolitik von der Reaktion der Konkurrenten

Die Konkurrenz beeinflusst besonders dann die eigene Preisbildung, wenn die Zahl der Anbieter klein ist, die Güter homogen sind und die Nachfrager einen relativ guten Überblick über den Markt haben. Um seinen Marktanteil nicht zu riskieren wird ein Oligopolist bei einer Preissenkung des Konkurrenten reagieren, unabhängig von der eigenen Kostensituation. Die Oligopolisten können sich dabei am Durchschnittspreis der Branche oder stillschweigend am Preisführer orientieren. Da eine Preissenkung auf einem oligopolistischen Markt sehr mit Vorsicht zu genießen ist, kommt es oft zu stillschweigenden Preisübereinkünften. Gelegentlich kommt es jedoch zu sehr heftigen, jedoch meist kurzen, Preiskämpfen (Beispiel: Media Markt – Saturn).

3.3.2 Weitere preispolitische Massnahmen

A. Preisdifferenzierung

Die Preisdifferenzierung ist eine Form der Preispolitik, die von fast allen Anbietern angewendet wird. Es bedeutet schlicht und einfach, dass der Verkäufer abhängig vom Käufer unterschiedliche Preise verlangt. Das Ziel ist die optimale Ausschöpfung des Marktpotenzials.

Man unterscheidet dabei folgende Arten der Preisdifferenzierung:

- Zeitliche Preisdifferenzierung
  Um die Kapazitäten trotz saisonaler Absatzschwankungen bestmöglich auszunutzen, werden die Produkte zu verschiedenen Zeiten mit unterschiedlichen Preisen angeboten (Flugreisen in der Vorsaison, Pelze im Sommer, Nacht-Tarif beim Strom).
- Räumliche Preisdifferenzierung
  Der Verkäufer verlangt unterschiedliche Preise in verschiedenen Regionen (Brauereien, Benzinpreise, Autoversicherungen).

- Preisdifferenzierung nach Käuferschichten
  (sachliche Preisdifferenzierung)
  Um verschiedene Zielgruppen anzusprechen, werden Produkte oft in einer Standard- und einer Luxusausführung angeboten (DB: 1. Klasse / 2. Klasse).
- Persönliche Preisdifferenzierung
  Wiederverkäuferrabatte, Treuerabatte, Behördenrabatte, Schülerpreise.
- Mengenmäßige Preisdifferenzierung
  Durch ein entsprechendes Rabattsystem werden höhere Absatzmengen zu günstigeren Preisen angeboten.

B. Psychologische Preisgestaltung

Als psychologische Preisgestaltung bezeichnet man alle Maßnahmen, die versuchen, Produkte oder Dienstleistungen für Käufer preiswerter erscheinen zu lassen, als sie wirklich sind.

- *Preisschwellen*
  ein Preis von 19,90 € erscheint wesentlich günstiger als 20,40 €.
- *vermeintliche Mengenrabatte bei Multipacks.*
- *Die Vermeidung der Zahl 13; Preise mit „abfallenden" Zahlen (9.875,00 €).*

C. Der preispolitische Ausgleich

Diese Preisstrategie verknüpft die Preispolitik mit der Sortimentspolitik. Hier werden Verlustartikel und Gewinnartikel ergänzt. Man unterscheidet dabei zwischen:

Simultankompensation	**Sukzessivkompensation**
(Produktausgleich) Das Sortiment enthält gleichzeitig Verlust- und Gewinnbringer.	(zeitlicher Ausgleich) ein Produkt erzielt in der Periode A einen Verlust, in der Periode B jedoch einen Gewinn.

D. Verkaufskonditionen

Auch über zusätzliche Verkaufskonditionen kann der Verkauf unterstützt werden. Zur Verfügung stehen dabei:

- *Preisnachlässe (Skonti, Boni, Rabatte),*
- *Garantieleistungen,*
- *Zahlungsfristen,*
- *besondere Kundendienstleistungen,*
- *Übernahme der Transportkosten (Lieferung frei Haus) und/oder der Verpackungskosten („Preis netto einschließlich Verpackung"),*
- *Kreditpolitik (Lieferantenkredit, Factoring, Leasing, Ratenzahlung).*

3.4 Kommunikationspolitik

Die Kommunikationspolitik besteht gemeinhin aus den Bereichen Werbung, Sales Promotion und Public Relations.

3.4.1 Werbung

Die Werbepolitik des Unternehmens zielt darauf ab, den Kunden durch ausgewählte Informationen auf die Produkte aufmerksam zu machen und ihn mittelfristig zum Kauf dieser Produkte zu motivieren. Die Wirksamkeit der Werbemaßnahme hängt davon ab, in welchem Umfang es gelingt, den Umworbenen zum Kaufentschluss zu bewegen. Nach der (allbekannten aber nicht unbedingt einzigen „Ablaufregel") AIDA-Regel läuft erfolgreiche Werbung in folgenden Stufen ab:

A	Attention	Aufmerksamkeit erregen
I	Interest	Interesse wecken
D	Desire	Verlangen nach der angebotenen Ware schaffen
A	Action	Kaufhandlung auslösen

Die Werbung wendet sich teilweise an den Verstand des Konsumenten, teilweise versucht sie, durch psychologische Mittel an das Unterbewusstsein des Kunden zu appellieren.

- *Werbung muss wirksam sein. Aus diesem Grund muss eine intensive Planung erfolgen.*
- *Werbung muss wirtschaftlich sein. Werbeerfolg und eingesetzte Mittel sollen in einem möglichst günstigen Verhältnis zueinander stehen. Auch aus diesem Grund ist eine genaue Planung unumgänglich*
- *Werbung muss der Wahrheit entsprechen. Falsche Aussagen wirken sich zumindest längerfristig kontraproduktiv aus.*
- *Die Werbebotschaft muss klar formuliert werden, damit die Botschaft richtig ankommt. Mögliche Missverständnisse haben sich als Umsatzkiller herausgestellt.*

Begriffe aus der Werbung

Werbearten	⌘ Einführungswerbung (Bedürfnisse wecken, Marktwiderstände brechen, Erschließung neuer Märkte,...[Einführungsphase]), ⌘ Expansionswerbung (Bekanntheitsgrad erhöhen, Marktanteil erhöhen [Wachstumsphase]), ⌘ Stabilisierungswerbung (Konkurrenz abwehren [Reifephase]), ⌘ Verteidigunswerbung (späte Mehrheit aktivieren [Sättigungsphase]), ⌘ Erinnerungswerbung (frühere Kunden zurückgewinnen, Sättigungsphase verlängern [Ende der Sättigungsphase]).
Werbeobjekte	Man unterscheidet generell zwischen Produktwerbung (klassische Werbung) und Firmenwerbung (Öffentlichkeitsarbeit).
Zielgruppe (Streukreis)	Auch wenn man Massenwerbung betreibt, will man die Botschaft auf die Zielgruppe ausrichten. Daneben gibt es noch die Einzelwerbung oder Direktwerbung, die sich direkt an den Kunden wendet. Werbung kann sich sowohl an die Käufer wenden, als auch an die Nichtkäufer wie Ärzte oder Architekten (Bedarfsberater) oder Kinder (Bedarfsäußerer).

Werbegebiet (Streugebiet)	Der regionale Einsatz der Werbung kann sehr unterschiedlich sein. Dabei wird die lokale Mentalität der Menschen genauso berücksichtigt wie die Stellung des Produktes/Unternehmens am regionale Markt.
Werbezeit (Streuzeit)	Die Werbezeit ist zunächst einmal abhängig vom Lebenszyklus des Produkts. Darüber hinaus spielen saisonale Überlegungen eine Rolle (prozyklisch – antizyklisch).
Werbemittel	Die Auswahl der Werbemittel (Anzeige, Fernsehspot, Werbebriefe, Trikotwerbung, Prospekte,...) ist abhängig von ⯌ der Zielgruppe (z.B. Direktmarketing: Werbebrief), ⯌ dem Werbeobjekt (z.B. Konsumgut: Fernsehspot), ⯌ dem Streugebiet (z.B. München: Anzeige in der SZ), ⯌ der Streuzeit (z.B. Urlaubszeit: Plakate an Straßenrändern), ⯌ dem Werbeetat.
Werbeträger	Für jedes Werbemittel wird ein Werbeträger (Werbemedium) benötigt, um die Werbebotschaft an den Mann zu bringen. Da in aller Regel nicht nur ein Werbeträger eingesetzt wird, empfiehlt sich eine „Media-Selektions-Programm", das – abhängig – vom Etat und der Zielgruppe den Einsatz der verschiedenen Werbeträger (Fernsehen, Kino, Radio, Zeitungen,...) abstimmt. Die bereits erwähnten Verlagstypologien helfen dabei genauso wie der sog. Tausenderpreis (=Preis des Mediums pro 1000 Leser/Zuschauer).
Werbeetat	Der Werbeetat wird von der eigenen Finanzkraft, von den Werbemaßnahmen der Konkurrenz und von den Werbezielen bestimmt.
Werbeerfolgskontrolle	Werbung kostet viel Geld. Deshalb muss die Wirksamkeit der Werbung überprüft werden. Dies geschieht auf zweierlei Weise: • ökonomisch: Es wird der Umsatz vor und nach der Werbeaktion verglichen. Die Veränderung zeigt dann den Erfolg, • außerökonomisch: Werbeforscher nehmen an, dass der Verbraucher die Werbebotschaft nicht unbedingt sofort aufnimmt, sodass eine langfristige Wirkung unterstellt werden kann. Deshalb wird die Werbewirksamkeit durch Tests oder Befragungen im Rahmen der Marktforschung regelmäßig überprüft. Dazu werden Kennziffern verwendet. • Werberendite= Umsatzzuwachs / Werbekosten • Berührungserfolg= Zahl der Angesprochenen / Zahl der Umworbenen • Erinnerungserfolg= Zahl der sich Erinnernden / Zahl der Werbeberührten

Wichtig ist dabei, dass der Kunde mit der Leistung des Unternehmens zufrieden ist. Die Marktforschung versucht, zum Beispiel mit Hilfe einer Divergenzmessung die Kundenzufriedenheit zu erfassen:

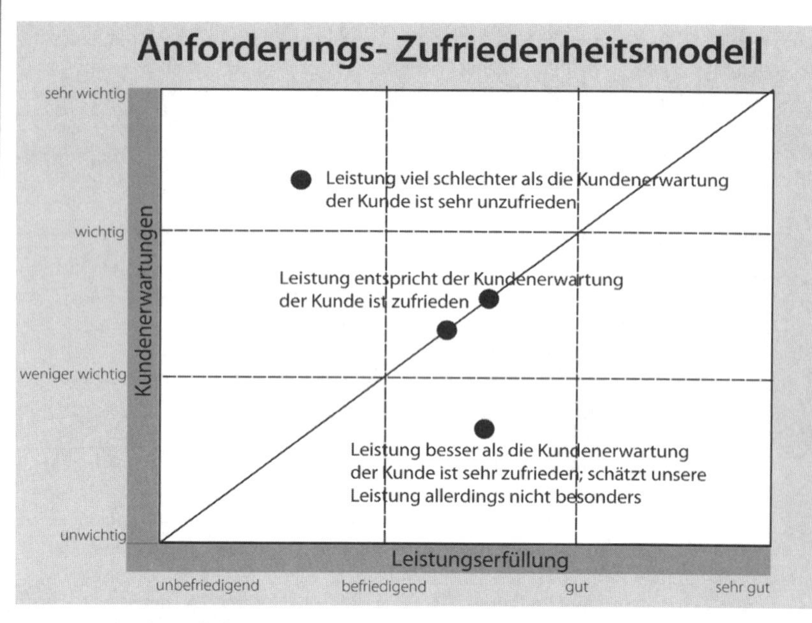

3.4.2 Verkaufsförderung (Sales Promotion)

Sales Promotion umfasst alle zeitlich begrenzten Sonderaktivitäten, die der kurzfristigen Verkaufsförderung dienen.

Da die einzelnen Maßnahmen der Verkaufsförderung sehr vielschichtig sind, empfiehlt sich die Einteilung in zwei Gruppen:

Konsumenten-Verkaufsförderung	Handels-Verkaufsförderung
• Ermunterung der potenziellen Kunden zum Probierkauf (kostenlose Proben, Gutscheine, Preisausschreiben, Spiele...) • Intensivierung und Ausbau der Markentreue (Rückerstattungsangebote, Sonderpreise, Sammelmarken) • Steigerung der Kaufintensität (Zweitnutzenverpackung, Produktzugaben, besondere Kreditangebote, ...)	• Auf- bzw. Ausbau der Distribution (Distributionshilfen, besondere Serviceleistungen, Preisausschreiben für den Handel,..) • zeitlich begrenzte Preissenkungsaktionen („Lockvogelangebote“) • attraktive Regalplatzierung und Zweitplatzierungen (Mieten für Regale, Rack Jobber,...) • Attraktivität des Artikels demonstrieren (besondere Werbeaktionen, Proben für den Handel, Schulungen für Verkaufspersonal, Händlerzeitschriften...)

Sales Promotions leiten sich aus den übergeordneten Unternehmenszielen ab.

Schon im Vorfeld muss klar sein, welche Kontrollmechanismen eingebaut werden, um die Aktion bewerten zu können. Allerdings ist eine effektive Bewertung schwierig. Am besten eignet sich ein Vorabtest auf verschiedenen aber vergleichbaren Testmärkten (einmal mit und einmal ohne Promotion).

Gegenüber der Werbung ergeben sich folgenden Vor- und Nachteile:

- *Die Verkaufsförderung ist schnell durchführbar. Keine langen Vorbestellungen bei Fernseh- oder Rundfunkanstalten*
- *Promotions sind trotz aller Schwierigkeiten leichter zu bewerten als die Wirkung der klassischen Werbung*
- *Die Verkaufsförderung besitzt keine so starke Breitenwirkung wie die Werbung*
- *Die Wirkung einer gut gemachten Promotion verblasst schnell, während eine gut gemachte Werbung immer wieder wiederholt werden kann.*
- *Verkaufsförderung kann der Marke schaden, die sog. Markenerosion tritt ein. Man spricht auch von „Preisverhau", wenn durch wiederholte Preisaktionen der Wert der Marke in der Käufereinschätzung sinkt.*

3.4.3 Öffentlichkeitsarbeit (Public Relations)

Unter Public Relations versteht man die Pflege der öffentlichen Meinung im Hinblick auf das eigene Unternehmen, um Vertrauen zu gewinnen bzw. zu erhöhen. Der Öffentlichkeitsarbeit fallen somit folgende Aufgaben zu:

Aufgaben	Maßnahmen
• Informationspolitik gegenüber relevanten Zielgruppen • Imagepflege Darstellung und Entwicklung der Corporate Identity • Kommunikationspolitik Kontakte zu relevanten Zielgruppen (Parteien, Verbände, Länder, Kunden, Schulen)	• Informationen für Journalisten • Pressekonferenzen • Publicrelations Anzeigen • PR-Veranstaltungen (Tag der offenen Tür, Betriebsbesichtigungen, Vortragsveranstaltungen) • Stiftungen für Forschung, Wissenschaft, Sport,... • Redaktionelle Beiträge in Fachzeitschriften • Spenden

Alle Public Relation Maßnahmen dienen hauptsächlich dazu, die Corporate Identity des Unternehmens langfristig zu verbessern.

Aufgabenblock MAR 2

1.

Die WAFOS AG will ihr Sortiment (medizinische Produkte) durch den Aufkauf der Bigfoot GmbH (Reiseanbieter) erweitern. Welche sortimentspolitischen Maßnahmen liegen dieser Entscheidung zugrunde?

2.

1. *Die WAFOS AG überlegt, ob sie nicht in Zukunft eigene Produkt-Manager im Vertrieb einsetzen sollte. Man rechnet das ganze mal für Produkt A durch: Der zuständige Manager würde im Jahr 160.000,00 € kosten. Als zusätzlichen Anreiz bietet die WAFOS AG dem Manager eine Art Umsatzprovision von 2%. Bisher wurde über selbständige Handelsvertreter verkauft. Diese erhielten die üblichen 6% Vertreterprovision. Das Produkt A wurde/wird immer zum gleichen Preis angeboten: 240,00 € abzüglich 10% Rabatt und 2% Skonto. Ab welcher Absatzmenge rentiert sich der Produktmanager?*

2. *Für das neue Produkt, das Hörgerät, benötigt die WAFOS AG noch geeignete Absatzwege. Schlagen Sie ein Ihrer Meinung nach geeignetes Distributions-Mix vor und begründen Sie dies.*

3 *Erklären Sie das Prinzip des Franchising.*

4. *Wählen Sie für folgende Produktgruppen den passenden Absatzweg (Begründung):*
   - *Fußabstreifer*
   - *Turbinen*
   - *Obst*

3.

1. *Die BIG FOOT GmbH will den Jahresumsatz in der Sektion „Kulturwandern“ erhöhen und denkt deshalb an entsprechende Preisdifferenzierungen.*
   Nennen und beschreiben Sie die Möglichkeiten und machen Sie zwei begründete Vorschläge.

2. *Die WAFOS AG ermittelt für die SGE „Stützstrümpfe“ einen Angebotspreis von 20,43 €. Begründen Sie, warum dieser Preis psychologisch ungünstig ist und nennen Sie weitere Möglichkeiten der psychologischen Preisgestaltung.*

4.

Die WAFOS AG teilt sich den Markt für Hörgeräte bisher mit folgenden Konkurrenten:

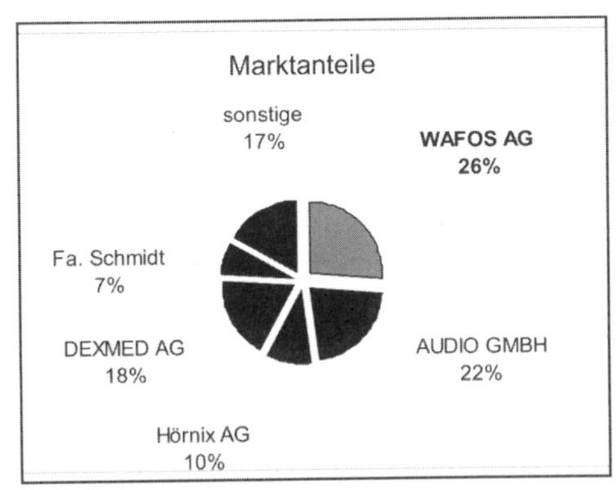

Durch die Neuartigkeit des Produkts setzen wir uns klar von den Konkurrenten ab und haben somit einen gewissen Vorsprung, der uns entsprechende Preisspielräume ermöglicht.

a. *Ermitteln Sie den bisherigen relativen Marktanteil der WAFOS AG .*

b. *Welche Marktform liegt vor?*

c. *Bisher wurde unser altes Hörgerät durchschnittlich für 300,00 € (VVKP) verkauft. Die Kunden würden für das neue Produkt durchaus auch mehr bezahlen. Die Marktforschung und die Kostenrechnung stellen folgenden Daten zu Verfügung:*

FM	60,00	MGK%	40%	Gewinn%	10%
FL	80,00	FGK%	80%	Skonto%	2%
VWVTGK%	15%			Rabatt%	15%
Kfix-Anteil bei den GK			60%		

Bestimmen Sie die kurzfristige und die langfristige Preisuntergrenze und die zu erwartenden Fixkosten für unser neues Hörgerät (Planmenge: 93.000 Stück). Ermitteln Sie außerdem den (kalkulatorischen) Angebotspreis.

d. *Wählen Sie eine passende Preisstrategie und begründen Sie diese.*

5.

1. *Die BIG FOOT GmbH bietet im Rahmen der Kulturwanderungen eine dreitägige Wanderung durch Prag zum Preis von 490,00 € an. Es handelt sich dabei um ein sehr günstiges Angebot, da die Konkurrenz ein vergleichbares Produkt zu 640,00 € anbietet. Dennoch wird der Prag-Trip der BIG FOOT GmbH im Gegensatz zu den Konkurrenzprodukten vom Kunden nicht angenommen. Nennen Sie mögliche Gründe dafür.*

2. *Beschreiben Sie den Begriff „Penetrationspolitik" und nennen Sie drei mögliche Gründe dafür.*

3. *Wovon hängen die preispolitischen Spielräume eines Anbieters ab? Nennen Sie mindestens vier verschiedene Kriterien.*

4 Marketing-Strategien

Das Marketing-Mix ergibt sich also aus vielen Faktoren.

endogene Faktoren (Unternehmen)	exogene Faktoren (Umwelt)
• Zielsetzung des Unternehmens • Produktarten • Produktlebenszyklus • bisherige Absatzorganisation • ...	• Konjunktur • Kaufkraft • Zielgruppe • Wachstum • gesetzliche Bestimmungen • Konkurrenz (Marktform) • ...

Diese Faktoren bestimmen die Marketingstrategie.

4.1 Das Marketing-Mix in Abhängigkeit des Lebenszyklus

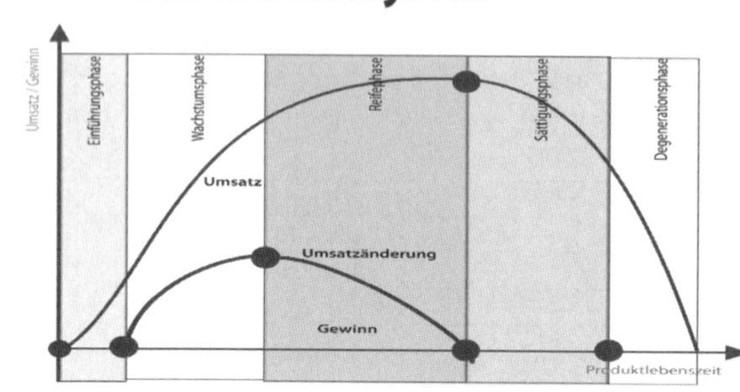

Wie wir bereits wissen, kann der Lebenszyklus der einzelnen Produkte in sehr unterschiedliche Phasen eingeteilt werden, die jeweils auch unterschiedliche Maßnahmen erfordern.

Einführungsphase

Produkt-Mix: Nur wenige Modelle, noch sehr spezialisiert; Entwicklung von neuen Produkten (Know-how-Vorsprung); Markierung.

Distributions-Mix: Vertriebswege müssen neu aufgebaut werden (hohe Kosten); Entscheidung über den vorrangigen Vertriebsweg (direkt / indirekt); Kundendienst muss aufgebaut werden; Entscheidung ob Reisender oder Vertreter (bei direktem Absatz).
Messen und Ausstellungen sind sehr wichtig.

Kontrahierungsmix: Entscheidung über Strategie:
Hochpreispolitik eher bei hochwertigen Produkten (Prämienpreis- oder Abschöpfungsstrategie).
Niedrigpreispolitik bei Massenprodukten (Promotionspreis- oder Penetrationspolitik).

Kommunikations-Mix: Einführungswerbung, product placement (innovations placement), Händlerpromotion, PR als Unterstützung.

Wachstumsphase

Produkt-Mix: Verbesserung des Produkts, Produktdifferenzierung, Produktvariation, Entwicklung von Nachfolgeprodukten.

Distributions-Mix: Ausbau des Vertriebs- und Kundendienstnetzes, der Handel (indirekter Verkaufsweg) wird zunehmend interessierter, eventuell Franchising-Netz aufbauen.

Kontrahierungsmix: Fortführung der bisherigen Preisstrategie: Preissenkungen bei Abschöpfungspolitik, Preiserhöhungen bei Penetrationspolitik.

Kommunikations-Mix: Expansionswerbung, Verbraucher- und Händlerpromotion, Sponsoring, PR-Unterstützung.

Reifephase

Produkt-Mix: Weitere Produktdifferenzierungen, eventuell Verpackung oder Markierung ändern, Diversifikation

Distributions-Mix: Service und Kundendienst weiter ausbauen; verstärkt indirekt absetzen.

Kontrahierungsmix: Preisdifferenzierungen

Kommunikations-Mix: Stabilisierungswerbung, Verbraucherpromotion, Sponsoring ausbauen, direct marketing, PR-Maßnahmen.

Sättigungsphase

Produkt-Mix: Je nach Produkt: Weiter differenzieren oder spezialisieren (Bereinigung des Sortiments), Diversifikation.

Distributions-Mix: Konzentration der Verkaufswege

Kontrahierungsmix: Verkaufskonditionen werden wichtiger; tendenziell Preissenkungen, starke Preisdifferenzierungen

Kommunikations-Mix: wieder Händlerpromotion, Verteidigungswerbung, direct marketing, PR-Unterstützung

Degenerationsphase

Produkt-Mix: Sortimentsbereinigung, Spezialisierung, Elimination.

Distributions-Mix: Beschränkung auf wenige Absatzwege, möglicherweise Discounter.

Kontrahierungsmix: „Verramschen", besondere Preisaktionen oder Verkaufskonditionen.

Kommunikations-Mix: Erinnerungswerbung, direct marketing.

Die einzelnen Phasen können sehr unterschiedlich lang und intensiv sein. Die Marketingabteilung muss dem bei der Gestaltung des Marketing-Mix natürlich Rechnung tragen.

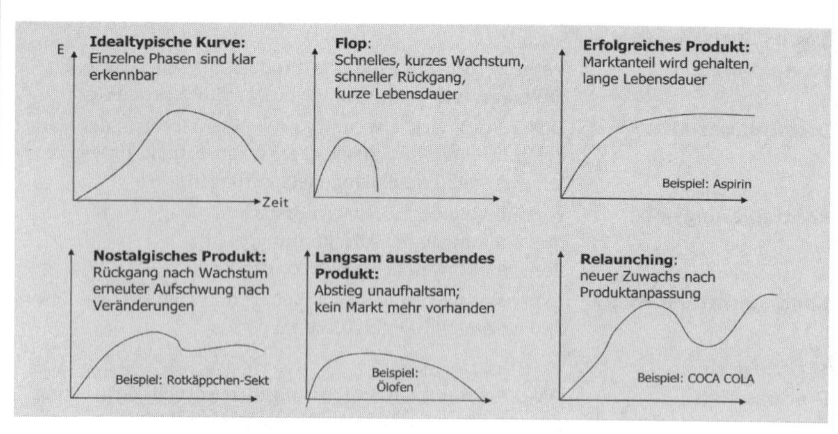

4.2 Normstrategien

Normstrategien nennt man die absatzpolitischen Maßnahmen in Abhängigkeit des Marktwachstums-/Marktanteil-Portfolios

	Nachwuchsprodukte. Es ist noch unklar, was aus den einzelnen „Kindern" wird. Es sind zur Marktanteilssteigerung erhebliche Investitionen nötig. Es ist empfehlenswert, für jedes dieser „Kinder" eine selektive Strategie zu fahren. **Offensivstrategie** (selektiv) Marktanteil deutlich steigern (falls gegenüber Konkurrenten aussichtsreich). Wenn nicht, dann Desinvestition. Finanzmittelbedarf: Hohe Investitionen (Erweiterungsinvestitionen) erforderlich; kaum DB I ; meist negativer DB II.
	Investitionsstrategie Marktanteil halten bzw. leicht ausbauen. Konkurrenzprodukte müssen abgewehrt werden. Finanzmittelbedarf: Die bereits hohen Erträge müssen wieder investiert werden, um den Marktanteil (gegen eine wachsende Konkurrenz) zu halten oder auszubauen. Diese Produkte haben zwar noch einen geringen aber wachsenden DB II.
	**Defensivstrategie (Abschöpfungsstrategie)** Marktanteil halten bzw. leicht senken, nicht mehr ausbauen. nur noch Rationalisierungs- bzw. Ersatzinvestitionen. Finanzmittelbedarf: Nur noch geringer Investitionsbedarf. Deckungsbeitrag ist hoch. Die Finanzmittelüberschüsse können zur Finanzierung von Nachwuchsprodukten verwendet werden.

	**Desinvestition**: Minimale Investitionen (falls noch positiver db); „Ernten", Verkauf oder Liquidation. Finanzmittelbedarf: Deckungsbeitrag geht gegen null. Fast keine Investitionen mehr.

Der Portfolio-Ansatz entspricht in etwa dem Lebenszyklus eines Produktes. Im idealtypischen Fall startet ein Produkt als „Fragezeichen", wird zum Star und anschließend zur „Cash Cow", um letztendlich als „poor dog" zu enden. Allerdings gibt es in der Praxis natürlich sehr unterschiedliche Entwicklungen: So ist es von Produkt zu Produkt sehr unterschiedlich, ob es überhaupt den Status einer „Cash-Cow" erreicht.

Die Normstrategien legen ihren Schwerpunkt mehr auf den Finanzmittelbedarf, stehen jedoch auch im unmittelbaren Zusammenhang zum jeweiligen Marketing-Mix. Die Offensivstrategie bei den Nachwuchsprodukten gibt z.B. die Zielrichtung der Marketingmaßnahmen vor.

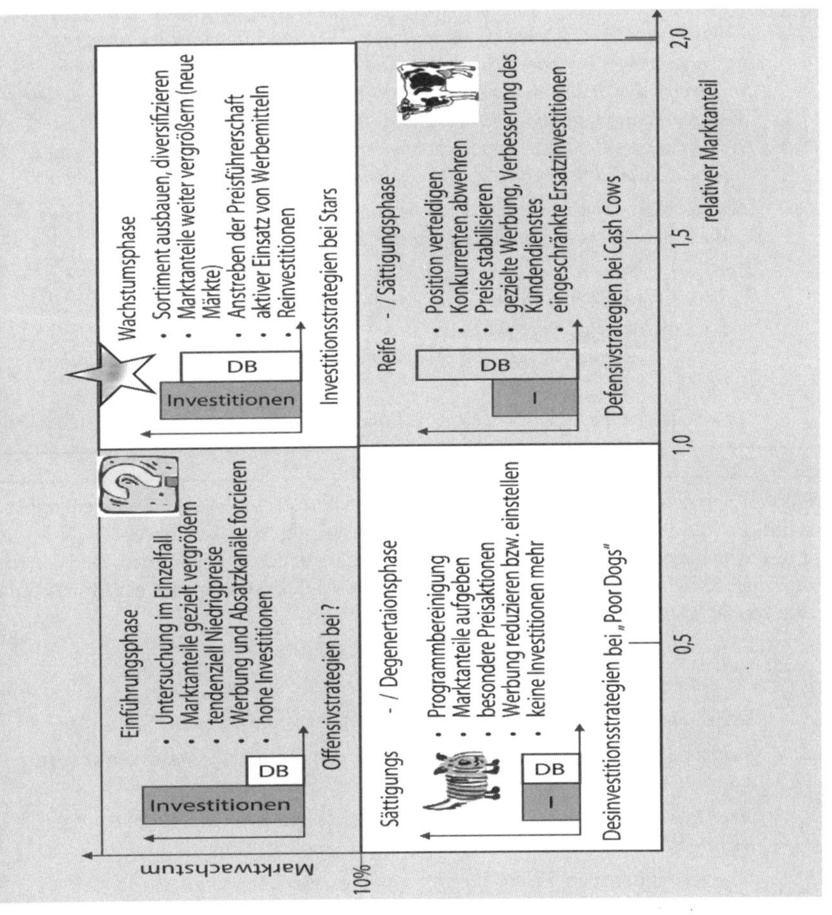

Aufgabenblock MAR 3

1.

Das durchschnittliche Branchenwachstum liegt bei 8%.

SGE	A	B	C	D	E
Marktwachstum %	10,00%	12,00%	14,00%	6,00%	3,00%
Relativer Marktanteil	120,00%	40,00%	170,00%	150,00%	80,00%
Umsatz in Mio	3,60	4,50	9,00	18,00	9,90
Umsatzanteil %	8,00%	10,00%	20,00%	40,00%	22,00%

Berechnen Sie die jeweiligen Kreisdurchmesser und stellen Sie das Marktwachstums/Marktanteil-Portfolio grafisch dar.

Beurteilen Sie das Gesamtportfolio. und entwickeln Sie für jede SGE eine passende Strategie.

2.

a. *In einem anderen Geschäftsfeld stellt die WAFOS AG Sonnenbrillen und Brillenetuis her. Ein verstärkter Preiswettbewerb bei den Sonnenbrillen führte in der vergangenen Periode zu stagnierenden Erlösen und sinkenden Gewinnen. Im Bereich der Brillenetuis stößt man auf zunehmend massive Konkurrenz. Die Wachstumsraten auf diesem Markt sind rückläufig.*
Ordnen Sie die Produktgruppen „Sonnenbrillen" und „Brillenetuis" jeweils einer Phase des Produktlebenszyklus zu (Begründung).

b. *Zum Produkt „Sonnenbrillen" soll eine horizontale Diversifikation stattfinden. Erläutern Sie diese Maßnahme anhand eines passenden Beispiels.*

c. *Das Design-Büro macht einige Vorschläge, um das bisherige Angebot an Sonnenbrillen optisch neu zu gestalten. Zur Debatte stehen die folgenden drei Gläserfarben: Rot, gelb und grün.*
Nennen Sie die Variante aus dem Produktmix, dem diese Maßnahme zuzuordnen ist.

d. *Unterscheiden Sie Öffentlichkeitsarbeit und Werbung.*

3.

Für den Vertrieb der beiden SGEn soll geprüft werden, ob ein Reisender oder ein selbstständiger Handelsvertreter im Vertrieb eingesetzt werden soll. Der Reisende würde ein festes Monatsgehalt von 3.500,00 € und 1% Umsatzbeteiligung bekommen. Der Vertreter erhält 5% Umsatzbeteiligung und ein Fixum von 1.000,00 €. Es wird ein Monatsumsatz von 50.000,00 € erwartet.

a. *Ermitteln Sie im direkten Kostenvergleich die beste Alternative.*

b. *Bei welchem Jahresumsatz sind beide Möglichkeiten kostengleich?*

c. *Stellen Sie den Kostenvergleich in einer (nicht maßstabsgetreuen) Skizze dar.*

d. *Nennen Sie zwei qualitative Gründe, die für den Einsatz des Reisenden sprechen würden.*

e. *Nennen Sie mindestens vier Kriterien, die bei der Auswahl des Vertriebsweges wichtig sind.*

f. *Was versteht man in diesem Zusammenhang unter „Anpassungsstrategie"?*

4. AP 98 BOS, Aufgabe 5

Im Zuge der Umstrukturierung wird die Portfolio-Analyse angewendet. Aus den zwei Erzeugnisgruppen werden sechs strategische Geschäftseinheiten (SGE) gebildet, für die folgendes Marktwachstums-Marktanteils-Portfolio vorliegt:

a. *Nennen Sie die Fachbegriffe, die die jeweilige Position der SGE A, B, D und F charakterisieren.*

b. *Bewerten Sie die Position der SGE A und D hinsichtlich*
   - *der Lebenszyklusphase,*
   - *des Investitionsbedarfs und*
   - *der Finanzmittelüberschüsse.*

c. *Begründen Sie zwei unterschiedliche Strategien für die SGE B.*

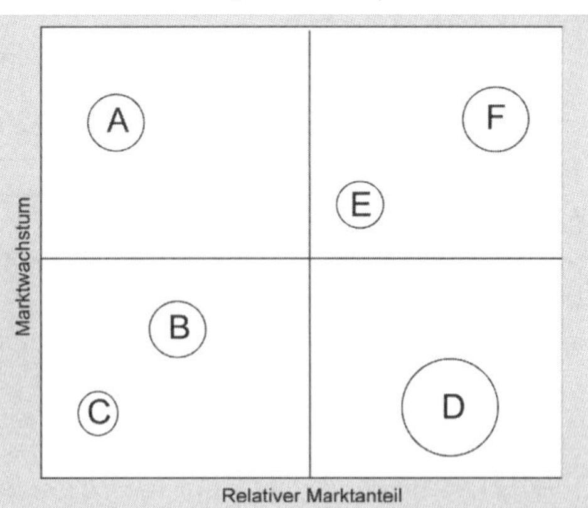

5. AP 98 BOS A1 (adaptiert)

Die Lecker AG behauptet sich seit Jahren mit ihrer Tafelschokolade Marke „Milki" auf einem umkämpften und sich ständig ändernden Süßwarenmarkt. Tafelschokolade hat einen Anteil von 93 % am Umsatz im Süßwarengeschäft der Lecker AG.

In den vergangenen zehn Jahren ist der Markt für Tafelschokolade nur um 5,3 % gewachsen. Bemerkenswert ist, dass der Endverbraucherpreis für Tafelschokolade in diesem Zeitraum annähernd konstant blieb. Vor sechs Jahren wurde mit 250.000 t mengenmäßig am meisten abgesetzt.

Die Marktanteile für die Marke „Milki" sind im genannten Zeitraum ebenfalls nahezu konstant geblieben. Einem Anbieter für Tafelschokolade in quadratischer Form gelang es, seine Position gegenüber der zweitplatzierten Marke „Milki" auszubauen.

Im laufenden Jahr veränderte sich der Markt für Tafelschokolade wie folgt: Eine unzureichende Gewinnentwicklung und der Druck der Rohstoffkosten veranlassten die Lecker AG, die Preise im zweiten Halbjahr um 20 % anzuheben.

Die mit der Marke „Milki" in Konkurrenz stehenden Anbieter erhöhten daraufhin ebenfalls die Preise.

Als Folge der Preiserhöhungen sank das Marktvolumen für Tafelschokolade um 10 %. Am stärksten waren die führenden Marken „Milki" und die Schokolade in quadratischer Form betroffen, wobei letztere die größten Volumensverluste hinzunehmen hatte und die Marktführerposition an „Milki" abgab.

1. *Begründen Sie, in welcher Phase des Produktlebenszyklusses sich die Tafelschokolade befindet.*
2. *Entwerfen Sie ein geeignetes Marketing-Mix für die Lecker AG mit je zwei Maßnahmen aus jedem der vier Marketing-Mix-Bereiche.*

6. AP 1988, 6.2 BOS

Geben Sie an, welchen spezifischen Marketinginstrumenten nachstehende Sachverhalte zuzuordnen sind

- Ein Softwarehaus entwickelt zu seinem Finanzbuchhaltungsprogramm noch ein Fakturierungsprogramm.
- Das Druckermodell SP 100 wird durch das Modell SP 200 abgelöst, das neue Qualitätsmerkmale hat.
- Die Herstellung der Gigant-Rechner der Serie 2000 läuft aus.

7.

Bei der Bigfoot GmbH befindet sich die SGE „Adventuretrips" in der Degenerationsphase. Die erzielten Erlöse betrugen im vergangenen Jahr 200.000,00 €, von den Gesamtkosten in Höhe von 300.000,00 € waren 180.000,00 € beschäftigungsunabhängig.

a. *Prüfen sie, ob die Einstellung dieser SGE sinnvoll wäre, wenn 40% der Fixkosten abgebaut werden könnten.*

b. *Die Geschäftsleitung will die Einstellung noch hinauszögern und erwartet von der Marketingabteilung, dass zumindest im kommenden Kalenderjahr mit dieser SGE noch einmal Gewinne erzielt werden. Stellen sie ein sinnvolles Marketing-Mix zusammen und begründen Sie jeweils Ihre Vorschläge.*

8. AP 1995 / BOS; Aufgabe 3

Die Robotec AG stellt elektronisch gesteuerte Werkzeugmaschinen her. Auf Grund konjunkturbedingter Auftragsrückgänge sowie einer verstärkten Konkurrenz aus Fernost möchte sich die Unternehmung neue Märkte erschließen. Die Unternehmensleitung erkennt eine Marktlücke im Handwerk und erwägt deshalb, NC-Maschinen und Roboter speziell für den Handwerksbetrieb zu entwickeln, in großer Stückzahl herzustellen und abzusetzen.

1. *Aufgrund einer Marktanalyse plant die Unternehmensleitung die unter a bis e aufgeführten Maßnahmen. Ordnen Sie die Maßnahmen dem jeweiligen Marketingmixbereich zu und benennen Sie das zutreffende Instrument.*
   a. *Für den mobilen Einsatz soll ein leichter, preiswerter Roboter entwickelt werden.*
   b. *Für die Verkäufer im Fachhandel soll eine intensive Schulung durchgeführt werden.*
   c. *Die Markteinführung soll durch Rabatte unterstützt werden.*
   d. *Eine NC-Fräsmaschine, die seit Jahren über Reisende direkt an die Industrie verkauft wird, soll nun auch über den Fachhandel angeboten werden.*
   e. *Der Betrieb will über die Handwerkskammern und Innungen die überbetriebliche Ausbildung im Handwerk fördern.*
2. *Der unter a geplante Roboter befindet sich in der Einführungsphase. Nennen Sie für jeden der vier Marketingmixbereiche eine Maßnahme, die die Einführung unterstützt, und begründen Sie Ihre Wahl.*

9. AP 1996 / BOS, Aufgabe 2

Eine Unternehmung der Konsumgüterindustrie plant die Einführung eines neuen Produktes A.

1. *Definieren und erläutern Sie kurz den Begriff Produktlebenszyklus.*
2. *Entwerfen Sie eine Grafik, die die Phasen des Produktlebenszyklus deutlich macht, und zeichnen Sie den idealtypischen Verlauf der Erlöskurve ein.*
3. *Nennen Sie für die Phase 1 je eine für die Phase typische Maßnahme aus jedem der vier verschiedenen Bereiche des Marketing-Mix.*
4. *Für das Produkt A soll ein angemessener Einführungspreis festgesetzt werden. In der betriebswirtschaftlichen Literatur werden üblicherweise drei praxisorientierte Prinzipien der Preisbestimmung unterschieden. Nennen und erläutern Sie diese kurz.*

10. AP 2001 III Marketing

Die EURO TOYS AG erwarb Anfang 01 zur Erweiterung ihres Produktionsprogramms die TAIFUN FREIZEITARTIKEL GmbH, die mit verschiedenen Trendsportgeräten (InlineSkater, Skateboards, Rollschuhe und Kickboards) erfolgreich am Absatzmarkt platziert ist. Die Produkte werden deshalb weiterhin unter der bisherigen Marke TAIFUN vertrieben.

Die Marketingabteilung erkannte bereits 01 aus der Auswertung von Prospektmaterial der Konkurrenz, aus der Reaktion der Medien auf die Präsentation bei Sportartikelmessen, aber auch aus eigenen Umfragen und Interviews, dass Scooter der absolute Verkaufsschlager der Frühjahrs-/Sommersaison 02 werden würden. Die Branche schätzte, dass im Jahr 01 davon deutschlandweit etwa 400.000 Stück verkauft werden könnten.

Das Unternehmen kam deshalb im Frühjahr 02 mit einem eigenen Scootermodell, das unter der Marke TAIFUN vertrieben wird, auf den Markt und erreichte am Jahresende mit 67.500 verkauften Stück einen Marktanteil von 15 %, obwohl nur mit einem Absatz von 50.000 Stück gerechnet wurde. Das Unternehmen führte diesen Erfolg auch auf den gegenüber der Konkurrenz deutlich niedrigeren Einführungspreis zurück, der dann im Laufe des Jahres an die Gegebenheiten des Marktes angepasst wurde.

1 *Geben Sie an, um welche produktpolitische Maßnahme es sich bei der Übernahme der TAIFUN FREIZEITARTIKEL GmbH handelt, und begründen Sie Ihre Antwort.*

2 *Begründen Sie, welchen Erhebungsarten der Marktforschung die o. g. Informationsquellen über die Erfolgsaussichten der Scooter zuzuordnen sind.*

3 *Geben Sie an, um welche preispolitische Maßnahme es sich bei der Festsetzung eines niedrigen Einführungspreises handelt, und beschreiben Sie je einen Vor- und Nachteil dieser Maßnahme.*

4 *Das Ende 01 erstellte Marktwachstum-Marktanteil-Portfolio für die fünf strategischen Geschäftseinheiten der Marke TAIFUN zeigt folgendes Aussehen:*

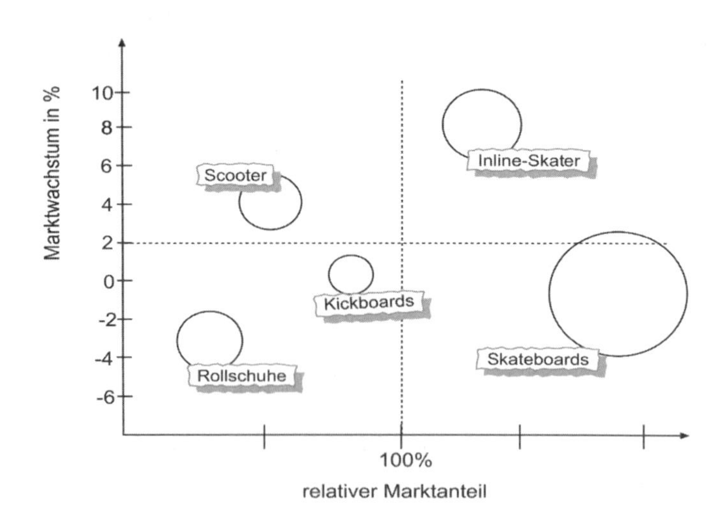

4.1 *Begründen Sie, bei welcher strategischen Geschäftseinheit es sich um eine „Cash Cow' handelt.*

4.2 *Geben Sie an, in welcher Phase des Produktlebenszyklus sich die strategischen Geschäftseinheiten Inline-Skater und Rollschuhe jeweils befinden.*

4.3 *Begründen Sie, für welche strategische Geschäftseinheit die Abschöpfungsstrategie angewendet werden sollte.*

4.4 *Beurteilen Sie jeweils kritisch die Situation der strategischen Geschäftseinheiten Kickboards und Rollschuhe und schlagen Sie jeweils geeignete Maßnahmen vor, die für diese strategischen Geschäftseinheiten im Rahmen des Produkt- und des Kommunikationsmixes ergriffen werden sollten.*

11. AP 1998 BOS NT

Die Sportschuh AG, München, produziert hauptsächlich Fußball- und Tennisschuhe, die über den Fachhandel vertrieben werden. Bei den Fußballschuhen erzielt das Unternehmen einen Marktanteil von 30 % und gilt damit als einer der Marktführer auf dem deutschen Markt. Aufgrund der hohen Qualität dieses Produktes und des daraus resultierenden guten Rufes kann das Unternehmen überdurchschnittliche Preise auf dem deutschen Markt erzielen. Der Marktanteil bei den Tennisschuhen liegt dagegen unter 7 %. Die Produktionsanlagen für Tennisschuhe sind nur zu 60 % ausgelastet. Obwohl es sich auch bei diesen Schuhen um ein sehr hochwertiges Produkt handelt, konnte bislang nur ein durchschnittliches Preisniveau realisiert werden. Diese Unternehmenssparte verursacht Verluste.

1. *Das Sortiment der Fußballschuhe kann aufgrund einer revolutionären Neuerung ergänzt werden. Diesen neuen Schuh bringt das Unternehmen als erster Hersteller auf den nationalen Markt.*

   1.1 *Schlagen Sie zwei konkrete Werbemittel vor, mit denen für dieses Modell geworben werden soll, und begründen Sie Ihre Entscheidung.*

   1.2 *Nennen Sie zwei konkrete Publicrelations-Maßnahmen und erklären Sie deren Bedeutung für die Vermarktung dieses Schuhs.*

1.3 *Bei der Wahl der Absatzform für diesen neuartigen Fußballschuh überlegt das Unternehmen, ob die Distribution über Reisende oder über Handelsvertreter erfolgen soll.*
Der Reisende bekäme ein monatliches Fixum von 3.500,00 € und eine Umsatzprovision von 4 %. Der Handelsvertreter würde gleich bleibende Monatsspesen von 500,00 € und 10 % Umsatzprovision erhalten. Das Unternehmen plant einen Umsatz von 60.000,00 € pro Monat.
Ermitteln Sie grafisch, für welchen Absatzmittler sich die AG entscheidet, und begründen Sie Ihre Entscheidung verbal. ((x-Achse: 1 cm = 10.000,00 € Umsatz, y-Achse: 1 cm = 500,00 € Kosten)

2. *Um die Absatzzahlen bei den Tennisschuhen zu steigern, stellt der Marketingleiter eine beträchtliche Preissenkung zur Diskussion.*
2.1 *Finden Sie je zwei Argumente, die für bzw. gegen diesen Vorschlag sprechen.*
2.2 *Begründen Sie, mit welcher konkreten Maßnahme im Bereich des Distributionsmixes das Unternehmen eine mögliche Preissenkung unterstützen könnte.*
2.3 *Der Produktmanager vertritt dagegen die Auffassung, die Preise der Tennisschuhe deutlich zu erhöhen. Für ihn könnte mit Hilfe der Salespromotion der Absatz gesteigert werden.*
Begründen Sie diese Überlegung mit zwei geeigneten Maßnahmen.
2.4 *Im Unternehmensportfolio wurde ein Tennisschuhmodell als Problemprodukt eingeordnet. Nennen Sie zwei Gründe, warum das Unternehmen den Schuh dennoch nicht vom Markt nehmen sollte.*

12. AP 1999 III.3

Aufgrund der besonderen technischen Eigenschaften des Fenstertyps TREND ist die KEFRA AG bei dessen Markteinführung konkurrenzlos.

1. *Nennen und begründen Sie hierzu zwei konkrete Maßnahmen aus verschiedenen Bereichen des Kommunikationsmixes.*
2. *Begründen Sie, welche Preispolitik in dieser Produktphase möglich und sinnvoll ist.*

13. AP 1999 III.4

Die KEFRA AG vertreibt bisher ihre Produkte bundesweit über den Fachhandel, der von eigenen Außendienstmitarbeitern (Reisenden) betreut wird. Im Vertriebsgebiet Niederbayern wurde bisher durchschnittlich ein monatlicher Umsatz von 85.000,00 € erzielt. In den nächsten drei Jahren soll der Umsatz auf 100.000,00 € pro Monat steigen. Der Reisende für Niederbayern erhält ein monatliches Fixum von 4.000,00 € und eine Umsatzprovision von 3%. Ein selbständiger Handelsvertreter bietet der KEFRA AG an, für die nächsten drei Jahre den Vertrieb der Produkte gegen eine Umsatzprovision von 8% zu übernehmen.

Begründen Sie rechnerisch, welcher Absatzmittler kostengünstiger ist.

14. AP 1999 III.5 adaptiert

Die KEFRA AG erstellt ein Marktwachstums-Marktanteilportfolio. Dabei weisen die vier führenden strategischen Geschäftseinheiten (SGE) folgende Wachstumsraten auf: Fenster (F) 5%, Haustüren (H) 8%, Wintergärten (W) 3% und Fensterläden (L) 2%. Der relative Marktanteil beträgt bei Fenstern 90%, bei Haustüren 150%, bei Wintergärten 190% und bei Fensterläden 60%.

1. *Erstellen Sie das entsprechende Marktwachstums-Marktanteilportfolio. (Hinweis zur grafischen Darstellung: Marktwachstum maximal 9%.)*
2. *Begründen Sie, in welcher Feld sich die SGE Wintergärten im Portfolio befindet.*

15. AP 2000 III.1

Die AROMA AG hat sich auf die Herstellung hochwertiger Kaffeesorten spezialisiert. Die Verkaufspreise liegen der Qualität entsprechend im oberen Bereich. Die AROMA AG bietet die Marken AROMA MOCCA, AROMA NATUR und AROMA GOLD an, die durch firmeneigene Kaffeeläden vertrieben werden. Unterstützt durch massive Werbekampagnen war das Spitzenprodukt AROMA GOLD jahrelang der meistverkaufte Markenkaffee Deutschlands. Im letzten Jahr mussten jedoch aufgrund des Erfolgs der Hausmarke eines Discounters massive Umsatzrückgänge für AROMA GOLD verzeichnet werden. Zum Ausgleich der Marktanteilsverluste bei ihrem Spitzenprodukt diskutiert das Management die Einführung eines koffeinreduzierten Kaffees mit dem Namen AROMA LIGHT.

Bevor eine Entscheidung getroffen wird, legt die AROMA AG ihre Marketingziele, das Marktsegment und die Preispolitik fest.

Durch ein im Unternehmen entwickeltes einzigartiges Röstverfahren kann die AROMA AG die Sorte AROMA LIGHT magenfreundlich, aber ohne Geschmackseinbußen herstellen.

Begründen Sie, welche Preisstrategie Sie bei der Einführung von AROMA LIGHT empfehlen würden.

16. AP 2000 III.2

Die AROMA AG beabsichtigt, zusätzlich zu ihren Markenkaffees auch noch Kaffeefilter herzustellen und ihren Kunden anzubieten. Der Marktführer bei Kaffeefiltern ist seit Jahren die WELITTA AG.

Erläutern Sie kurz je zwei Vor- und Nachteile dieser Produktdiversifikation.

17. AP 2000 III.3

Aufgrund des massiven Umsatzeinbruchs diskutiert die Unternehmensleitung, die Sorte AROMA LIGHT zusätzlich über Discountläden und Lebensmittelmärkte anzubieten.

1. *Erläutern Sie zwei Risiken, die mit dieser Maßnahme verbunden sein können.*
2. *Beschreiben Sie drei Funktionen, die diese zusätzlichen Vertriebsorganisationen für die AROMA AG übernehmen können.*

18. AP 2002 III.1

Die WINTERSPORT AG ist weltweit bekannt geworden durch den Verkauf von Langlaufski. Mittlerweile werden außerdem sehr erfolgreich Alpinski und Snowboards sowie die entsprechenden Schuhe und Bindungen verkauft. In der Saison 2000/2001 wurden zusätzlich Bigfoots (extreme Kurzski) inklusive Zubehör ins Produktionsprogramm aufgenommen.

1 *Die WINTERSPORT AG denkt über das Sponsoring von Leistungssportlern nach. Ordnen Sie diese Maßnahme einem Instrument des Kommunikationsmix zu und nennen Sie je einen Vor- und Nachteil dieser Maßnahme.*

2 *Der Gesamtumsatz der WINTERSPORT AG liegt bei 300 Mio. €. Das Wachstum des Bruttoinlandsproduktes beträgt im Berichtsjahr ca. 2 %. Die WINTERSPORT AG weist folgendes Portfolio aus:*

a. *Mit einem Umsatz von 60 Mio. € erzielt die WINTERSPORT AG bei den Bigfoots einen relativen Marktanteil von 50%. Berechnen Sie für dieses Produkt den Umsatz des stärksten Konkurrenten.*

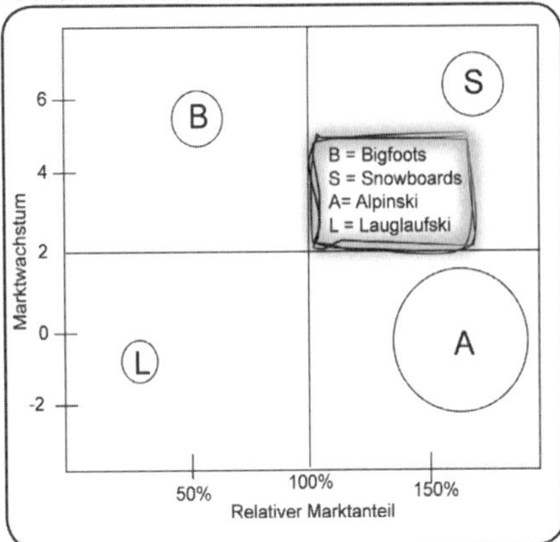

b. *Beurteilen Sie die Bedeutung der SGE Alpinski im Hinblick auf den gesamten Unternehmenserfolg.*

c. *Erläutern Sie, in welcher Phase des Produktlebenszyklus sich die SGE Langlaufski befindet, und schlagen Sie jeweils eine geeignete Maßnahme aus der Produkt- und Preispolitik vor.*

d. *Bei Markteinführung der Snowboards 1993 blieben Marktwachstum und relativer Marktanteil zunächst weit unter den erwarteten Zahlen. Die SGE befand sich als Cinderella im Problemfeld.*
Erläutern Sie, warum aus kostenrechnerischer Sicht eine Elimination des Produktes nicht befürwortet wurde.

19. AP 2002 III.3

Die WINTERSPORT AG vertreibt sämtliche Produkte ausschließlich über den Facheinzelhandel. Es wird erwogen, das Programm um Sportschlitten mit Sicherheitslenkrad und Fußbremse zu erweitern.

1. *Für die konkrete Ausgestaltung des Produktes soll die Meinung der potenziellen Kunden einbezogen werden. Beschreiben Sie eine geeignete konkrete Erhebungsmethode.*
2. *Beschreiben Sie je zwei Vor- und Nachteile dieses Absatzweges im Hinblick auf die Markteinführung des neuen Bobschlittens.*

20. AP 2003 III.2

Das Möbelhaus COMFORT AG produziert Wohnzimmer-, Schlafzimmer- und Kinderzimmermöbel. Bei den Wohnzimmermöbeln ist sie Marktführer und erzielt im vergangenen Jahr mit 900 Mio. € Umsatz einen absoluten Marktanteil von 45 %. Der Hauptkonkurrent, die MOBILIA GmbH, hat mit Wohnzimmermöbeln 500 Mio. € umgesetzt.

Der Fernsehsessel Romeo der COMFORT AG durchläuft entsprechend dem nachfolgenden Produktlebenszyklusmodell verschiedene Phasen.

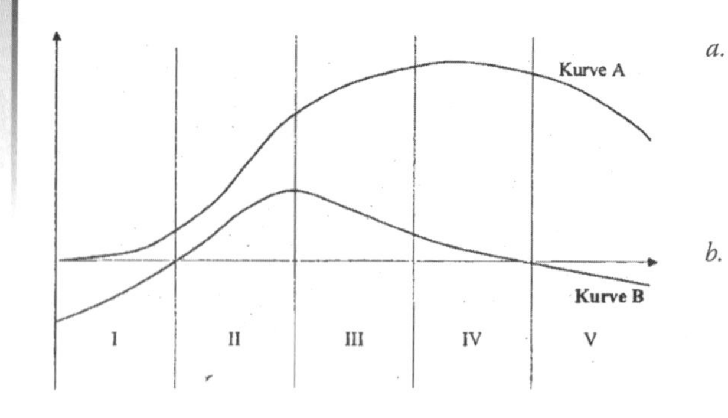

a. Benennen Sie die Kurven A und B und erläutern Sie den jeweiligen Kurvenverlauf in der Phase 1.

b. Wie hoch ist der relative Marktanteil bein den Wohnzimmermöbeln?

21. AP 2003 III.3

Die COMFORT AG überlegt auch Einbauküchen herzustellen und wegen des großen Holzbedarfs Forstwirtschaft zu betreiben.

1. *Zeigen Sie zwei konkrete Quellen der Sekundärforschung auf, die der COMFORT AG Daten als Entscheidungshilfe für die geplante Einbauküchenfertigung liefern könnten.*
2. *Benennen Sie die beschriebenen produktpolitischen Maßnahmen mit den entsprechenden Fachbegriffen und erläutern Sie je einen Vorteil dieser Vorhaben.*

22. AP 2004 III.1

Die fränkische Weinkellerei WINE4YOU ist erst seit wenigen Jahren auf dem Markt. Sie stellt neben qualitativ hochwertigen Rot- und Weißweinen den Markensekt XLDry her. Vertrieben werden die Produkte am Abfüllort, auf Verbrauchermessen und auf Fachmessen für das Hotel- und Gaststättengewerbe durch geschultes Personal. Kunden sind vor allem Hotels und Gaststätten der gehobenen Klasse, aber auch Privatpersonen. Kunden und registrierte Interessenten erhalten mehrmals jährlich Produktinformationen und Bestellformulare per Post bzw. E-Mail oder werden telefonisch kontaktiert .

1. *Benennen Sie die von der Weinkellerei gewählte Art des Vertriebsweges und erläutern Sie zwei damit verbundene Vorteile*
2. *Die Weinkellerei entschied sich im Rahmen des Kommunikationsmix für die Direktwerbung. Geben Sie zwei mögliche Gründe für diese Entscheidung an.*
3. *Die Positionierung von Sekt im 5-Phasen-Lebenszyklus-Modell ergibt für eine repräsentative Auswahl fränkischer Weinkellereien, die ebenfalls qualitativ hochwertigen Sekt herstellen, und für die Weinkellerei WINE4YOU unterschiedliche Ergebnisse:*

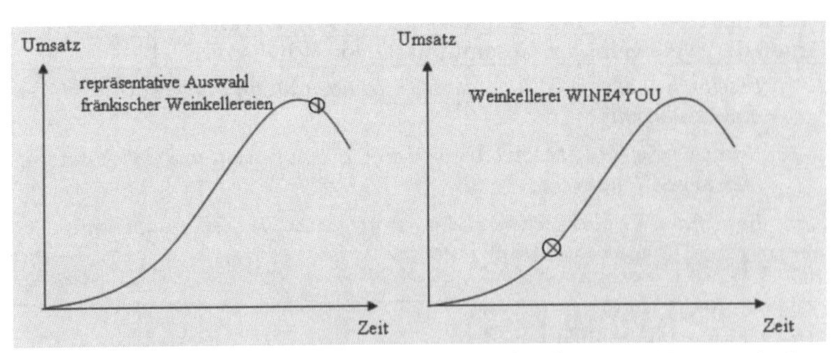

3.1 Benennen und charakterisieren Sie jeweils anhand von zwei Kriterien die Lebenszyklusphase (vgl. angekreuzte Stelle), in der sich Sekt bei den ausgewählten fränkischen Weinkellereien und bei der Weinkellerei WINE4YOU befindet.

3.2 Erläutern Sie zwei mögliche Gründe für die von der Konkurrenz abweichende Positionierung des Sekts XLDry der Weinkellerei WINE4YOU.

23. AP 2004 III.2

Da die Wachstumschancen für Weißwein weitgehend ausgeschöpft sind, ergreift die Weinkellerei WINE4YOU verschiedene Marketingmaßnahmen:

a. Sie bietet Traubensäfte an, die im Gegensatz zu handelsüblichen Traubensäften aus jeweils nur einer hochwertigen Rebsorte gepresst werden (z. B. aus der Merlot-Traube oder der Riesling-Traube).
b. Diese Säfte werden in Weinflaschen mit Korkverschluss abgefüllt.
c. Der Preis pro Literflasche Traubensaft wird mit 3,00 € bis 4,00 € veranschlagt.

1. Benennen Sie die unter a) bis c) beschriebenen Marketinginstrumente und ordnen Sie diese dem entsprechenden Bereich des Marketingmix zu.

24. AP 2004 III.3

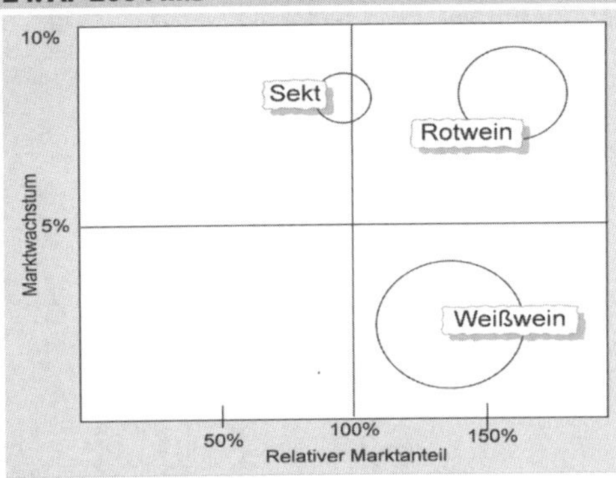

Die Geschäftsleitung erstellt nach Einführung der Traubensäfte (vgl. 2a) ein Marktwachstum-Marktanteils-Portfolio.

Die Strategische Geschäftseinheit (SGE) Traubensaft muss noch positioniert werden. Folgende Angaben stehen zur Verfügung:

Marktvolumen Traubensaft	2,6 Mio. €
Marktwachstum Traubensaft	7,5 %
Marktanteil (Traubensaft) von WINE4YOU	8 %
Marktanteil (Traubensaft) des stärksten Konkurrenten	10 %
Anteil des Sekts am Gesamtumsatz von WINE4YOU	14 %

Anteil des Rotweins am Gesamtumsatz von WINE4YOU	28 %
Anteil des Weißweins am Gesamtumsatz von WINE4YOU	48 %

1. *Beschreiben Sie die Position der SGE Traubensaft im Marktwachstum-Marktanteils-Portfolio.*
2. *Ermitteln Sie das Absatzvolumen der SGE Traubensaft und das Absatzvolumen der SGE Rotwein.*
3. *Begründen Sie eine geeignete Marktstrategie für die SGE Traubensaft.*

25. AP 2003 III.4

Die COMFORT AG vertreibt bisher ihr Produkt Wasserbett durch einen Reisenden, der ein monatliches Fixum von 2.000,00 € sowie eine Umsatzprovision erhält. Das Produkt wird zum Stückpreis von 3.000,00 € verkauft. Die Geschäftsleitung erwägt, statt des Reisenden (R) einen Handelsvertreter (HV) einzusetzen. Folgendes Kostendiagramm liegt als Entscheidungshilfe vor:

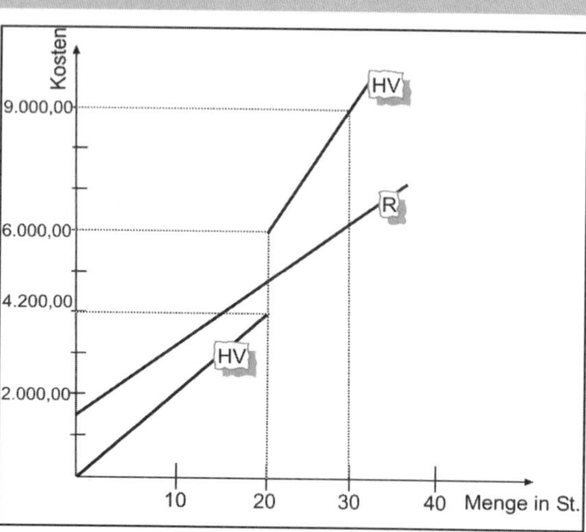

1. *Erläutern Sie anhand von Umsatz- und Stückzahlen, unter welcher Voraussetzung sich eine Umstellung auf einen Handelsvertreter lohnt.*
2. *Berechnen Sie die Provisionssätze (in Prozent) für den Handelsvertreter, die dem obigen Kostendiagramm zugrunde liegen.*

Abschlussprüfungen

1. Aufgabenbereich Geschäftsbuchhaltung

Der neue Aufgabenbereich 1 beinhaltet die laufenden Geschäftsvorfälle, den Jahresabschluss und die Finanzierung. Er umfasst 46 von 100 P.n (Vor der Änderung waren es 50 P.). Die nicht mehr relevanten Teilaufgaben wurden weggelassen bzw. durchgestrichen.

Wir unterstellen auch bei den zurückliegenden Jahren die jetzt geltenden steuerrechtlichen Bedingungen.

Die Umsatzsteuer wurde auf 19% korrigiert.

AP 1999 Geschäftsbuchhaltung

In der MAESER AG ist die Finanzbuchführung des Geschäftsjahres 1998 (01.01. - 31.12.) zu vervollständigen.

Die Buchungssätze sind mit vierstelligen Kontonummern lt. IKR und den jeweiligen Beträgen zu erstellen. Der Umsatzsteuersatz beträgt 19 % bzw. 7 %.

Aufgabe 1999 I.1

Am 03.12.1998 erhält die MAESER AG eine Lieferung von 50 t Rohstoffe zum Listenpreis von 650,00 €/t netto und 5 t Hilfsstoffe zum Listenpreis von insgesamt 2.400,00 € netto.

Für die Leihemballage der Rohstoffe stellt der Lieferant zusätzlich 6.000,00 € netto in Rechnung. Bei Rücksendung der Leihemballage werden 80 % vergütet. Der Lieferant gewährt 10 % Rabatt. Die Rechnung ist innerhalb von 14 Tagen unter Abzug von 3 % Skonto oder innerhalb von 30 Tagen rein netto zu bezahlen.

1.1 *Buchen Sie die folgenden Vorgänge:*

1.1.1 Die Rechnung geht am 03.12.1998 ein. (3 P.)

1.1.2 Am 03.12.1998 erhält die MAESER AG vom beauftragten Spediteur die Rechnung über gewichtsabhängige Frachtkosten für die obige Lieferung in Höhe von 8.181,25 € brutto. Der Ausgleich erfolgt am selben Tag durch Verrechnungsscheck. (2 P.)

1.1.3 Am 10.12.1998 gehen bei der MAESER AG folgende Gutschriften ein: Nachlass in Höhe von 4.250,00 € netto auf die Rohstoffe wegen einer Mängelrüge, Rücksendung der Leihemballage. (2 P.)

1.1.4 Der Zahlungsausgleich erfolgt am 15.12.1998 per Banküberweisung (3 P.)

1.2 *Im Rahmen der Rohstoffbewertung, bei der das Durchschnittswertverfahren angewendet wird, stehen folgende Angaben zur Verfügung:*

Anfangsbestand am 01 .01.1998 ... 40 t zu ?
Zugang am 24.04.1998 .... 35 t zu 640,00 €/t
Zugang am 25.09.1998 .... 75 t zu 620,00 €/t

Zugang am 03.12.1998 siehe Vorgang 1.1..
Der Durchschnittspreis aller Rohstoffe wird für das Jahr 1998 mit 635,00 €/t ermittelt. Der Marktpreis am Bilanzstichtag beträgt 630,00 €/t. Im Jahr 1998 wurden ins gesamt 140 t Rohstoffe verbraucht.

1.2.1 *Ermitteln Sie (9 P.)*

- *die Anschaffungskosten pro Tonne für den Zugang der Rohstoffe vom 03.12.1998,*
- *den Wert der Rohstoffe pro Tonne für den Anfangsbestand am 01.01.1998,*
- *den Bilanzansatz zum 31.12.1998 (Begründung erforderlich) und*
- *den wertmäßigen Verbrauch im Jahr 1998.*

1.2.2 *Stellen Sie das Konto 2000 Rohstoffe in Form eines T-Kontos dar, und tragen Sie alle Beträge unter Angabe der Gegenkonten ein. Das Konto ist ordnungsgemäß abzuschließen. (2 P.)*

Aufgabe 1999 I.2 — 6 P.

Die MAESER AG kauft am 10.11.1998 zwei Telefaxgeräte zum Listenpreis von 510,00 € bzw. 800,00 € netto. Der Lieferer gewährt einen Rabatt in Höhe von 15 %. Am 19.1 1.1998 wird die fällige Rechnung per Banküberweisung beglichen, wobei wegen kleinerer Mängel der Rechnungsbetrag des billigeren Faxgerätes um 35,00 € netto gekürzt wird.

1. *Berechnen und begründen Sie die Bilanzansätze, wenn beide Geräte (Nutzungsdauer drei Jahre) höchstmöglich abgeschrieben werden.*
2. *Buchen Sie die Abschreibungen am 31.12.1998.*

Aufgabe 1999 I.3

Im Rahmen der Abschlussarbeiten zum 31.12.1998 sind noch folgende Geschäftsfälle zu buchen:

3. 1 *Wegen eines laufenden Rechtsstreites hat die MAESER AG in der Bilanz 1997 Rückstellungen in Höhe von 25.000,00 € gebildet. Nach Abschluss des Verfahrens geht die Rechnung des Anwalts am 18.12.1998 in Höhe von 26.180,00 € brutto ein. Buchen Sie den Rechnungseingang. (2 P.)*

3.2 *Ein Kunde gleicht am 28.12.1998 eine offene Forderung aus. Vereinbarungsgemäß hat er den zu zahlenden Betrag um 2,5 % Skonto (= 1.338,75 € brutto) gekürzt. Buchen Sie die Bankgutschrift. (2 P.)*

3.3 *Im Januar 1998 erwirbt die MAESER AG zur langfristigen Anlage Aktien der SPA AG, Anschaffungskosten 121.260,00 €. Laut Auskunft der Finanzabteilung liegt der Teilwert der Wertpapiere am Bilanzstichtag bei 111.155,00 €. Begründen Sie den Bilanzansatz der Wertpapiere zum 31.12.1998, wenn steuerrechtliche Vorteile genutzt werden.*
Geben Sie eine eventuell notwendige Korrekturbuchung an. (3 P.)

Aufgabe 1999 I.4

Die MAESER AG erwirbt am 12.10.1998 zur Betriebserweiterung ein 4.000 m² großes Grundstück mit einer Produktionshalle für insgesamt 1.600.000,00 €. Davon beträgt der Grundstückswert 500.000,00 €.

Mit dem Kauf fallen weitere Ausgaben an:
Grundbucheintrag .... 1.200,00 €
zu aktivierende Notargebühren .... 8.000,00 €
Grunderwerbsteuer 3,5 % .... ?
Die Nutzungsdauer der Halle beträgt 25 Jahre.

4.1 *Ermitteln Sie in einer übersichtlichen Darstellung die Anschaffungskosten für das Grundstück und die Produktionshalle. (3 P.)*

4.2 *Führen Sie die am 31.12.1998 erforderliche Vorabschlussbuchung durch. (3 P.)*

4.3 *Der Teilwert des Grundstücks beträgt zum 31.12.1998 vorübergehend 110,00 €/m². Ermitteln und begründen Sie den Bilanzansatz für das Grundstück zum 31.12.1998. (3 P.)*

Aufgabe 1999 I.5

Entspricht weitgehend nicht mehr dem Lehrplan.

AP 2000 Geschäftsbuchhaltung

In der BIKE AG ist die Finanzbuchführung des Geschäftsjahres 1999 zu vervollständigen. Die Buchungssätze sind mit vierstelligen Kontonummern lt. IKR und den jeweiligen Beträgen zu erstellen. Der Umsatzsteuersatz beträgt 19 % bzw. 7 %.

AP 2000 I.1 — 8 P.

Die BIKE AG liefert am 12.11.1999 an den Kunden R 1.000 Trekkingräder zum Listenpreis von 900,00 €/Stück netto und 500 Mountainbikes zum Listenpreis von 1.500,00 €/Stück netto. Dem Kunden werden für diesen Auftrag 10 % Rabatt gewährt. Die Rechnung ist innerhalb von 10 Tagen unter Abzug von 2 % Skonto oder innerhalb von 30 Tagen rein netto zu begleichen,

1.1 *Buchen Sie die Ausgangsrechnung. (2 P.)*

1.2 *Beim Transport wurden 200 Trekkingräder zerkratzt und daher sofort an die BIKE AG zurückgeschickt. Die Beschädigung bei mehreren Mountainbikes fiel erheblich geringer aus, so dass man sich hier auf eine Gutschrift von 5 % einigte. Buchen Sie die Vorgänge. (3 P.)*

1.3 *Am 19.11.1999 begleicht der Kunde die Rechnung per Banküberweisung. Buchen Sie den Ausgleich der Restforderung. (3 P.)*

AP 2000 I.2 — 10 P.

Am 22.11.1999 verkauft die BIKE AG einen betrieblich genutzten PKW für 40.460,00 € brutto gegen Bankscheck.

Der PKW wurde am 01.09.1998 zu folgenden Bedingungen gekauft:
Listenpreis .... 42.000,00 € netto
Rabatt 5%
Überführung .... 900,00 € netto
Zulassungsgebühr .... 87,00 €
Bei der Bezahlung wurden 2 % Skonto abgezogen.

2.1 *Ermitteln Sie den Wertansatz des PKW in der Bilanz 1998, wenn die BIKE AG einen höchstmöglichen Vermögensausweis anstrebt. Die Nutzungsdauer eines PKW beträgt laut AfA-Tabelle fünf Jahre. (5 P.)*

2.2 *Beschreiben Sie zwei Beweggründe für die BIKE AG, einen möglichst hohen Vermögensausweis anzustreben. (2 P.)*

2.3 *Buchen Sie den Verkauf vom 22.11.1999. (3 P.)*

AP 2000 I.3 — 4 P.

Am 31.12.1999 weist das Konto 5200 eine Gesamtmehrung von 30.000,00 € aus. Bei den unfertigen Erzeugnissen betrug der Anfangsbestand 15.000,00 €, der Schlussbestand wurde mit 5.000,00 € ermittelt. Bei den fertigen Erzeugnissen belief sich der Schlussbestand auf 50.000,00 €.

3.1 *Ermitteln Sie den Anfangsbestand der fertigen Erzeugnisse. (2 P.)*

3.2 *Geben Sie die Vorabschlussbuchung für das Konto 2200 sowie die Abschlussbuchung für das Konto 5200 an. (2 P.)*

AP 2000 I.4 — 7 P.

Aus der Saldenbilanz der BIKE AG lassen sich vor den Vorabschlussbuchungen am 31.12.1999 folgende Bestände entnehmen:

	Soll	Haben
2400 Forderungen aLL	9.020.200,00 €	
3670 EWB		63.350,00 €
3680 PWB		1 161.400,00 €

Am 3112.1999 gilt nur eine Forderung als zweifelhaft. Es wird hier mit einem Ausfall von 70 % gerechnet. Bei einem Delkrederesatz von 1,5 % ist für das Jahr 1999 eine Pauschalwertberichtigung in Höhe von 112.271,25 € erforderlich.

4.1 *Ermitteln Sie in einer übersichtlichen Darstellung den Bruttowert der zweifelhaften Forderung. (3 P.)*

4.2 *Geben Sie alle Vorabschlussbuchungen an, die im Zusammenhang mit der Bewertung der Forderungen anfallen. (4 P.)*

AP 2000 I.5 — 8 Punke

Die BIKE AG hatte im Juli 1992 eine Fertigungsmaschine (Nutzungsdauer 10 Jahre) gekauft. Bisher wurde die Maschine planmäßig linear abgeschrieben.

5.1 *Im Jahr 1999 tritt bei der Maschine ein Schaden auf, der zu einer dauerhaften Einschränkung der Produktionsleistung führt.*
Ermitteln und begründen Sie den Wertansatz am 31.12.1999, wenn die Maschine am 31.12.1998 mit einem Restbuchwert in Höhe von 110.250,00 € bilanziert wurde und der Teilwert am 31.12.1999 bei 55.000,00 € liegt. (4 P.)

5.2 *Führen Sie die entsprechende(n) Vorabschlussbuchung(en) zum 31.12. durch. (2 P.)*

5.3 *Begründen Sie, ob mit dem Wertansatz für die Maschine am Ende des Jahres 1999 eine stille Reserve gebildet wird. (2 P.)*

AP 2000 I.6 (adaptiert) 13 P.

Aus der Gewinn- und Verlustrechnung der BIKE AG sind am 31.12.1999 unter anderem die nachstehenden Werte bekamt:

Jahresüberschuss .... 14.000.000,00 €

Die Bilanz vor Ergebnisverwendung zum 31.12.1999 weist neben dem Jahresüberschuss ein gezeichnetes Kapital von 120 Mio. €, eine Kapitalrücklage von 9 Mio. €, eine gesetzliche Rücklage von 2,8 Mio. €, andere Gewinnrücklagen von 12,2 Mio. € und einen Verlustvortrag (aus dem Vorjahr) von 4 Mio. € aus. Das Fremdkapital der BIKE AG betrug zu Beginn des Jahres 260 Mio. €.

6.1 ~~*Berechnen Sie mit Hilfe des GuV Schemas (Staffelforrn) die Zinserträge der BIKE AG*..3 P.~~

6.2 *Ermitteln Sie den Schlussbestand des Eigenkapitals, wenn die gesetzliche Rücklage vorschriftsmäßig gebildet wird (Einbringung 200.000,00 €), der Bilanzgewinn 5,2 Mio. € beträgt und die höchstmögliche Dividende (in vollen Prozent) ausgeschüttet wird*..6 P.

6.3 *Berechnen Sie die im Jahre 1999 gemachte Einbringung in die and. Gewinnrücklagen*..4 P.

AP 2001 Geschäftsbuchhaltung

In der LECH AG ist die Finanzbuchführung des Geschäftsjahres 2000 (01.01. - 31.12.) zu vervollständigen. Die Buchungssätze sind mit vierstelligen Kontonummern lt. IKR und den jeweiligen Beträgen zu erstellen. Der Umsatzsteuersatz beträgt 19 % bzw. 7 %.

AP 2001 Aufgabe I.1 6 P.

Am 01.08.2000 erwirbt die LECH AG ein Grundstück mit einer neu erbauten Lagerhalle. Der Kaufpreis beträgt 800.000,00 €. Dabei fallen folgende weitere Ausgaben an:

Grunderwerbsteuer ....3,5 % (für das Grundstück sind das 17.500,00 €)
Maklerkosten.. 3,57 % brutto
Notarkosten .... 8.000,00 € netto
Grundbucheintrag.. 1.600,00 €
Finanzierungskosten.. 9 % vom Kaufpreis

1.1 *Buchen Sie den Kauf am 01.08.2000. Die Finanzierung erfolgt durch ein langfristiges Bankdarlehen*...4 P.

1.2 *Errechnen Sie die höchstmögliche Abschreibung zum 31.12.2000, wenn von einer Nutzungsdauer von 33 1/3 Jahren ausgegangen wird, und geben Sie den Buchungssatz an* ....2 P.

AP 2001 Aufgabe I.2 18 P.

2 Ein Auszug aus der Saldenbilanz zum 0 1. 12.2000 zeigt folgenden Stand:

Konto 2400... ?
Konto 3670.. 8.400,00€
Konto 3680 .... 3.800,00€

Im Dezember sind noch folgende Geschäftsvorfälle zu berücksichtigen:

2.1 *Zu einer Forderung gegenüber dem Kunden Baier über 5.950,00 € gehen 30 % am 05.12.2000 auf dem Bankkonto ein, der Rest ist verloren. Buchen Sie. (2 P.)*

2.2 *Vom Kunden Müller gehen am 06.12.2000 auf der Bank 4.198,32 € ein, wobei er bereits 2 % Skonto einbehalten hat. Buchen Sie den Zahlungseingang. (2 P.)*

2.3 *Am 08.12.2000 werden Fertigerzeugnisse an den Kunden Huber zum Listenpreis von 8.000,00 € netto verkauft, wobei 10 % Rabatt sowie 2 % Skonto bei Zahlung innerhalb von 8 Tagen gewährt werden.*

2.3.1 ....Buchen Sie die Ausgangsrechnung. (1 P.)

2.3.2 ......Der Kunde Huber stellt Qualitätsmängel fest und schickt 25 % der gelieferten Fertigerzeugnisse am 11.12.2000 zurück, die ihm gutgeschrieben werden. Außerdem erhält er 10 % Nachlass auf den restlichen Warenwert. Buchen Sie die Gutschrift. (2 P.)

2.3.3 Buchen Sie die Banküberweisung des Kunden Huber am 13.12.2000. (2 P.)

2.4 *Zwei Forderungen werden als zweifelhaft eingestuft und folgendermaßen bewertet: Bei dem Kunden Hirt, Forderungsbetrag 7.735,00 €, rechnet man mit einem Ausfall von 70 % und bei dem Kunden Kobler werden nur noch 40 % der Forderung in Höhe von 5.712,00 € als Einnahme erwartet.*
Geben Sie die Vorabschlussbuchungen an. (3 P.)

2.5 *Die erforderliche Pauschalwertberichtigung beträgt 6.600,00 € und entspricht damit einem Delkrederesatz von 3 %.*

2.5.1 .... Buchen Sie die Veränderung der Pauschalwertberichtigung. (1 P.)

2.5.2 .... Berechnen Sie den Forderungsbestand am 01.12.2000. (3 P.)

2.5.3 ..... Ermitteln Sie den Wert der Forderungen in der Schlussbilanz (2 P.)

AP 2001 Aufgabe I.3 — 8 P.

Am Jahresende bewertet die LECH AG ihre Vorräte. Dabei beträgt der Teilwert der Betriebsstoffe 60,30 €/kg. Der Anfangsbestand wurde mit 60,00 €/kg bewertet.

Darüber hinaus sind folgende Daten bekannt:

Anfangsbestand .... 12.000,00 €
1. Zugang 400 kg .... 24.400,00 €
2. Zugang 250 kg .... 14.750,00 €
3. Zugang 350 kg .... 21.175,00 €

Außerdem wurden 560,00 € als Bezugskosten und 285,00 € als Nachlässe für Betriebsstoffe erfasst. Bei der Inventur wird ein Mehrbestand von 120 kg festgestellt.

Ermitteln Sie mit Hilfe der T Konten 2030 und 6030 den Verbrauch an Betriebsstoffen. Schließen Sie beide Konten ab und geben Sie alle Gegenkonten an. (8 P.)

AP 2001 Aufgabe I.4 — 5 P.

Die LECH AG kauft am 07.07.2000 einen Geldtresor für 24.000,00 € netto auf Ziel. Für den erforderlichen Einbau werden 3.070,20 € sofort bar bezahlt. Man rechnet mit einer Nutzungsdauer von 15 Jahren.

4.1 *Buchen Sie den Vorgang. (2 P.)*

4.2 *Ermitteln und buchen Sie die höchstmögliche Abschreibung zum 31.12.2000. (3 P.)*

AP 2001 Aufgabe I.5 6 P.

Die LECH AG erneuert ihren Fuhrpark. Dazu verkauft sie per Bankscheck im September 2000 einen gebrauchten Pkw für 6.545,00 € brutto, wobei ein Ertrag von 502,00 € anfällt.

5.1 *Buchen Sie den Verkauf (3 P.)*

5.2 *Der Pkw wurde am 0 1. 10. 1996 angeschafft und bisher höchstmöglich abgeschrieben. Ermitteln Sie die Anschaffungskosten, wenn von einer Nutzungsdauer von fünf Jahren ausgegangen wurde. (3 P.)*

AP 2001 Aufgabe I.6 7 P.

Die Passivseiten der Schlussbilanzen der LECH AG weisen für 1999 und 2000 nach teilweiser Gewinnverwendung folgende Werte (in T€) aus:

	31.12.1999	31.12.2000
Gezeichnetes Kapital	70.000	75.000
Kapitalrücklage	2.000	?
Gesetzliche Rücklage	2.800	3.000
Andere Gewinnrücklagen	14.000	16.800
Bilanzgewinn	9.000	8.400
Sonstige Passiva	105.200	?
Bilanzsumme	203.000	?

Die Kapitalerhöhung fand im August 2000 statt. Für 1999 wurden 12 % Dividende ausgeschüttet.

6.1 *Durch die Gewinnverwendung des Jahres 2000 hat die gesetzliche Rücklage den laut Aktiengesetz erforderlichen Höchstbetrag (Anmerkung: 10% des Gez. Kapitals) erreicht. Ermitteln Sie, um wie viel Prozent die neuen Aktien über dem Nennwert ausgegeben wurden. (3 P.)*

~~6.2 gestrichen~~

AP 2002 Geschäftsbuchhaltung

Aufgabe I.1

Die HUMER AG stellt am 26.11.2001 dem Caravan Center KOENIG ein Wohnmobil Globetrotter zum Listenpreis von 38.000,00 € netto sowie zwei Caravans Tramper zum Listenpreis von 8.200,00 € netto pro Stück in Rechnung. Für diesen Auftrag gewährt die HUMER AG 5 % Rabatt. Die Rechnung ist innerhalb von 10 Tagen unter Abzug von 3 % Skonto oder innerhalb von 30 Tagen rein netto zu begleichen.

Am 28.11.2001 bestätigt der Kunde den Erhalt der Lieferung und rügt gleichzeitig kleine Lackschäden an einem Tramper. Die HUMER AG erteilt daraufhin eine Gutschrift in Höhe von 833,00 € brutto. Am 20.12.2001 erfolgt der Ausgleich des noch offenen Rechnungsbetrags durch Banküberweisung. Erstellen Sie die notwendigen Buchungen für

a. *den 26.11.2001, (2 P.)*

b. *den 28.11.2001 und (1 P.)*

c. *den 20.12.2001. (1 P.)*

Aufgabe I.2

Nach erfolgter Inventur werden die Schlussbestände an unfertigen und fertigen Erzeugnissen bewertet und die Bestandsveränderungen ermittelt.

2.1 *Beim Caravan-Modell Family Star wird ein Schlussbestand von 8 Stück ermittelt. Aus der Kostenrechnung ergeben sich Herstellkosten/Stück in Höhe von 4.800,00 €, wobei die Material- und Fertigungsgemeinkosten kalkulatorische Kosten von insgesamt 320,00 € pro Stück beinhalten, denen keine entsprechenden Aufwendungen gegenüberstehen. Die Verwaltungs- und Vertriebsgemeinkosten betragen jeweils 448,00 €. Ermitteln Sie mögliche Wertansätze für die Schlussbilanz. (3 P.)*

2.2 *Für den Abschluss des Kontos 2200 liegen bereits folgende Werte vor:*
Anfangsbestand 01.01.2001 .... 7.250.640,00 €
vorläufiger Endbestand (ohne Berücksichtigung von 2.1) .... 8.390.000,00 €
Bei den unfertigen Erzeugnissen wird ein Minderbestand in Höhe von 485.000,00 € errechnet. Die HUMER AG strebt einen möglichst niedrigen Gewinnausweis an. Ermitteln Sie, mit welchem Wert die Bestandsveränderungen an fertigen und unfertigen Erzeugnissen insgesamt in die Gewinn- und Verlustrechnung eingehen. (3 P.)

Aufgabe I.3 — 10 P.

Die HUMER AG erwarb am 02.03.2000 ein unbebautes Grundstück mit einer Fläche von 2.000 m^2. Für einen Quadratmeter Grund wurden einschließlich Nebenkosten 250,00 € gezahlt.

Das Grundstück war für den Bau von Werkswohnungen vorgesehen, da die Einbeziehung des Geländes in den Bebauungsplan als sicher galt. Noch im gleichen Jahr wurde jedoch von der Gemeinde ein Flächennutzungsplan beschlossen, der das Gelände als landwirtschaftliche Nutzfläche auswies. Unter diesen Umständen schätzte ein Sachverständiger den Wert des Grundstücks am Bilanzstichtag auf 50,00 € je m^2.

3.1 *Begründen Sie den Wertansatz für das Grundstück am 31.12.2000 und geben Sie eine eventuell erforderliche Vorabschlussbuchung an. (3 P.)*

3.2 *Im Jahr 2001 klagt die HUMER AG erfolgreich gegen den Bebauungsplan. Die Gemeinde verabschiedet deshalb einen neuen Bebauungsplan, der das Gelände als Baugebiet ausweist. Aufgrund der dadurch gestiegenen Bodenpreise erhöht sich der Teilwert des Grundstücks laut Gutachten auf 350,00 € je m^2.*
Begründen Sie, mit welchem Wert das Grundstück am 31.12.2001 zu bilanzieren ist, und geben Sie, falls notwendig, die Vorabschlussbuchung an. (3 P.)

3.3 *Überprüfen Sie, ob und gegebenenfalls in welcher Höhe stille Reserven zum 31.12.2000 und 31.12.2001 bestanden. (2 P.)*

3.4 *Zeigen Sie jeweils einen Gesichtspunkt auf, der für bzw. gegen stille Reserven spricht. (2 P.)*

Aufgabe I.4 — 10 P.

Am 03.09.2001 kauft die HUMER AG eine Fertigungsmaschine auf Ziel. Die Ein-gangsrechnung lautet: „Preis ab Werk 200.000,00 € netto abzüglich 20 % Rabatt".

Der Spediteur erhält für die Anlieferung einen Verrechnungsscheck in Höhe von 1.190,00 € brutto.

Am 10.09.2001 erfolgt der Rechnungsausgleich durch Banküberweisung in Höhe von 182.784,00 €. Der Differenzbetrag wird vom Maschinenhersteller als Skontoabzug akzeptiert.

Die Kosten für die Montage, die von der HUMER AG selbst vorgenommen wird, betragen 13.300,00 €. Der Probelauf verursacht 1.600,00 € an Materialkosten und Fertigungskosten in Höhe von 2.900,00 €.

4.1 *Führen Sie alle notwendigen Buchungen durch. (7 P.)*

4.2 *Ermitteln Sie den Bilanzansatz der Maschine zum 31.12.2001, wenn die Nutzungsdauer mit 8 Jahren veranschlagt wird und das Unternehmen alle einkommensteuerrechtlichen Möglichkeiten ausschöpft, um den Gewinnausweis zu minimieren. (3 P.)*

Aufgabe I.5 — 4 P.

Am 10.10.2001 erwarb die HUMER AG Aktien der MASCHINENBAU AG mit Anschaffungskosten von 161.600,00 € zur vorübergehenden Anlage. Für Spesen stellte die Bank 1 % des Kurswertes in Rechnung. Der Stückkurs für eine Aktie zum Nennwert von 5,00 € betrug am Kauftag 40,00 €. Am 31.12.2001 liegt der Teilwert der MASCHINENBAU-Aktie bei 30,30 €. Während des Jahres wurden 600 Aktien verkauft.

Begründen Sie den Wertansatz für die Aktien der MASCHINENBAU AG zum 31.12.2001.

Aufgabe I.6 — 4 P.

Vor Bewertung der Forderungen am 31.12.2001 liegen folgende Bestände in € vor:

	Soll	Haben
2400 Forderungen aLL	5.652.500,00	
3670 EWB		210.000,00
3680 PWB		78.000,00

6.1 *Die MÜLLER GmbH beantragte am 11.09.2001 das Insolvenzverfahren. Deshalb rechnet die HUMER AG bei der Forderung gegenüber der MÜLLER GmbH mit einem Ausfall von 60 %. Alle anderen Forderungen scheinen sicher. Die HUMER AG bucht am 31.12.2001:*

3670 60.000,00 an 5450 60.000,00

Ermitteln Sie den Bruttobetrag der zweifelhaften Forderung........................2 P.

6.2 *Für das Konto 3680 wird am 31.12.2001 folgende Buchung vorgenommen:*

6953 12.000,00 an 3680 12.000,00

Ermitteln Sie den Schlussbestand des Kontos 2400 Forderungen aLL.......2 P.

Aufgabe I.7

Die HUMER AG erstellt den Jahresabschluss für das Geschäftsjahr 2001. Sie weist zum 31.12.2001 auf den Eigenkapitalkonten nach teilweiser Ergebnisverwendung folgende Schlussbestände aus:

Gezeichnetes Kapital .... ?
Kapitalrücklage .... 3.000.000,00 €
Gesetzliche Rücklage .... 400.000,00 €
Andere Gewinnrücklagen .... 2.000.000,00 €

Zum 31.12.2001 beträgt das Fremdkapital 9.200.000,00 €. Im abgelaufenen Geschäftjahr erhöhten sich aufgrund gestiegener Beschäftigung die Pensionsrückstellungen um 50.000,00 €. Bei den anderen Fremdkapitalpositionen ergab sich insgesamt eine Minderung um 120.000,00 €.

Darüber hinaus liegen zum 31.12.2001 u. a. folgende Angaben vor:

Umsatzerlöse	35.000.000,00 €
Zinsaufwendungen	500.000,00 €
Gewinnvortrag aus dem Vorjahr	50.000,00 €
Bilanzgewinn	1.800.000,00 €
Einstellung in die gesetzliche Rücklage	0,00 €
Einstellung in die anderen Gewinnrücklagen	550.000,00 €

7.1 Berechnen Sie den im Geschäftsjahr 2001 erzielten Jahresüberschuss. (2 P.)

7.2 Auf Vorschlag des Vorstandes wird der gesamte Bilanzgewinn an die Aktionäre ausgeschüttet. Die Stückdividende beträgt 0,60 € bei einem Nennwert von 5,00 € pro Aktie. Ermitteln Sie das gezeichnete Kapital der HUMER AG zum 31.12.2001. (2 P.)

7.3 Im Anhang zum Jahresabschluss findet sich u. a. noch folgende Erläuterung: „Die Kapitalrücklage wurde während des Jahres 2001 im Zuge einer Neuemission von Aktien um 2.000.000,00 € erhöht. Dieser Zuwachs resultiert aus der Differenz (=Agio) des Nennbetrags von 5,00 € je Aktie und des Ausgabebetrags von 15,00 € je Aktie“.

a. Ermitteln Sie den Bestand des Eigenkapitals zum 01.01.2001.

~~b. gestrichen~~

AP 2003 Geschäftsbuchhaltung

In der COMTECH AG, die Hochleistungsgetriebe für industrielle Anwendungen herstellt, ist die Finanzbuchführung des Geschäftsjahres 2002 (01.01. —31.12.) zu vervollständigen.

Die Buchungssätze sind mit vierstelligen Kontonummern lt. IKR und den jeweiligen Beträgen zu erstellen. Der Umsatzsteuersatz beträgt 19% bzw. 7%.

Aufgabe 2003 I.1 — 15 P.

Die COMTECH AG bezieht am 15.10.2002 von der GUSS WERKE AG 1.000 Getriebegehäuse (Fremdbauteile) zum Listenpreis von 250,00 € pro Stück. Die Zahlungsbedingungen sehen 10% Rabatt und 3 % Skonto innerhalb von 10 Tagen bzw. rein netto innerhalb von 30 Tagen vor. Die COMTECH AG zahlt für die Lieferung an den Spediteur 1.160,00 € in bar.

Am 18.10.2002 werden 100 Gehäuse zurückgesendet, da sie Haarrisse aufweisen. Die übrigen Gehäuse wurden teilweise nur unzureichend entgrätet, wofür der COMTECH AG ein Nachlass in Höhe von 8.000,00 € netto gewährt wird. Am 24.10.2002 erfolgt der Ausgleich des noch offenen Rechnungsbetrags durch Banküberweisung.

Nehmen Sie die notwendigen Buchungen für

1.1 den 15.10.2002, (3 P.)

1.2 den 18.10.2002 und (2 P.)

1.3 den 24.10.2002 vor. (3 P.)

1.4 Am 31.12.2002 sind von diesen Gehäusen noch 300 Stück auf Lager. Ein Anfangsbestand war nicht vorhanden. Während des Jahres erfolgten keine weiteren Lieferungen.

1.4.1 Bewerten und begründen Sie den Schlussbestand, wenn der Marktpreis zum Bilanzstichtag 260,00 € pro Stück beträgt. (4 P.)

1.4.2 Bilden Sie die vorbereitende Abschlussbuchung und die Abschlussbuchung für das entsprechende Bestandskonto. (2 P)

1.4.3 .... Berechnen Sie den wertmäßigen Verbrauch für das Jahr 2002. (1 P)

Aufgabe 2003 I.2 — 4 P.

Die Mitarbeiter der COMTECH AG haben Anspruch auf eine betriebliche Altersversorgung. Der Bestand an Pensionsanwartschaften zum 01.01.2002 belief sich auf 2.500.000,00 € während er zum 31.12.2002 2.650.000,00 € beträgt.

Am 15.12.2002 wurden Pensionen in Höhe von 80.000,00 € an Rentner der COMTECH AG per Bank überwiesen.

2.1 Nehmen Sie die erforderlichen Buchungen zum 15.12. und zum 31.12.vor. (2 P.)

2.2 Erläutern Sie an diesem Beispiel den Begriff Rückstellungen. (2 P.)

Aufgabe 2003 I.3 — 2 P.

Erläutern Sie, welcher Sachverhalt den folgenden Buchungen vom 31.12. zugrunde liegt: (2 P.)

4800 .... 3.200.000,00 an 2600 .... 3.200.000,00
4800 .... 400.000,00 an 8010 .... 400.000,00

Aufgabe 2003 I.4 — 10 P.

Die COMTECH AG aktivierte im September 2001 einen Getriebeprüfstand, der in Eigenleistung erstellt wurde. Aufgrund der intensiven Beanspruchung wurde eine Nutzungsdauer von 6 Jahren festgelegt.

Als Obergrenze der Herstellungskosten errechnete sich ein Wert von 462.000,00 €. Die COMTECH AG strebt einen niedrigen Gewinnausweis an. In der Kostenrechnung wurde mit folgenden aufwandsgleichen Gemeinkostenzuschlagsätzen gerechnet:

Materialgemeinkosten.................... 8 %   Fertigungsgemeinkosten.............. 80 %
Verwaltungsgemeinkosten.......... 10 %   Vertriebsgemeinkosten 5%

4.1 Bestimmen und begründen Sie den Wert, mit dem der Prüfstand im September 2001 aktiviert wurde. (3 P.)

4.2 Ermitteln Sie den Bilanzansatz des Getriebeprüfstandes am 31.12.2002. (2 P.)

4.3 Zum Jahresende 2003 zeichnet sich ab, dass der Teilwert zum 3 1.12.2003 voraussichtlich dauerhaft auf 180.000,00 € sinken wird.
Begründen Sie den Bilanzansatz des Getriebeprüfstandes zum 31.12.2003 und geben Sie dann eventuell erforderliche Vorabschlussbuchungen an. (5 P.)

Aufgabe 2003 I.5 — 5 P.

Die COMTECH AG liefert am 02.12.2002 ein Getriebe an die KRAFTWERKE AG, wofür nach Abzug von 15% Rabatt und 2% Skonto am 11.12.2002 auf dem Bankkonto der COMTECH AG 991.270,00 € als Rechnungsausgleich eingehen. Buchen Sie die Ausgangsrechnung der COMTECH AG am 02.12.2002 und den Zahlungseingang am 11.12.2002.

Aufgabe 2003 I.6 — 7 P.

Am 3 1.12.2002 sind vor Durchführung der Forderungsbewertung folgende Kontostände vorhanden:

Konto 2400 .... 9.520.000,00 €
Konto 3670 .... 100.000,00 €
Konto 3680 .... 35.000,00 €

6.1 *Die WERFT AG bittet um Stundung unserer Forderung in Höhe von 357.000,00 € Zum Bilanzstichtag scheinen 70 % dieser Forderung sicher zu sein. Weitere Forderungen sind nicht zweifelhaft. Nehmen Sie die erforderlichen Vorabschlussbuchungen zum 31.12.2002 vor. (3 P.)*

6.2 *Berechnen Sie den Prozentsatz der Pauschalwertberichtigung, wenn das Konto m 2400 mit 9.113.000,00 € bilanziert wird. (4 P.)*

Aufgabe 2003 I.7 — 7 P.

Die Bilanz der COMTECH AG zeigt zum 31.12.2002 vor Gewinnverwendung unter anderem folgende Werte:

Gezeichnetes Kapital .... 100.000 Tsd. €
Kapitalrücklage .... 3.600 Tsd. €
Gesetzliche Rücklage .... 6.000 Tsd. €
Andere Gewinnrücklagen .... ?
Jahresüberschuss .... 12.000 Tsd. €
Verlustvortrag .... 2.000 Tsd. €

7.1 *Erläutern Sie, wie es zur Bildung einer Kapitalrücklage kommt. (2 P.)*

~~*7.2 und 7.3 gestrichen.*~~

AP 2004 Geschäftsbuchhaltung

In der WOHNLAND AG, einem industriellen Möbelhersteller, ist die Finanzbuchführung für das Geschäftsjahr 2003 (01.01. -3 1.12.) zu vervollständigen. Die erforderlichen Buchungssätze sind mit vierstelligen Kontennummern laut IKR und den jeweiligen Beträgen zu erstellen. Der Umsatzsteuersatz beträgt 19% bzw. 7%. Die WOHNLAND AG schöpft alle einkommensteuerrechtlichen Möglichkeiten aus, um den Gewinnausweis für das Jahr 2003 zu minimieren.

Aufgabe 2004 I.1

Die WOHNLAND AG bezieht die für die Herstellung ihrer Ledersofas und -sessel benötigten Lederhäute ausschließlich von der LEATHER & MORE GmbH. Am 02.10.2003 geht bei der WOHNLAND AG eine Rechnung für 200 Lederhäute zum Listenpreis von 120,00 €/Stück zuzüglich 50,00 € für die Verpackung und 500,00 € an Frachtkosten ein (alle Beträge netto). Der Liefe-rant gewährt einen Rabatt in Höhe von 10 %. Die Rechnung ist innerhalb von 10 Tagen unter Abzug von 2 % Skonto oder innerhalb von 30 Tagen rein netto zu bezahlen.

1.1 *Buchen Sie die Eingangsrechnung vom 02.10.2003.*

1.2 *Wegen diverser Gerbfehler im Leder schickt die WOHNLAND AG 10 Lederhäute am 06.10.2003 gegen Gutschrift an den Lieferanten zurück. Die Transport- und Verpackungskosten werden vereinbarungsgemäß anteilig gekürzt. Buchen Sie die Rücksendung.*

1.3 *Buchen Sie den Rechnungsausgleich am 10.10.2003 per Banküberweisung.*

1.4 *Im Jahr 2003 hat die WOHNLAND AG außerdem (vgl. 1.1 – 1.3) bereits folgende Zugänge an Lederhäuten gebucht:*

Datum	*Menge*	*Warenwert*
10.01.2003	*400 Stück*	*39.600,00 €*
23.06.2003	*300 Stück*	*33.750,00 €*

Die Bezugskosten für diese beiden Zugänge betrugen insgesamt 1.900,88 € netto. Zum Jahresende erhält die WOHNLAND AG von der LEATHER & MORE GmbH einen Bonus in Höhe von 5 % auf den Warenwert aller Lieferungen im Jahr 2003. In der Schlussbilanz 2002 wurde der Bestand an Lederhäuten von 120 Stück mit 10.800,00 € bewertet.

1.4.1 *Zum 31.12.2003 sind noch 100 Lederhäute vorhanden. Ermitteln und begründen Sie den Bilanzansatz, wenn der Marktpreis wegen der Entwicklung eines neuen Gerbverfahrens am Bilanzstichtag nur noch 82,00 € je Stück beträgt und voraussichtlich nicht mehr steigen wird. Die WOHNLAND AG wendet bei der Bewertung der Vorräte das Durchschnittsverfahren an.*

1.4.2 *Buchen Sie die Bestandsveränderung zum 31.12.2003.*

Aufgabe 2004 I.2

Am 05.05.2003 erwirbt die WOHNLAND AG ein 3.750 m² großes Grundstück, das mit einem Betriebsgebäude bebaut ist, für insgesamt 2,5 Mio. €. Zusätzlich fallen an:

- Grunderwerbsteuer von 3,5 %
- Gebühren für die Grundbucheintragung (3.000,00 € davon betreffen das Grundstück)
- Notargebühren in Höhe von 17.400,00 € brutto, von denen 5.220,00 € brutto auf das Grundstück entfallen.

2.1 *Ermitteln Sie die Anschaffungskosten des Grundstücks und des Betriebsgebäudes.*

2.2 *Buchen Sie alle mit dem Kauf des Grundstücks anfallenden Vorgänge, wenn die Finanzierung durch ein langfristiges Darlehen erfolgt.*

2.3 *Der Teilwert des Grundstücks liegt aufgrund eines geänderten Bebauungsplanes am 31.12.2003 bei 220,00 €/m². Die betriebsgewöhnliche Nutzungsdauer des Gebäudes beträgt 33 1/3 Jahre.*
Ermitteln und begründen Sie den Wertansatz für das Grundstück sowie für das Betriebsgebäude zum 31.12.2003 und nehmen Sie die erforderliche(n) Vorabschlussbuchung(en) vor.

Aufgabe 2004 I.3

Am 14.02.2003 erwarb die WOHNLAND AG gegen Rechnung sechs identische Kreissägen zum Sonderpreis von insgesamt 2.700,00 € netto. Die Lieferung erfolgte frei Haus. Die Rechnung wurde innerhalb von 10 Tagen ohne Skontoabzug beglichen.

Beim Auspacken wurde festgestellt, dass eine der sechs Kreissägen leicht beschädigt war. Für diese Säge wurde ein Nachlass von 45,00 € netto gewährt.

3.1 *Am 12.12.2003 veräußert die WOHNLAND AG zwei der am 14.02.2003 erworbenen und nicht beschädigten Kreissägen zum Stückpreis von 430,00 € netto gegen Barzahlung. Buchen Sie den Vorgang.*

3.2 *Begründen und buchen Sie die Abschreibung der restlichen vier Kreissägen zum 31.12.2003. Die betriebsgewöhnliche Nutzungsdauer der Kreissägen beträgt 16 Jahre.*

Aufgabe 2004 I.4

Die Saldenbilanz der WOHNLAND AG weist am 31.12.2003 vor den Vorab-schlussbuchungen unter anderem folgende Werte in Euro aus:

Konto	Soll	Haben
2400 Forderungen aLL	2.011.100,00	
3670 EWB		115.400,00
3680 PWB		26.900,00

Folgende Forderungen wurden im Laufe des Jahres 2003 als zweifelhaft eingestuft:

Datum	Kunde	Gesamtforderung (brutto)	möglicher Ausfall
21.02.2003	SB-MÖBEL-MARKT	64.260,00 €	60 %
16.05.2003	MÖBEL PERFECT	90.440,00 €	70 %
24.10.2003	NORDIC MÖBEL	?	30 %

Für die restlichen Forderungen setzt die WOHNLAND AG einen Delkrederesatz von 1,5 % an, wodurch sich eine Herabsetzung der Pauschalwertberichtigung um 5.750,00 € ergibt.

4.1 *Ermitteln Sie die Höhe der zum 31.12.2003 erforderlichen EWB und PWB.*

4.2 *Führen Sie die im Zusammenhang mit der EWB notwendigen Vorabschlussbuchungen durch.*

Aufgabe 2004 I.5

Im Jahr 2002 wurde die WOHNLAND AG in einen Rechtsstreit verwickelt. Am 22.12.2003 schließt sie den Vorgang mit folgender Überweisung für Anwaltskosten und Gerichtskosten ab:

3930 .... 6.000,00 an 2800 .... 8.412,00 €
6770 .... 1.500,00
2600 912,00

Erklären Sie anhand der Buchung den gesamten Sachverhalt unter besonderer Berücksichtigung des Vorsteuerbetrages.

Aufgabe 2004 I.6

Die Bilanz der WOHNLAND AG zeigt zum 31.12.2003 vor Gewinnverwendung u. a. folgende Werte in Euro:

Gezeichnetes Kapital 9.000.000,00
Kapitalrücklage 300.000,00
Gesetzliche Rücklage .... ?
Andere Gewinnrücklagen 920.000,00
Verlustvortrag aus dem Vorjahr .... ?
Jahresüberschuss 800.000,00

Folgende Gewinnverwendung ist vorgesehen:

In die gesetzliche Rücklage sind 35.000,00 € einzustellen. Dadurch wird der nach Aktiengesetz erforderliche Höchstbetrag erreicht. Den anderen Gewinnrücklagen werden 65.000,00 € zugeführt.

Die Dividende je Aktie im Nennwert von 5,00 € soll 0,35 € betragen.

6.1 *Berechnen Sie den Bestand der gesetzlichen Rücklage vor Gewinnverwendung.*

6.2 *Berechnen Sie den Verlustvortrag aus dem Vorjahr, wenn sich nach Ausschüttung der Dividende ein Gewinnvortrag von 15.000,00 € ergibt.*

6.3 ~~*gestrichen*~~

AP 2005 Geschäftsbuchhaltung und Finanzierung

In der E-CAR AG, einem Hersteller von Elektrofahrzeugen, ist die Finanzbuchführung des Geschäftsjahres 2004 (01.01. – 31.12.) zu vervollständigen.

Die Buchungssätze sind mit vierstelligen Kontonummern lt. IKR und den jeweiligen Beträgen zu erstellen. Der Umsatzsteuersatz beträgt 19% bzw. 7%.

Aufgabe 2005 I.1

Die E-CAR AG bezieht ihre Reifen (Fremdbauteile) ausschließlich von der GUMMIX AG. Dazu liegen für das Geschäftsjahr 2004 folgende Daten vor:

Eingangsrechnungen brutto (ohne Bezugskosten) .... 69.020,00 €
Gutschriften für Rücksendungen im Warenwert von brutto .... 1.071,00 €
nachträgl. Preisminderung auf Grund einer Mängelrüge netto .... 400,00 €
Nachlässe für Zahlung innerhalb der Skontofrist netto .... 1.701,00 €
Saldo des Kontos Bezugskosten am 31.12.2004 .... 7.050,00 €
Wert des Bestands im Reifenlager am 01.01.2004 .... 16.000,00 €
Wert des Bestands im Reifenlager am 31.12.2004 .... 13.000,00 €

1.1 *Ermitteln Sie mit Hilfe des Kontos 6010 den Jahresgesamtverbrauch für Fremdbauteile. Geben Sie dabei die jeweiligen Gegenkonten an.*

1.2 *An den Bilanzstichtagen 2003 und 2004 gab es keine offenen Eingangsrechnungen der GUMMIX AG. Berechnen Sie den Skontosatz, der zwischen der E-CAR AG und der GUMMIX AG vereinbart war und im Jahr 2004 bei jeder Zahlung in Anspruch genommen wurde.*

Aufgabe 2005 I.2

Am 29.11.2004 erwirbt die E-CAR AG bei der MESSGERÄTE AG ein Multi-Diagnosegerät zu einem Listenpreis von 95.000,00 € netto, wobei ein Rabatt in Höhe von 10 % eingeräumt wird.

Im Zusammenhang mit dem Kauf werden der E-CAR AG folgende Leistungen in Rechnung gestellt (alle Beträge netto):

Frachtkosten .... 250,00 €
Transportversicherung .... 65,00 €
1. Quartalsbeitrag für den Wartungsvertrag .... 200,00 €
Montage des Diagnosegerätes .... 750,00 €

Vereinbarungsgemäß nimmt die MESSGERÄTE AG das alte Diagnosegerät der E-CAR AG zu 35.700,00 € einschließlich Umsatzsteuer in Zahlung, wodurch ein Buchverlust von 6.400,00 € entsteht.

Der Restbetrag wird am 07.12.2004 unter Abzug von 3 % Skonto vom Zieleinkaufspreis per Banküberweisung beglichen.

2.1 *Buchen Sie den gesamten Vorgang.*

2.2 *Nennen Sie zwei mögliche Gründe, die die E-CAR AG veranlasst haben könnten, das alte Diagnosegerät bereits nach zweijähriger Nutzung zu verkaufen.*

2.3 *Die betriebsgewöhnliche Nutzungsdauer für Diagnosegeräte beträgt sechs Jahre.*

2.3.1 *Buchen Sie die Abschreibung auf das Neugerät am 31.12.2004, wenn die E-CAR AG im Unterschied zu den Vorjahren für das Jahr 2004 die Zielsetzung hat, einen möglichst hohen Gewinn auszuweisen.*

2.3.2 *Zeigen Sie zwei mögliche Gründe für die Änderung der Zielsetzung bezüglich des Gewinnausweises auf.*

Aufgabe 2005 I.3

Zum 31.12.2004 liegen der E-CAR AG zur Bewertung der Forderungen u. a. folgende Informationen vor:

- sichere Forderungen brutto .... 340.340,00 €
- zweifelhafte Forderung brutto .... 33.468,75 €
- Delkrederesatz .... 1,25 %
- Bestand des Kontos 3670 am 01.01.2004 .... 24.800,00 €

Es werden folgende Vorabschlussbuchungen vorgenommen:

3670	2.300,00	an	5450	2.300,00
6953	1.425,00	an	3680	1.425,00

Berechnen Sie die geschätzte Insolvenzquote der zweifelhaften Forderung und den Bestand des Kontos Pauschalwertberichtigung zu Forderungen zum 01.01.2004.

Aufgabe 2005 I.4

Den Passivseiten der Bilanzen der E-CAR AG sind zum 31.12.2003 und zum 31.12.2004 folgende Passivpositionen vor Ergebnisverwendung zu entnehmen (Angaben in Tsd. €):

PASSIVA	2003	2004
Gezeichnetes Kapital	4.500	5.000
Kapitalrücklage	500	1.200
Gewinnrücklagen	?	1.780
Gewinnvortrag	10	12
Jahresüberschuss	?	760
Pensionsrückstellungen	1.840	2.220
Langfristige Verbindlichkeiten	1.800	2.000
Kurzfristige Verbindlichkeiten	1.690	1.400
	?	14.372

Im Jahr 2003 wurde den Gewinnrücklagen ein Betrag von 160 Tsd. € zugeführt und eine Stückdividende von 0,42 € ausgeschüttet. Im Mai 2004 fand ei-ne Kapitalerhöhung statt. Alle Aktien der E-CAR AG haben einen Nennwert von 5,00 €.

4.1 *Buchen Sie die Kapitalerhöhung im Jahr 2004 und berechnen Sie den Emissionskurs in Euro.*

4.2 *Berechnen Sie die oben fehlenden Bilanzwerte für die Gewinnrücklagen und den Jahresüberschuss zum 31.12.2003.*

4.3 *Die Hauptversammlung beschließt, den Bilanzgewinn des Jahres 2004 in Höhe von 572 Tsd. € wie folgt zu verwenden:*
Die Inhaber der jungen Aktien erhalten eine Dividende in Höhe von 0,42 € je Aktie. An die übrigen Anteilseigner ist die höchstmögliche auf einen Cent gerundete Dividende auszuschütten. Es soll kein Verlust vorgetragen werden.
Stellen Sie die Positionen des Eigenkapitals mit den entsprechenden Beträgen zum 31.12.2004 nach vollständiger Ergebnisverwendung dar.

4.4 *Nennen Sie alle aus den Angaben und den bisherigen Berechnungen erkennbaren Finanzierungsarten des Jahres 2004 (nach vollständiger Ergebnisverwendung), wobei die kurzfristige Fremdfinanzierung nicht berücksichtigt werden soll. Ordnen Sie die Finanzierungsarten nach Kapitalherkunft sowie Rechtsstellung des Kapitalgebers und berechnen Sie die entsprechenden Beträge.*

2. Aufgabenbereich Kostenrechnung

Der Aufgabenteil Kostenrechnung (Aufgabe II) umfasst 30 von 100 Punkte.
Da es in diesem Bereich keine Änderungen zur alten Prüfungsform gegeben hat, finden Sie unten die kompletten Jahrgänge.

FOS 1999 Kosten- und Leistungsrechnung

Aufgabe II.1 — 11 Punkte

Die Kosten- und Leistungsrechnung der MAESER AG hat im Zweigwerk I bei der Vorkalkulation für Erzeugnis W folgende Werte pro Stück ermittelt:

Selbstkosten .... 289,42 €
Barverkaufspreis .... 329,80 €
Vertreterprovision .... 17,00 €
SEKVt .... 16,00 €
VwGK 12%
VtGK 14%
Skonto 3%
Rabatt 15%

1.1 Berechnen Sie die Höhe der Vertreterprovision in Prozent und den vorläufigen Verkaufspreis. .... 3 P.

1.2 Berechnen Sie die Herstellkosten pro Stück. .... 2 P.

1.3 Die HKA-Normal betragen im Monat November 520.800,00 €. Bei den unfertigen Erzeugnissen wird ein Minderbestand in Höhe von 43.400,00 € ermittelt. Von Erzeugnis W werden in diesem Monat 2.350 Stück verkauft. Es ergibt sich eine Kostenunterdeckung in Höhe von insgesamt 4.717,00 €. Sämtliche Verkaufskonditionen werden in Anspruch genommen.

1.3.1 Ermitteln Sie Art und Höhe der Bestandsveränderungen bei den fertigen Erzeugnissen in Stück. (3 P.)

1.3.2 Berechnen Sie das Umsatzergebnis für den Monat November. (2 P.)

1.3.3 Ermitteln Sie das Betriebsergebnis für diesen Monat. (1 P.)

Aufgabe II.2 — 15 Punkte

Im Zweigwerk II wird die Teilkostenrechnung durchgeführt. Für die vier Erzeugnisse liegen folgende Daten vor:

Erzeugnis	A	B	C	D
maximaler Absatz in Stück	1.500	1.700	600	600
Preis/Stück in €	250,00	190,00	392,50	358,00
variable Stückkosten in €	184,00	130,00	310,00	290,00
Fertigungszeit je Stück in Min. - in der Lackiererei	30	25	55	40
- in der Endmontage	10	12	20	18
Lieferverpflichtungen im Monat Dezember in Stück	0	0	200	150

Im Monat Dezember stehen in der Endmontage 1.000 Stunden, in der Lackiererei 2.000 Stunden zur Verfügung.

2.1 Ermitteln Sie das optimale Produktionsprogramm für den Monat Dezember. (7 P.)

2.2 Im neuen Jahr liegen keine Lieferverpflichtungen mehr vor. Deshalb wird Produkt C ab Januar nicht mehr produziert.

2.2.1 Ein neues Produkt E soll zunächst mit 800 Stück pro Monat auf dem Markt platziert werden. Dieses Produkt hat variable Stückkosten von 160,00 €. Die Bearbeitungszeit in der Lackiererei beträgt 25 Minuten, in der Endmontage 10 Minuten. Die Kapazität in der Lackiererei und in der Endmontage bleibt unverändert.
Bestimmen Sie den Preis, zu dem das Produkt E mindestens abgesetzt werden müsste, damit es eines der noch verbleibenden drei Produkte verdrängen kann. (3 P.)

2.2.2 Da sich der Mindestpreis für Produkt E am Markt nicht durchsetzen lässt, wird es nicht in das Produktionsprogramm aufgenommen. Aufgrund zunehmender Konkurrenz können einerseits von Produkt D in Zukunft nur noch 370 Stück pro Monat abgesetzt werden. Andererseits könnte der Absatz von A und B um jeweils 20% erhöht werden, wenn der Angebotspreis für die gesamte Produktionsmenge von A und B um jeweils 5% gesenkt wird.
Entscheiden und begründen Sie mit Hilfe der Teilkostenrechnung, ob diese Maßnahmen realisiert werden sollen. (5 P.)

Aufgabe II.3 — 4 Punkte

~~Im Zweigwerk III der MAESER AG wird nur das Produkt U hergestellt. Die Fixkosten betragen 140.385,00 € pro Monat. Es wird mit variablen Stückkosten von 220,00 € und einem Preis je Stück von 295,00 € netto gerechnet.~~

~~Bestimmen Sie die Menge, die monatlich verkauft werden muss, damit die Umsatzrentabilität in diesem Zweigwerk 6% beträgt.~~

FOS 2000 — Kosten- und Leistungsrechnung

AP 2000 II.1 — 12 Punkte

Im Werk II der BIKE AG wird ausschließlich das Kinderrad JUNIOR hergestellt. Aus der Kosten- und Leistungsrechnung sind für den Monat November 02 folgende Daten verfügbar:

Einzelkosten:

Fertigungsmaterial .... 14.000,00 €
Fertigungslöhne .... 41.300,00 €
Sondereinzelkosten der Fertigung .... 1.360,00 €
Sondereinzelkosten des Vertriebs .... 0,00 €

Normalzuschlagsätze:

Materialgemeinkosten 20%
Verwaltungs-/Vertriebsgemeinkosten 30%

Die HKA auf Normalkostenbasis betragen 172.500,00 €, darin sind Maschinenkosten in Höhe von 80 000,00 € enthalten. Von der fertig gestellten Menge konnten 15 Stück nicht verkauft werden. Die Normal-Herstellkosten pro Stück belaufen sich auf 242,50 €. Insgesamt wurde eine Bestandsmehrung von 2.750,00 € errechnet. Es ergibt sich für den

Monat November ein Umsatzergebnis von 44.065,00 € sowie ein Betriebsergebnis von 40.000,00 €.

1.1 *Berechnen Sie die den Rest-Fertigungsgemeinkostenzuschlagsatz auf Normalkostenbasis.(2 P.)*

1.2 *Ermitteln Sie den kalkulierten Maschinenstundensatz bei einer Maschinenlaufzeit von 320 Stunden pro Monat. (1 P.)*

1.3 *Berechnen Sie die HKFE und die HKU auf Normalkostenbasis und geben Sie Art und Höhe der Bestandsveränderungen der unfertigen und der fertigen Erzeugnisse in € an. (4 P.)*

1,4 *Ermitteln Sie die Umsatzerlöse im Monat November. (2 P.)*

1.5 *Erläutern Sie die hier vorliegende Ergebnisabweichung und nennen Sie dafür zwei konkrete Ursachen, (3 P.)*

AP 2000 II.2 — 7 Punkte

Im Werk III der BIKE AG wird nur das City-Bike ROMA hergestellt.

Bei einer Produktionsmenge von 700 Stück werden für November 02 folgende Daten ermittelt:

Die Einzelkosten pro Stück betragen 210,00 € Die Summe der Gemeinkosten beläuft sich auf 192.500,00 €, davon sind 40% fixe Kosten.

Der Handelsvertreter der BIKE AG meldete am 24.11.02, dass ein Kunde zusätzlich 300 Stück des City-Bike ROMA zum Angebotspreis von 500,00 € pro Stück bei 2% Skonto und 5% Kundenrabatt abnehmen würde. Die BIKE AG verrechnet die Provision des Vertreters mit 8%.

Obwohl freie Kapazitäten vorhanden waren, wurde der Kundenauftrag abgelehnt. Beurteilen Sie diese Entscheidung unter dem Gesichtspunkt

2.1 *der Vollkostenrechnung und (4 P.)*

2.2 *der Teilkostenrechnung. (2 P.)*

2.3 *Berechnen Sie, weiche Auswirkung die Annahme des Auftrags auf das Betriebsergebnis gehabt hätte. (1 P.)*

AP 2000 II.3 — 11 Punkte

Im Zweigwerk IV der BIKE. AG werden verschiedene Typen von Fahrradhelmen gefertigt.

Produkt	Helm X	Helm Y	Helm Z
Deckungsbeitrag pro Stück	52,00 €	19,00 €	21,00 €
Absatzmenge in Stück	4.000	2.400	8.000
Anteil an den Fixkosten	30%	15%	35%

Die gesamten Fixkosten betragen 380.000,00 € pro Jahr. Der Preis vor. Helm Y beläuft sich auf 80,00 €.

3.1 *Ermitteln Sie die Deckungsbeiträge II und das Betriebsergebnis.(3 P.)*

3.2 *Die BIKE AG überlegt, die Produktion des Verlustproduktes einzustellen. Dadurch könnten die erzeugnisfixen Kosten um 70% abgebaut werden. Berechnen Sie, wie sieh das Betriebsergebnis durch diese Maßnahme verändern wurde. (2 P.)*

3.3 *Die Produktion von Y wird nicht eingestellt. Der Heim Y wird ausschließlich an die FUNSPORT GmbH verkauft. Die FUNSPORT GmbH würde langfristig von Helm Y zwischen 4.000 und 5.000 Stück pro Jahr beziehen, wenn der bisherige Stückpreis (80,00 €) um 5% gesenkt würde, Da die bisherige Kapazität für die Produktion von Y nicht ausreicht, sind zur Annahme des Auftrages Investitionen in Hohe von 12.000,00 €/Jahr nötig. Die variablen Stückkosten würden sich dadurch nicht ändern. Berechnen Sie die Mindestabnahmemenge, die von der FUNSPORT GmbH zugesagt werden müsste, damit Y keinen negativen Beitrag zum Betriebsergebnis leistet. (3 P.)*

3.4 *Die zusätzliche Investition wird nicht durchgeführt. Eine Alternative wäre der komplette Fremdbezug von Helm Y. Es liegt ein Angebot zum Preis von 73,00 € pro Stück vor. Die Fixkosten für Y könnten in diesem Falle nur um 40% abgebaut werden. Berechnen Sie, bis zu welcher Menge der Fremdbezug vorteilhaft ist. (3 P.)*

FOS 2001 Kosten- und Leistungsrechnung

AP 2001 Aufgabe II.1 — 5 Punkte

Im Werk 1 der SOUND AG wird u. a. der Kinderkassettenrekorder SOUNDY in einer eigenen Fertigungsstelle hergestellt. Die Vorkalkulation weist für das 3 Quartal 2002 folgende Zahlen aus:

Materialkosten	460.900,00 €
Maschinenkosten	272.300,00 €
Rest-Fertigungsgemeinkostenzuschlagsatz	60%
Kosten für Spezialwerkzeuge und Modelle	12.535,00 €
HKA	1. 194.375,00 €
Herstellkosten pro Stück	32,50€
verkaufte Menge	43.000 Stück

Bei den unfertigen Erzeugnissen ergab sich keine Bestandsveränderung.

1.1 *Berechnen Sie die Fertigungslöhne. (2 P.)*

1.2 *Ermitteln Sie Art und Höhe (in Stück) der Bestandsveränderung bei den fertig gestellten Erzeugnissen. (3 P.)*

AP 2001 Aufgabe II.2 — 9 Punkte

Die große Nachfrage nach dem Kassettenrekorder konnte im 4. Quartal 2002 nur über Sonderschichten an mehreren Samstagen befriedigt werden. Die Vorkalkulation für dieses Quartal weist folgende Daten aus:

SKU	2.022.450,00 €
Vertreterprovision	4,5%
Kundenrabatt	12,5%
Kundenskonto	3,0%
Barverkaufspreis	54,32€
kalkulierter Gewinn pro Stück	10,10 €

2.1 *Ermitteln Sie den Angebotspreis für den Kassettenrekorder. (2 P.)*

2.2 *Berechnen Sie die verkaufte Menge im 4. Quartal 2002. (3 P.)*

2.3 *Ermitteln Sie den tatsächlichen Gewinn in Prozent, wenn die Nachkalkulation für das 4. Quartal 2002 bei den Selbstkosten des Umsatzes eine Überdeckung in Höhe von 12.610,00 € ergibt und sämtliche Verkaufskonditionen stets in Anspruch genommen wurden. (4 P.)*

AP 2001 Aufgabe II.3 — 8 Punkte

Im Werk II fertigt die SOUND AG drei tragbare CD-Player (Modell A, B und C). Derzeit muss der Betrieb noch mit der eingeschränkten Kapazität einer alten Anlage auskommen. Dadurch kann nicht von jedem Modell die maximal absetzbare Menge hergestellt werden.

Für das 2. Quartal 2002 sind folgende Daten bekannt:

	A	B	C
Direkte Kosten pro Stück in €	79,80	87,50	104,80
Preis pro Stück in €	117,00	125,50	131,80
Lieferverpflichtung in Stück	6.500	keine	?
Bearbeitungszeit pro Stück in Minuten	3	2	1,5
Maximal absetzbare Menge in Stück	10.000	19.500	14.000

Die Kapazität der Anlage liegt bei 1.250 Stunden pro Quartal und wird voll genutzt. Nach einer Optimierung des Produktionsprogramms werden von den drei Erzeugnissen im 2. Quartal 2002 folgende Mengen produziert:

Modell A: nur die Lieferverpflichtung
Modell B: ?
Modell C: die Lieferverpflichtung plus 6.000 Stück

3.1 *Ermitteln Sie die Lieferverpflichtung für Modell C. (5 P.)*

3.2 *Da im 3. Quartal 2002 die Lieferverpflichtung für Modell A wegfällt, wird es durch das neue Produkt D, von dem folgende Zahlen bekannt sind, ersetzt:*

Stückdeckungsbeitrag .... 33,40 €

Bearbeitungszeit pro Stück .... 2,5 Minuten

maximal absetzbare Menge .... 12.500 Stück

Berechnen Sie die Veränderung des Betriebsergebnisses im 3. Quartal gegenüber dem 2. Quartal 2002, wenn die von B und C produzierten Mengen unverändert bleiben. (3 P.)

AP 2001 Aufgabe II.4 — 3 Punkte

	Produzierte und verkaufte Menge	Gesamt-kosten	Gesamtdeckungs-beitrag
September 2002	30.000 Stück	1.300.000,00 €	600.000,00 €
Oktober 2002	40.000 Stück	1.600.000,00 €	800.000,00 €

Im Werk III wird ausschließlich der Radiowecker SUNRISE produziert. Für die Monate September und Oktober 2002 ergibt sich bei jeweils unveränderten proportionalen Stückkosten und fixen Kosten folgende Situation:

Berechnen Sie die Gewinnschwellenmenge. (3 P.)

AP 2001 Aufgabe II.5 **5 Punkte**

Im Werk IV stehen für die Kosten- und Leistungsrechnung die in der unten angefügten Grafik eingetragenen Werte zur Verfügung.

Ermitteln Sie grafisch auf drei Arten den Gesamtgewinn bei der Menge m3 indem Sie alle dazu notwendigen Graphen einzeichnen. Achten Sie auf eine vollständige Beschriftung.

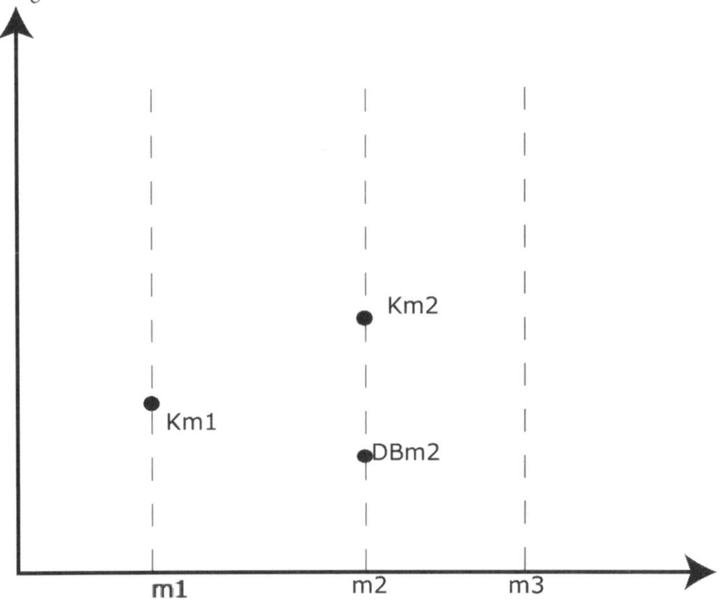

FOS 2002 Kosten- und Leistungsrechnung

Die WICKER AG stellt chemische Produkte in verschiedenen Zweigwerken her.

Aufgabe II.1 **13 Punkte**

Im Werk Augsburg sind nach Durchführung der Kostenträgerzeitrechnung folgende Daten bekannt:

Kostenüberdeckung im Materialbereich .... 5.000,00 €
Kostenunterdeckung im Fertigungsbereich .... 2.700,00 €
HKFE-IST .... 155.000,00 €

Es wurden 1.100 Stück verkauft. Im Lager der Fertigerzeugnisse ergab sich eine Minderung von 100 Stück. Die SKU-IST betragen 210.000,00 €. Der vorkalkulierte Gewinn beträgt 20,00 €/Stück. Die vorkalkulierten SK/Stück betragen 180,00 €. Aus den Aufzeichnungen des Unternehmens geht hervor, dass Rabatt, Vertreterprovision und Skonto stets in Anspruch genommen wurden.

1.1 *Berechnen Sie die Herstellkosten pro Stück, die der Vorkalkulation zugrunde lagen. (3 P.)*

1.2 *Berechnen Sie die gesamte Kostenüber- bzw. Kostenunterdeckung und das Betriebsergebnis. (4)*

2. *Im Werk Burghausen wurden im BAB des Monats Mai für die Fertigungsstelle I Gemeinkosten im Gesamtwert von 476.000,00 € ermittelt. Die Nachkalkulation errechnete für diese Kostenstelle einen Maschinenstundensatz von 40,00 €, basierend auf 8.000 Fertigungsstunden. Für die Rest-FGK ergab sich ein Zuschlagsatz von 60 %.*
Obwohl den Kunden für Rest-FGK 65 % verrechnet wurden, entstand im Mai eine Unterdeckung im Fertigungsbereich von 15.000,00 €. Berechnen Sie die Maschinenkosten (gesamt) auf Normalkostenbasis. (6 P.)

Aufgabe II.2 — 7 Punkte

Die WICKER AG erzielte im Monat Mai mit dem Produkt Y bei einem Verkaufspreis von 8,00 € einen Gesamtumsatz von 144.000,00 €. Die Selbstkosten beliefen sich dabei auf 134.000,00 €. Vollkostendeckung wird bei einer Absatzmenge von 13.000 Stück/Monat erreicht. Der relative Stückdeckungsbeitrag liegt bei 24,00 €/Stunde. Berechnen Sie

1. *den Stückdeckungsbeitrag, (3 P.)*
2. *die gesamten Fixkosten, (2 P.)*
3. *die kurzfristige Preisuntergrenze, (1 P.)*
4. *die Fertigungszeit/Stück in Minuten und (2 P.)*
5. *die Gewinnschwellenmenge nach einer Preiserhöhung um 5 %. (2 P.)*

Aufgabe II.3 — 3 Punkte

Die folgende Grafik leistet Hilfestellung bei verschiedenen betriebswirtschaftlichen Fragestellungen:

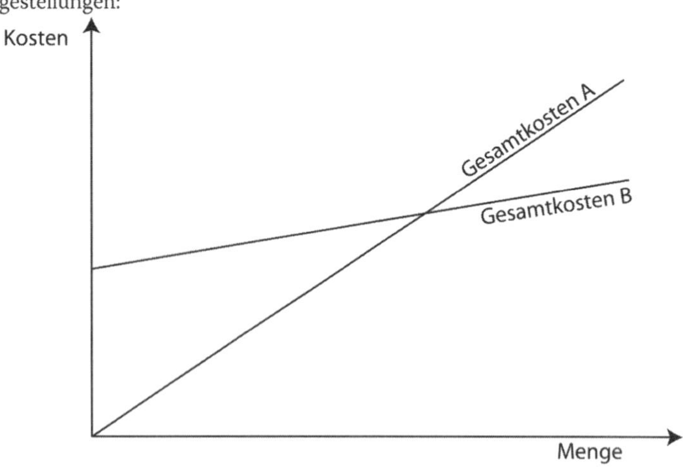

Erläutern Sie kurz zwei betriebswirtschaftliche Problemstellungen, die mit einer solchen Grafik dargestellt werden können.

Aufgabe II.4 — 4 Punkte

Im Werk Forchheim werden auf einer Maschine die Produkte P1 und P2 hergestellt, für die folgende Werte bekannt sind:

	P1	P2
Stückdeckungsbeitrag in €	150,00	140,00
Bearbeitungszeit je Stück in Minuten	24	20

Bei voller Auslastung der Kapazität kann für jedes Produkt genau die maximale Absatzmenge produziert werden.
Auf dieser Maschine könnte auch das Produkt P3 hergestellt werden. Das Produkt würde die Maschine 18 Minuten je Stück beanspruchen und könnte zu einem Preis von 192,50 € abgesetzt werden. Eine Kapazitätserweiterung ist in absehbarer Zeit nicht möglich.

Berechnen Sie die variablen Kosten, die das Produkt P3 maximal verursachen darf, damit sich die Aufnahme ins Produktionsprogramm lohnt.

FOS 2003 — Kosten- und Leistungsrechnung

Aufgabe 2003 II.1 — 7 Punkte

Im Zweigwerk 1 der COMSTRUCT AG werden die Produkte B, C und D hergestellt. Für den Abrechnungszeitraum Oktober 2002 liegen folgende Informationen vor:

	Produkt B	Produkt C	Produkt D
Stückerlös	192,00€	100,00€	148,00€
FM und FL je Stück	60,00€	32,00€	48,00€
Fertigungszeit je Stück	12 Min.	6 Min.	10 Min.
Variable Gemeinkosten je Fertigungsstunde 180,00 €			
Produktions- und Absatzmenge im Oktober (Stück)	2.625	2.250	900
Lieferverpflichtung (Stück)			600

Die gefertigten Stückzahlen im Oktober 2002 beanspruchen die maximal mögliche Fertigungszeit (Kapazität) des Zweigwerks zu 90 %.

Für den Monat November 2002 gilt die gleiche Auftragslage wie im Vormonat. Auch die Kostenstruktur bleibt unverändert. Wegen dringend notwendiger Sanierungsarbeiten stehen allerdings nur 80 % der Kapazität zur Verfügung. Ermitteln Sie für den November 2002 das unter den gegebenen Umständen gewinnoptimale Produktionsprogramm.

Aufgabe 2003 II.2 — 4 Punkte

Im Zweigwerk II der COMSTRUCT AG wird nur Produkt E gefertigt. Das Zweigwerk hat eine Kapazität von 12.000 Stück pro Monat und verursacht 400.000,00 € Fixkosten je Monat. Bei maximaler Auslastung beträgt der Gewinn die Hälfte der Fixkosten.

Ermitteln Sie in einer vollständig beschrifteten Grafik die Gewinnsehwelle auf zwei verschiedene Arten.

(Wählen Sie folgenden Maßstab: 1 cm = 1.000 Stück, 1 cm 100.000,00€)

Aufgabe 2003 II.3 — 3 Punkte

Im Zweigwerk III wird Produkt F hergestellt. Im Oktober 2002 wurden 1.800 Stück von F bei Gesamtkosten von 255.000,00 € produziert, im November 1.920 Stück bei Gesamtkosten von 264.000,00 €.

Ab November 2002 wird auch ein Fremdbezug von F erwogen. Das günstigste Angebot eines Zulieferers liegt bei 99,00 € pro Stück.

Berechnen Sie die Stückzahl, bei der Kostengleichheit zwischen Eigenfertigung und Fremdbezug besteht, wenn die Fixkosten im Falle einer Produktionseinstellung um 30 % abbaubar wären.

Aufgabe 2003 II.4 — 16 Punkte

Der Controllingabteilung der CONSTRUCT AG sind im Rahmen der Kostenträgerrechnung im Zweigwerk IV für die Herstellung des Produktes A folgende Werte für den Abrechnungszeitraum Oktober 2002 bekannt:

	lt. BAB	kalkuliert
Materialgemeinkostenzuschlagsatz	10 %	12 %
Restfertigungsgemeinkostenzuschlagsatz	90 %	85 %

Außerdem wird im Oktober mit Materialkosten in Höhe von 173.600,00 € kalkuliert. Bei den Restfertigungsgemeinkosten wird eine Unterdeckung von 3.200,00€ festgestellt. An Sondereinzelkosten der Fertigung fallen 6.000,00 € an. Die HKA auf Normalkostenbasis belaufen sich auf 536.000,00 €. Damit ergibt sich zu den Ist-HKA eine Gemeinkostenunterdeckung von 3.000,00 €. Es wird ein Maschinenstundensatz von 125,00 € verrechnet.

4.1 *Ermitteln Sie für Oktober die Fertigungslöhne, die fehlenden Gemeinkostenabweichungen in der Material- und Fertigungsstelle und die Maschinenlaufzeit (7 P.)*

4.2 *Bei den unfertigen Erzeugnissen liegt eine Mehrung in Höhe von 27.600,00 € vor. Bei den Fertigerzeugnissen ergibt sich eine Bestandsveränderung von 120 Stück. Insgesamt beträgt die Bestandsmehrung für die fertigen und unfertigen Erzeugnisse 9.000,00 €.*
Ermitteln Sie die Absatzmenge des Produktes A für Oktober 2002. (4 P.)

4.3 *Beim Verkauf des Produktes A werden den Kunden folgende Nachlässe gewährt: Rabatt 55,00 €/Stück; Skonto 6,60 €/Stück.*
Der Handelsvertreter des Unternehmens erhält 5,50 € (entspricht 2,5 %) Provision pro Stück.
Die COMSTRUCT AG kalkuliert mit einem Gewinnzuschlag von 15,5%.

4.3.1 *Berechnen Sie die Selbstkosten pro Stück und den Rabattsatz in Prozent. (3 P.)*

4.3.2 *Beim Absatz des Produktes A werden stets alle Vertriebskonditionen beansprucht. Dabei wird ein Deckungsbeitrag pro Stück von 83,16 € erzielt. Berechnen Sie die kurzfristige Preisuntergrenze für das Produkt A. (2 P.)*

FOS 2004 Kosten- und Leistungsrechnung

Die FUTURA AG ist ein Unternehmen, das innovative Produkte im Hightech-Bereich produziert und vertreibt.

Aufgabe 2004 II.1 — 6 Punkte

Die FUTURA AG plant die Fertigung eines neuen Produktes Alpha. Die Abteilung Kostenrechnung kalkuliert dabei für das 1. Quartal folgende Kosten:

Materialkosten .... 48.000,00 €
Fertigungslöhne .... 15.000,00 €
Fertigungsgemeinkosten .... 80.000,00 €
Herstellkosten der Abrechnungsperiode .... 144.000,00 €

Der Materialgemeinkostenzuschlagsatz beträgt 20 %. Bei den Fertigungsge-meinkosten sind 80 % maschinenabhängig, der Rest ist lohnabhängig.

1.1 *Für die Fertigung des Produktes Alpha wird eine spezielle Aufhängevorrichtung benötigt. Ermitteln Sie die Höhe der dafür angesetzten Sondereinzelkosten der Fertigung in der Vorkalkulation.*

1.2 *Die Kapazitätsgrenze für Alpha liegt bei 8.000 Maschinenstunden im Quartal. Die Maschinen werden voraussichtlich nur zu 50 % ausgelastet sein.*
Berechnen Sie den in der Vorkalkulation angesetzten Maschinenstundensatz.

1.3 *Am Ende des 1. Quartals wird festgestellt, dass die kalkulierten Herstellkosten der Abrechnungsperiode exakt eingehalten wurden, obwohl im Materialbereich und bei den Restfertigungsgemeinkosten jeweils eine Kostenüberdeckung in Höhe von 2.000,00 € vorliegt.*
Erklären Sie diesen Sachverhalt.

Aufgabe 2004 II.2 — 8 Punkte

Bei dem Produkt Beta geht die FUTURA AG von folgenden Werten aus:

Kosten bzw. Preis	in €/Stück	Zuschlagsätze	
Selbstkosten	180,00	Rabatt	10%
Angebotspreis	250,00	Kundenskonto	3%
Fertigungsmaterial	30,00	Materialgemeinkosten	20%
Fertigungslöhne	50,00	Fertigungsgemeinkosten	136%
Entwicklungskosten	6,00	Vertreterprovision	7%
Spezialverpackung	4,00		

Im Material- und Fertigungsbereich sind 50 % der Gemeinkosten variabel. Bei den Verwaltungs- und Vertriebsgemeinkosten beträgt der variable Anteil 20 %.

2.1 *Ermitteln Sie den Gewinnzuschlag in Prozent, der für Produkt Beta angesetzt wird.*

2.2 *Berechnen Sie den Rabattsatz, der einem Kunden eingeräumt werden könnte, wenn die FUTURA AG auf einen Gewinnzuschlag verzichten würde.*

2.3 *Ermitteln Sie die kurzfristige Preisuntergrenze für das Produkt Beta.*

Aufgabe 2004 II.3 — 10 Punkte

Die FUTURA AG produziert im Zweigwerk I das Produkt Gamma, für das folgendes Diagramm vorliegt. Die Fixkosten betragen 100.000,00 €. Der Stückpreis liegt bei 150,00 €.

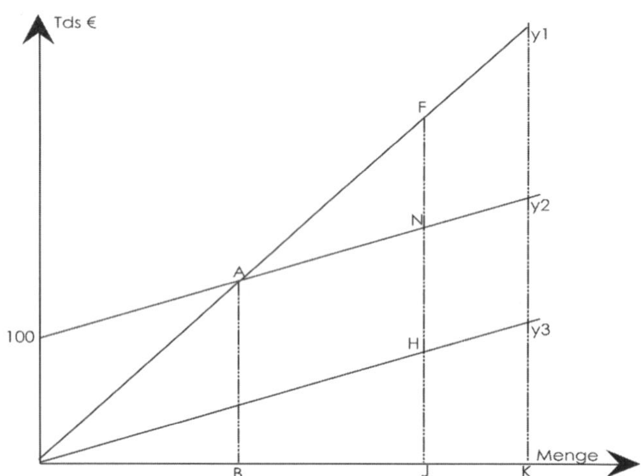

B: Break-even-Menge (1.000 Stück)

J: derzeitige Auslastung (2.000 Stück)

K: Kapazitätsgrenze

3.1 *Geben Sie an, worum es sich bei den parallelen Geraden y2 und y3 handelt und begründen Sie Ihre Entscheidung.*

3.2 *Begründen Sie, um welche Größen es sich bei den folgenden Strecken handelt:*
a) Strecke HN
b) Strecke HF
c) Strecke NF

3.3 *Berechnen Sie die variablen Stückkosten für das Produkt Gamma.*

3.4 *Berechnen Sie den bei der derzeitigen Auslastung erzielten Gewinn.*

Aufgabe 2004 II.4 — 6 Punkte

Die Kapazität des Zweigwerkes II der FUTURA AG, in dem nur das Produkt Delta gefertigt wird, ist auf 200.000 Stück ausgelegt. Aufgrund der Marktlage konnte die Kapazität im Monat April nur zu 90 % ausgelastet werden, wobei bei einem Gesamtumsatz von 3.600.000,00 € Gesamtkosten in Höhe von 3.300.000,00 € anfielen. Die variablen Stückkosten betragen 15,00 €.

4.1 *Ermitteln Sie, bei welchem Beschäftigungsgrad Vollkostendeckung erreicht wird.*

4.2 *Für den Monat Mai strebt das Unternehmen bei unveränderter Kostenstruktur und unverändertem Stückerlös eine Gewinnerhöhung um 10 % gegenüber dem Vormonat an.*
Berechnen Sie die dafür erforderliche Absatzsteigerung in Prozent.

FOS 2005 Kosten- und Leistungsrechnung

Die HIRSCHBERG AG ist ein Unternehmen der Porzellanindustrie und stellt hoch-wertige Produkte für den in- und ausländischen Markt her.

Aufgabe 2005 II.1 6 Punkte

Für das Zweigwerk I der HIRSCHBERG AG liegt folgender Auszug aus dem BAB für Monat Mai vor (Werte in €):

	Allgemeine Kostenstelle	Material	Fertigung			Verwaltung/ Vertrieb
			Fertigungs-hilfsstelle	Fertigung I	Fertigung II	
Σ	20.800,00	49.500,00	32.800,00	85.900,00	79.000,00	142.200,00

1.1 *Für die Allgemeine Kostenstelle gilt folgender Verteilungsschlüssel: 1:2:1:1:3. Die Fertigungshilfsstelle ist im Verhältnis 1:3 aufzuteilen.*
Ermitteln Sie die Summe der Gemeinkosten in der Fertigungsstelle I.

1.2 *Zur Verbesserung der Kostenkontrolle möchte die HIRSCHBERG AG in der Fertigungsstelle I die Maschinenkosten separat ausweisen. Die Analyse der Istkosten ergibt einen Anteil der Maschinenkosten an den Fertigungsgemein-kosten in Höhe von 70 %. Es verbleibt ein Restfertigungsgemeinkostenzu-schlagsatz für den Fertigungsbereich I von 25 %. Im Monat Mai betrug die Maschinenlaufzeit in dieser Kostenstelle 140 Stunden.*
Errechnen Sie die Fertigungslöhne und den tatsächlichen Maschinenstundensatz für den Fertigungsbereich I.

Aufgabe 2005 II.2 6 Punkte

Im Zweigwerk II wurden im Monat Mai durch den Verkauf von 3.600 Stück des Produktes D Umsatzerlöse in Höhe von 828.000,00 € erzielt. Der kalkulierte Gewinnzuschlag betrug 15 %. Ingesamt ergab sich eine Kostenunterdeckung in Höhe von 8.400,00 €. Die Vertriebskonditionen wurden stets in Anspruch genommen.

2.1 *Errechnen Sie den Beitrag des Produktes D zum Betriebsergebnis.*

2.2 *Der stärkste Konkurrent der HIRSCHBERG AG verkauft ein vergleichbares Produkt zum Listenverkaufspreis von 312,50 €. Die HIRSCHBERG AG möchte ihr Produkt zum gleichen Preis bei 20 % Kundenrabatt und 2 % Kundenskonto anbieten.*
Berechnen Sie die mögliche Vertreterprovision in Prozent für Produkt D, wenn der Gewinnzuschlag nicht verändert werden soll.

Aufgabe 2005 II.3 10 Punkte

Im Zweigwerk III der HIRSCHBERG AG wird ausschließlich das Produkt E hergestellt.

Bei der bisherigen Kapazitätsauslastung von 66 ⅔ % (entspricht 16.000 Stück/Monat) wurden Umsatzerlöse von 800.000,00 € erzielt. Die monatlichen Fixkosten betragen 150.000,00 €; die Gewinnschwelle wird bei 6.000 Stück erreicht.

Die Nachfrage nach Produkt E wird weiter steigen. Gleichzeitig ist mit starker ausländischer Konkurrenz zu rechnen, die vergleichbare Produkte zu niedrigeren Preisen anbietet.

3.1 *Die HIRSCHBERG AG ist zu Preiszugeständnissen bereit, um zukünftig 20.000 Stück pro Monat absetzen zu können.*

Berechnen Sie die maximal mögliche Preissenkung in Prozent, wenn der Gesamtdeckungsbeitrag unverändert bleiben soll.

3.2 *Um in Zukunft konkurrenzfähig zu sein und tatsächlich 20.000 Stück absetzen zu können, muss die HIRSCHBERG AG Einbußen beim Gesamtdeckungsbeitrag hinnehmen und den Preis um 20 % senken.*
Erstellen Sie eine grafische Darstellung bis zur Kapazitätsgrenze mit folgenden Größen: Fixkosten (KF), Gesamtdeckungsbeitrag alt (DBa) und Gesamtdeckungsbeitrag neu (DBn).
Kennzeichnen Sie mit geschweiften Klammern die Höhe des alten (Ga) und des neuen Gewinns (Gn).
(Maßstab: 1 cm = 2.000 Stück, 1 cm = 100.000,00 €)

Aufgabe 2005 II.4 — 8 Punkte

Im Zweigwerk IV der HIRSCHBERG AG werden die Erzeugnisse A, B und C hergestellt. Produkt A erwirtschaftet einen DB I von 294.000,00 €. Von Produkt B werden 8.680 Stück hergestellt und zu einem Stückpreis von 86,00 € verkauft. Die variablen Stückkosten von Produkt B betragen 72,00 €, die zurechenbaren Fixkosten 269.520,00 €. Produkt C wird zu 42,00 € pro Stück verkauft; die variablen Stückkosten betragen 30,00 €. Von den gesamten Fixkosten in Höhe von 673.800,00 € können 8 % keinem Erzeugnis zugerechnet werden. Die erzeugnisfixen Kosten von Produkt A und C sind gleich hoch.

4.1 *Insgesamt wird ein Betriebsergebnis von 14.840,00 € erzielt.*

Ermitteln Sie den jeweiligen DB II für die drei Produkte und errechnen Sie die hierfür notwendige Absatzmenge von Produkt C.

4.2 *Die Unternehmensleitung erwägt, die Produktion des Produktes B einzustellen. Ermitteln Sie den Prozentsatz, um den die Erzeugnisfixkosten mindestens abbaubar sein müssten, damit sich die Einstellung des Produktes B lohnen würde.*

3. Aufgabenbereich Marketing und Materialwesen

Bis zum Prüfungsjahrgang 2004 umfasste der Teilbereich Marketing alleine 20 Punkte. Jetzt wird hier auch das Materialwesen abgefragt - insgesamt 24 Punkte.

Es wird nur der Jahrgang 2005 dargestellt, da alle noch relevanten Teilaufgaben aus früheren Jahrgängen bereits im FABI-Trainer verwendet wurden.

AP 2005

Die UVAX AG produziert Sicherheitsbrillen und Sicherheitsschuhe. Das Unternehmen will im Materialbereich Kosten senken.

Aufgabe 2005 III.1 — 6 P.

In der Brillenfertigung wird ein Kunststoffgranulat verwendet, für das bei gleicher Qualität zwei Angebote vorliegen:

Angebot A: 500 kg zu 38,50 €/kg netto, 2 % Skonto bei Zahlung innerhalb von 10 Tagen oder 40 Tage ohne Abzug

Angebot B: 500 kg zu 37,90 €/kg netto ab Werk, Zahlung sofort ohne Abzug, Transportkosten 190,00 € netto

Die flüssigen Mittel der UVAX AG sind derzeit anderweitig verplant. Die Hausbank räumt jedoch einen Kreditrahmen von 50.000,00 € zu 12 % p. a. (1 Jahr = 360 Zinstage) ein.

1.1 *Ermitteln Sie rechnerisch den Jahreszinssatz für die Inanspruchnahme des Skontos. (2 P.)*

1.2 *Ermitteln Sie rechnerisch die günstigere Bezugsquelle. (4 P.)*

Aufgabe 2005 III.2 — 8 P.

Im Bereich Sicherheitsschuhe wird eine Zehenkappe aus Kunststoff fremdbezogen. Folgende Daten stehen zur Verfügung:

Bezugspreis/Stück netto .... 3,50 €
Jahresverbrauch .... 1.152.000 Stück
Mindestbestand .... 10.000 Stück
Lagerkostensatz .... 5 %
Beschaffungszeit .... 10 Tage

Der Lagerabgang pro Tag wird als konstant unterstellt. Man rechnet mit 360 Arbeitstagen pro Jahr.

2.1 *Die UVAX AG nimmt 15 Bestellungen pro Jahr in gleicher Höhe vor. Ermitteln Sie den durchschnittlichen Lagerbestand in Stück und die Lagerkosten pro Jahr. (3 P.)*

2.2 *Berechnen Sie den Melde- und den Höchstbestand. (3 P.)*

2.3 *Bestimmen Sie die durchschnittliche Lagerdauer und die Umschlagshäufigkeit. (2 P.)*

Aufgabe 2005 III.3 — 10 P.

Die ETRONIC AG ist ein Produzent von Geräten der Unterhaltungselektronik und stellt unter anderem DVD-Recorder und Fernsehgeräte her.

Beim Absatz von herkömmlichen Fernsehgeräten mit Bildröhre konnte die ETRONIC AG bisher im Marktsegment für hochpreisige Geräte die Marktführerschaft halten. Der Umsatzanteil dieser Produktgruppe beträgt 80 %. Allerdings wurde auf die Entwicklung neuer Bildschirmtechnologien und auf das daraus resultierende geänderte Käuferverhalten sehr spät reagiert. Seit Beginn des Jahres 2004 produziert die ETRONIC AG ebenfalls neuartige, flache LCD-Fernseher mit unterschiedlich großen Bildschirmdiagonalen. Dafür notwendige Bauteile werden nun nicht mehr vollständig von Zulieferern bezogen, sondern teilweise selbst hergestellt.

Die derzeitige allgemeine Marktsituation für Fernsehgeräte stellt sich folgendermaßen dar: Insgesamt steigt der Umsatz nur geringfügig. Flache LCD-Fernseher erzielen trotz hoher Verkaufspreise jährliche Zuwachsraten von zum Teil mehreren Hundert Prozent. Die für Röhrengeräte erzielbaren Preise sinken kontinuierlich.

3.1 *Erläutern Sie, welche produktpolitischen Maßnahmen im Jahr 2004 von der ETRONIC AG durchgeführt wurden. (3 P.)*

3.2 *Begründen Sie die Position von Fernsehern mit Bildröhre im Marktwachstum-Marktanteils-Portfolio der ETRONIC AG und entwickeln Sie eine geeignete Marktstrategie für diese strategische Geschäftseinheit.(4 P.)*

3.3 *Die ETRONIC AG plant die Markteinführung eines LCD-Fernsehers mit integriertem DVD-Recorder, der über den Fachhandel vertrieben werden soll. Erläutern Sie anhand von zwei Argumenten die Wahl des Absatzweges und begründen Sie eine geeignete Preisstrategie. (3 P.)*

4. Abschlussprüfung 2006

Hinweise:
Bearbeiten Sie alle Aufgaben.
Bei der jeweiligen Lösung sind auch die Ansätze für die einzelnen Lösungsschritte sowie die dazugehörigen Nebenrechnungen niederzuschreiben. Gebräuchliche Abkürzungen sollen verwendet werden. Euro-Beträge und Prozentsätze sind auf zwei Kommastellen zu runden.

Aufgabe I

Aufgabe 2006 I.1

In der ERGONOM AG, einem industriellen Hersteller von ergonomischen Büromöbeln, ist die Finanzbuchhaltung für das Geschäftsjahr 2005 (01.01. – 31.12.) zu vervollständigen. Die erforderlichen Buchungssätze sind mit vierstelligen Kontonummern laut IKR und den jeweiligen Beträgen zu erstellen. Der Umsatzsteuersatz beträgt 19 % bzw. 7 %.

Die ERGONOM AG schöpft alle einkommensteuerrechtlichen Möglichkeiten aus, um den Gewinnausweis für das Jahr 2005 zu minimieren.

Zum 01.12.2005 sind der Saldenbilanz der ERGONOM AG u. a. folgende Werte zu entnehmen:

2400 Forderungen aus Lieferungen und Leistungen .... 2.034.900,00 €
3670 Einzelwertberichtigung zu Forderungen .... 120.000,00 €
3680 Pauschalwertberichtigung zu Forderungen .... 97.000,00 €

1.1 *Im Dezember 2005 sind bei der ERGONOM AG noch folgende Geschäftsfälle zu buchen:*

1.1.1 Von einer Forderung gegenüber der HAUSER AG in Höhe von 238.000,00 € gehen am 02.12.2005 auf dem Bankkonto 40 % als Insolvenzquote ein. Der Rest ist endgültig verloren.

1.1.2 Die ATRIUM GmbH sendet am 13.12.2005 falsch gelieferte Ware im Wert von 60.000,00 € netto gegen Gutschrift zurück.

1.1.3 Die BERGER AG überweist am 20.12.2005 nach Abzug von 2 % Skonto vom Rechnungsbetrag 104.958,00 € auf das Bankkonto.

1.2 *Zum 31.12.2005 sind noch folgende Sachverhalte zu berücksichtigen:*

Eine Forderung vom 23.05.2005 an die COLTRIX GmbH beträgt 285.600,00 €. Im Rahmen des laufenden Insolvenzverfahrens ist mit einer Ausfallquote von 75 % zu rechnen. Die ERGONOM AG setzt die Pauschalwertberichtigung zu Forderungen um 80.200,00 € herab.

1.2.1 Berechnen Sie den Delkrederesatz.

1.2.2 Ermitteln Sie mit Hilfe eines T-Kontos den Schlussbestand des Kontos 2400 Forderungen aus Lieferungen und Leistungen und schließen Sie das Konto ordnungsgemäß ab.

Aufgabe 2006 I.2

Für den Möbelstoff Cantarell liegen der ERGONOM AG folgende Informationen vor:
Zum 31.12.2004 wurde der Schlussbestand mit 21.500,00 € bewertet.

Im Laufe des Geschäftsjahrs 2005 gingen für den Einkauf dieses Rohstoffes Rechnungen über insgesamt 499.800,00 € brutto ein. Darin sind Bezugskosten in Höhe von 10.000,00 € netto enthalten. Nachdem bei einigen Lieferungen Qualitätsmängel vorlagen, gewährte der Lieferant Nachlässe auf den Warenwert. Zum Ausgleich der Rechnungen wurden 481.950,00 € per Bank überwiesen.

Zum 31.12.2005 wird der Schlussbestand nach dem Durchschnittswertverfahren mit 24.000,00 € bewertet.

2.1 *Ermitteln Sie in übersichtlicher Form den wertmäßigen Jahresverbrauch dieses Rohstoffes für das Jahr 2005.*

2.2 *Erstellen Sie die notwendigen Vorabschlussbuchungen zum 31.12.2005.*

Aufgabe 2006 I.3

Am 15.12.2005 erwirbt die ERGONOM AG Fremdbauteile auf Ziel. Der Rechnungsbetrag enthält 595,00 € brutto für Fracht und Verpackung.

Am 19.12.2005 überweist die Unternehmung nach Abzug von 3 % Skonto vom Warenwert 17.909,50 €. Bilden Sie die Buchungssätze zum 15.12.2005 und zum 19.12.2005.

Aufgabe 2006 I.4

Ein von der ERGONOM AG am 28.10.2004 angeschaffter Pkw (Nutzungsdauer 6 Jahre) wird am 31.12.2005 mit 24.320,00 € bilanziert.

Ermitteln Sie die Anschaffungskosten des Fahrzeugs und buchen Sie die Abschreibung zum 31.12.2005.

Aufgabe 2006 I.5

Im Jahre 2001 erwarb die ERGONOM AG zur Erweiterung ihrer Produktionsanlagen ein unbebautes Grundstück. Die Anschaffungskosten betrugen 180.000,00 €. Da aufgrund von Einsprüchen der Anlieger der ERGONOM AG für ihr Vorhaben keine Baugenehmigung erteilt wurde und die Errichtung der geplanten Anlagen als unwahrscheinlich angesehen wurde, nahm man am 31.12.2003 eine außerplanmäßige Abschreibung auf 100.000,00 € vor.

Im Mai 2005 konnte sich die ERGONOM AG mit den betroffenen Anliegern einigen, so dass im November 2005 eine Baugenehmigung erteilt werden konnte. Der Wert des Grundstücks stieg dadurch auf 220.000,00 €.

Begründen Sie den Bilanzansatz zum 31.12.2005 und erstellen Sie die notwendige Vorabschlussbuchung.

Aufgabe 2006 I.6

Am 31.12.2005 ermittelt die ERGONOM AG bei den unfertigen Erzeugnissen einen Schlussbestand von 60.000,00 €. Der Anfangsbestand belief sich auf 140.000,00 €.
Am 31.12.2005 bucht das Unternehmen:

5200 .... 120.000,00 / 8020 .... 120.000,00

Formulieren Sie die Buchungssätze für die Bestandsveränderungen der unfertigen und fertigen Erzeugnisse.

Aufgabe 2006 I.7

Zum 31.12.2004 und zum 31.12.2005 liegen für die ERGONOM AG folgende Bilanzpositionen vor (Werte in Mio. €):

Passiva	2004	2005
Gezeichnetes Kapital	13,20	13,20
Kapitalrücklage	19,80	19,80
Gewinnrücklagen	25,52	30,90
Bilanzgewinn	5,30	5,40
Pensionsrückstellungen	19,80	20,02
Sonstige Rückstellungen	3,30	4,18
Langfristige Bankverbindlichkeiten	16,50	16,50
Kurzfristige Bankverbindlichkeiten	3,85	7,70
Verbindlichkeiten aus L.u.L.	15,18	8,25
	122,45	125,95

Für das Jahr 2005 wird ebenso wie im Vorjahr eine Dividende von jeweils 2,00 € je Aktie (Nennwert 5,00 €) gezahlt.

7.1 *Erstellen Sie in übersichtlicher Form die Gewinnverwendungsrechnung für das Jahr 2005.*

7.2 *Berechnen Sie für das Jahr 2005 die Höhe der Innenfinanzierung, die gleichzeitig Eigenfinanzierung ist.*

7.3 *Für das Jahr 2006 sind Erweiterungsinvestitionen geplant. Die notwendige Investitionssumme soll durch ein Annuitätendarlehen langfristig fremdfinanziert werden. Die vereinbarte Annuität beträgt bei einem Zinssatz von 7 % p. a. 1,8 Mio. €. Das Darlehen soll anfänglich mit 5 % p. a. getilgt werden.*

7.3.1 *Berechnen Sie den Tilgungsbetrag im zweiten Jahr der Laufzeit.*

7.3.2 *Zeigen Sie zwei Argumente auf, die gegen eine Kreditfinanzierung sprechen könnten.*

Aufgabe II

Die VELOSTAR AG fertigt Fahrräder in verschiedenen Varianten und bietet das entsprechende Zubehör an.

Aufgabe 2006 II.1

Die VELOSTAR AG stellte im Zweigwerk I im Monat November 10.000 Mountainbikes des Modells Downhill fertig, wobei die Herstellkosten pro Mountainbike mit 360,00 € kalkuliert wurden. Der Verwaltungs-/ Vertriebsgemeinkostenzuschlagsatz auf Normalkostenbasis beträgt 10 %. Sondereinzelkosten des Vertriebs fielen nicht an. Durch den Verkauf der Mountainbikes wurden im November Nettoverkaufserlöse in Höhe von 7.780.500,00 € erzielt, was zu einem Betriebsergebnis von 3.773.140,00 € führte. Für den Abrechnungszeitraum wurde eine Kostenunterdeckung von insgesamt 146.360,00 € ermittelt.

1.1 *Berechnen Sie das Umsatzergebnis und bestimmen Sie Art und Höhe der Bestandsveränderung an Fertigerzeugnissen.*

1.2 *Die VELOSTAR AG kalkulierte bei der Produktion des Mountainbikes Downhill mit folgenden Werten:*
Sondereinzelkosten der Fertigung .... 10,50 €/Stück
Fertigungslöhne .... 60,00 €/Std.
Maschinenstundensatz .... 240,00 €/Std.
Materialgemeinkostenzuschlagsatz .... 75 %
Rest-Fertigungsgemeinkostenzuschlagsatz .... 40 %
Die Arbeitszeit für ein Mountainbike betrug 30 Minuten; die benötigte Maschinenlaufzeit belief sich auf 20 Minuten pro Stück.
Ermitteln Sie die Kosten des Fertigungsmaterials pro Stück.

1.3 *Die VELOSTAR AG kalkulierte das Modell Downhill mit folgenden Vertriebskonditionen:*
Rabatt .... 5 %
Skonto .... 3 %
Vertreterprovision .... 9,5 %
Ermitteln Sie den Zielverkaufspreis unter der Voraussetzung, dass alle Vertriebskonditionen in Anspruch genommen wurden.

Aufgabe 2006 II.2

Im Zweigwerk II fertigt die VELOSTAR AG nur das Modell Superbike. Bisher fallen monatliche Fixkosten in Höhe von 141.250,00 € an. Dabei ergibt sich eine Gewinnschwellenmenge von 625 Stück.

2.1 *Ermitteln Sie den Stückdeckungsbeitrag für das Modell Superbike.*

2.2 *Durch den Kauf einer zusätzlichen Fertigungsanlage fallen weitere Fixkosten in Höhe von 38.750,00 € an.*

2.2.1 *Berechnen Sie, in welcher Höhe die variablen Stückkosten mindestens gesenkt werden müssen, damit bei unverändertem Verkaufspreis die Gewinnschwellenmenge um höchstens 20 % zunimmt.*

2.2.2 *Stellen Sie den Verlauf des Gesamtdeckungsbeitrags (DB) sowie des Gesamtgewinns (G) für die neue Produktionssituation in einer maßstabsgetreuen Zeichnung von 0 Stück bis 1.200 Stück dar.* (Maßstab: 100 Stück = 1 cm, 60.000,00 € = 1 cm)

Aufgabe 2006 II.3

Im Zweigwerk III stellt die VELOSTAR AG unterschiedliche Fahrradreifen (A, B, C, D) her. Die vier Produkte müssen zwei Maschinengruppen durchlaufen. Im Monat Mai beträgt die Fertigungskapazität der Maschinen-gruppe I (M I) 4.500 Stunden und der Maschinengruppe II (M II) aufgrund von Wartungsarbeiten nur 2.000 Stunden. Damit besteht bei M II ein Pro-duktionsengpass. Für die vier Produkte liegen für den Monat Mai folgende Daten vor:

	A	B	C	D
Fertigungszeit je St. auf M I (in Min.)	12	10	7	16,5
Fertigungszeit je St. auf M II (in Min.)	8	3	4,8	8

variable Stückkosten (in €)	19,90	17,00	18,50	23,30
Stückerlös (in €)	21,50	18,05	19,70	24,10
Lieferverpflichtungen (in St.)	2.500	4.000	5.000	1.900
Höchstabsatzmenge (in St.)	3.750	9.000	10.000	2.000

Bestimmen Sie das gewinnmaximale Produktionsprogramm.

Aufgabe 2006 II.4

Die VELOSTAR AG fertigt im Zweigwerk IV u. a. die hochwertige Satteltasche Velopack, die zu einem Stückpreis von 28,00 € verkauft wird.

Bei Eigenfertigung dieses Zubehörteils entstehen der VELOSTAR AG variable Stückkosten in Höhe von 12,00 € sowie Erzeugnisfixkosten in Höhe von 11.600,00 € monatlich.

Die VELOSTAR AG könnte ein gleichwertiges Produkt bei einem Fremdlieferanten zu einem Stückpreis von 17,00 € beziehen. Dabei könnten die Erzeugnisfixkosten zu 40 % abgebaut werden.

4.1 *Berechnen Sie die Menge, bei der Eigenfertigung und Fremdbezug Kosten in gleicher Höhe verursachen.*

4.2 *Der VELOSTAR AG liegen regelmäßige monatliche Aufträge in Höhe von 4.000 Satteltaschen vor. Allerdings reichen die eigenen Produktionskapazitäten nur für die Fertigung von 2.600 Stück; der Rest muss bei dem Fremdlieferanten zugekauft werden. Die VELOSTAR AG erwägt nun, die Produktion dieser Satteltaschen ganz einzustellen und die benötigte Menge in voller Höhe fremd zu beziehen. Berechnen Sie den Preis, den der Fremdlieferant anbieten müsste, damit durch die Einstellung keine Verschlechterung des Betriebsergebnisses eintritt.*

Aufgabe III

Die BODEWAN AG produziert seit 20 Jahren Parkettböden aus heimischen Hölzern.

Aufgabe 2006 III.1

Zur Kostenkontrolle in der Lagerhaltung werden jährlich bestimmte Lager-kennzahlen ermittelt und verglichen. Die Produktion erfolgt an 360 Tagen im Jahr.

1.1 *Für die Verleimung der Hölzer bezieht die BODEWAN AG Leim in Behältern. Im Jahr 2005 wurden 2.560 Behälter Leim verbraucht. Die durch-schnittliche Lagerdauer betrug 22,5 Tage. Am 31.12.2005 waren noch 80 Behälter vorrätig.*

1.1.1 *Berechnen Sie den durchschnittlichen Lagerbestand.*

1.1.2 *Im Jahr 2004 lag der Kalkulation des Angebotspreises bei gleichem Verbrauch eine durchschnittliche Lagerdauer von 25 Tagen zugrunde. Zeigen Sie auf, welche Auswirkungen die veränderte durchschnittliche Lagerdauer auf die Kalkulation des Angebotspreises hat.*

1.2 *Im Jahr 2005 beträgt der Jahresverbrauch einer Oberflächenversiegelung 2.880 Liter. Die BODEWAN AG bestellt üblicherweise 200 Liter dieser Oberflächenversiegelung. Der Sicherheitsbestand soll für einen Bedarf von 2,5 Tagen reichen, wobei die Beschaffungszeit 5 Tage beträgt. Stellen Sie den Sicherheits-*

bestand, den Meldebestand, den Höchstbestand sowie den Verlauf des Lagerbestandes grafisch für einen Zeitraum von 60 Tagen dar und kennzeichnen Sie das Bestellintervall. (Maßstab: 5 Tage = 1 cm, 20 Liter = 1 cm)

Aufgabe 2006 III.2

Die BODEWAN AG veranstaltet auf dem Firmengelände halbjährlich einen Tag der offenen Tür. Bei der letzten Veranstaltung wurden im Besonderen die Produktneuheiten des Jahres 2005 präsentiert. Einerseits wurde die Parkett-bodenproduktion auf eine lösungsmittelfreie Oberflächenversiegelung umgestellt, andererseits sind nunmehr mehrere Böden nicht nur in A-, sondern auch in B-Sortierung erhältlich. Als neues Produkt wurde der zu Jahresbeginn auf dem Markt eingeführte Korkparkettboden Newline vorgestellt. Zudem gab die BODEWAN AG bekannt, ab sofort für jeden verkauften Quadratmeter Parkettboden zehn Cent zum Schutz der Regenwälder zu spenden.

2.1 *Ordnen Sie allen beschriebenen Marketingmaßnahmen das entsprechende Marketinginstrument zu und benennen Sie den jeweils betroffenen Marketingmixbereich.*

2.2 *Im Rahmen einer Portfolio-Analyse wird der Korkparkettboden Newline als „Question Mark" eingestuft.*
Nennen Sie die Kriterien für die Einordnung als „Question Mark" und erläutern Sie eine geeignete Normstrategie für dieses Produkt.

Aufgabe 2006 III.3

Die BODEWAN AG vertreibt in Oberbayern ihre Produkte bisher durch einen Handelsvertreter sowohl an Fach- als auch an Baumärkte. Dieser erhält einen monatlichen Spesensatz in Höhe von 200,00 € sowie eine Umsatzprovision von 5 %. Der Handelsvertreter erzielte im abgelaufenen Jahr einen Umsatz von 468.292,00 €. In den nächsten Jahren wird mit einer Umsatzsteigerung gerechnet. Die BODEWAN AG erwägt daher den Einsatz eines Reisenden. Dieser würde neben einer umsatzabhängigen Provision von 3 % ein Fixum von 1.000,00 € pro Monat erhalten.

3.1 *Ermitteln Sie, ab welcher Umsatzsteigerung in Prozent sich der Einsatz eines Reisenden im kommenden Jahr lohnen würde.*

3.2 *Zeigen Sie drei Aspekte auf, die unabhängig von der Kostensituation für den Einsatz eines Reisenden sprechen würden.*